本书出版获湖南省哲学社会科学基金项目（19JD64）资助、湘潭大学博士科研启动项目（2020BSQDF36）资助

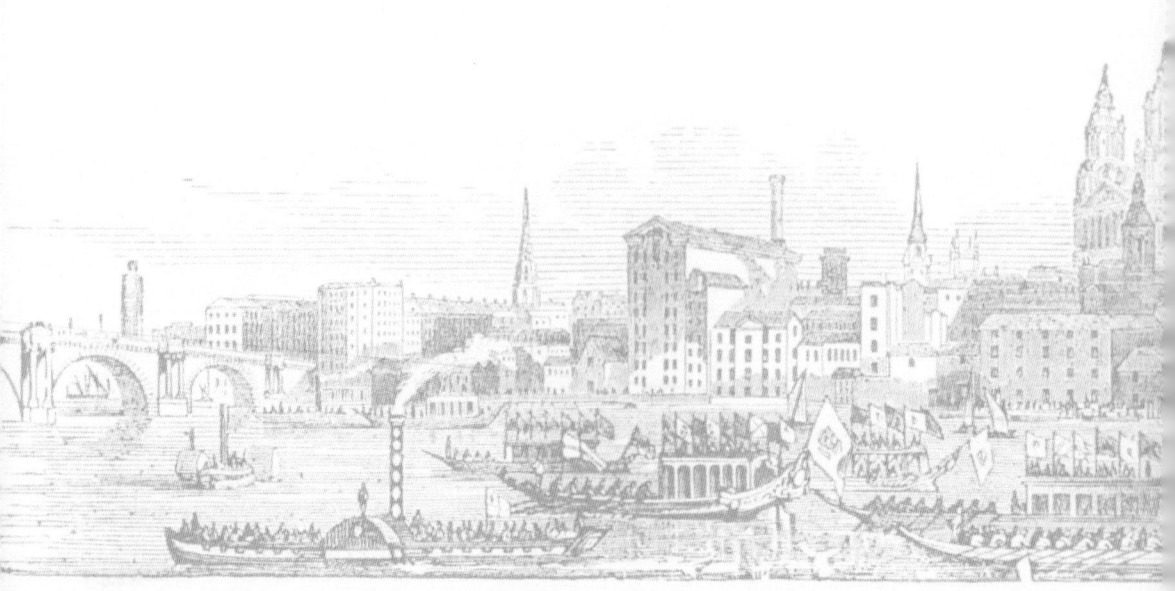

《伦敦新闻画报》
中的晚清中国人形象研究
(1842—1876)

季念 著

中国社会科学出版社

图书在版编目（CIP）数据

《伦敦新闻画报》中的晚清中国人形象研究：1842—1876／季念著. --北京：中国社会科学出版社，2024.9

ISBN 978-7-5227-3610-5

Ⅰ.①伦… Ⅱ.①季… Ⅲ.①社会生活—史料—研究—中国—1842-1876 Ⅳ.①D691.9

中国国家版本馆 CIP 数据核字（2024）第 101591 号

出 版 人	赵剑英	
责任编辑	王　越	
责任校对	冯英爽	
责任印制	戴　宽	

出　　版	中国社会科学出版社	
社　　址	北京鼓楼西大街甲 158 号	
邮　　编	100720	
网　　址	http://www.csspw.cn	
发 行 部	010-84083685	
门 市 部	010-84029450	
经　　销	新华书店及其他书店	
印　　刷	北京君升印刷有限公司	
装　　订	廊坊市广阳区广增装订厂	
版　　次	2024 年 9 月第 1 版	
印　　次	2024 年 9 月第 1 次印刷	
开　　本	710×1000　1/16	
印　　张	21	
插　　页	2	
字　　数	347 千字	
定　　价	109.00 元	

凡购买中国社会科学出版社图书，如有质量问题请与本社营销中心联系调换
电话：010-84083683
版权所有　侵权必究

从不同时间与空间视阈观察海外中国形象的变迁

——写在《〈伦敦新闻画报〉中的晚清中国人形象研究（1842—1876）》付梓之际

跨文化交流是当今中国学术界研究的一个重要领域。与此同时，一个不争的事实是人们对文化差异的关注和认识也在不断深入，这是文化研究的一大进步。不过从文化研究的视阈看，人们面对任何一种异质文化，在进行跨文化沟通时，根据彼此对对方文化的了解程度，难免有陌生感，这又是十分自然的现象。海外中国形象的生成、变迁，以及西方研究者对中国形象的各种解读很具典型性。

西方视阈下的中国形象是一个值得认真研究的大问题。从时间视阈看，在"地理大发现"之前，整个东方世界在西方人眼里都有着梦幻的色彩，因此，中国在西方文学中是一种理想化、神化的形象。比如，据说公元前7世纪的阿里斯特（Aristeas）就在一首长诗中提到一个中国古代的少数民族。当然，连这位作者本人的真实性至今都还是个问题，所以其失传的作品恐怕也难以令人完全信服。同时在此时代的中国，通常被视为极其富足的国度。众所周知，明朝万历年间来到中国的意大利天主教传教士利玛窦（Matteo Ricci, 1552—1610）在中国度过了漫长的时间，他对中国文化、语言和社会方面的造诣极深。在他写给家人和教会高层的手稿中，中国是这样一种形象：虽然名义上远在天边的皇帝是国家统治者，实质事务却是由经过考试制度拔擢的文官系统掌控，日常生活则由复杂的风俗习惯所规范，如此，社会和谐才得维持。而且劳工大众各执其位，年轻人的婚姻均由父母妥为安排，缠足习俗使妇女安分地守在家中。此外，年轻人必须花费大量时间研读艰涩的中文，自然减少了他们变得"放荡不羁"的机会。半个世纪之后,在一个西班牙传教士闵明我(Domingo Fernández de Navarrete, 1610—1689)的记忆中,中国是"世界上最高贵的地方,宇宙的中心点,在所有阳光得以照射、万物得以存活之处,那是最荣耀的帝国"。由此可见,在相当长的一段时期内,中国在西方人心目中的形象是相当积极和正面的。

不过到了西方启蒙运动之后,由于意识形态、思想观念和贸易上的关系,中国在西方的地位一落千丈,"中国佬约翰"(John Chinaman)、"异教徒中国佬"(Heathen Chinese)等形象渐渐加诸中国人,而且这些形象显然有着负面色彩,将中国人丑化、妖魔化。而最值得一提的当属"付满楚"(Fu Manchu),它是西方关于中国的套话中最重要、最有影响力的一个,也是"黄祸论"思想的典型代表。

明清易代之后,清朝对外开放程度逐渐收窄,欧洲工业革命和启蒙运动造就了一批强大的具有殖民主义内在动力的帝国。当英国使节马戛尔尼(George Macartney, 1737—1806)觐见乾隆帝遭遇巨大的挫折之后约半个世纪,在西方公众社会中的中国形象逐渐发生翻转。到了19世纪,大量的西方商人和冒险家开始深入中国内陆地区,图书插画中的中国元素也相应地扩增了。前两个世纪出现过的中国元素依旧会出现在19世纪的插画中,但是,从出现频率看,表现宁静安乐的元素明显偏少,出现频率最高的是颓废的鸦片烟馆、高大的北京城墙、戴枷的罪犯、路边的乞丐、衣衫褴褛的穷人、求神拜佛的男女、推着独轮车的老男人、威风八面的"满大人"出行、道士或和尚、女人的小脚、热闹的剃头摊、奢侈的宴饮、阴沉的街道、破落的神庙、舞龙舞狮、士兵操练、婚丧嫁娶、节庆活动、斗鸡斗鸟等场景,描绘了一个停滞、野蛮、贫穷的异域东方。

近代以来,伴随着清朝一系列对外战争的挫败,中国在西方的形象不断下跌,而在西人心目中的"中国形象"又通过各种渠道进入中国知识人的阅读世界,刺激起国人强烈的民族主义情绪。中国式的民族主义充满一种悲情意识和创伤体验,同时又弥漫着对汉唐盛世的回想和炎黄子孙谱系的追溯,在价值上又是以否定历史文化传统来逆向建构的,因此是一种极为复杂而极其脆弱的情感方式。最初进入中国腹地的一批传教士,将中国社会生活中的图景用一种极为隔膜因此也极为夸张的笔触传播给西方世界,在这些人的日记、书信、回忆录乃至其创办的各种报刊中,中国人的衣食住行处处显得不合时宜,尤其乡村世界的溺婴、男性长辫、接生婆、吸鸦片、小妾制度、祖先崇拜、中医、卫生习惯、交通工具、农耕生活等各种场景触目皆是,更不用说皇宫里的太监、嫔妃等。更见轻薄并且更刻薄的,则是西方记者把士子会试的文场比作"巨大的猪圈",以及领事把官员头上的顶戴比作"乌龟",在自诩为文明人的西人看来这些无疑是"野蛮的象征",由此而证明了中国人是"半开化的蒙昧民族"。

19世纪中后期,西方的摄影技术已经非常成熟;1900年以后,许多摄影师随八国联军来到中国,拍摄了大量中国图片。在这些图片中,出现最多的是八国联军的"胜利"留影,以及义和团员的砍头照,其次是劫后的废墟、萧条的街道、杂乱的市场、荒芜的皇宫、贫病的百姓、惊恐的路人,以及劫后余生的教民生活等,记录了一个地狱般的东方废墟,中国在西方的形象继续下跌,而在西人心目中的"中国形象"又通过各种渠道进入中国知识人的阅读世界,刺激起国人强烈的民族主义情绪,最终引发社会巨大变迁。

创立于1842年的《伦敦新闻画报》,是世界上第一份成功地将新闻与图像有机结合,实现文学与艺术"联姻"的周刊。它从创刊之日起就对中国和中国人形象给予了高度关注。创刊后仅20天即刊载了关于中国人的专题报道《中国的道光皇帝》。到1876年,其报道的中国人形象几乎涉及了晚清中国社会的各个阶层、各种职业。《伦敦新闻画报》创刊伊始就派驻专门的画家兼记者全面报道中国事务。这些画家兼记者发回了数以千计的图像、文字报道,讲述了遥远中国土地上发生的许多动人故事,描绘了中国近代众多的历史事件,曾在英国引发了一股持续数年的"中国热"。《伦敦新闻画报》在这三十多年中塑造的晚清中国人形象既丰满多样又极具典型性,对英国中产阶级读者乃至英帝国臣民关于晚清中国人形象的想象与认知产生了重大影响。呈现在读者面前的这部著作,即是青年学者季念博士就相关问题的研究成果。

这部著作的最大特点是在时间跨度上穷尽《伦敦新闻画报》1842—1876年的全部文献资料。我们知道,《伦敦新闻画报》是学术界公认的"遗失在西方的中国史",其中国报道的系统性与连续性是其他西文资料难以比肩的。研究《伦敦新闻画报》中的晚清中国人形象对多侧面、全方位地认识晚清时期的中国和中国人,具有重要的历史认识价值。

东西方世界相隔空间遥远，由此我们也必须承认东西方文化存在巨大差异。人类学家卡尔维罗·奥伯格（Kalevro Oberg）使用"文化冲击"（culture shock）一词提醒人们关注文化差异的现实存在。这种关注是从两个不同的层面展开的：一方面是对不同国家、民族、文化体系间的文化比较，比如东西方文化差异、中日文化差异、日美文化差异等；另一方面，为了有效地进行上述文化比较和分析，学者们从千差万别的文化中提取比较重要的维度。文化迁移是指人们下意识地用本民族的文化标准和价值观念来指导自己的言行和思想，并以此为标准来评判他人的言行和思想。实际上，任何一种文化都有其自身的独特价值，这种价值是与其特殊环境相匹配的，一种文化现象的产生、存在和发展是与人们生活的具体历史条件相联系的。成功的跨文化沟通要求我们必须培养移情的能力：在传递信息前，先把自己置身于接受者的立场上；接受信息时，先体认发送者的价值观、态度和经历、参照点、成长和背景。设身处地体会别人的处境和遭遇，从而产生感情上共鸣的能力。

英国地理学家多琳·玛赛（Doreen Massey）为此创造了"空间"概念，在她的《地方的全球化意识》中曾描述了这样的例子：在美国，每一个老城里，底层居民在起居室里吃英国工人阶级风格的鱼和中餐馆外卖，在日本产电视机上看美国电影，夜黑不敢出门。在她1994年出版的《空间、地方和性别》一书中解析时空压缩的哲学意义时指出，根据爱因斯坦的相对论，空间和时间不是两种互不相干的存在，而是难分难解紧密联系在一起。空间的界定故此不复是绝对的，而是相对得以界定。一个显见的事实是，空间的发生至少需要两个点。进而视之，时间亦是由点运动而构成的。要之，不同的点同时构成了空间和时间，它意味着时间不复是在静止的空间中流淌，反之两者相辅相成，彼此为对方所建构。它们都是在客体的相互关系中形成的。这样来看社会空间，便也是由共时态的社会关系所组成的，它是一种社会建构，是动态而不是静态的，随社会关系的变化而变化，而权力和符号就是它的两个标识。多琳·玛赛的"空间"概念值得我们认真思考：克服跨文化交流过程中出现的各种文化差异与文化迁移现象，也一直是文化研究的重要课题。

沿着多琳·玛赛的上述思路继续思考"文化身份"问题，我们也才有可能去思考在不同的时间和空间，中国文化如何加速接受外界思想融合的问题。跨文化的借鉴与这种借鉴带给社会的变化复杂多样,自19世纪以来中国与外界的交往或被贴上"冲击""冲突""会和"的标签,或被视为"暴力行为",或被描述为"落后的劣质文化对先进的优质文化的反应"等。这些分析预设了特定的权力结构,深植于对政治现代性的讨论中。但由于忽略了选择一种有效的方法来解决改变和文化现象迁移等重要问题,以往研究既没有很好地解决文化身份的路径,也缺少跨文化交流的有效途径。为此,丹麦学者丹尼斯·金普尔(Denise Gimpel)在《改变如何发生?——一种不同的文化研究方法的建议》中提出"改造空间"的想法,这个思路不失为跨文化交流的新视阈、新方法,因为"改造空间涵盖在历史上特定时期或整个历史进程中,是本地与外地、个体或组织机构以活动的形式来交流互动的空间(个人、实体、文本、智力、历史、制度等)"。我们在"改造空间"的视阈下更加容易描述并分析不同历史时期的发展趋势,也可规避传统/现代、对/错等旧有的二元对立思维。该空间也可以用来分析个体于主观欲望之外如何促进或阻碍现代性进程的发展:"它可关注不同空间的相互作用或平行发展,也可以关注在不同空间里机制、巧合和猜想怎样让某些思想观念长足发展或遭人拒斥的过程。因此改造了的空间涵盖日常习惯变化和世界观变化的长期效果,有助于理解个人生活及其发展轨迹。"[1]

比较文学形象学中的形象指"某国某民族文学作品中的异国异族形象",体现出跨种族和跨文化的特质。对形象的研究旨在通过剖析作者对作为他者的异国异族的"理解、描述、阐释"的过程和规律,进一步探寻其"社会心理背景以及深层文化意蕴"。值得称道的是,本书在某种意义上跨越了比较文学形象学的研究范式。作者从《伦敦新闻画报》中晚清中国人形象的主要类型、形成原因、书写的意义等不同视阈展开研究和论述,提出《伦敦新闻画报》中的中国人形象包含三个层面的意义:第一,它在一定程度上反映了当时现实中的中国人;第二,它体现了对于英国乃至西欧与中国关系的意识;第三,它体现和折射出当时英国本土的文化心理或心态。经过深入研究,作者得出结论:《伦敦新闻画报》中的晚

---

[1] 丹尼斯·金普尔、张喜华:《改变如何发生?——一种不同的文化研究方法的建议》,《社会科学辑刊》2014年第6期。

清中国人形象，作为一种西方视野中的"他者"形象，既非现实生活中中国人形象毫不走样地再现，也非西方人凭空想象的产物。它是记者在中国民间游历、战地目击、受传闻影响等亲历中国的印象，也是西欧对中国人美化性想象与丑化性想象的延续，是西欧社会集体想象的产物。在它身上体现了英帝国意识形态与媒介使命的混合，杂糅了商业利益至上与新闻客观、不列颠民族优越与新闻中立、中产阶级定位与新闻写实等矛盾对立的因素。

作者从跨文化的视阈敏锐地意识到，西方媒介中的中国人形象仍是真实存在与他者视域融合的产物，而不是对中国人原型毫不走样地复制。《伦敦新闻画报》中的中国人形象，不管是作为晚清最高统治者的道光、咸丰、同治，还是作为晚清政府官员的耆英、斌椿、叶名琛，抑或作为下层人的中国百姓、普通军人，他们或是中国历史人物的重要代表，或是现实生活中的实际存在。但是，一旦他们进入《伦敦新闻画报》就已不再是历史人物与现实存在，而是媒体中的新闻人物，是客观存在的人物与《伦敦新闻画报》记者、画家视域融合后带有一定"他者"性质的人物形象。这些结论很好地解决了多琳·玛赛的"空间"概念，不仅为我们全面理解《伦敦新闻画报》中展现的各类中国人形象，而且为我们开展东西方文明有效对话找到了重要参照。

作者强调了《伦敦新闻画报》所报道的中国人形象，是站在他者角度观察中国社会和中国人的产物。这种他者视野、思想观念和叙事立场等方面，都与中国媒体和中国作者迥然有别。所以，无论是对报道对象重点的呈现，还是对报道对象主观的评价，都与中国媒体和中国作者有所差异。从这一角度看，《伦敦新闻画报》中的图像和文字描写中国人的"细节往往是中文资料中的盲点，是别处难以找到的珍贵史料"，为当代中国人的研究提供了新的资料。同时，这些图片和文字对于历史事件的观点和看法往往跟中文史料中的观点和看法相左，这就为我们研究历史提供了一个新的参照物，也为我们研究中国人形象提供了一个参照物。因此，尽管《伦敦新闻画报》对晚清中国人形象的书写是在一个多世纪之前，但在今天仍具有一定的历史意义和审美价值，对当今中国的涉外传播也具有重要的启示性。

20世纪90年代以来，不少中外文化研究学者都有一个共同的特点，即能从时代的全球化和文化转型的新角度,在多元文化视野融合的基础上开展文化研究,这也反映了文化研究的大趋势。中国学者已经开始冲破"欧洲中心论"的樊篱,不断更新着文化研究的观念、方法,以新观念、新眼光,通过跨学科、跨文化、跨民族、跨语言的文化研究,开展与世界各国、各民族多元文化的对话,促进互识、互补,实现不同文化之间的沟通和理解,以期改进人类文化生态和人文环境,共建全球的多元文化。从这个意义上看,季念的新著为我们开展跨文化交流提供了又一重要启迪。

是为序。

马驰
上海社会科学院研究员,博士生导师,
全国马列文论研究会副会长,全国
毛泽东文艺思想研究会副会长
癸卯年元宵于上海

目　　录

第一章　绪论 …………………………………………………………（1）
　第一节　选题缘起与选题依据 ……………………………………（2）
　　一　选题缘起 ………………………………………………………（2）
　　二　选题依据 ………………………………………………………（3）
　第二节　研究对象与研究意义 ……………………………………（6）
　　一　研究对象 ………………………………………………………（7）
　　二　研究意义 ………………………………………………………（9）
　第三节　国内外研究述论 …………………………………………（10）
　　一　国外研究综述 …………………………………………………（10）
　　二　国内研究综述 …………………………………………………（18）
　　三　国内外研究的不足 ……………………………………………（22）
　第四节　研究原则、研究方法与创新之处 ………………………（25）
　　一　研究原则 ………………………………………………………（26）
　　二　研究方法 ………………………………………………………（29）
　　三　创新之处 ………………………………………………………（31）

第二章　《伦敦新闻画报》中晚清中国人形象的主要
　　　　　类型（上）…………………………………………………（33）
　第一节　皇帝形象 …………………………………………………（34）
　　一　夕阳余晖里强撑危局的道光皇帝形象 ………………………（34）
　　二　大厦将倾时苦心维持的咸丰皇帝形象 ………………………（44）
　　三　短暂平静下作为符号象征的同治皇帝形象 …………………（48）

第二节 官员形象 (54)
一 外交舞台上的善变者耆英 (55)
二 中土西来第一使者斌椿 (64)
三 亦商亦官的行商 (69)
四 被污名化的两广总督叶名琛 (76)
五 地方治理中的官员群像 (87)

第三章 《伦敦新闻画报》中晚清中国人形象的主要类型（下） (92)

第一节 军人形象 (92)
一 遇战溃逃的中国军人 (94)
二 英勇顽强的中国军人 (97)
三 唯利残忍的中国军人 (100)

第二节 百姓形象 (105)
一 礼貌友善的中国百姓 (107)
二 吃苦耐劳的中国百姓 (115)
三 堕落麻木的中国百姓 (120)

第四章 《伦敦新闻画报》中晚清中国人形象的表现艺术 (126)

第一节 图像与文字的互文 (127)
一 图像与文字互释 (129)
二 图像与文字互补 (136)
三 图像与文字背离 (142)

第二节 多重叙述主体的透视 (149)
一 新闻观察者的叙述 (150)
二 新闻当事人的叙述 (158)
三 嵌套性叙述 (164)

第三节 新闻背景与事实的结合 (177)
一 以新闻背景阐明新闻事实 (179)

二　以新闻背景烘托新闻事实 …………………………………………（184）

第五章　《伦敦新闻画报》中晚清中国人形象的形成原因 …………（190）
第一节　记者画家亲历中国的印象 ………………………………（191）
　　一　民间的游历 ………………………………………………（193）
　　二　战地的目击 ………………………………………………（203）
　　三　传闻的影响 ………………………………………………（206）
第二节　西欧的中国人想象的延续 ………………………………（210）
　　一　对美化性想象的延续 ……………………………………（215）
　　二　对丑化性想象的延续 ……………………………………（221）
第三节　英帝国意识形态与新闻媒介使命的混合 ………………（227）
　　一　商业利益至上与新闻客观的博弈 ………………………（233）
　　二　不列颠民族优越与新闻中立的拉锯 ……………………（241）
　　三　中产阶级定位对新闻写实的调和 ………………………（252）

第六章　《伦敦新闻画报》中晚清中国人形象书写的意义 …………（264）
第一节　历史意义 …………………………………………………（264）
　　一　影响了西方社会对中国人的认识 ………………………（265）
　　二　促进了其他画报对中国人的关注 ………………………（268）
　　三　提供了研究中国人形象的新参照物 ……………………（271）
第二节　艺术价值 …………………………………………………（274）
　　一　拓宽了图文并重的审美空间 ……………………………（274）
　　二　扩展了新闻画报的表现范围 ……………………………（278）
　　三　提升了新闻画报的艺术品位 ……………………………（281）
第三节　当代启示 …………………………………………………（285）
　　一　为观察当代外国媒介中的中国人形象提供了视野 ……（286）
　　二　为当代中国媒体报道外国人形象提供了启示 …………（290）
　　三　为提升当代中国画报的图文艺术提供了借鉴 …………（294）

结　语 ………………………………………………………（297）

参考文献 ………………………………………………………（301）

后　记 ………………………………………………………（315）

Contents

1. Introduction ·· (1)

  I. Origin of the Topic and Rationale for Its Selection ················ (2)

    A. Origin of the Topic ·· (2)

    B. Rationale for the Topic Selection ··· (3)

  II. Objects and Significance of the Study ····································· (6)

    A. Research Objects ··· (7)

    B. Significance of the Research ·· (9)

  III. Literature Review ·· (10)

    A. Review of the International Literature ·· (10)

    B. Review of the Chinese Literature ··· (18)

    C. Limitations of Chinese and International Literatures ················ (22)

  IV. Principles, Methods and Innovations of the Study ············ (25)

    A. Principles of the Study ·· (26)

    B. Methods of the Study ·· (29)

    C. Innovations of the Study ··· (31)

2. Major Types of the Image of the Chinese in *The Illustrated London News* During the Late Qing Dynasty (Part 1) ············ (33)

  I. Images of Emperors ··· (34)

    A. The Emperor Taou Kwang: Navigating Crisis in the Twilight Glow ·· (34)

    B. The Emperor Hien-Fou: Struggling to Maintain Stability amid Looming Adversity ·· (44)

C. The Emperor Tung-Che: A Symbolic Figure During a
　　　　Brief Calm ……………………………………………………（48）
　II. Images of Mandarins ………………………………………………（54）
　　A. Keying: A Diplomatic Chameleon ……………………………（55）
　　B. Pin-Ta-Chun: China's First Envoy to the West ……………（64）
　　C. Hong Merchants: Juggling Business and Government …………（69）
　　D. Yeh Ming-ch'en: Stigmatized Viceroy of Guangdong and
　　　　Guangxi …………………………………………………………（76）
　　E. The Panorama of Images of Mandarins in Local Governance …（87）

3. **Major Types of the Image of the Chinese in *The Illustrated London News* During the Late Qing Dynasty（Part 2）** ………（92）
　I. Images of Soldiers ……………………………………………………（92）
　　A. Chinese Soldiers Fleeing upon Encountering the Enemy ………（94）
　　B. Brave and Resilient Chinese Soldiers ………………………（97）
　　C. Mercenary Chinese Soldiers Motivated by Personal Gain ……（100）
　II. Images of Commoners ……………………………………………（105）
　　A. Polite and Amiable Chinese Commoners ……………………（107）
　　B. Industrious and Enduring Chinese Commoners ……………（115）
　　C. Degenerate and Apathetic Chinese Commoners ……………（120）

4. **The Art of Representing the Image of the Chinese in *The Illustrated London News* During the Late Qing Dynasty** …（126）
　I. Intertextuality of Images and Texts …………………………………（127）
　　A. Mutual Interpretation of Images and Texts …………………（129）
　　B. Complementarity Between Images and Texts ………………（136）
　　C. Disconnection Between Images and Texts …………………（142）
　II. Perspectives of Multiple Narrative Subjects ……………………（149）
　　A. Narratives by News Observers ………………………………（150）
　　B. Narratives by News Subjects …………………………………（158）
　　C. Embedded Narratives …………………………………………（164）

III. Integration of News Background and Facts ····················· (177)
   A. Elucidating News Facts Through Background Context ········· (179)
   B. Accentuating News Facts Through Background Context ········· (184)

5. **Factors Contributing to the Formation of the Image of the Chinese in *The Illustrated London News* During the Late Qing Dynasty** ·· (190)
   I. Impressions of China by Journalists and Special Artists ······ (191)
      A. Folk Travels ·· (193)
      B. Battlefield Observations ······································ (203)
      C. Influence of Rumours ·· (206)
   II. Continuation of Western European Imaginations of the Chinese ·· (210)
      A. Continuation of Utopian Imaginations ···················· (215)
      B. Perpetuation of Dystopian Imaginations ·················· (221)
   III. Confluence of British Imperial Ideology and Media Missions ·· (227)
      A. Supreme Commercial Interests Versus Objective Reporting ··· (233)
      B. British National Superiority Versus Neutral Reporting ········· (241)
      C. Harmonizing Middle-Class Positioning with Realistic Reporting ·· (252)

6. **Significance of Writing the Image of the Chinese in *The Illustrated London News* During the Late Qing Dynasty** ········· (264)
   I. Historical Significance ···································· (264)
      A. Influencing Western Society's Perceptions of the Chinese ······ (265)
      B. Promoting Other Pictorials' Interest in the Chinese ············ (268)
      C. Providing Novel References for Studying the Image of the Chinese ·· (271)
   II. Aesthetic Value ·· (274)

    A. Broadening the Aesthetic Realm of Integrating Graphics and Texts ……………………………………………………………（274）
    B. Expanding the Expressive Scope of News Pictorials …………（278）
    C. Elevating the Artistic Taste of News Pictorials ………………（281）
III. Contemporary Insights …………………………………………（285）
    A. Providing Perspectives on the Image of the Chinese in Contemporary International Media ………………………………（286）
    B. Offering Insights into Reporting Foreign Images in Contemporary Chinese Media ………………………………………（290）
    C. Providing References for Elevating the Graphic and Textual Artistry in Contemporary Chinese Pictorials ……………………（294）

Conclusion ……………………………………………………………（297）

Bibliography …………………………………………………………（301）

Afterword ……………………………………………………………（315）

第 一 章

绪　　论

《伦敦新闻画报》（*The Illustrated London News*，后文中简称"《画报》"）于1842年5月14日在伦敦创刊，是世界上第一份成功地以插图为主要特色，并将新闻与图像紧密结合的新闻周刊。它自称为艺术与文学的联姻①，将制作精良、极富艺术性的密线木刻版画或石印画插图与国内外最新的新闻报道紧密结合，再现世界各地的重大时事。相较于之前其他的插图期刊如《便士杂志》（*Penny Magazine*，1832—1845）等，《画报》的独特之处不仅在于它的定位是将图像作为"主要吸引力"②，而且在于它定期地、每周不间断地以图文结合的方式向读者传递新闻消息、通讯和评论。它"开启了英国插图新闻史上的一个新时代"③，也改变了新闻的定义方式与消费方式。《画报》形式新颖、价格低廉、艺术性高，因此从创刊伊始便广受英国大众欢迎。在19世纪中叶，它是英国发行量最高的周刊，在1860年之前"几乎垄断了英国图像新闻界（almost a monopoly in pictorial journalism）"④。在1855年英国废除报刊印花税之后，《画报》每周发行量高达20万份，远远超过《世界新闻》（*News of the World*，11万份）、《劳埃德新闻周刊》（*Lloyd's Weekly Newspaper*，97 000份）、《每周时报》（*Weekly Times*，76 500份）等大众化周日报纸。1863年，《画报》每

---

① See "Our Address", *The Illustrated London News*, May 14, 1842, p. 1.

② Mason Jackson, *The Pictorial Press: Its Origin and Progress*, London: Hurst and Blackett Publishers, 1885, p. 284.

③ C. N. Williamson, "Illustrated Journalism in England: Its Development. —I", *The Magazine of Art*, 1890 (bound edition), p. 298.

④ Henry Richard Fox Bourne, *English Newspapers: Chapters in the History of Journalism*, London: Chatto & Windus, 1887, p. 295.

周发行量超过 31 万份，令英国同时期其他任何层次的报纸都难望其项背。① 直至 2003 年停刊，《画报》是"世界上覆盖面最广的插图版画和老照片宝库"②，对世界历史研究、艺术史研究、图文关系研究、新闻的文学性研究等都具有重要的价值。

第一节　选题缘起与选题依据

在维多利亚时代中期，《画报》居于英国插图报刊的领导者地位，对当时的英国社会具有重大的影响力。由于中英两次鸦片战争，以及中国对于英帝国而言不容忽视的政治、经济与外交意义，《画报》对晚清中国和中国人一直保持着密切的关注。作为新闻媒体，《画报》的报道兼具纪实性与想象性，有别于同时期西方关于中国的小说、日记、见闻录和游记等；作为新闻画报，《画报》以图像新闻为主要报道方式，又区别于同时期倚重文字报道的报纸。《画报》中的晚清中国人形象既在西方的中国人形象中具有极强的独特性，又对从不同角度了解晚清历史具有较大的参考价值，因此很能激发读者一探究竟。

一　选题缘起

《画报》创刊于第一次鸦片战争接近尾声之际。英国以"打开中国自由贸易的大门"为借口发动的这场"针对中国政府的军事远征"③ 备受英国朝野关注。当时正在英国图文周刊领域崭露头角并迅速扩大受众市场的《画报》敏锐地抓住了这一热点，并将对中国的密切关注一直延续下去。它通过派遣驻华记者兼画家来获取关于中国的第一手资料，包括各式速写和文字报道。这些资料的来源大部分为记者兼画家的现场目击，其中不仅

---

①　报纸发行量数据来源参见 Peter Biddlecombe, "As Much of Life as the World can Show", *The Illustrated London News*, May 13, 1967, pp. 42–43. Alvar Ellegaʹrd, "The Readership of the Periodical Press in Mid-Victorian Britain", *Victorian Periodicals Newsletter*, Vol. 4, No. 3, September 1971, p. 6. Christopher Hibbert, *The Illustrated London News: Social History of Victorian Britain*, London: Angus and Robertson, 1975, p. 14.

②　沈弘编译：《遗失在西方的中国史：〈伦敦新闻画报〉记录的晚清 1842—1873》，北京时代华文书局 2022 年版，译序第 7 页。

③　[英] 蓝诗玲：《鸦片战争》，刘悦斌译，新星出版社 2020 年第 2 版，中文版序第 2 页。

有对中国的重大事件和重要人物的详细记录，还有对中国风土人情、社会生活的形象描述。尤其是后者，"往往是中文资料中的盲点，是别处难以找到的珍贵史料"①，具有重要的历史文献、新闻、艺术价值，值得历史、新闻、文学等学科的学者认真研究。

由于各方面的原因，《画报》长期未能进入中国学界的视野。2003年，浙江大学沈弘教授在英国访学时发现了数百卷的《画报》，并将与中国相关的图片和文字进行整理，于2014年由北京时代华文书局出版了《遗失在西方的中国史：〈伦敦新闻画报〉记录的晚清1842—1873》。该书于2022年增订再版，共收集与中国相关的报道200余篇，版画近500张，全景式地展现了《画报》中晚清中国社会生活的各个方面和丰富多彩的中国人形象。但是，目前我国学术界对《画报》的研究尚处于初步阶段，聚焦《画报》对中国人形象塑造的学术研究更是寥寥无几，这就为笔者的研究留下了较大的空间。

二 选题依据

《画报》对晚清中国和中国人的图文报道体现出文学性、新闻性与艺术性的最佳结合，在文字与图像的互释、互补和背离中为读者呈现了晚清中国的自然风景、日常生活图景以及民俗活动。其中，地域不同、社会阶层各异的中国人形象栩栩如生，各具特色，展现出不同的精神面貌和个性特征。文字报道也巧妙运用了如对比、衬托、比喻等多种文学手法，叙事情节生动，写人如在眼前，具有良好的艺术效果、较高的文学性和较强的可读性。因此，无论是它的图像还是文字，抑或是图文互动的表现，都是比较文学研究的绝佳文本。具体言之，《画报》中的晚清中国人形象研究，是比较文学形象学研究的一个重要课题，符合比较文学形象学研究的基本要求。

比较文学形象学中的"形象"指"某国某民族文学作品中的异国异族形象"，具有跨民族、跨种族和跨文化的特质。对形象的研究旨在剖析作者对异国异族的"理解、描述、阐释"的过程和规律，并探寻

---

① 沈弘编译：《遗失在西方的中国史：〈伦敦新闻画报〉记录的晚清1842—1873》，北京时代华文书局2022年版，译序第11页。

其"社会心理背景以及深层文化意蕴"①,也就是作者所属的民族和社会对于异国异民族的集体想象。因此,形象研究的最终落点应在于对"创造了一个形象的文化体系的研究,特别要注重研究全社会对某一异国的集体阐释,即'社会集体想象物'(imaginaire social)"②。同时,个人言说在多大程度上复制或批判了社会集体想象及其原因也非常值得思考。

让-马克·莫哈曾(Jean-Marc Moura)提出,比较文学形象学中的所有形象都具有三重意义:"它是异国的形象,是出自一个民族(社会、文化)的形象,最后,是由一个作家特殊感受所创作出的形象。"他认为,形象学研究的最大学术价值在于对第二重意义,即对"创作出了形象的文化"的研究③。葛桂录在论述英国文学中的中国形象时也提出了形象所包含的三重意义,即"关于异域的知识""本土的文化心理"和"本土与异域的关系"④;周宁所构建的"西方的中国形象"同样具有三个层次的意义,包括"中国现实的一定程度上的反映""对中西关系的意识"和"对西方自身文化心态的表现与折射"⑤。葛桂录所言"关于异域的知识"与莫哈提出的作家个体的特殊感受近似,重点在于强调个体在感知异域时或在对异域知识的取舍中所受到的影响,包括其"自身的政治观点、宗教信仰和文化理想"⑥等。周宁所指的中国形象首先是对"中国现实的一定程度上的反映",既包括"中国现实",也涉及"如何反映",于是糅合了莫哈对形象的界定中的第一点与第三点。而两位学者所共同强调的则是形象所承载的本土与异域的关系,这也是达尼埃尔-

---

① 刘洪涛:《对比较文学形象学的几点思考》,《北京师范大学学报》(社会科学版)1999年第3期。
② 孟华:《比较文学形象学论文翻译、研究札记(代序)》,孟华主编《比较文学形象学》,北京大学出版社2001年版,第7页。
③ [法]让-马克·莫哈:《试论文学形象学的研究史及方法论》,孟华译,孟华主编《比较文学形象学》,北京大学出版社2001年版,第25—26页。
④ 葛桂录:《"中国不是中国":英国文学里的中国形象》,《福建师范大学学报》(哲学社会科学版)2005年第5期。
⑤ 周宁:《天朝遥远:西方的中国形象研究》上册,北京大学出版社2006年版,第331页。
⑥ 葛桂录:《"中国不是中国":英国文学里的中国形象》,《福建师范大学学报》(哲学社会科学版)2005年第5期。

亨利·巴柔（Daniel-Henri Pageaux）所注重的形象中"自我"与"他者"的互动关系在政治、经济、文化和民族心理层面的表现①。

受此启发，本书认为《画报》（1842—1876）中的晚清中国人形象包含了三个层面的意义：第一，它在一定程度上反映了现实中的晚清中国人；第二，它体现了该时期英国乃至西欧与中国之间的关系；第三，它折射出当时英格兰本土以及英帝国的文化心理或心态。《画报》的新闻理念与价值诉求在这三个层面上均不可避免地具有重要影响。对第一个层面的分析将包括对《画报》（1842—1876）中晚清中国人形象的类型及其特点的归纳与总结，涉及对记者、画家、编辑如何单独或合力塑造这些形象的分析：他们关于晚清中国这个"异域"的知识来源是什么？他们在塑造这些"异域"人物形象时有何取舍？这些形象相较于同时期英国社会对中国人的集体想象而言，有哪些重合或偏离？它们与中国自身或者其他国家文本中的中国人形象相比，又有哪些相似或差异？当然，关注《画报》中的图文文本与中国自身的历史书写之间的异同并非固着于历史层面的考据，即并非专注于"核实它是否与现实相符"，因为形象始终是一种构建意义上的"再现"（representation）②；而是要以交叉比较作为切入点，进一步探讨作为创作主体的《画报》记者、画家、编辑为何如此以及受何影响。这就导向了对后两个层面，即《画报》中的中国人形象所承载的英国本土或西欧与"异域"中国之间的关系，以及在这关系之上投射的19世纪西方中心主义和英帝国民族优越意识与心理欲望的探究。

此外，对本书研究的"中国人形象"应稍作说明。国内对西方的"中国形象"研究成果已非常丰硕，较具代表性的成果有周宁所著/编注的《中国形象：西方的学说与传说》丛书③、专著《天朝遥远：西方的中

---

① ［法］达尼埃尔－亨利·巴柔：《总体文学与比较文学》，转引自孟华《比较文学形象学论文翻译、研究札记（代序）》，孟华主编《比较文学形象学》，北京大学出版社2001年版，第4页。

② ［法］让－马克·莫哈：《试论文学形象学的研究史及方法论》，孟华译，孟华主编《比较文学形象学》，北京大学出版社2001年版，第23页。

③ 该丛书包括《契丹传奇》《大中华帝国》《世纪中国潮》《鸦片帝国》《历史的沉船》《孔教乌托邦》《第二人类》《龙的幻象》（上、下），由学苑出版社于2004年出版。

国形象研究》①，李勇所著《西欧的中国形象》②，姜智芹对英国文学中的中国形象研究以及对美国（大众）文化中的中国形象研究的专著③等，葛桂录和姜智芹的论文集《雾外的远音：英国作家与中国文化》《西镜东像》④也分别收录了其对英国作家作品和欧美文学中的中国形象研究的重要学术论文。上述论著并未刻意区分"中国形象"与"中国人形象"，盖因异国形象本来就包括具体的人物、风物、器物、景物，或是制度、思想，或是观念、言词，是"存在于作品中的相关的主观情感、思想、意识和客观物象的总和"⑤。可以说，"中国形象"涵盖了"中国人形象"，两者难以断然分开。但就本书的研究而言，选择"中国人形象"作为切入点，一方面是考虑到《画报》对晚清中国的报道内容庞杂、信息量巨大，涉及政治、军事、经济、制度、艺术、习俗、宗教、科举教育、日常生活等诸多视角，在这个层面上把握其对中国的整体印象难度较大；另一方面，"中国人形象"相对于"中国形象"更加侧重于对个体特征及其承载的民族品性的考量。《画报》中记者兼画家的图文报道对人物的塑造生动形象又富有特色。被反复言说的中国人形象中的某些侧面能够很好地折射出其背后的文化心理。因此，本书研究"中国人形象"，既是从可行性出发，也并不意味着与"中国形象"截然切割，而是将侧重点落在《画报》对人物形象的再现上。

第二节　研究对象与研究意义

《画报》于1842年5月14日创刊，在同年6月4日即刊载了第

---

① 周宁：《天朝遥远：西方的中国形象研究》，北京大学出版社2006年版。
② 李勇：《西欧的中国形象》，人民出版社2010年版。
③ 姜智芹：《文化想象与文化利用：英国文学中的中国形象》，中国社会科学出版社2005年版；姜智芹：《傅满洲与陈查理——美国大众文化中的中国形象》，南京大学出版社2007年版；姜智芹：《美国的中国形象》，人民出版社2010年版。
④ 葛桂录：《雾外的远音：英国作家与中国文化》，福建教育出版社2015年版；姜智芹：《西镜东像》，中央编译出版社2014年版。
⑤ 刘洪涛：《对比较文学形象学的几点思考》，《北京师范大学学报》（社会科学版）1999年第3期。

一篇关于中国人的新闻报道——《中国的道光皇帝》①,并配以道光皇帝的大幅肖像,由此拉开了它对中国人持续性报道的序幕②。《画报》在一个多世纪中对中国一直保持着高度关注,加之图文结合的报道方式使它关于中国人的报道在持续性、系统性和丰富性上都是同时期其他西方报刊难以比拟的,也在一定程度上弥补了相关中文史料的欠缺。

一 研究对象

就对"晚清"的时段划分而言,中外史学界尚未有定论。若将"晚清"等同于"近代"这一概念,为较多人所接受的界定是自1840年至1911年这段时期,即从第一次鸦片战争开始到辛亥革命推翻清政府之前的这一历史阶段③。本书仅截取1842—1876这一时间段《画报》中的晚清中国人形象④进行研究,主要基于以下考虑:

一方面,这一时段以1842年《画报》创刊之初对道光皇帝的报道为起点,覆盖了中英两国关系史上的数个重大节点,包括两次鸦片战争和《南京条约》《天津条约》《北京条约》的签订等,其中以第二次鸦片战争前后的报道为第一个高潮。第二个高潮则由威廉·辛普森(William Simpson,1823—1899)⑤于1872年末到1873年初对同治皇帝大婚的系列报道引发。这些报道在当时的英国引起巨大轰动,进而"使得西方的'中国热'再次急剧升温"⑥。它的余热持续到1875年同治皇帝去世

---

① "Taou Kwang, The Emperor of China", *The Illustrated London News*, June 4, 1842, p.56.
② 《画报》最后一次刊载涉及中国人的报道是2002年5月1日的《王室已挥手告别的50位世界领导人》,毛泽东名列其中。参见"50 World Leaders Who Have Had the Royal Wave Goodbye", *The Illustrated London News*, May 1, 2002, pp.12 – 16.
③ 参见刘兴民《"晚清"的含义及意义》,《广西社会科学》2005年第6期。
④ 文本来源:www.britishnewspaperarchive.co.uk 对《伦敦新闻画报》(1842—2003)全文收录的数据库。
⑤ 威廉·辛普森,英国战地画家兼记者。1872年8月受《画报》特别委派到北京报道同治皇帝大婚。
⑥ 沈弘编译:《遗失在西方的中国史:〈伦敦新闻画报〉记录的晚清1842—1873》,北京时代华文书局2022年版,译序第12页。

之后①，在1876年收尾。在这三十余年中，《画报》上形形色色的中国人形象及其折射出的英国对清政府、清朝统治者和中国百姓态度的变化以及英国人自身的文化心理是非常丰满的，也是极具典型性的。正如20世纪上半叶美国汉学家M. G. 马森（Mary Gertrude Mason）所总结，从1842年起，欧洲人有了更多获得中国第一手资料的机会，也便有了"西方人旧的中国观念瓦解和新的认识逐渐形成"的转折。自此直到1876年之前，西方人对中国的了解有了显著的增强。此后到20世纪30年代末，他们"对中国的兴趣并没有绝对性的变化"②。因此，本书以1842—1876年《画报》中的晚清中国人形象作为研究对象，不仅因为它们能集中、突出地表现《画报》对晚清中国人形象塑造的特点，还因为这段时期的晚清中国人形象本身就极具代表性。

另一方面，1842—1876年是19世纪英国最为繁荣昌盛的时期。这一时期，"英国人安享着经济的繁荣增长……这是一个富庶的且愈来愈富的时代"③。自由贸易帝国主义政策的"硕果"、福利国家的出现、文化中对自助自立和体面恭顺的推崇都使当时的英国人，尤其是英格兰的中产阶级具有极强的不列颠民族优越感。他们作为《画报》最重要的读者群体，

---

① 《画报》在1874—1876年间多次推介了辛普森的《迎向太阳：一次环绕世界之旅》（William Simpson, *Meeting the Sun: A Journey All Around the World, Through Egypt, China, Japan, and California, Including an Account of the Marriage Ceremonies of the Emperor of China*, London: Longmans, Green, Reader, and Dyer, 1874）一书并转载了书中部分内容。此书正文的主体是1872—1873年辛普森中国之行的游记，占全书30章中的12章。其余内容包括辛普森从伦敦出发，经由法国、意大利、埃及、苏伊士运河、斯里兰卡、马来西亚抵达中国的环球旅行，以及其后经日本和美国旧金山回到英国的见闻，其中亦包括对海外华人的观察。See "The Famine in Bengal", *The Illustrated London News*, January 31, 1874, p. 103. "Our Special Artist in China", *The Illustrated London News*, February 21, 1874, p. 186. "Mr. Simpson's Sketches Round the World", *The Illustrated London News*, March 21, 1874, pp. 282–283. "Mr. Simpson's 'All Around the World'", *The Illustrated London News*, March 28, 1874, p. 295. "New Books: A Ramble Round the World", *The Illustrated London News*, November 21, 1874, p. 486. "The Chinese in San Francisco", *The Illustrated London News*, January 23, 1875, pp. 81–82. "Views in China", *The Illustrated London News*, October 9, 1875, pp. 355–356. "Chinese Emigrants to America", *The Illustrated London News*, April 29, 1876, pp. 411, extra supplement.

② ［美］M. G. 马森：《西方的中国及中国人观念1840—1876》，杨德山译，中华书局2006年版，前言第1页。

③ ［美］克莱顿·罗伯茨、［美］戴维·罗伯茨、［美］道格拉斯·R. 比松：《英国史·下册，1688年—现在》，潘兴明等译，商务印书馆2013年版，第227页。

对于后者的定位以及新闻报道取向具有较大的影响。这一时期的《画报》也迅速从初露头角发展为在英国插图周刊界占据主导的地位。它对英国及其殖民地的中产阶级读者乃至英帝国臣民关于晚清中国和中国人的认知产生了重要影响，也对塑造维多利亚时代英国人的民族意识发挥了不容忽视的作用。

综上所述，1842—1876年《画报》涉及晚清中国和中国人的新闻报道与评论中的中国人形象具有较强的代表性和典型性，对于我们认识与探寻《画报》对整个晚清中国人形象的书写具有关键作用，也具较大的启发性。

二 研究意义

本书第一次集中研究《画报》中的晚清中国人形象，选题具有重要开拓性，其历史意义与学术价值如下：

首先，该选题具有重要的历史认识价值。《画报》被学术界称为"遗失在西方的中国史"，其中国报道的系统性与连续性是其他西文资料难以比肩的。研究《画报》中的晚清中国人形象，对多侧面、全方位地认识晚清时期的中国和中国人具有重要的历史认识价值。

其次，该选题具有重要的学术理论价值。《画报》是一种图文并存的媒介。文字既有新闻的叙述性，又有散文的描写性；图像视觉感强，笔法精湛。研究《画报》中的晚清中国人形象，必然涉及对其中图文关系的深入研究，而图文关系研究则是中国学术界文艺比较研究和艺术理论研究的一种新趋势。因此，本书选题具有重要的比较研究学术理论价值。

最后，该选题具有重要的借鉴启示价值。《画报》作为英国人创办和经营的英国媒体，它对中国历史事件和社会生活的反映与评价带有明显的"西方立场"和"西方视野"。《画报》中的晚清中国人形象，在一定意义上也是西方人眼中的晚清中国人形象。这不仅为我们研究和认识晚清中国人形象，特别是中国人的国民性提供了一种参照，更为考察晚清中国人形象所承载的英中关系，以及它所折射的维多利亚时代英帝国的民族特征与文化心理具有重要的借鉴启示价值。

第三节　国内外研究述论

作为英国维多利亚时代的重要期刊之一，《画报》受到了国外人文社科领域学者的广泛关注。它或被作为"研究材料"来透视19世纪英国社会的状况[①]，或被作为一个自主的主体或是统一的对象来进行文化研究[②]。相对而言，国内对其的研究处于刚刚起步的阶段。

一　国外研究综述

国外学者对《画报》的研究范围广，涉及内容多，几乎包括了所刊载的全部内容。其中，最突出、最集中的内容有三个方面：历史价值与意义研究；图像新闻研究；维多利亚女王形象塑造的研究。

（一）《伦敦新闻画报》的历史价值与意义研究

新闻与历史有着天然的联系。维多利亚时代（1837—1901）是英国报纸杂志繁荣发展的"黄金时期"：大量报刊流通，刊载的内容不仅着重于娱乐，还包含大量政治、科学、世界事务、艺术等信息。《画报》作为世界上以图文结合方式报道新闻的代表性周刊，保存了世界上覆盖面最广的新闻图像，成为英国历史书写的重要史料来源之一。它的历史价值与社会意义受到了国外学术界的高度关注与充分肯定。

彼得·辛内玛（Peter W. Sinnema）在对《画报》历史档案（1842—2003）在线数据库的评论中强调了《画报》的价值和意义。他认为，《画报》作为对"新闻业与新闻报道的革命"，其内容的丰富性、插图的质量和供稿者的水准均为上乘。因此，它自夸为"社会、文化和政治历史的独一无二的资源"，以及研究"媒介历史、维多利亚时代历史、19世纪历史、家庭史和地方史"的"无与伦比的宝库"也是名副其实的[③]。托尼·

[①] Michael Wolff, "Charting the Golden Stream: Thoughts on a Directory of Victorian Periodicals", *Victorian Periodicals Newsletter*, Vol. 4, No. 3, September 1971, pp. 23 – 38.

[②] Sean Latham and Robert Scholes, "The Rise of Periodical Studies", *PMLA*, Vol. 121, No. 2, March 2006, pp. 517 – 531.

[③] Peter W. Sinnema, "Review of The *Illustrated London News* Historical Archive, 1842 – 2003", 2010, https://reviews.history.ac.uk/review/1002.

威勒（Toni Weller）在详细研究了1842年5月至1843年5月的每一期《画报》后指出，它自觉地、有意识地推动读者将其保存，使之成为被保留下来的历史记录的一部分。它运用了"主题索引、元数据、交叉引用、百科全书般的参考资料来源、免费礼品、连载、促销过刊"等一系列工具和手段，鼓励读者收集与保存每一期刊物，最终实现它成为"后世的权威性史料参考"的目标[1]。帕特里克·利里（Patrick Leary）进一步提出，《画报》绝不仅仅是对其所在时代或者公众态度的简单"反映"——它本身就深入参与了对二者的塑造[2]。总之，将《画报》作为史料研究的论著很多，此处不赘述[3]。

国外学者不仅充分肯定了《画报》真实地反映社会生活、记录历史事件的史料价值，还深入讨论了《画报》塑造读者心灵、影响社会变化的社会意义。

克莱尔·西蒙斯（Clare Simmons）在对夏洛特·M.杨格（Charlotte Mary Yonge）于1865年出版的小说《家中的聪明女郎》（*The Clever Woman of the Family*, 1865）的分析中指出，以《画报》为代表的维多利亚时代报业作为中产阶级的文化中心，集中传播国际政治、道德和文化，也唤起了时人对帝国认同感的反思以及对"英国中心"文明观的自我审视[4]。米歇尔·马丁（Michèle Martin）和克里斯托弗·博德纳尔（Christopher Bodnar）总结了1870年9月中旬至1871年1月底巴黎被普鲁士围困期间，在所有交通方式都被切断的前提下，《画报》为维持信息在巴黎城内外的散播而采用的新奇方法——使用气球和信鸽。他们认为《画报》

---

[1] Toni Weller, "Preserving Knowledge Through Popular Victorian Periodicals: An Examination of *The Penny Magazine* and the *Illustrated London News*, 1842–1843", *Library History*, Vol. 24, No. 3, September 2008, pp. 202, 204.

[2] Patrick Leary, "A Brief History of the *Illustrated London News*", *Illustrated London News Historical Archive 1842–2003*: Cengage Learning, 2011, https://www.gale.com/binaries/content/assets/gale-us-en/primary-sources/intl-gps/intl-gps-essays/full-ghn-contextual-essays/ghn_essay_ilnha_leary1_website.pdf.

[3] 较具代表性的有 Christopher Hibbert, *The Illustrated London News*: Social History of Victorian Britain, London: Angus and Robertson, 1975.

[4] Clare A. Simmons, "Fringes of Civilization: Provincial Imperialism and '*The Illustrated London News*'", *The Wordsworth Circle*, Vol. 32, No. 1, Winter, 2001, pp. 4–9.

的这一举措所处的环境和实施的过程"处于政治、军事和经济压力下,本身就是新闻的绝佳话题",因此使《画报》自身成为它所贡献的社会文化背景的一部分①。彼得·辛内玛认为《画报》具有塑造英国"想象共同体"的作用:它使用图文来表述"非英国人"以及"非资产阶级"等"非我"和"他者",以形成英国人的民族认同②。裘德·皮塞斯(Jude Piesse)认为《画报》以及其他广受维多利亚时代中产阶级欢迎的期刊对英国殖民地的身份认同也有重要作用。尤其是 12 月到次年 1 月的期刊以及圣诞特刊,其文字极具凝聚力和安抚力,它们通过时空框架清楚地表达出来,能在"圣诞节临近之时将国外的移民与国内的亲友"在感情上联结起来,能激起"对英国的民族想象情感",以对抗大规模移民对民族认同的动摇作用③。同样,托马斯·斯密茨(Thomas Smits)也认同 1842—1872 年的《画报》提供了英国殖民地与本土之间的视觉连接——通过它,移民不仅能看到祖国,还能看到祖国是如何看待他们的。它作为在澳大利亚殖民地阅读最为广泛的出版物,是移民们"抵御乡愁的良药"和"对英国文明的强有力提醒",成为英国"想象共同体"的重要组成部分。但《画报》的意义不仅于此,它还生成了殖民地的"想象共同体"。它灌输给澳大利亚读者的并非总体性的"英国意识",而是从本质上与澳大利亚殖民地语境相关联的"英国性"。由此生成的澳大利亚形象对于殖民地繁荣具有重大作用,因此《画报》也成为管理这个形象的最有效的工具④。

(二)《伦敦新闻画报》的图像新闻研究

《画报》因其图文并茂的开创性与独特性吸引了很多研究者对它及其代表的"图像新闻"(pictorial journalism)展开了研究。

首先值得一提的就是梅森·杰克逊(Mason Jackson)于 1885 年的著

---

① Michèle Martin and Christopher Bodnar, "The Illustrated Press Under Siege: Technological Imagination in the Paris Siege, 1870 – 1871", *Urban History*, Vol. 36, No. 1, 2009, pp. 67 – 85.

② Peter W. Sinnema, "Reading Nation and Class in the First Decade of the '*Illustrated London News*'", *Victorian Periodicals Review*, Vol. 28, No. 2, Summer 1995, pp. 136 – 152.

③ Jude Piesse, "Dreaming Across Oceans: Emigration and Nation in the Mid-Victorian Christmas Issue", *Victorian Periodicals Review*, Vol. 46, No. 1, Spring 2013, pp. 37 – 60.

④ Thomas Smits, "Looking for The *Illustrated London News* in Australian Digital Newspapers: Colonial Readership and the Formation of Imagined Communities, 1842 – 1872", *Media History*, Vol. 23, No. 1, 2017, pp. 80 – 99.

作《图像新闻业：起源与发展》。杰克逊本人是一位艺术家，在《画报》担任艺术编辑兼记者长达 30 年之久（1860—1890）。作为亲历者和参与者，他对以《画报》为代表的英国图像新闻业的变迁具有较为深刻的见解。《图像新闻业：起源与发展》一书可被视为自 17 世纪中叶英国内战时期至 19 世纪中叶《画报》时期"关于现代图像新闻业的智力起源与发展的插图史"，对研究 19 世纪英国新闻出版业的理论和实践也是"独一无二的史料"①。杰克逊认为，图像新闻的要务并非仅仅将新闻图像传递给大众以满足他们短暂的好奇心，而是要激活有意义的历史。他在书中追溯了新闻图像的发展过程：从粗糙的木刻版画到较为精致的雕版画；从早期纯粹来自插图家的想象被反复用于描述不同事件的插图，到《画报》中在画家从事件现场发回的速写基础上加工而成的版面更大、完成度更高、内容更丰富的版画插图等。杰克逊指出，图像新闻是一种"本能"或"冲动"的工作。这种本能在报纸出现之前就已存在，源于所有种族和所有时代的人们心中对图像表征的热爱，即他所谓的"对图像的广泛兴趣"（the pictorial taste univeral）②。可见，杰克逊赋予了新闻图像极高的使命和价值，这与《画报》从创刊伊始便强调将图像作为新闻的中心是一致的。

杰森·希尔和瓦妮莎·施瓦茨（Jason E. Hill and Vanessa R. Schwartz）认为，新闻图像借助图像的即时性及其将知识浓缩化、具体化的能力，为读者提供了解不可知世界的特权。新闻图像是新闻，它的力量来源于读者默认插画家就在事件发生的现场。这种"在场性"或"即时性"保证了新闻图像透明地报道事物或事件。同时，它也承载着插画家要将自己所见所闻的重大消息用及时的、值得信赖的方式传递给读者这一使命③。《画报》的插图体现了它的革新性，成为它最重要的卖点。它的"文学"（文字）与"艺术"（图像）统一、言语和视觉结合的表述方式

---

① Jennifer Tucker, "'Famished for News Pictures': Mason Jackson, The *Illustrated London News* and the Pictorial Spirit", in Jason E. Hill and Vanessa R. Schwartz, eds. *Getting the Picture: The Visual Culture of the News*, London & New York: Bloomsbury Academic, 2015, pp. 213 – 220.

② Mason Jackson, *The Pictorial Press: Its Origin and Progress*, London: Hurst and Blackett Publishers, 1885, p. 1.

③ Jason E. Hill and Vanessa R. Schwartz, "General Introduction", in Jason E. Hill and Vanessa R. Schwartz, eds. *Getting the Picture: The Visual Culture of the News*, London & New York: Bloomsbury Academic, 2015, pp. 1 – 10.

与特点也当仁不让地成为学者们研究《画报》时所关注的重点。

塞琳娜·福克斯（Celina Fox）通过梳理19世纪40年代至50年代早期英国周刊插图中的社会新闻报道的发展，探讨了《画报》在插图处理上的重要特点及其原因。《画报》的插图因插画家亲临事件发生现场而具有真实性，但这种"真实"又与现实隔着一些距离。其一，《画报》在审美上是学院派的，其插图出于对艺术性的追求，在真实性上必然会打折扣。在维多利亚时代，支配艺术传统的常规是"艺术等级观"。其中，学院派的历史绘画被供在等级的顶端，对艺术的培养也被认为对整个民族具有道德意义。但若用更为商业化的形式来传播艺术品、辅助对艺术的通识教育也是受到认可的。《画报》从一开始就将自己置于这种艺术传统中，因此认为自家插图既是"对世界历史的图像化记录"①，又具有较高的艺术性。它自认为被赋予了学术界为历史绘画保留的荣誉，"即一种知会人心的能力，一种通过艺术永恒的品质来提升人们的能力——它的教导是普遍的、真实的、完整的"②。其二，《画报》为迎合目标受众而对插图进行筛选，其标准之一为是否理性中和。它的目标受众是当时广大的英格兰中产阶级家庭，即高尚的、有节制的、多愁善感的"英格兰的体面家庭"，为了他们，《画报》须保证"专栏的纯洁性是至高无上的，也是不容侵犯的"③。这种"纯洁性"体现为它对真实但能引发过度情绪的插图的规避，防止它们影响中产阶级读者的理性批判。因此，福克斯认为《画报》中的插图不能算是对社会现状的严肃图像新闻报道。她的分析对理解《画报》插图的真实与否和审美倾向具有重要的参考作用，尤其对理解它的灾难主题报道具有指导性意义。

夏洛特·博伊斯（Charlotte Boyce）分析了《画报》在19世纪40年代中期对爱尔兰大饥荒的插图报道。她认为，《画报》出于对中产阶级读者群体没有直接经历过饥荒的考量，选择性地采用插图配以诗化的表述，向他们呈现了当时因饥荒而生命受到威胁的弱者形象，传递出"真实的"

---

① "Preface to Vol. IV", *The Illustrated London News*, Jan 1 to Jun 30, 1844, p. 2.

② Celina Fox, "The Development of Social Reportage in English Periodical Illustration During the 1840s and Early 1850s", *Past & Present*, No. 74, February 1977, pp. 90–111.

③ "Preface. to Vol. II", *The Illustrated London News*, July 7 to June 24, 1843, p. 4.

饥饿感。同时，这些表述又保有一种节制，既不会触及中产阶级的敏感，也避免读者因过度熟悉这些惨况而产生厌倦感①。与此类似，保罗·法伊夫（Paul Fyfe）在分析《画报》（1850—1890）关于火车意外事故的插图报道后，认为它采取了一种"灾难性的如画"（catastrophic picturesque）手法。"如画"本指将不规则性转化为一种自身的美学秩序，将明显的不调和和谐化。"灾难性的如画"也就是运用传统的美学手法，赋予"火车"这一现代性工业的典型代表、维多利亚时代重要的"美学问题"对社会的入侵及其引发的灾难以观感上的愉悦性，掩盖工业现代性带来的骚乱，也反映出报纸对工业现代性的矛盾态度②。

除了对于新闻插图的着重分析，《画报》中图像新闻的"图文结合"特点也一直备受关注。彼得·辛内玛被视为研究《画报》的权威之一。他的研究重点在于《画报》如何运用视觉的和文字的表述来描绘它所支持的"想象共同体"——因对文化产品的同时消费而产生认同的非实体的共同体。他认为《画报》的图文协作是"不同表述模式之间在意识形态上自然化了的关系"③。它一方面暗示读者乐意接受由图像构建和证实的世界；另一方面也暗示了图文叙述被读者接受或成为一个有效表述的前提，是它们提供的"真实"必须与读者自身对于"真实世界"的假定相一致。辛内玛还在对19世纪40—50年代《画报》中多个图文片刻的细读中提出，语言和图像的结合所构造的读者不仅仅是民族主义的和有阶级偏见的消费者，更是基于文本之上的文化语境的主动参与者和潜在拥护者④。

辛内玛在1998年的代表作《图像页面的动态：〈伦敦新闻画报〉对民族的表征》一书中，坚持以对文字和图像之间关系的理论性检验为方

---

① Charlotte Boyce, "Representing the 'Hungry Forties' in Image and Verse: The Politics of Hunger in Early-Victorian Illustrated Periodicals", *Victorian Literature and Culture*, Vol. 40, No. 2, 2012, pp. 421 – 449.

② Paul Fyfe, "Illustrating the Accident: Railways and the Catastrophic Picturesque in The *Illustrated London News*", *Victorian Periodicals Review*, Vol. 46, No. 1, Spring 2013, pp. 61 – 91.

③ Peter W. Sinnema, "Constructing a Readership: Surveillance and Interiority in the Illustrated London News", *Victorian Review*, Vol. 20, No. 2, Winter 1994, pp. 142 – 161.

④ Peter W. Sinnema, "Reading Nation and Class in the First Decade of the Illustrated London News", *Victorian Periodicals Review*, Vol. 28, No. 2, Summer 1995, pp. 136 – 152.

法论，挑选出六个主题（包括阶级、艺术的复制性和劳动力分工、读者群与内部性、铁路、虚构作品、惠灵顿公爵之死及其葬礼）进行细读和案例分析。他指出《画报》中文字与图像之间动态的张力使读者既能处于社会礼仪的界限之内，又可以越过界限。例如，《画报》用"内部"和"外部"世界来描述阶级差别，用对监狱和客厅的报道来区隔出什么是在中产阶级经验领域之外的，什么又是在其内的。在对维多利亚时代英国最重要的变迁——铁路的事故报道中，一方面，文字能以尽可能细节性的描述再现血淋淋的场面，提醒读者为了"进步"所付出的代价和灾难。但另一方面，图像提供的则是相对平淡乏味的描绘，通常采用鸟瞰的视角来描绘灾难现场，重新肯定铁路的好处，体现出《画报》对于工业现代性的矛盾观点①。

（三）维多利亚女王形象塑造的研究

《画报》自创刊伊始便高度重视对王室活动的报道。在1842年第二期封面刊载的《我们的宗旨》中，它宣告自己将投身于描述一条"美丽的链条，它的一端应扣紧村舍，另一端应扣紧皇宫，并被带入两者的幸福所感染"②。它也的确在之后的20年中通过对女王以及其他王室成员活动的常规性报道，不断强化这个"美丽链条"和塑造女王的形象。

弗吉尼亚·麦肯德里（Virginia Mckendry）分析了19世纪40年代至60年代出现在《画报》上的维多利亚女王的形象，重点强调了报纸在对女王角色的表述中将"性别"和"权力"这两个概念的合并。她将《画报》中的女王形象概括为三类：第一类是"作为君主的女王"（queen as a sovereign），她是英国国家意识的最重要的象征，代表整个民族的身份认同；第二类是"作为平凡人的女王"，强调女王的"平凡性"（ordinariness），即强调她的女性特质以及作为妻子和母亲的家庭价值；第三类则是介于第一类和第二类之间的"无所不在的女王"（the ubiquitous queen），即"旅途中的女王"（queen in transit），她是出现在每年的王室巡视和民间访问中的女王形象，其皇家光环能够化解政治、地区和阶级差

---

① Peter W. Sinnema, *Dynamics of the Pictured Page: Representing the Nation in the Illustrated London News*, Hants, UK: Ashgate Publishing Limited, 1998, pp. 85 - 141.

② "Our Principles", *The Illustrated London News*, May 21, 1842, p. 17.

异。麦肯德里认为,在这三类形象中,第二类形象最为重要:对维多利亚女王的母性特质,即她作为王室这个"家庭中的家庭"里妻子和母亲角色的强调,是王室形象赖以塑造的基础。《画报》的目标读者是当时的英国中产阶级家庭,因此在塑造女王形象时对其女性特质的强调也符合读者群体对女性理想形象的期待。女王的母亲身份所蕴含的常见的、普遍的女性经验能够将统治阶级家庭与一般中产家庭之间的差异性自然化——因为它们都是英格兰"体面的家庭"。将"君权的庄严性与家庭情感的温暖性相结合",能使英国不同社会阶层和地区的读者对君主的形象产生认同,能很好地维系女王的民众支持度。《画报》塑造的维多利亚女王形象为维护处于政治经济剧变时期的王位的稳定性发挥了积极作用,有助于英国君主制的转型,即君权的政治性逐渐被让渡,其象征意义愈来愈显著[1]。

约翰·普朗克特(John Plunkett)将目光聚焦于麦肯德里总结的女王的第三类角色上,进一步分析了《画报》是如何通过对维多利亚王室最重要的公共事务——民间访问(civic visit)的报道来塑造女王形象的。首先,他指出报纸与女王形象之间有重要的"共生关系":一方面,对王室活动的报道巩固了《画报》的新闻价值,它的销量因此增加;另一方面,君主及王室成员经由这些报道得以继续支配公共空间。其次,在报道中,维多利亚女王的形象充满"母性的仁慈"(maternal beneficence),她的一系列民间访问带有亲密的、个人的色彩,而不仅仅是履行公务。这种将女性特质与公共角色并置的修辞手法维护了女王与臣民之间的亲密关系,巩固了女王同时作为"民粹主义者"和"宪政君主"的形象。再次,报纸对王室在英国各地的巡视及出访的图文报道与对宫廷的大型庆典活动的报道有较大区别,尤其体现在对插图的处理上。在民间访问活动中,王室成员通常居于极不显眼的位置,有时甚至被抹掉。画面的重点是要展现活动现场壮观的民众群体,体现出民众对皇权的支持。因此,对民间的访问被塑造成女王寻求臣民认可的一种方式,是对人民被包含及参与到政治中的承认,是君主情愿将自己置于人民之前的体现,表现出了一种"王室民粹主义"(royal populism)。简言之,普朗克特认为,《画报》塑造的女王

---

[1] Virginia Mckendry, "The *Illustrated London News* and the Invention of Tradition", *Victorian Periodicals Review*, Vol. 27, No. 1, Spring 1994, pp. 1–24.

形象处于戏剧化的"权力"与"无力"的辩证关系之间,她既是民族的焦点,又逐渐消失在民粹主义的影响之下。这正是《画报》处理女王角色的核心技法①。

二 国内研究综述

中国学术界对《画报》的关注始于21世纪初期。2004年,沈弘开始在《中国科学探险》《北京青年报》《文化艺术研究》等报刊上发表介绍《画报》的文章。2005年,他编译的《抗战现场:〈伦敦新闻画报〉1937—1938年抗日战争图片报道选》由中国社会科学出版社出版;2014年和2016年,他编译的《遗失在西方的中国史:〈伦敦新闻画报〉记录的晚清1842—1873》《遗失在西方的中国史:〈伦敦新闻画报〉记录的民国1926—1949》由北京时代华文书局出版。其间,上海辞书出版社于2008年出版过浙江大学历史系黄时鉴教授编著的《维多利亚时代的中国图像》,包括《画报》在维多利亚时代报道中国的400多幅图片。目前,国内对《画报》的研究刚刚起步,成果主要集中研究了以下几个问题。

(一)《伦敦新闻画报》的特点与史学价值研究

沈弘总结了《画报》关于中国新闻报道的四个鲜明特点:大多来自现场目击,是原始的历史资料;对历史事件的观点与中国史料有所不同,为我们研究历史提供了客观参照物;报道的细节是中文资料的盲点,是难以寻找的珍贵史料;对中国的报道具有连续性和系统性,是其他西方史料难以企及的。这些独特性决定了《画报》具有重要的史学价值②。马勇也指出,《画报》"提供了中国留存文献中漏记、误记的内容,使我们知道近代中国的历史进程中还有许多我们不知道的故事"③,能为中国近代史研究提供新的视角。黄时鉴认为,19世纪中后叶《画报》刊载的密线木

---

① John Plunkett, "Civic Publicness: The Creation of Queen Victoria's Royal Role 1837 – 61", in Laurel Brake and Julie F. Codell, eds. Encounters in the Victorian Press: Editors, Authors, Readers. New York, NY: Palgrave Macmillan, 2005, pp. 11 – 28.

② 沈弘编译:《遗失在西方的中国史:〈伦敦新闻画报〉记录的晚清1842—1873》,北京时代华文书局2022年版,译序第11页。

③ 马勇:《在西方发现历史》,沈弘编译《遗失在西方的中国史:〈伦敦新闻画报〉记录的晚清1842—1873》,北京时代华文书局2022年版,第3页。

刻版画作品既具有较高的艺术性，又是写实主义的，"其画面基本上是实相的记录"，所记录下的是历史事件的一个侧面，"具有明显的历史文献价值"，能令读者更深刻地体认历史的本相。另有以《画报》为资料来源而汇编出版的专题画册也是主题多样、内容丰富、极具史料价值的①。陈琦强调，《画报》作为"当时最具'眼球效应'卖点的媒体"，以图像的方式报道新闻，其中的版面插图和速写"具有高度写实性，通过画面栩栩如生的人物刻画和场景描绘还原一个虚拟的'真实'空间"②。

韩朴在评介自清代开始的西方的中国题材版画时，盛赞《画报》的特派画家兼记者查尔斯·沃格曼（Charles Wirgman，1832—1891）、威廉·辛普森关于北京皇家宫殿苑囿、城垣市井、皇帝大婚礼仪的画作在准确性、真实性和生动性上都达到了前所未有的高度，对于再现清代的京华图景具有重要价值。尤其是有关京郊赛马场的版画，是他所见过的"有关京郊跑马场最早的史料"③。杨文雅将19世纪《画报》对中英鸦片贸易与战争的报道作为历史资料，并在与同时期《泰晤士报》《北极星报》《人民报》的对比之中突出了《画报》在英国新闻史上的地位。她认为相较之下，《画报》是从中国这个鸦片受害国的角度出发，将鸦片的危害直接呈现给英国民众，"其直观性、阅读性和真实性，都比利用文稿的稿件具有不可比拟的说服力"④。罗时铭、陈新华就《画报》对晚清中国传统民族体育，如射箭、传统武术、民俗体育文化以及中国人对西方体育文化的吸收的报道进行了专题研究，强调了《画报》记录中国近代体育发展变化的史料价值，认为它为我国近代体育历史叙事作了重要的补充⑤。刘章才对《画报》中涉及晚清中国茶文化的图文报道进行了梳理、归纳和考证，再次印证了《画报》从异域视角记录中国文化的史料价值⑥。杨海霞以19

---

① 黄时鉴编著：《维多利亚时代的中国图像》，上海辞书出版社2008年版，导言第3—7页。

② 陈琦：《图像的力量》，沈弘编译《遗失在西方的中国史：〈伦敦新闻画报〉记录的晚清1842—1873》，北京时代华文书局2022年版，第4—6页。

③ 韩朴：《西人版画中的京华图景》，《美术》2010年第1期。

④ 杨文雅：《19世纪英国报刊对中英鸦片贸易与战争的报道研究》，硕士学位论文，河北大学，2015年，第32页。

⑤ 罗时铭、陈新华：《晚清时期西方社会对中国体育的关注——以〈伦敦新闻画报〉为研究基础》，《体育文化导刊》2016年第9期。

⑥ 刘章才：《〈伦敦新闻画报〉中的晚清中国茶文化》，《农业考古》2018年第5期。

世纪 50 年代初至 70 年代初的《画报》为主要史料,考察了维多利亚时代中期英国中产阶级休闲娱乐活动的种类、特点和中产阶级的理性娱乐观念的形成过程,从侧面印证了该报作为历史参考文献的重要性①。

(二)《伦敦新闻画报》的中国镜像与中国人形象研究

张露对《画报》(1842—1873)中涉华报道的研究是较为全面的。她统计分析了报道的年度数量变化、议题的种类,并依次论述了《画报》的中国镜像在政治、军事、社会、经济方面的具体体现,归纳了中国镜像广泛深入、图文并茂的文本特点,分析了中国镜像折射出的晚清社会特色和《画报》的价值立场,总结了中国报道的影响和意义②。李萌、陶红以《画报》在 1926—1949 年间对民国女性的新闻报道作为文本,考察了《画报》中呈现出的民国女性形象的变革:在个体角色上的身体解放、审美独立;在社会角色上经历冲破家庭束缚、走入社会、又再陷入家庭和事业两难的迷茫;在政治角色上从旁观者到参与者的历程,并借此剖析了民国女性身体表面下的社会现实③。罗旻采用文本分析法对 1926—1948 年间出现在《画报》中的中国女性图片进行了编码分析并得出结论,即女性的社会身份与其在《画报》插图中被呈现的方式有明显的相关关系:社会地位较高的女性多以单人照出现,普通女性则多为合照;被拍摄的成年女性占大多数,而未成年女性中普通人被拍摄的比例较高,有身份的未成年女性出现得非常少;大部分为城市女性,极少呈现中国乡村妇女的生活。因此,《画报》中对民国女性的呈现是不平等的④。

(三)《伦敦新闻画报》的图像叙事研究

李萌对《伦敦新闻画报》(1842—1873)晚清涉华报道中的新闻图像内容进行了统计整理,将其分为战争类新闻与民生类新闻两大类,在此基础上用具体案例主要说明了《画报》的单幅图像叙事在硬新闻与软新闻

---

① 杨海霞:《维多利亚时代中期英国中产阶级的休闲娱乐——以〈伦敦新闻画报〉为主要研究视角》,硕士学位论文,上海师范大学,2017 年。

② 张露:《〈伦敦新闻画报〉的近代中国镜像研究(1842—1873)》,硕士学位论文,安徽大学,2017 年。

③ 李萌、陶红:《民国女性形象变革探究——以〈伦敦新闻画报〉(1926—1949)为例》,《东南传播》2017 年第 11 期。

④ 罗旻:《〈伦敦新闻画报〉中的民国女性形象》,《青年记者》2019 年第 30 期。

中的不同表现；它的新闻图像所采取的纲要式叙事、系列图像叙事等手法及其作用。此外，该文还从显性布局（因图生文、图内增文）、隐性布局、语图缝隙三个方面对《画报》中的报道文字与新闻图像之间的语图关系作了分析①。

（四）《伦敦新闻画报》中的中国图像报道和传播研究

黄时鉴将维多利亚时代《画报》刊载的中国图像划分为两部分，即直接报道重大事件的图像和描绘中国社会的图像。前者集中在某一个时段，具有显著的历史文献价值；后者则相对零碎繁杂，包括"人像、服饰、生产、生活、街市、行当、风俗、礼仪、风景、建筑、刑罚、宗教"②等，构建起多面复杂的中国形象。他认为，总体而言，《画报》上的中国图像"数量大，时间长，艺术水平高，表现题材广泛，具有历史价值，影响既广又深"，是西方中国图像形成过程中的一个重要组成部分，也是同时期刊载中国图像的西方书刊中首屈一指的③。

吴悦的博士学位论文在美术史研究的范畴中考察了《画报》关于近现代中国图像的传播，包括其对西方画家笔下的中国图像和来自中国的图像的传播方式、表现手法、评价体系及其变迁等。内容涉及对《画报》中表现中国建筑和服饰的版画内容、手段、视觉符号的分析；对《画报》筛选中国漫画和外销画的标准及其体现的价值取向的剖析；对《画报》在新闻和广告图像中所展现的中国艺术的归纳和探讨。该文进一步总结了《画报》中国图像传播的三个阶段及其特点：在 1842—1889 年的起始阶段，绝大多数中国图像附属于文字报道；在 1890—1919 年的过渡阶段，中国图像报道渐增，但对中国艺术的传播较为分散；在 1920—1949 年的大规模传播阶段，对中国艺术的图像报道一度成为《画报》中国报道的主要内容④。

---

① 李萌：《〈伦敦新闻画报〉晚清报道的图像叙事研究》，硕士学位论文，西南大学，2018年。又见陶红、李萌《近代新闻画报中的"语图互文"》，《编辑之友》2018 年第 6 期。
② 黄时鉴编著：《维多利亚时代的中国图像》，上海辞书出版社 2008 年版，导言第 9 页。
③ 黄时鉴编著：《维多利亚时代的中国图像》，上海辞书出版社 2008 年版，导言第 19 页。
④ 吴悦：《〈伦敦新闻画报〉与近现代中国图像》，博士学位论文，中国美术学院，2021 年。

三 国内外研究的不足

《画报》诞生不久后便引起了学术界的广泛关注。如果从 1885 年梅森·杰克逊的《图像新闻业：起源与发展》一书算起，那么对它的研究就已有近 140 年的历史了。在此期间，国外《画报》研究取得了丰硕成果，国内研究也已起步。但认真审视，这些研究仍存在某些不足。

（一）具有"英国中心论"倾向

在国外的《画报》研究中，有相当一部分成果具有明显的英国中心倾向。这种倾向体现在研究的范围主要是英国，研究的问题重点在英国，研究者的感情倾向于英国。

就《画报》本身而言，它所关注的问题和范围是世界性的。它在《发刊词》中宣称，要"持续地向世人展现其全部行动及其影响的生动而感人的全景"[1]。从 1842 年创刊至 2003 年停刊，《画报》始终以当时技术条件所能达到的最快速度报道英国国内及海外具有新闻价值的人物与事件。然而，国外《画报》研究的视域却不及《画报》本身。它所研究的范围不是世界的，而是英国的，是英国维多利亚时代的社会、政治、经济、科学、技术、艺术等领域；是伴随英国工业革命所出现的社会变化、审美风尚、艺术发展等问题。研究者们的感情也明显倾向于英国，对英国的强大充满了自信，对英国人身份充满了自豪，特别是对维多利亚女王充满了崇高的敬意。在近 140 年的研究历程中，研究者们对《画报》如何塑造维多利亚女王形象给予了高度关注，投入了满腔热情，使对维多利亚女王形象塑造的探讨构成了《画报》研究的一个重要主题。研究者们多角度、全方位地探讨了"作为君主的女王""作为平凡人的女王""无所不在的女王"等多重身份和社会角色，立体地呈现了维多利亚女王的形象。如果说《画报》对维多利亚女王形象的塑造为维护处于政治经济剧变时期的王位的稳定发挥了积极作用的话，那么，对《画报》的研究则在某种程度上强化了这种积极作用。

（二）相对忽视中国问题研究

相对而言，国外的《画报》研究对中国问题并未给予足够重视，这

---

[1] "Our Address", *The Illustrated London News*, May 14, 1842, p.1.

与《画报》对中国问题的高度关注形成了强烈反差。

《画报》从创刊伊始就密切关注中国，派驻专门的画家兼记者全面报道中国事务。这些画家兼记者发回了数以千计的图像和文字报道，讲述了在遥远中国发生的许多动人故事，描绘了中国近现代的众多历史事件，曾在英国引发了一股持续数年的"中国热"。

然而，国外的《画报》研究鲜有对中国报道的专门分析。据不完全统计，专门论及《画报》中国报道的仅有吉莉安·比克利（Gillian B. Bickley）的一篇文章。比克利时任香港浸会大学英语语言文学系教授，其身份在一定程度上促就了她对《画报》中国报道的关注。她指出，《画报》在1861年1月至9月对中国的报道中，其立场发生了重要转变：从最初的敌意转变为一种有趣的感觉；从"天朝子民"（中国人）与"蛮夷"（英国人）的对立转变为中英两国人民在生活习惯上的中立性比较。同时，《画报》对中国人进行了西方化的描述，使英国读者能在中国人身上找到同感[1]。另有彼得·辛内玛在对"民族"和"阶级"作为《画报》的主导意识形态是如何构建读者群体的探讨中，将《画报》1842年7月9日所载《中国的炮兵和火炮》图文以及1847年6月26日所载关于"汉字"的言论作为案例。他认为，《画报》由民族主义支配的议程隐于"基于英国优越性之上的预先确定的种族支配地位"的话语中，使"民族主义和种族主义结合起来，以将暴力正义化"[2]。

其实，《画报》对中国的报道是比较全面的，仅在1842—1876年间就有对中国皇室的报道，如对同治皇帝大婚典礼的专题报道；有对中国内政外交的报道，如中国大使、中国钦差的活动；有对两次鸦片战争中的中英军事冲突、外交斡旋的报道；有对中国风俗民情的报道，如中国人的采茶、养蚕、纺织，等等。对于这些报道既可以从政治学的角度分析中国社会的命运，也可以从社会学的角度研究中国社会的性质，还可以从经济学的角度探讨中国经济结构的特点。但《画报》的研究者们对这些问题普

---

[1] Gillian B. Bickley, "Plum Puddings and Sharp Boys 'One Touch of Nature Makes the Whole World Kin': An Analysis of the China Coverage in the Illustrated London News, 5 January to 23 September 1861", *Journal of the Royal Asiatic Society Hong Kong Branch*, Vol. 38, 1998, pp. 147 – 171.

[2] Peter W. Sinnema, "Reading Nation and Class in the First Decade of the Illustrated London News", *Victorian Periodicals Review*, Vol. 28, No. 2, Summer 1995, pp. 136 – 152.

遍缺乏热情,几乎没有涉及。这与部分研究者"以英国为中心"或"以欧洲为中心"的侧重点和本土优先的原则不无关联。他们对《画报》的热情更多地出于对拥有"经济上的霸权、世界性的帝国和政治上的民主"的19世纪英帝国的潜在追缅,对复杂多面的"维多利亚时代风尚"① 的浓厚兴趣,对该时期英国在高歌猛进的工业化、民主化、城市化中所遭遇的一系列社会危机与变革的深度探索。因此,他们的研究难以聚焦于《画报》中的中国和中国人之上。

(三)相对缺乏对图文关系本身的深度研究与辩证认识

《画报》作为以图像报道为主、将图像与新闻相结合的周刊,它一方面要求文字从属于图像,另一方面又将图像视为"文字不可或缺的辅助"②。换句话说,就是达到图文的共存与互补。中国学者陈琦认为,《画报》自创刊以来,它的外派画家兼记者"发回的连续性图片和文字报道不仅网罗了'天下'时事资讯、奇闻趣事、花边新闻",也让读者"过足了眼瘾",从而保持着旺盛的生命活力③。因此,对《画报》中图像与文字的深度研究与辩证认识无疑应成为《画报》研究的重心之一。

近140年来,国外研究者对《画报》的图文研究着重对"图像新闻"的研究,论及过"图像新闻"的发展历史,指出过《画报》中图像赋予新闻报道的"即时性"与"在场感"等。就图像与文字、语言符号和视觉符号之间的动态关系而言,彼得·辛内玛的代表作《图像页面的动态:〈伦敦新闻画报〉对民族的表征》一书有过集中论述。此外,安德里亚·科达(Andrea Korda)在剖析《图像周刊》(*The Graphic*,1869—1932)插图中的社会现实主义时也曾将其与《画报》中的图文报道进行对比(重点在于对两者插图的比较)④。但是,总的来说,他们探讨图文关系的最终目的是要阐述《画报》如何用图文来实现其意识形态传播和巩固其

---

① [美]克莱顿·罗伯茨、[美]戴维·罗伯茨、[美]道格拉斯·R. 比松:《英国史·下册,1688年—现在》,潘兴明等译,商务印书馆2013年版,第267页。

② Richard D. Altick, *The English Common Reader: A Social History of the Mass Reading Public, 1800-1900*, Second Edition, Chicago: University of Chicago Press, 1957, p.344.

③ 陈琦:《图像的力量》,沈弘编译《遗失在西方的中国史:〈伦敦新闻画报〉记录的晚清1842—1873》,北京时代华文书局2022年版,第5页。

④ Andrea Korda, *Printing and Painting the News in Victorian London: The Graphic and Social Realism, 1869—1891*, Surrey, England: Ashgate, 2015.

最重要的读者群体——英格兰的中产阶级家庭,并不着重解析图文关系本身。国内已有研究者涉及对《画报》中新闻图像叙事的探讨,但仍缺乏对其图文互动的深度剖析。那么,《画报》中的图像与文字是如何实现其最佳组合的?图像与文字是以图释文,还是以文注图?图像是如何实现文字的在场感与可视性的,而文字又是如何深化图像的内涵和意蕴的?图文之间是否有相互背离之处,其深层肌理又是怎样的?图文的张力是否产生了独特的美感和传播效果?上述问题仍有待更为深入细致和辩证性的分析与论述。这些也正是《画报》研究图像与文字关系、图像与新闻关系应突破的难点,正是当代图文关系研究需要关注的重点。只有对以上问题有了辩证的认识和深入的论述,才有可能推进《画报》图文关系研究的进展,进而推动其整体研究。

第四节　研究原则、研究方法与创新之处

正确的研究原则,是科学研究得以成立的基础和顺利进行的保障。无论是自然科学,还是人文社会科学,整体上均应符合科学性、客观性、系统性、创新性等研究原则。具体到特定的研究,则应进一步确立与研究问题相对应的研究原则,作为研究展开的准则和依据。就研究方法而言,一方面,相同的学科门类有相同的研究方法,如人文社会科学的研究多使用历史方法、逻辑方法;自然科学研究多使用观察方法、实验方法。另一方面,相同学科门类中的不同研究对象,其研究方法又是不尽相同的,例如文学研究与历史研究虽同属于人文学科,但其具体研究方法也有所区别。因此,选定与研究对象相适应的研究方法,也是研究得以有效开展的前提。本书从马克思主义文艺批评"美学观点和史学观点"[①] 相统一的批评原则出发,遵循中国立场原则、辩证思维原则和交流互鉴原则,综合运用比较文学形象学研究方法、文本细读法、文史互证法、语图互文法等四种研究方法,探讨《画报》中的晚清中国人形象。本书的创新之处则体现在领域、视角、价值意义三个方面。

---

① 《马克思恩格斯文集》第10卷,人民出版社2009年版,第177页。

一 研究原则

(一) 中国立场原则

"立场",指"认识和处理问题时所处的地位和所抱的态度"①。在认识和处理外国问题时,人文社科研究者一般应坚持本国立场,或用本国的价值意识、价值标准来评论外国问题,或通过研究外国问题来为解决本国问题提供启示。例如,17—18 世纪的欧洲启蒙思想家们对中国文化典籍、学术思想、政治制度的探讨,立足于反抗本国的封建专制和宗教神学,实现"借中国文化对自己文化的一次更大规模的改造"②;20 世纪 30 年代至 50 年代中国的日本研究立足于"为抗日的现实服务",聚焦于日本近现代史,尤其是日本的现代政治、经济、军事,旨在考察"日本侵略中国的历史根源与现实逻辑"③,批判日本帝国主义。同样,比较文学研究和外国文学研究"必然也必须有研究者的本土视角"④ 和本国立场。本书正是从中国立场出发,剖析由 19 世纪中后期英国《画报》所表征的晚清中国人形象:既从马克思主义的政治立场出发,批判地审视《画报》在两次鸦片战争期间因支持英帝国侵华而对部分中国人形象的刻意歪曲和丑化;也从中国的价值观立场出发,"不忘本来"——辩证地评价《画报》中与史实相吻合的晚清中国人形象,"吸收外来"——借鉴《画报》在相对客观的部分报道中所使用的报道策略,吸收部分插图所呈现的审美价值,以"面向未来"——为今后中国媒体报道外国人形象和中国画报提升图文艺术水平提供参考。

(二) 辩证思维原则

马克思主义文艺批评"美学观点和史学观点"的统一,要求文艺批评实践对作品的审美性批评与思想性批评渗透融合、辩证统一,不以作品

---

① "立场",见中国社会科学院语言研究所词典编辑室编《现代汉语词典》(第 7 版),商务印书馆 2016 年,第 802 页。
② 张西平:《东西流水终相逢》,生活·读书·新知三联书店 2010 年版,第 269 页。
③ 王向远:《历史观相左、审美观相济与日本学的中国立场》,《广东社会科学》2022 年第 3 期。
④ 刘国清:《外国文学研究的中国视角》,《东北师大学报》(哲学社会科学版) 2019 年第 5 期。

的历史局限性否定其审美价值,亦不以作品的艺术性掩盖其思想上的问题。这是马克思和恩格斯所主张的辩证思维在文艺批评观上的体现。它尤其否定了"非此即彼"的二元对立思维。恩格斯指出:"'非此即彼!'是越来越不够用了,……一切差异都在中间阶段融合,一切对立都经过中间环节而互相转移……辩证的思维方法同样不承认什么僵硬和固定的界线,不承认什么普遍绝对有效的'非此即彼!',它使固定的形而上学的差异互相转移,除了'非此即彼!',又在恰当的地方承认'亦此亦彼!',并使对立的各方相互联系起来。"① 恩格斯所指的连接对立各方的"中间阶段"或"中间环节"在文学创作或新闻写作中可被视为写作者与作品之间的"过渡区域",即写作者的意识形态、思想感情向作品投射,而作品的形式要求、规范法则反过来制约写作者的动态区域。就《画报》而言,"过渡区域"则由其作为19世纪中后期的英国媒体的复杂属性所生成。本书在剖析《画报》中的晚清中国人形象时,贯穿辩证思维原则,即正视其中一致性与差异性的并存、新闻立场与新闻报道的矛盾。

一致性与差异性的并存,指在历史背景、外部环境一致的前提下,不同主体对于同一事件的态度或观点可能一致,也可能存在差异性。例如,19世纪五六十年代的英国多数媒体和西方公众几乎一致认为,第二次鸦片战争是英国政府面对"中国人的挑衅行为危及英国人的生命和财产"② 而采取的"自卫"行动。当时同样身处伦敦并作为西方人的马克思和恩格斯,其看法却与英国舆论和西方公众截然相反。他们在发表于《纽约每日论坛报》上的多篇时评和政论中义正词严地指出,英国政府发动战争的根本目的就是为了进一步扩张海外市场,掠夺中国的资源和财富,满足资产阶级的贪欲,稳固其政治。在《画报》对晚清中国人形象的塑造中,也体现出了一致性与差异性的并存。一致性指的是《画报》与处于同一历史背景之下、同服务于英格兰中产阶级读者的以《泰晤士报》为代表的其他英国报纸在整体意识形态上具有一致性,即支持英帝国海外扩张、维护英国在华商业利益等;差异性则主要体现为《画报》对于中国

---

① 《马克思恩格斯选集》第3卷,人民出版社2012年版,第909—910页。
② 《马克思恩格斯论中国》,中共中央马克思恩格斯列宁斯大林著作编译局编译,人民出版社2015年版,第54页。

人的态度与其他英国媒体有所区别，尤其是这一时期其特派画家兼记者在报道中国世风民情的图文通讯中对中国普通百姓的友善表达。

新闻立场与新闻报道的矛盾性，派生于马克思主义文艺批评对于作家思想主张与艺术表达的矛盾、作品思想性与艺术性之间的矛盾的论述。恩格斯指出，巴尔扎克保守主义的政治立场使"他对注定要灭亡的那个阶级寄予了全部的同情"，但现实主义真实地反映现实生活的创作原则却让他的创作与其政治偏见背道而驰——"当他让他所深切同情的那些贵族男女行动起来的时候，他的嘲笑空前尖刻，他的讽刺空前辛辣"，最终成就了"现实主义的最伟大的胜利之一"①。列宁在评论托尔斯泰时也准确地揭示了其在观点与作品、宗教信仰与创作原则上的矛盾性：托尔斯泰既是"天才的艺术家"，"创作了世界文学中第一流的作品"，也是"发狂地信仰基督的地主"；他既在作品中有力地抗议社会的虚伪，又是一个"托尔斯泰主义者"，"颓唐的、歇斯底里的可怜虫"；既"无情地批判了资本主义的剥削"，又"疯狂地鼓吹'不'用暴力'抵抗邪恶'"；"一方面，是最清醒的现实主义，撕下了一切假面具；另一方面，鼓吹世界上最卑鄙龌龊的东西之一，即宗教"②。可见，写作者的世界观与其作品的呈现并不一定具有同一性，在某些情况下，文本是能够超越写作者自身的立场和观点的。同样，《画报》在政治立场上整体而言倾向于支持英国政府的殖民扩张和中产阶级对海外利益的追逐，但其作为新闻媒体而言所固有的对于新闻客观性、真实性的要求以及记者亲历中国的见闻又使其部分报道偏离了本来的意识形态，呈现出新闻立场与新闻报道之间的矛盾性。此外，《画报》中部分相关报道的文字与插图在情感倾向上也相互背离。若以《画报》传播英国统治阶级意识形态，鼓吹英政府侵华的正当性为由，否定其表现中国劳动人民日常生活的插图的审美价值，未免会落入"非此即彼"二元对立思维模式的陷阱。

（三）交流互鉴原则

本书研究1842—1876年间《画报》中的晚清中国人形象，既是探讨维多利亚时代中期的英国人如何看待同时期的中国人，也是剖析晚清中国

---

① 《马克思恩格斯文集》第10卷，人民出版社2009年版，第571页。
② 《列宁选集》第2卷，人民出版社2012年版，第242页。

人形象所折射出的不列颠民族特质、心理机制、意识形态，更是站在中国立场上与英国人在文化上的交流对话。因此，本研究有必要且必须坚持文明交流互鉴的原则。诚然，近代中国与世界的联系在很大程度上是被迫的，"其根本内容是帝国主义列强武装侵略中国，在经济上掠夺中国，在政治上支配中国"，但不能否认在这种"多方面的""愈来愈密切的联系"①中，亦存有文化与文明的交流。《画报》对晚清中国人的报道开始于第一次鸦片战争末期，在第二次鸦片战争前后达到一个高潮。它是在中英矛盾冲突剧烈的特殊时期的一种特殊交流方式，为当时的英国人认识中国打开了窗口，也为当下的中国人回望自身历史、认识异质文明提供了一定借鉴。在坚持构建人类命运共同体理念，建设开放包容世界的今天，我们对待19世纪中后期外国媒体对晚清中国人的书写，与其一味采取隔离或拒斥的态度，不如抱持"以文明交流超越文明隔阂、文明互鉴超越文明冲突、文明包容超越文明优越"②的心态，在研究中尝试探寻异质文明相互促进、共同生长之路径。

二 研究方法

（一）比较文学形象学研究方法

研究《画报》中的晚清中国人形象，首先采用的是比较文学形象学的研究方法，或者更确切地说是将形象学作为方法论。比较文学形象学研究方法包括对文本的内部研究，即通过"词汇"尤其是"套话"来分析作者所处的文化对"他者"形象的反映；通过文本中一组组"我"和"他者"对立的"等级关系"来分析描述者的文化与被描述文化之间的关系，从而捕捉到异质形象所折射出的本土文化中的心理倾向、价值评判等；通过故事情节来挖掘"他者"形象所表现出来的故事模式及叙述者所运用的叙述方式所具有的象征意义等。比较文学形象学研究方法也包括对文本的外部研究，即研究作者在创作文本时所处的社会对异国或异民族

---

① 胡绳：《从鸦片战争到五四运动》，长江文艺出版社2019年版，原本再版序言第10—11页。
② 习近平：《携手同行现代化之路——在中国共产党与世界政党高层对话会上的主旨讲话》，《人民日报》2023年3月16日第2版。

的"社会集体想象物"如何产生及社会化，研究作家本身和研究异国史实即异国原型等①。这就意味着本书的研究一方面要专注于《画报》的文本，归纳提炼其塑造的中国人形象类型及其特征、它反复使用的"套话"，以及诸如"野蛮人"与"天朝人"等组词中的对立等级关系、新闻报道的情节铺展等；另一方面，也要结合当时英国乃至西欧的历史背景与《画报》作为新闻媒体的特点，在《画报》文本与不同类型文本书写的晚清中国人形象的对比参照中揭示《画报》上的晚清中国人形象所承载的英中之间的权力关系、不列颠帝国文化与晚清中国文化之间的角力拉锯以及英国人在中国人形象上投射的心理欲望和思想价值判断等。

（二）文本细读法

文本细读法是新批评所提出的一种文本阅读方法或批评方法。其基本含义是，作品一旦生产出来就与作者无关，是不属于作者的一种独立性存在；作品的意义仅存在于文本之中而与其他因素无关。文学研究者欲揭示作品的意义，就必须将注意力集中于文本自身，而不是关心文本以外的其他东西。在这个意义上，文本细读就是将阅读的注意力集中于作品的内部证据，即作品的语言上。美国批评家威尔弗雷德·L. 古尔灵（Wilfred L. Guerin）等将文本细读描述为三个过程。第一，"了解词的多重意义"；第二，"找出结构和模式，即词与词之间的相互关系"；第三，"必须辨认的还有语境"②。本书所运用的文本细读法具有新批评文本细读的含义，但又不局限于这一含义。它既有将阅读注意力集中于《画报》的内部，重点关注其文本叙述语言的多重含义，探究其结构和模式，追索其语境的一面，也有细读、精读、反复阅读的一面。也就是，要对《画报》进行细致的、深度的阅读，力求做到烂熟于心，进而准确地把握文本、分析文本。同时，在阅读英文原文时参考已有中译本③，将中英文本进行对比阅

---

① ［法］达尼埃尔-亨利·巴柔：《从文化形象到集体想象物》，孟华译，孟华主编《比较文学形象学》，北京大学出版社2001年版，第118—152页。又见孟华《比较文学形象学论文翻译、研究札记（代序）》，孟华主编《比较文学形象学》，北京大学出版社2001年版，第1—16页。

② 王先霈、王又平主编：《文学理论批评术语汇释》，高等教育出版社2006年版，第324页。

③ 主要参考沈弘编译《遗失在西方的中国史：〈伦敦新闻画报〉记录的晚清1842—1873》，北京时代华文书局2022年版。

读，对中文译本的错误或不当之处进行勘正，也补充中译本所遗漏和未收录的相关文章。

（三）文史互证法

本书中的"文"，指《画报》中的新闻文本，包括文字与图像；"史"指历史文本，包括中国晚清史、19世纪英国史文本及其他相关史料。文史互证法借鉴陈寅恪"诗史互证"而来。陈寅恪在《元白诗笺证稿》中明确提出以诗补史、以史补诗，补苴罅漏，两相合宜。本书在研究《画报》中的晚清中国人形象时，采用《画报》中新闻文本，中国晚清历史文本，国内外学人有关晚清的游记、笔记、回忆录等相互证明、相互补充、相互勘验。同时，结合与英国维多利亚时代经济、政治、军事、外交、社会风尚等相关的史料，认真探索晚清中国人形象在《画报》这一英国媒体的视野中是如何被想象、被呈现的，并在这种互证中总结"他者"形象的生成机制、创造规律与审美价值。

（四）语图互文法

《画报》是集图像与文字为一体的新闻文本，也是一种文学性、艺术性很强的审美文本。在这一文本中，图像与文字有着复杂的互文关系。本书从叙事学的角度对《画报》中的文字文本、图像文本、与图像具有互动性的视觉符号（例如图片说明中的补充、阐释、反击、划界的语言符号）之间的语图互文关系进行分析，进而探索《画报》是如何在图像与文字的相互阐释、补充、背离中生动再现晚清中国人形象和塑造"他者"形象的。

三 创新之处

（一）研究领域的拓展

从国内外《画报》研究的历史与现状看，研究重点集中在对史料价值的研究、历史意义的研究、图像新闻的研究等，鲜有涉及《画报》中中国人形象的研究。即使有个别研究者论及中国形象，也主要是对某段时期《画报》上中国经济、政治、军事、文化、社会生活、山川风物、地理条件等的概括，缺乏对专门的中国人形象的系统性研究。本书将研究对象确定为《画报》中的晚清中国人形象，是以新的研究对象和问题拓展了已有的对《画报》的研究领域。

(二) 研究视角的并置

比较文学形象学对人物的研究主要集中在对文学作品中虚构的人物形象的探讨上，也包括少量对杂糅了叙事与想象的异域游记中人物形象的剖析，但很少有对媒介中写实性人物形象的研究。本书研究的中国人形象来源于《画报》，既具有新闻媒体报道的真实性，又受到了文学、绘画等多种因素的影响。此外，本书将比较文学和传播学的视角并置以共同审视《画报》中的晚清中国人形象，既开放了新闻传播学新的研究视域，又增加了比较文学研究新的对象。

(三) 价值意义的系统开掘

过去对《画报》的研究，主要是将其作为历史文献研究其历史价值。这种研究虽是必要且具有较大意义的，却较为单一，缺少对其多重价值与意义的开掘。本书将《画报》作为新闻、历史、文学、艺术的综合文本加以研究，多角度、全方位地揭示其丰富的价值意义。从《画报》在晚清中国人形象塑造中所使用的图像与文字互文、多重叙述主体的透视、背景与新闻事实的巧妙结合等表现方法等方面揭示了其艺术价值；从《画报》对晚清中国人形象的书写影响了西方社会对中国人的认识，促进了其他画报对中国人的关注，提供了研究中国人形象的新参照物等方面揭示了其历史价值；从《画报》对晚清中国人形象的书写拓宽了图文并重的审美空间，扩展了新闻画报的表现范围，提升了新闻画报的艺术品位等方面揭示了其审美价值，从而使《画报》的价值与意义得到了系统开掘。

第 二 章

《伦敦新闻画报》中晚清中国人形象的主要类型(上)

从时间上看,《伦敦新闻画报》对中国及中国人的报道开始得较早。该报创刊于1842年5月14日,正值第一次鸦片战争即将降下帷幕之时。《画报》作为当时英格兰唯一常规性记录英国国内及全球事务的图文周刊,对这场举国瞩目的战事自然非常关注。因此,在创刊的一个月后,它便开始了对中国及中国人的持续性报道。从空间上看,《画报》对晚清中国及中国人的报道在地理位置上基本呈现出从南到北的覆盖①,南起香港、澳门,北至长城沙坡峪关,甚至关注到了出现在俄国中部下诺夫哥罗德市的中国商人②。可见,与19世纪西方关于中国的大部分记载相比,《画报》已远远突破了通商口岸和沿海地区的地域局限③。本书按照《画报》所报道的人物在晚清中国社会中的地位和作用进行分类,将其分为皇帝形象、官员形象、军人形象和百姓形象四大类。因人物形象类别较多,涉及内容较为丰富,故又分为上、下两章。上章为位于晚清中国社会上层,履行统治功能的皇帝和官员形象;下章为处于社会下层,在战争中疲于奔命的军人形象和在日常生活中苦心经营的百姓形象。

无论从哪个方面看,在《画报》对晚清中国人的报道中,用力最勤、报道最多、最为关注和重视的,无疑是在晚清政府中占据统治地位的皇帝

---

① 基本上与两次鸦片战争战场所在地转换路线一致。
② See "A Group at the Great Annual Fair an Nijni Novgorod, Central Russia", *The Illustrated London News*, January 2, 1864, p.17.
③ 参见[英]约·罗伯茨编著《十九世纪西方人眼中的中国》,蒋重跃、刘林海译,中华书局2006年版,导言第11页。

及高官形象。《画报》对他们的报道不仅都用了专版专题,而且在相关报道中也多有涉及,从而使他们成为当时西方世界了解最多的中国人形象。

第一节　皇帝形象

若以 13 世纪中期的《柏朗嘉宾蒙古行纪》《鲁布鲁克东行纪》和 13 世纪末的《马可·波罗游记》作为中国形象进入西方文化视野的肇始①,直到《画报》创刊的 19 世纪中期,其间在西方对中国和中国人形象的塑造中,中国皇帝的形象一直备受关注。中国皇帝作为国家最高政治领袖和精神领袖,既拥有至高无上的皇权,又处于富有神秘色彩的"天子"帷幔之后,因此在西方人传说中历来留下了浓墨重彩的一笔。从中世纪象征着世俗财富与绝对君权的"契丹"大汗,到启蒙运动时代开明的君主专制的化身,可以说,在鸦片战争之前西方传说中的中国人形象中最为典型的便是中国皇帝。从 1842 年到 1876 年,晚清主要经历了道光、咸丰、同治三位皇帝的统治②,而他们的形象也依次出现在了《画报》中。

一　夕阳余晖里强撑危局的道光皇帝形象

清朝自乾隆后期已由盛转衰。一方面,乾隆好大喜功,征伐连连;另一方面,乾隆生性风流,嗜豪华巡游,一生六下江南,耗费巨大。他留下"一个巨大的烂摊子,褪色的盛世露出了千疮百孔,国库已干枯,银价持续上涨,人民生活苦不堪言"③。嘉庆执政时则"摒弃了任人唯贤的为君之道,对国家大事漠不关心",而且"贪图享乐,与弄臣为伍、和戏子厮混,贬谪了那些不愿同流合污的忠臣"④,更令清朝江河日下。至道光时期,清朝外有西方帝国主义列强虎视眈眈,内有农民起义此起彼伏,进入了濒临崩溃的夕阳余晖时代。尽管道光皇帝"诚实正直,意志坚强,同情

---

① 参见周宁《西方的中国形象史:问题与领域》,《东南学术》2005 年第 1 期。

② 光绪帝于 1875 年 2 月 25 日即位,但截至 1876 年 12 月 31 日,《画报》尚未对其有专人报道,故本书未将其列入研究范围。

③ 张剑:《1840 年:被轰出中世纪》,东方出版中心 2015 年版,第 44 页。

④ [德] 郭士立:《帝国夕阳:道光时代的清帝国》,赵秀兰译,吉林出版集团股份有限公司 2017 年版,第 8 页。

弱者，乐于助人，同时他还具备节俭的美德"①，在个人品质上无可挑剔，但面对濒临崩溃的晚清，他也唯有强打起精神，勉强支撑危局。

出现在《画报》上的第一个中国人形象即道光皇帝。当时第一次鸦片战争已到下半场：从1840年秋战争开始到1842年春浙东反攻失败，"全部事实都已表明，清王朝在军事上绝无出路"②。因中英距离遥远，又值战争期间，《画报》从获得消息到刊载报道，在时间上大约滞后3个月。但毫无疑问，当时的英国人已清楚地意识到，"清朝的统治正摇摇欲坠"③。《画报》以这样一位统治濒临崩溃的清朝元首形象拉开中国报道的序幕，不仅是出于对时事的敏感，更可能出于为创刊未到一个月的《画报》吸引更多读者的需要。这篇关于中国人的首次报道与另一篇题为《西印度和大西洋轮船航行》④的报道同版。其中，道光皇帝的肖像约占整个版面的三分之一，非常引人注目（见图2.1）。因此，尽管该篇报道正文中涉及皇帝的部分仅占一半左右，还与对1842年3月英国远征中国的报道杂糅为一篇，略有文不对题之嫌，但如此直接的标题配以道光皇帝的大幅肖像，完全达到了"吸睛"的效果。

这幅肖像据称是"中国道光皇帝肖像真迹"的摹本，是"在复制过程允许的范围内尽可能正确"的模仿⑤。按画中皇帝的衣着推断，他应正处朝堂之上。他身体微向前倾，双手执一份文书，侧头阅读，头身轮廓形成三角形构图，与清朝帝王肖像画常用的方形构图和人物正襟危坐的姿势有较大差异（见图2.2）。皇帝双眉微蹙，既忧又惧，表情引人注目，令读者不由得随着他的目光看向文书，猜测其内容究竟是什么。不同于方形构图传递出的稳定感或稳固感，三角形的构图通过隐藏的对角线，能突出画面的紧张感和动态；皇帝前倾的身体和纠结的面部表情无不暗示情绪的紧张，令读者联想到他阅读的文书很有可能与极不乐观的战况相关。

---

① [德]郭士立：《帝国夕阳：道光时代的清帝国》，赵秀兰译，吉林出版集团股份有限公司2017年版，第34页。

② 茅海建：《天朝的崩溃：鸦片战争再研究》（修订版），生活·读书·新知三联书店2014年版，第397页。

③ "Taou Kwang, The Emperor of China", *The Illustrated London News*, June 4, 1842, p. 56.

④ "West India and Atlantic Steam Navigation", *The Illustrated London News*, June 4, 1842, p. 56.

⑤ "Taou Kwang, The Emperor of China", *The Illustrated London News*, June 4, 1842, p. 56.

图 2.1　左上插图《中国皇帝》，下方插图《西印度公司轮船 "索尔韦号"》①

---

① *The Illustrated London News*, June 4, 1842, p. 56.

第二章　《伦敦新闻画报》中晚清中国人形象的主要类型(上) ❋ 37

图 2.2　清宣宗道光皇帝爱新觉罗·旻宁像①

---

① 图片来源:《道光皇帝 1821—1850 年》,故宫博物院官网,https://www.dpm.org.cn/court/lineage/226239.html?hl=%E9%81%93%E5%85%89,2023 年 6 月 1 日。

此外，在与皇帝肖像相隔数行文字、约占版面三分之一的插图《西印度公司轮船"索尔韦号"》的近景中，一艘蒸汽轮船从画面右端向左航行。船头朝左上方向，加强了从右至左的动线，不仅能凸显轮船劈波斩浪时的坚实有力，更使读者的视线从右至左延伸至画外，再次投向左上角的道光皇帝肖像①。风雨飘摇中的清朝统治者与乘风破浪的英帝国蒸汽轮船形成巧妙的对比，仿佛暗示封闭落后的遥远东方与工业革命后蓬勃发展的英国之冲撞，使得整个版面更富戏剧性，也进一步凸显"中国的道光皇帝"处境的岌岌可危。

报道文字也佐证了这一点，"据消息灵通的权威人士称，道光皇帝目前（倘若危机确实尚未过去的话）无论是个人的生命还是帝国，都处于极其危险的境地"②。既然时局如此紧张，那么作为最高统治者的道光皇帝又作何应对呢？新闻中并未提及皇帝的态度，也未涉及其政令的只言片语。通篇文字中的皇帝均处于被动的语境下："……很多人认为，英国远征军应立即进攻北京所在的直隶省……对那儿的任何攻击都将迫使皇帝亲自审查这次战争的原因并迅速做出决断""神圣的直隶省本身必须受到攻击，甚至英国军队可能不得不向京师进军，直到皇帝的顽固态度屈服为止……皇帝将不得不退位或服从于适当的条件。"③

乍看之下，这篇新闻的确名不副实。题为"中国的道光皇帝"，但文字报道中既无对皇帝个人的详细介绍，也无对皇帝作为最高统治者在战争中所扮演角色的正面描写——就连对身为地方官员的"杭州府的官员"当时的动向都有所提及——"似乎决心以他们自己的方式继续行动"④。为何如此？难道皇帝并不重要？当然不是。因为在开篇编辑对新闻编排的解释中就体现出了他们主观上对道光皇帝的重视："最初我们打算将这幅肖像和下一批来自中国的邮件到达时可能需要的插图放在一起，但我们有充分的理由预计，针对该主题的插图将占据报纸相当大的篇幅，因此我们

---

① 关于构图中动线的作用，参考 Richard Campbell, et al., *Media in Society: A Brief Introduction*, Boston and New York City: Bedford/St. Martin's, 2013, pp. 60 – 61.

② "Taou Kwang, The Emperor of China", *The Illustrated London News*, June 4, 1842, p. 56.

③ "Taou Kwang, The Emperor of China", *The Illustrated London News*, June 4, 1842, p. 56. 着重号为笔者所加，后文中如无说明，均循此例。

④ "Taou Kwang, The Emperor of China", *The Illustrated London News*, June 4, 1842, p. 56.

决定把这位天子陛下的大幅肖像画从那些插图中取出来提前发表,以防大量新闻将它完全挤掉。"① 但客观上,由于当时《画报》未向中国派驻记者,英国涉战官员〔如义律(Charles Elliot,1801—1875)、璞鼎查(Sir Henry Pottinger,1789—1856)等〕也不可能如他们的前辈马戛尔尼(George Macartney,1793年来华)等能代表使团与清朝皇帝直接接触,因此它能获得的关于道光皇帝的资料非常有限。此时,文字上的贫乏必须用意涵丰富的插图来弥补——这也解释了道光皇帝大幅肖像存在的必要性。至此,作为清朝最高统治者的道光皇帝在《画报》上的初次亮相就充满面对英国的步步紧逼却焦头烂额、束手无策之感。

时隔约半年,道光皇帝再次较为集中地出现在长篇报道《中国》②中。这篇报道聚焦于1842年6月到7月的战事。当时英军从吴淞、宝山沿黄浦江水陆并进,于6月19日占领上海,7月4日抵达扬州,并向南京城推进。因此,报道花了较大篇幅描述当时几场激烈的战役,简介英军舰船,报告广州、香港和澳门的近况,间有对清军防御工事和战场(大运河)及下一个目标——南京城的介绍等。所配七幅插图除了《装有毛竹瞄准具的中国火枪》和《"复仇女神号"蒸汽船在珠江上击毁中国战船》之外,其余五幅都是对地理风貌的素描,分别为《南京琉璃塔》《广州》《中国京杭大运河》《南京》《黄埔》。

关于皇帝的大段文字出现在报道的后半部分。前面有对激烈战事的渲染,有对南京陷落后中英是否签订合约的猜测,也有对英军若逼近北京皇帝则会逃往蒙古的判断等作为铺垫。还有对"一份非常奇怪的命令"的引文,"通过其改变了的语气表明,中国当局最终认为有必要对风暴屈服"③。于是,道光皇帝作为主体,仿佛于漫天硝烟和清廷必败的暗示中登场。

这是道光皇帝于1842年6月5日亲自颁发的关于如何处理"夷务"的诏令。《画报》认为它是"最引人注目的文件",因为它"提供了皇帝本人关于这场战争的起因和进展的看法"。按照儒家"礼乐征伐自天子

---

① "Taou Kwang, The Emperor of China", *The Illustrated London News*, June 4, 1842, p. 56.
② "China", *The Illustrated London News*, November 12, 1842, pp. 420-421.
③ "China", *The Illustrated London News*, November 12, 1842, p. 421.

出"的原则,战争的一切决定都应出自圣裁,此处通过解读皇帝诏令来考察他在战争中对统治功能的履行也是恰当的。因此,《画报》强调应该对诏令"详尽地解读"。然而,报道并未全文转载诏令,读者也无从细读全文。这或许是因篇幅所限,或许是因原文的"缺场"更能赋予媒体解读以优势,强化其阐释的话语权。为佐证诏令的重要性,《画报》首先强调了它流通的渠道:"刊印在清政府的喉舌——《京报》上。它在帝国的每个角落流通,调节公众的情绪基调。"① 以此说明诏令既具权威性,又流通广泛,还有意识形态统治作用——控制公众舆论。接着,《画报》对诏令的部分字句进行了转述和解读:

> 他(皇帝)追溯战争的起因是"鸦片烟流毒中国"。这些被他称为"逆夷"和"贼"的人给他的子民带来的苦难令他触目恸心。他大声疾呼:"下民何辜?罹兹惨酷。"他承认了清军在虎门战役中的失败,也承认英军"扰我海疆黎庶"。广州的赎金被称作仅为偿还行商们的债务,六百万两的数额也被说成是"区区之施,实非所吝"。……从其内容来看,似乎没有理由期待清廷的任何让步;但很明显,真相的声音终于被允许接近御座;诏令中有一种奇怪的混合,即沮丧混杂着希望,还混杂着对"蠢尔丑类"的强烈敌意,其士气是他的军队所"无法企及"的。"尔诸臣亦惟和衷共济,鼓励戎行",皇帝陛下补充道,"必能剪除夷孽,扫荡海氛,与天下苍生,共享升平之福。"②

从上述文字看,《画报》对诏令的转述与分析可以分为两个层面:

第一层呈现了道光皇帝对鸦片战争的理解。他认为鸦片战争的起因是"逆夷"和"贼"先向中国倾销鸦片,残害无辜臣民。作为一国之君,他触目恸心,故向"逆夷"发难。然而,虎门战役的失败致使东南沿海生

---

① "China", *The Illustrated London News*, November 12, 1842, p. 421.
② "China", *The Illustrated London News*, November 12, 1842, p. 421. 道光帝谕令原文见文庆等编《筹办夷务始末(道光朝)(选录)》,齐思和、林树惠、寿纪瑜编《中国近代史料丛刊·鸦片战争》,第4册,上海人民出版社1957年版,第137—138页。

灵涂炭。至于因广州之战的失败而赔付英国的 600 万两款项，道光皇帝认为是行商们应偿还的债务，"区区之施，实非所吝"。皇帝表明了对战势的态度：节节失败是因为清军士气不及"蠢尔丑类"，因此如若清军能各尽其责，这场仗还有希望胜利，最终天下也能回归和平安宁。

第二层则传递了《画报》自身对道光皇帝的解读。

首先，《画报》不认同道光皇帝关于广州那 600 万两白银的说法。其一，他们认为，这 600 万两明明是清政府广州战败后的"赎金"（即从英军手中"赎回"广州城），却被转嫁到行商身上，变成了"商欠"，这是性质上的转变。其二，600 万两并非小数额，却被轻描淡写地称为"区区之施"，这是态度上的傲慢。两者无疑透露出皇帝对于"天朝"已失颜面的矫饰。

其次，"从其内容来看，似乎没有理由期待清廷的任何让步；但很明显，真相的声音终于被允许接近御座"这句话值得琢磨。"真相"一词在这篇报道前半段也曾出现，即在关于 1842 年 6 月 16 日至 6 月 20 日英军攻陷扬子江入海口和吴淞口的大量炮台并占领上海城的叙述之后。文中提到："人们认为，英国远征军逼近大运河河口以及南京受到威胁的危险会促使皇帝做出公平的安排。但人们仍然怀疑他是否被准确告知了真相。"①此处的"真相"是指上海失守，英军已威胁到京杭大运河和南京的事实。但道光皇帝的诏令是于 6 月 5 日颁布的，那么，皇帝最终了解的又是关于什么的真相呢？并且既然有对皇帝是否被告知真相的怀疑，就意味着有皇帝未被告知真相的先例；既然"真相的声音终于被允许接近御座"，就意味着在此之前皇帝都可能被隔绝在真相之外。

《画报》在关于中国的第二篇报道中曾引用英国驻华公使璞鼎查于 1842 年 4 月向在华英国公民发放的传单，其中提及皇帝已诏令开战各省必须自己负担战争费用，并据此得出结论："清廷内阁认为没有必要举国努力来对抗他们的敌人"②。璞鼎查的公告主要是为对外宣布英军战绩及清军"违抗命令""缺乏后勤补给"的艰难处境。公告中也预测，若由各省份自行承担战争费用而当地居民又不愿再支持，那么清军的结局就是

---

① "China", *The Illustrated London News*, November 12, 1842, pp. 420–421.

② "The Overland Mail-China and India", *The Illustrated London News*, July 9, 1842, p. 132.

"自行解散,全无组织"①。为何《画报》强调清廷内阁认为事态未严重到需要全国动员呢?照此看来,极有可能的便是清廷的最高权力代表——皇帝并未被告知实情。因此,前文中皇帝最终才了解的"真相"应泛指鸦片战争爆发以来的战况,即清军一再战败的实情。这样一来才会有清廷虽然不愿妥协,但皇帝也不得不承认节节溃败的事实。参考史实,自鸦片战争初始,道光皇帝就不断陷入由两江总督伊里布、参赞大臣杨芳、靖逆将军奕山、钦差大臣琦善等前敌主帅们编织的一个又一个谎言中。例如,诏令中用为行商垫付商欠来代替缴纳600万元广州赎城费的说法来源于奕山的奏折②。从1842年5月1日道光皇帝发给前方主帅奕经的谕旨也可看出,虽然鸦片战争已打了两年,但皇帝本人对战局真相了解不多,对其对手英帝国更可谓一无所知③。因此,这篇报道中两次提到"真相",尤其是"但人们仍然怀疑他是否被准确告知了真相"一句,体现出了道光皇帝虽作为清朝的最高统治者,虽位于权力的顶峰,却很可能一直处于被蒙蔽的状态。更具讽刺意味的是,其实人们一直都知道皇帝对战争战况的无知!

最后,《画报》认为诏令透露出皇帝陛下的情绪是"沮丧混杂着希望,还混杂着对'蠢尔丑类'的强烈敌意"。"沮丧"显然是因为清军一败再败,与前面提到的清廷本有必要让步相呼应;"强烈的敌意"则出于对始终无法打败的"逆夷""异族"的痛恨,以及对在清军一再溃败又赔款的情况下英军还步步紧逼的愤懑。这与前文中皇帝的"触目恸心"相互呼应。但是,还有"希望"这种情绪混杂其中。这"希望"寄于"诸臣""和衷共济",高振士气以盖过事实已证明了的"无法企及"的英军的士气,即用天朝声威慑服英军——这无异于期望一个奇迹。《画报》所点出的诏令的奇怪之处正在于此。这让读者感到皇帝高呼的要将"剪除夷孽,扫荡海氛"实为虚张声势,更是自欺欺人。

在解读诏令后,报道也简单提及"皇帝陛下在亲自接见浙江提督时,

---

① "The Overland Mail-China and India", *The Illustrated London News*, July 9, 1842, p. 132.
② 参见茅海建《天朝的崩溃:鸦片战争再研究》(修订版),生活·读书·新知三联书店2014年版,第286页。
③ 参见茅海建《天朝的崩溃:鸦片战争再研究》(修订版),生活·读书·新知三联书店2014年版,第424—425页。

已命令他们全力修建铸造厂并铸造大炮，还要求他们以十万火急的速度将大炮运往浙江"①，以此佐证前文对清廷并不愿意妥协的论断。至此，《画报》塑造了道光皇帝在鸦片战争期间作为统治功能履行者的形象：他既有作为一国之君面对臣民苦难而痛心疾首的可敬，屡战屡败但又不愿向"逆夷"妥协的尊严；又有作为最高统治者却对战事不察、屡受蒙蔽的失职与可悲；还有强逞"天朝"之姿，鄙视"逆夷"、恫疑虚喝的自大与可笑。《画报》曾认为清廷是"地球上最虚弱、最傲慢的政府之一"②，作为统治者的道光皇帝形象中有虚弱也有傲慢，但也绝不仅限于此。

道光皇帝在《画报》中最后一次较为瞩目的亮相是在关于咸丰皇帝的专题报道中，作为引出咸丰皇帝的"导语"出现③。此时距道光皇帝驾崩已有十年之久，第二次鸦片战争也即将落下帷幕。《画报》简介了道光皇帝的在位时间，强调了他执政期间在外交上影响最大的事件："现任中国皇帝于1850年继位，取代了著名的道光皇帝。道光皇帝在位约30年，通过继续对英国人的战争而引人瞩目。这场战争以鸦片的引入问题为开端，以将香港割让给英国贸易为终结。"这段英文原文只有一个长句，主要为读者回顾道光皇帝在英中关系上的重要一笔——参与鸦片战争。这几句话看似平铺直叙，实则先扬后抑：以"著名的道光皇帝""引人瞩目"为扬，而"以将香港割让给英国贸易为终结"的黯然收场为抑，再次暗示了道光皇帝作为清朝统治者在鸦片战争中的无能与失败。紧接着，报道中提到有关咸丰皇帝继位的小插曲，认为他"被选为太子本身就是一种革新（innovation）"，是对中国"古老习俗"（immemorial custom）④即储位密建制度的革新：

然而，咸丰的情况是，他被道光皇帝亲自推荐给了朝廷重臣，并被以一种足够公开的方式任命为太子——这一安排可能是这位精明练

---

① "China", *The Illustrated London News*, November 12, 1842, p. 421.
② "Taou Kwang, The Emperor of China", *The Illustrated London News*, June 4, 1842, p. 56.
③ "Hien-Fou, Emperor of China", *The Illustrated London News*, October 13, 1860, pp. 353-354.
④ "Hien-Fou, Emperor of China", *The Illustrated London News*, October 13, 1860, p. 353.

达的老皇帝有意为之,目的是为防止长期的无政府状态出现。因为他
似乎已经预感到一些即将来临的麻烦。据说道光在移交这个已受威胁
的统治权时,以半预言的方式评论道:"盛极而衰啊。"①

此处,《画报》不吝对道光皇帝的欣赏。能对清朝长久以来实行的秘密建储制度进行革新,此谓有胆识和魄力;之所以如此安排,是因为"精明练达"的老皇帝未雨绸缪,防止身后的动乱,此谓有远见(尽管多有史学家认为道光平庸、视野狭窄、目光短浅②)。而那句"据说"是道光皇帝的半预言式的评论——"盛极而衰"并未透露出处。事实上,它也不太可能有确切来源。但这句话立刻使垂垂老矣的皇帝的忧虑与无力跃然纸上。

《画报》塑造的道光皇帝形象主要是在鸦片战争期间作为统治功能的履行者形象。他成长在闭关锁国的时代,对"蛮夷"无知,又因屡受蒙蔽而盲目,这更助长了他幻想以"天朝声威"慑服"蛮夷"的自大傲慢。在认识到"逆夷"难剿之后,他既沮丧,又高呼要驱逐"逆夷",但这终究是色厉内荏的最后挣扎。他并非不知清朝大厦将倾,但终究无力回天。然而"无能"不代表"不作为",因此,道光皇帝的形象是多面的。

二 大厦将倾时苦心维持的咸丰皇帝形象

咸丰皇帝于 1850 年即位,1861 年逝世,其间晚清大厦将倾:一方面,英法帝国主义列强凭借坚船利炮不断威逼、侵略中国,于 1860 年攻入北京,火烧圆明园,还逼迫清政府签订了丧权辱国的《北京条约》;另一方面,太平天国起义如火如荼,大有燃遍全国、毁灭晚清王朝之势。咸丰皇帝虽有力挽狂澜之志,但终乏回天之力,只能苦心维持,艰难度日。因此,他又被后世学者称为清代的"苦命天子"。

---

① "Hien-Fou, Emperor of China", *The Illustrated London News*, October 13, 1860, p.353.
② 参见茅海建《天朝的崩溃:鸦片战争再研究》(修订版),生活·读书·新知三联书店 2014 年版。茅海建《苦命天子:咸丰皇帝奕詝》,生活·读书·新知三联书店 2006 年版。朱诚如《管窥集:明清史散论》,紫禁城出版社 2002 年版。

《画报》对咸丰皇帝的刻画集中在《中国的咸丰皇帝》① 这篇专题报道中。此时咸丰皇帝执政已近十年，但之前《画报》并未对他有特别关注。依据史实来看，1860 年（咸丰十年）是"清朝立国以来内外交困危机空前的一年，也是咸丰帝备感痛楚的一年"②。1858 年 5 月，英法联军进攻与北京近在咫尺的天津，6 月 26 日签订《中英天津条约》；1860 年 6 月 26 日，英、法政府通告欧美各国，正式对中国宣战。《画报》于同年 10 月初的新闻③中也已告知读者，英法联军于 7 月下旬分别撤离大连、芝罘，即将在北塘登陆。此外，就在咸丰皇帝专题报道的前面几页还刊登了英军进驻大连湾的消息以及对下一步进发的目标——北京的简介④。这样看来，关于咸丰皇帝的专题报道一方面可作为对日渐白热化的中国战事的背景知识补充；另一方面也可吸引读者对再次陷入战火纷飞并岌岌可危的清朝的统治者一窥究竟。

《中国的咸丰皇帝》文字报道刊于第 353 页，仅占六分之一版面；而咸丰皇帝的大幅画像赫然出现在第 354 页，约占一半版面（见图 2.3），非常引人注目。皇帝的肖像画为圆形，似镶于插屏正中，作为近景。远景则是北京、南京两地风光，画中的城楼与宝塔尤为突出，盖因城楼和宝塔是"最具有中国意义和王权象征性"⑤的元素。图下文字则标注出西为北京西城门，东为南京桥。城墙城楼、舢板与报恩寺琉璃塔、帆船相互辉映，中有孔桥相连。桥虽异地，但桥下应同为京杭大运河。《画报》曾详细介绍过大运河及这两座城市，指北京为帝国京师，南京本是"大清帝国的雅典"，但已为太平军所占⑥。因此，这两地既为英国读者相对熟悉，又对咸丰皇帝及清廷极具重要意义。北京为皇城所在，有英法联军大军压逼之外患；南京虽远居江南，但有太平军扫荡东南之内忧。

---

① "Hien-Fou, Emperor of China", *The Illustrated London News*, October 13, 1860, pp. 353 - 354.
② 茅海建：《苦命天子：咸丰皇帝奕詝》，生活·读书·新知三联书店 2006 年版，第 202 页。
③ "China", *The Illustrated London News*, October 6, 1860, pp. 314 - 315.
④ "China. The British Forces in Talien-Wan", *The Illustrated London News*, October 13, 1860, pp. 343 - 344, 346, 350 - 352.
⑤ 吴悦：《〈伦敦新闻画报〉与近现代中国图像》，博士学位论文，中国美术学院，2021 年，第 52 页。
⑥ "The Insurgents at Nankin", *The Illustrated London News*, February 24, 1855, pp. 171 - 172.

图 2.3 《中国的咸丰皇帝》①

---

① "Hien-Fou, Emperor of China", *The Illustrated London News*, October 13, 1860, p. 354.

再看图上咸丰皇帝肖像：他仍是青年人的相貌。他身着朝服，端坐于龙椅上，身体微微后倾，左手扶扶手，姿态比较放松；目光正视前方，眼神凌厉。肖像准确而生动地呈现了文字对皇帝外表的描述：

> 总的来说，他的外表非常威严……他的肤色也许比他的同胞们要更黝黑一些。他高贵的额头、浓密的弯眉和锐利的眼神使他显得非常出众，这丝毫没有因为他异常薄的嘴唇而减弱，尽管高而方正的颧骨立刻标志着他是纯正的鞑靼人后裔。①

整篇报道对于咸丰皇帝的执政特点及性格特征的塑造可以用"新"与"旧"二字来概括。在国家治理方面，"新"首先体现在治理方式的创新：他的"独特之处"正在于对"长期以来被认为是对天朝帝国的存在至关重要的机构"进行了革新；他执政之初便"彻底颠覆了所有现存观念"，严厉谴责并革职查办两位腐败无能、包庇"蛮夷"的旧臣（穆彰阿和耆英），此为摈奸用贤的新君作为。在个人旨趣层面，他"非常注重体操运动——这种消遣对于中国人或任何东方君主而言，都并不寻常"，也对西方长期印象中陈腐停滞的东方帝国之君主形象是一种突破；他"完全违背了中国人关于女性美的保守观念"，妃嫔们不再是弱质纤纤的后宫女子，而是喜爱"骑马、打猎、射箭，甚至是赛跑"的"高大强悍的女人"，这体现了咸丰的审美之新。相对于这些"新"，《画报》也隐隐指出他的"旧"之所在。他沿袭了专制统治者的多疑，在险些遇刺但未查明指使者的情况下将被怀疑的18个官员满门抄斩；他受朝臣教唆，反对能使他"对欧洲国家采取一种更为自由的交流政策"的措施，坚持闭关自守的旧路。报道中评价咸丰皇帝"看上去似乎果断而坚毅"，但同时又容易轻信。这是他性格上的特点。追根究底，《画报》所塑造的咸丰皇帝形象体现出新旧融合又冲突的矛盾——正如他挚爱的"文学和科学"一样②。在19世纪的西方人眼中，中国的文学即古代典籍，中国人因过分注重文学而崇古守旧；科学则是西方现代文明的动力，中国人因过分忽略

---

① "Hien-Fou, Emperor of China", *The Illustrated London News*, October 13, 1860, p.353.

② "Hien-Fou, Emperor of China", *The Illustrated London News*, October 13, 1860, p.353.

科学而停滞落后①。但报道中的咸丰皇帝对文学和科学都很狂热,既循古又创新,体现出了多面性。

从上可见,与对道光皇帝的报道相比,《画报》对咸丰皇帝的观察仿佛距离更近,表述也更为活泼化:不仅报道了皇帝执政上的一些典型事件,也细致描述了他的容貌身材,更奉上不少轶事,如在御花园里散步时险些遇刺、邀请文学家和科学家入宫并热情款待、对皇后既钟爱又尊敬等。因此,暂且不论《画报》所呈现的咸丰皇帝形象是否与后人的评述一致②,单就这篇报道而言,它塑造的不仅是清朝最高统治者的形象,也是一个"人"的形象,并在新与旧的融合与冲突中将他立体地呈现。

三 短暂平静下作为符号象征的同治皇帝形象

同治皇帝6岁(1861年)即位,19岁(1875年)逝世,在位13年。此间晚清帝国进入了一个短暂的平静期。对外关系方面,1860年签订的《北京条约》满足了帝国主义列强的所有要求:开埠、赔款、赋予"治外法权",以"西礼"觐见中国皇帝。因此,他们很乐意维护这种既得利益现状。对内而言,各种大小起义基本得到平息,晚清政权趋于稳定,呈现出"同治中兴"的稳定发展现象。然而,"同治中兴"并非同治皇帝之功。他虽然在位13年,但极少有独立执政的机会,更多的是"一位礼仪上被接受的皇帝"③,作为国家象征出现。1872年12月至1875年4月,与同治皇帝相关的11篇文字报道和12幅插图陆陆续续地出现在《画报》上。无论从频率、体量还是深度来看,《画报》对这位清朝年轻皇帝的重视程度远远超过道光、咸丰二位。

《画报》对同治皇帝的关注始于他1872年10月16日的大婚。《画报》紧急派遣英国著名的写生画家和战地记者辛普森赴华报道此次皇家

---

① 参见周宁《天朝遥远:西方的中国形象研究》下册,北京大学出版社2006年版,第761—762页。

② 如茅海建评价咸丰是"直身躺在时代的分界线上,手和脚都已经进入了新时代,但指挥手脚的头脑却留在旧时代",见茅海建:《苦命天子:咸丰皇帝奕詝》,生活·读书·新知三联书店2006年版,第308页。

③ [美]芮玛丽:《同治中兴:中国保守主义的最后抵抗(1862—1874)》,房德邻等译,中国社会科学出版社2002年版,第63页。

婚礼，为读者奉上"中国皇帝的婚礼"这一系列专题①。辛普森的文字描写非常细致，巨细靡遗地为读者奉上皇帝大婚的整个过程，包括皇家婚礼的起点（选秀女、新娘完婚前独居公主府）、中段（大婚前北京大街上对各地礼品和皇帝聘礼的展示；大婚当晚的婚礼行列）和终点（迎娶新娘进入紫禁城）。他的插图生动写实、栩栩如生，其中两幅被分别选作两期报纸的封面，足见《画报》对同治皇帝大婚报道的看重以及对辛普森画作吸引力的信心。

在呈现同治皇帝婚礼之后，辛普森还发回了对同治皇帝亲政前举行祭祀之地——天坛的详细描述②，图文并茂地为读者介绍了天坛和其中进行的中国皇帝神秘的祭天仪式。

时隔9个月，《画报》再次整版刊登了关于同治皇帝的专题报道——《中国的皇帝》③。皇帝的大幅肖像版画居正中，约占版面的五分之三（见图2.4）。两周之后，即1873年9月27日的《画报》刊出《觐见中国皇帝》④，对同年6月29日清朝皇帝首次于北京城内紫光阁接见俄、美、英、法、荷公使及德国翻译，并免除使臣跪拜之礼的重大事件进行了报道（见图2.5）。至此，同治皇帝在《画报》中基本谢幕。在1877年之前，《画报》最后一次报道同治皇帝是转载法国《宇宙报》（*The Univers*）刊登的同治皇帝遗诏。⑤

---

① "The Imperial Wedding in China: Entrance to the Bride's Palace, Pekin. From a Sketch by Our Special Artist", *The Illustrated London News*, December 21, 1872, p. 580. "The Imperial Marriage in China", *The Illustrated London News*, December 21, 1872, p. 582. "The Chinese Imperial Marriage at Pekin", *The Illustrated London News*, December 28, 1872, pp. 618, 620 – 621. "The Imperial Wedding in China", *The Illustrated London News*, December 28, 1872, p. 622. "The Chinese Imperial Marriage", *The Illustrated London News*, January 4, 1873, pp. 5 – 6. "The Chinese Imperial Marriage at Pekin", *The Illustrated London News*, January 11, 1873, p. 25; "Our Illustrations of China", *The Illustrated London News*, January 11, 1873, p. 27.

② "The Temple of Heaven, Pekin", *The Illustrated London News*, February 22, 1873, pp. 184 – 187.

③ "The Emperor of China", *The Illustrated London News*, September 13, 1873, p. 253.

④ "Audience of the Emperor of China", *The Illustrated London News*, September 27, 1873, pp. 287 – 288.

⑤ See "The Chinese Imperial Family: Will of the Late Emperor", *The Illustrated London News*, April 3, 1875, p. 326.

图 2.4 《中国年轻的同治皇帝》①

---

① "The Emperor of China", *The Illustrated London News*, September 13, 1873, p. 253.

第二章 《伦敦新闻画报》中晚清中国人形象的主要类型(上) ❋ 51

图 2.5 《中国皇帝在北京接见外国公使和领事》①

① "Reception of the Foreign Ministers and Consuls by the Emperor of China at Pekin", *The Illustrated London News*, September 27, 1873, p. 288.

可以说，《画报》中的同治皇帝由始至终都异常忙碌地出现于各种仪式中：大婚中、祭祀中、联合觐见中，甚至最后的登场都是在极富官方色彩和仪式化的"遗诏"里。因此，《画报》所塑造的同治皇帝更像是某种符号象征，而非一个有血有肉的个体，意在通过符号化的途径来"取得社会公众的信任和建构自身存在的合法性"①。

首先，在皇家婚礼中，他是受"极其琐碎的古老因袭规则和礼仪"束缚和摆布的一个符号。同治皇帝大婚时不过十六岁，年纪轻轻就"被迫隐居"。他作为新郎，按礼制却在新娘被抬进内宫之前都未曾见过妻子的模样②；冗长、烦琐、无味的礼仪导致新娘到达之时已是子夜一点，皇帝已经睡着了，还不得不被叫醒，完成这些礼仪规矩——"匆匆忙忙地说了些必要的祷词"③。这不得不令人想到18世纪德国哲学家赫尔德所言，中国礼俗幼稚而虚伪，而中国皇帝正是这礼俗的奴隶④。

其次，在天坛祭祀仪式中，他是主持"国教"仪式的唯一祭司，也是"君权神授"的符号。在天坛，既祭拜天帝，也祭拜先王，为的是维系天帝与皇帝之间的"某种工作伙伴的关系"，即"中国皇帝和天上的神仙共同掌管宇宙事务""天帝和皇帝均为最高统治者"，也就是强调所谓的"天帝掌管天界，皇帝统治下界"。《画报》用大约六分之五版面的文字详述这神秘的祭天仪式，也在第一段便说明同治皇帝的这次祭祀是"作为皇帝的成人礼"⑤。但由于记者不可能旁观皇帝祭祀现场，这些描述更多的是对天坛和春夏秋冬各种祭祀大典的介绍。于是，同治皇帝在此又一次扁平化为一个符号——是君权神授的"天子"或"圣子"的符号。

再次，在接见外国公使的仪式中，他是瓦解中的"天朝上国"形象的象征。《中国的皇帝》虽是关于同治皇帝的专题，但大部分笔墨用于讨论"自1860年以来就一直未得到解决的觐见问题"，从介绍中国的"朝

---

① 高丽华、吕清远：《符号资本与符号权力：网络媒体投身社会公益的祛魅研究》，《新闻界》2017年第7期。
② "The Imperial Wedding in China", The Illustrated London News, December 28, 1872, p. 622.
③ "The Chinese Imperial Marriage", The Illustrated London News, January 4, 1873, p. 6.
④ 参见［德］赫尔德《中国》，何兆武、柳卸林主编《中国印象——外国名人论中国文化》，中国人民大学出版社2011年版，第136—142页。
⑤ "The Temple of Heaven, Pekin", The Illustrated London News, February 22, 1873, p. 186.

贡"体制尤其是觐见"天子"时的"三跪九叩"之礼延伸到评论中国闭关锁国、落后于现代文明。尽管文中数次以"年轻的皇帝"指称同治，但这"年轻"既指皇帝年龄小，或刚摆脱太后垂帘听政的保护而亲政，也含有某种能为古老封闭的帝国开启国门拥抱现代文明的"新"。插图中正襟危坐、身着常服、面含笑意的极为年轻的皇帝在端庄之外也带着某种活泼的朝气。1873年9月27日的《觐见中国皇帝》则从图像到文字都在表现同治皇帝"盛装正襟危坐"，象征性履行接见外国驻京公使的职责——其"天子"的符号意义大于外交活动的实际功能。该报道还证实了外国公使觐见时已以三揖或五鞠躬之礼取代了跪拜之礼。通过透视的技法，插图近景中并排站着的五位外国公使对远景中宝座之上的同治皇帝有着某种逼迫感，似乎象征着西方坚船利炮对本来自居"俗世最中心"的"天朝"的步步瓦解。可以说，此处的同治皇帝也象征着"有清以来二百年余列祖列宗之'旧制'"和"中国数千年来的华夏礼仪'旧制'"的"权威与根基"已被严重动摇①。

最后，在据称是同治皇帝的"遗诏"中，虽然采用了第一人称——"朕"（原文中用"me"和"I"）来叙述，也历数了"朕"继位以来作为皇帝的德行与功绩，如"敬天"、"爱民"、勤奋学习、平定叛乱、关心臣民福祉等，但这些的前提都是"朕要求太后们摄政（垂帘听政）""她们强迫朕自己接管政府"和"十年后摄政停止了；然而，朕继续听从母后的忠告"，足以见得同治皇帝在执政期间并非掌握实权的帝王，更多的是作为皇权的符号而存在。"遗诏"的后半部分则对其继任者载湉的品德和才能大为褒扬，并强调"至于首都和各省的文官武将，他们将以其热忱、正义精神和践行职责，支持新帝的安抚工作"②——显然，这为的是在最大程度上将新帝的继位"合法化"，为帝位的平稳交接做足官方的宣传以安抚民心。同治皇帝再一次从"人"的角色中抽离，留下的只是他所象征的皇权的那层壳而已。

总而观之，《画报》中的中国皇帝形象，存在着恩格斯所指出的"巴

---

① 王开玺：《试论中国跪拜礼仪的废除》，《史学集刊》2004年第2期。
② "The Chinese Imperial Family: Will of the Late Emperor", *The Illustrated London News*, April 3, 1875, p. 326.

尔扎克式"矛盾:"巴尔扎克在政治上是一个正统派",但其作品却"不得不违背自己的阶级同情和政治偏见",赞扬自己"政治上的死对头","共和党英雄们"①。《画报》在鸦片战争期间,在政治上是拥护英帝国的,但在具体报道中,有时也违背了自己的阶级立场和政治偏见。《画报》所塑造的中国皇帝形象角色多样、性格丰富。有无奈无助又自大傲慢的道光皇帝形象,也有高高在上、表情严肃,体现天朝威严的咸丰皇帝形象,还有象征华夏礼仪旧制权威与根基的同治皇帝形象。在中国传统官方传播中,皇帝作为最高统治者被赋予了浓厚的神秘色彩:他们是天赋权力的"天子";高居于众人之上,行使着主宰世间万物的特权;明察秋毫,对现实生活中的事无所不知;智慧超群,其话语一句顶万句;品质高尚,堪称世界道德楷模……他们成了"被夸张了的拉斐尔式的画像中"的上帝,"脚穿厚底靴,头上绕着灵光圈",不食人间烟火,到达了至善至圣的境界。然而,这些形象中的一切"真实性都消失了"②。因此,《画报》立体动态地展现了道光、咸丰、同治三位清朝皇帝的形象,在一定程度上解构了中国传统官方传播中皇帝形象的神圣性,也颠覆了英国读者对中国皇帝形象的模式化认知和刻板印象。这种皇帝形象可能使部分中国人在感情上感到失落或难以认同,但从人物形象塑造方面看,无疑是值得肯定的;从传播效果方面看,无疑是十分成功的。

第二节　官员形象

纵观《画报》中出现的晚清中国官员,有王公大臣、总督巡抚等朝廷重臣,也有道台、知府、县令等地方官员,各色人等悉数登场。另有在垄断经营对外贸易的同时,代表清政府与在华外商交涉并对其监督管理的行商。他们虽不是严格意义上的官员,却承担了官吏所具有的种种职责,是"亦官亦商的特权商人"③。因此,本书将行商的形象也归于"官员形象"之中。根据《画报》中官员的职能描述和出现的主要场合,本书重

---

① 《马克思恩格斯文集》第 10 卷,人民出版社 2009 年版,第 571 页。
② 《马克思恩格斯全集》第 7 卷,人民出版社 1959 年版,第 313 页。
③ 萧国亮:《清代广州行商制度研究》,《清史研究》2007 年第 1 期。

点分析该报着墨较多且较具代表性的几位官员形象：外交舞台上的官员形象如耆英、斌椿，替清政府处理各类"夷务"的行商，既对外交涉又治理地方的官员形象代表叶名琛。

一　外交舞台上的善变者耆英

鸦片战争之前，清朝对外交往体制可划分为两个系统：一是与东亚邻近诸藩属国有来有往的双边关系，即"亚洲入贡国系统"，体现为"朝贡体制"。其基本形式是藩属国按照"贡期"派遣"贡使"循"贡道"入京将贡物献给清朝皇帝的"入贡"，以及清朝皇帝颁发"诏敕"确认藩属国新统治者地位的"册封"。由此，中国成为东亚特有的具有封建等级制的国际关系体系的中心。二是与西方各国及俄国的有来无往的"欧美诸国系统"，即"闭锁体制"。其主要表现为西欧、北欧、北美等国及俄国将中国作为海外扩张的对象，富有侵略性地叩击中国国门，而中国只是被动地对外来冲击做出反应。从18世纪中叶开始，清政府通过实施闭关政策，拒绝与这些国家建立交往，不发展官方关系[1]。尤其是1793年的马戛尔尼使团与1816年阿美士德（William Pitt Amherst，1773—1857）使团访华，更让清朝统治者警惕"夷人"，加强对其的防范意识。

正因为要拒"夷人"于京城之外，清朝政府将与"夷人"交涉和处理中外争端的权力下放给地方督抚[2]，也就是使"夷人""夷务"无论是从地理位置上还是从权力结构上都远离"天朝"的权力中心，保持"交涉在外"。但在第一次鸦片战争期间，为了处理与英国之间的交涉事务，清政府派遣钦差大臣到沿海"防夷"。林则徐作为第一位以钦差大臣身份处理与西方国家关系的清朝官员，"开了由'中央级'地位的官员专办西方夷务的先河"[3]。清朝的中央权力已无法回避与以英国为代表的西方诸国（官方代表及其政府）发生关系。

---

[1]　参见张振鹍《中国近代史开端与近代中外关系》，《中国社会科学院研究生院学报》1995年第1期。

[2]　参见刘伟《晚清对外交涉体制的演变与影响》，《华中师范大学学报》（人文社会科学版）2006年第3期。

[3]　何新华、王小红：《中国首次对西方外交冲击的制度反应——1842—1860年间清政府对西方外交体制的形成、性质和评价》，《人文杂志》2003年第4期。

1842年4月7日，道光皇帝颁给调任广州将军、"署理杭州将军"的耆英"钦差大臣"关防，后又重新起用被革的前两江总督伊里布，"著赏给七品衔……交耆英带往浙江差遣"①。同年6月5日，道光皇帝责成耆英专办"羁縻"（用妥协的办法换得和平）事宜②；7月26日，授予耆英等"便宜从事"外交之权③。1844年4月22日，道光皇帝下旨由时任两广总督的耆英办理"各省通商善后事宜""著仍颁给钦差大臣关防，遇有办理各省海口通商文移事件，均著准其钤用，以昭慎重"④。同年11月，道光帝又下令正式设立"五口通商大臣"，总揽广州、福州、厦门、宁波和上海五地的通商外交事务，仍由两广总督、钦差大臣耆英兼任。可以说，五口通商大臣的设立是清朝对外体制发生的重大变革，从1844年底起直至1859年，两广总督监理五口通商大臣成为清外交官方名义上的总负责人。1859年初，钦差五口通商大臣由广州移至上海，由两江总督兼任。再到1861年，总理衙门和"南北洋通商大臣"的设立，继承和替代了"五口通商大臣"体制中的中央（钦差大臣）和地方（总督）两种职能⑤。其中，总理衙门成为清政府专职管理外交的机构，逐步承担起外交职能。

以上之所以花一定篇幅概述晚清对外交涉体制的变迁，是要体现出清政府在鸦片战争之中及之后，出于被动适应已变化的国际关系的要求而对原有外交体制作出的逐步调整。尽管直到1901年外务部的成立才标志着清政府具有了专门的中央外交机构，但中间这60年的缓慢摸索和蜕变也使清廷中央官员"不得不"正式与外交涉，登上外交舞台。

耆英是晚清外交史上最重要的人物之一。1842年4月15日，耆英携伊里布前往杭州督办夷务事宜，由此开始了"持续6年多的'耆英外

---

① 张喜：《抚夷日记》，齐思和、林树惠、寿纪瑜编《中国近代史资料丛刊·鸦片战争》第5册，上海人民出版社1957年版，第354—355页。

② 中国第一历史档案馆编：《鸦片战争档案史料》第5册，天津古籍出版社1992年版，第365页。

③ 中国第一历史档案馆编：《鸦片战争档案史料》第5册，天津古籍出版社1992年版，第742页。

④ 中国第一历史档案馆编：《鸦片战争档案史料》第7册，天津古籍出版社1992年版，第424页。

⑤ 何新华、王小红：《中国首次对西方外交冲击的制度反应——1842—1860年间清政府对西方外交体制的形成、性质和评价》，《人文杂志》2003年第4期。

交'"①。同年8月29日《南京条约》签订，以钦差大臣耆英为首，伊里布和时任两江总督的牛鉴二人为辅的三位官员，作为主要的中方谈判人员与英方全权代表璞鼎查交涉。这也是中国的外交人员首次在《画报》上出现。1842年12月3日，《画报》以"中国的外交"② 为题呈现了同年8月20日"三位清朝高官"——耆英、伊里布、牛鉴登上英旗舰"皋华丽号"（the Cornwallis）作礼节性拜访的画面。

综观整篇报道，文字满溢轻松愉悦，英国用坚船利炮轰开清朝国门、迈出对中国扩张之重要一步的喜不自胜跃然纸上。报道开篇便称，为满足读者的好奇心，娱乐大众，该报提供了"新奇有趣的速写"。而插图之有趣，"与其说是因为我们最近在那儿取得了胜利，不如说是因为它描绘了我们新获得的天朝盟友在外交方面的习惯、礼仪和个人风度"。接着，报道引用了"出自一位皇家海军军官之手"的文字，大概描述了当天的会晤③。

那么，插图是如何描绘清朝外交官们的呢？图中场景为"皋华丽号"艉楼附近的上层后甲板上（见图2.6）。此时，清廷身着朝服的三位官员和英国的全权大使、海军司令与将军有了第一次近距离接触④。据文字描述，画面前景的中心应为耆英与正要"最热诚地握手"⑤ 的英国全权大使璞鼎查。只见璞鼎查趋前一步，主动伸出右手要与耆英握手。而耆英分足站定，双目圆睁，嘴微张，仿佛因璞鼎查的举动大惊失色，双臂抬起，却举手无措。一主动、一被动、一为进攻之姿、一为防守之态，在速写插图所定格的这一刻中，璞鼎查反衬之下的清朝钦差大臣耆英之惊恐无措被表现得淋漓尽致。这无疑是呼应文字中写到的在握手之后他们"如释重负地回到船舱里休息"（retired to the cabin to rest after so much labour）。究竟哪方如释重负？不言自明。再看前景，周围的英国海军军官多身体后仰，

---

① 何新华、王小红：《中国首次对西方外交冲击的制度反应——1842—1860年间清政府对西方外交体制的形成、性质和评价》，《人文杂志》2003年第4期。

② "Chinese Diplomacy", *The Illustrated London News*, December 3, 1842, p. 473.

③ "Chinese Diplomacy", *The Illustrated London News*, December 3, 1842, p. 473.

④ 中英谈判在此之前双方多为"照会"往来，或授意属下前往面谈。参见茅海建《天朝的崩溃：鸦片战争再研究》（修订版），生活·读书·新知三联书店2014年版，第444—467页。[日]佐佐木正哉编：《鸦片战争之研究（资料篇）》，沈云龙主编《近代中国史料丛刊续编第九十五辑》，台湾：文海出版社1974年版，第145—175页。

⑤ 英文原文甚至用"握爪致意"（shook paws）体现出诙谐有趣。

图 2.6 《中国的外交》①

① "Chinese Diplomacy", *The Illustrated London News*, December 3, 1842, p. 473.

或抱臂望向别处,体现出轻松甚至漫不经心之态。这与清朝三位高官的如临大敌又形成鲜明对照。画面中景左侧密密麻麻却面目模糊,多处于阴影之中的围观人群无疑是拥簇着耆英三人而来的清朝各级官员随从;右侧则是英国海军军官们,穿着制服,身姿挺拔,"让一切都显得光彩照人"①。文字接着描写了清朝官员们先是"还没来得及从所见的令人眼花缭乱的效果中恢复过来",又为奏响的英国国歌"大吃一惊";对一切见闻"惊羡不已",因为他们没有见过比中式平底帆船更大的船,这是他们"首次见到一艘战斗编列舰(line-of-battle ship)";午饭时有的清朝官员"因喝了樱桃甜酒和白兰地而醉醺醺";告辞时所有来宾"都兴高采烈、心满意足"②。一小段文字便令清朝外交官员们如井底之蛙之孤陋寡闻,又如大开眼界之一惊一乍的诸般窘相呼之欲出。

这段隐隐透出嘲讽意味的描绘和英国摩底士底号海军上尉艾略特·宾汉(John Elliot Bingham,1805—1878)所著的《远征中国纪实》(1843)中对这次会晤的记述具有一致性:"在协议媾和的初期,中国官员们应邀访问了我军旗舰'皋华丽'号。……'英夷的舢板船'上的大炮竟是如此坚固、犀利,让这些官员们吃惊不小。一杯又一杯樱桃白兰地酒把几个贪杯的随员灌得心花怒放。"③不可否认,《画报》引用的这段记述不仅出于战胜者对手下败将的俯视视角,更体现出工业革命后的现代英国对"世界上最偏远"的封闭、落后、无知的晚清中国的鄙夷态度。所配插图是对这段文字的生动注解,也体现出该报的立场。总之,《画报》首次塑造的以耆英为首的中国外交官员的形象是惊惧无措、无所适从、孤陋寡闻的,全无"天朝上国"之威仪。

耆英在《画报》中的第二次亮相如同打了个漂亮的"翻身仗",可谓锣鼓喧天地出场,优雅自信地控场,亲切友好地离场。1846年2月7日《画报》的封面用一半版面刊登了耆英访港随从行列的大幅插图(见图2.7),接着又在后一页用半版刊载了相关文字报道。

---

① "Chinese Diplomacy", *The Illustrated London News*, December 3, 1842, p. 473.

② "Chinese Diplomacy", *The Illustrated London News*, December 3, 1842, p. 473. 英文原文连用三组形容词"astonished and amazed""admired and wondered""highly delighted and pleased"来描述清朝官员们在战舰上"大开眼界"后的表现。

③ [英]艾略特·宾汉:《远征中国纪实》,骆海辉译,周宁著/编注《鸦片帝国》,学苑出版社2004年版,第380—381页。

图 2.7 《清朝钦差大臣在香港的行进仪仗——根据维多利亚城一位记者的速写绘制》①

① "Procession of the Chinese Commissioner at Hong Kong.—From a Sketch by a Correspondent at Victoria", *The Illustrated London News*, February 7, 1846, p. 89.

从文字报道可知，清朝钦差大臣耆英此次访港的时间是从 1845 年 11 月 20 日至 11 月 25 日。开篇强调，当时"香港政府的官方喉舌"《德臣西报》（The China Mail）为了呈现此次盛事的细节，不惜用了五栏的篇幅进行报道，并于 1845 年 11 月 27 日重新刊印了该报道①。这一系列的铺陈既烘托出耆英访港一事的重大影响，也为后文对《德臣西报》所刊细节的大量引用提供了理由。

插图上钦差大臣及其随从队伍浩浩荡荡，在画面上形成 S 形的长队。画家巧妙地运用透视技法，将队列的领头置于画面远景中的左上角，按照英国读者从左向右的阅读习惯，读者们能自然地从远景中的队列领头、旗手、乐队方阵，看到中景中举着写有各式警句牌子的方阵、骑在马上的统领和步兵，再到近景中戴帽的官方刽子手（State Executioner），以及至关重要的主人公——位于近景正中位置、坐在八抬大轿里的钦差大人及随同的各位官员，最后是影影绰绰殿后的香港居民。文字报道中则在第四段用"我们的通讯员以官方的严谨方式提供了行进仪仗的顺序"② 作为开头，将钦差大人那长达四分之一英里、多达 200 人的仪仗的构成部分一一列出。这部分文字居中断行排列，在视觉上与插图中的队列相映成趣，在内容上也与图中的人物一一对应。文字既是对图像的注解，又是对图像的映衬，而图像则将文字描写的盛大场面直观生动地展现出来。

接着，报道穿插使用引自《德臣西报》的文字与本报记者提供的内容，详尽地描述了耆英访港五日的具体活动。对《德臣西报》的引用部分简述了耆英在香港的四天行程，并重点展示了第三天的晚宴，其中对耆英本人充满溢美之词，凸显了这位"开明的政治家、英中两国友谊的使者"与循规蹈矩、呆板木讷的传统"天朝"官员形象的迥异之处。他"和蔼可亲、幽默风趣，圆通得体、教养良好，无人能及"；在宴会上他"快活但不失分寸"，还纡尊降贵为在座来宾献唱了满族小调；他体贴周到，主动和每个角落的人打招呼，"和每一位女宾握手"并向其中一两位赠送小礼品。文中还

---

① "Grand State Procession at Hong-Kong", *The Illustrated London News*, February 7, 1846, p. 90.

② "Grand State Procession at Hong-Kong", *The Illustrated London News*, February 7, 1846, p. 90.

特别举例说明了耆英的"良好教养"与"彬彬有礼":

> 他对一个小姑娘表现出善意,将她抱在膝盖上,爱抚她,并把一件饰品戴在她的脖子上。坐在他旁边的一位已婚女士引起了他的注意。他吩咐随从取来一块丝帕赠予她,并恳求得到她的手帕作为交换。女士一时有些尴尬。耆英见状道,他希望他没有做任何与我们的礼仪所悖之事。这一道歉立即得到了对方的充分理解。①

《画报》记者则补充描述了耆英在第四天奢华的中式答谢宴会上的表现。他"对客人十分重视,多次敬酒并发表感言";他会不时地以"以中国人最文雅的礼仪"为身边的贵客布菜;他还邀请香港总督唱歌,并且自己先一展歌喉抛砖引玉,唱完之后"与大家一起热烈鼓掌";宴会结束之后还毫无架子地和在场嘉宾一起玩"击鼓传花"的游戏。这些描述绘声绘色地呈现了耆英在香港的外交场合中优雅自如、八面玲珑地掌控全场的形象。耆英于第五日早上离港之前,分别和香港总督、卫戍司令少将"拥抱告别",亲切友好地为他的香港之行画上句号②。这位钦差大臣出场时前呼后拥、蔚为壮观的排场,与他本人和蔼可亲、平易近人的态度形成强烈反差,而这种反差无疑使耆英的形象更加立体化。在报道的结尾,《画报》评价了耆英访港的重要性:"这次访问……可被视作为中国人与世界其他国家自由交往铺平道路的一步。中国人与世隔绝了如此之久,又如此奇妙"③。从初登外交舞台的惊惧无措、孤陋寡闻到访港之时的优雅自如、八面玲珑,耆英这位清朝两广总督兼钦差大臣监理五口通商大臣在《画报》中的形象可谓有了翻天覆地的变化。究其原因,可从三方面来理解:

其一,耆英本人对于处理外交事务的看法与态度发生了转变。耆英在给道光皇帝的奏折中曾强调,他经过三年体察"夷情"、揆度时势之后认

---

① "Grand State Procession at Hong-Kong", *The Illustrated London News*, February 7, 1846, p. 90.

② "Grand State Procession at Hong-Kong", *The Illustrated London News*, February 7, 1846, p. 90.

③ "Grand State Procession at Hong-Kong", *The Illustrated London News*, February 7, 1846, p. 90.

为对待"外夷""不得不济以权宜通变之法",应"略小节而就大谋"。例如外夷以"广筵聚集多人,相与宴饮为乐",因此他在与"夷酋"会晤之时,不得不暂时纡尊降贵,将天朝体制权宜变通,"与共杯勺以结其心"。而外国素有重女之俗,"每有尊客,必以妇女出见"。因此,当他在外交场合见到"夷妇"之时,也不能以中国男女有别之古训"骤加诃斥",避免"适以启其猜嫌"①。这也很好地解释了前文提到耆英对待在场女宾时的"良好教养"。

其二,耆英在外交场合的表现也受到他对世界局势及国际关系交往上认知程度的限制。费正清认为,耆英在与英方主要官员的交往中,总是试图用个人的交情来笼络对方,对英国头目"极尽讨好巴结之能事"。这是被"军事上软弱而文化上优越的中国统治阶级"通常使用的"同化和软化入侵的蛮夷"之方法②。耆英在访港宴会中谈笑风生、和蔼可亲、八面玲珑的"表演"体现出的正是这种"个人外交",即企图用全方面展示个人的亲切友好,创造和谐气氛,用"私谊"来拉拢国与国之间的外交关系。

其三,《画报》塑造的耆英形象的变化也包含利益层面的美化。耆英一般被我国史学家视为"晚清'妥协'外交操作模式的代表人物"③。他在鸦片战争后的"妥协"虽使清政府免除了一时的兵燹之祸,但从《南京条约》开始,到《五口通商章程》和《虎门条约》,再到《望厦条约》《黄埔条约》,他与以英国为首的西方列强签下的一系列不平等条约逐步将清朝推向万劫不复的深渊。但是从既得利益者一方来看,耆英无疑值得高度赞扬。例如1844年上任的香港总督德庇时爵士(Sir John Francis Davis,1795—1890)盛赞耆英是"迄今为止欧洲国家驻中国代表所接触过的级别最高、性格最可贵的一位中国官员"④。1859年,法国人拉瓦勒(C. Lavollée)在《两个世界杂志》(*Revue des Deux Mondes*)上盛赞耆英

---

① 《耆英又奏体察洋情不得不济以权变片》,齐思和等整理《筹办夷务始末(道光朝)》第6册,中华书局1964年版,第2891—2892页。

② [美]费正清编:《剑桥中国晚清史1800—1911年》上卷,中国社会科学院历史研究所编译室译,中国社会科学出版社1985年版,第237页。

③ 陈开科:《耆英与第二次鸦片战争中的中俄交涉》,《近代史研究》2009年第4期。

④ John Francis Davis, *China, During the War and Since the Peace*, Vol 2, London: Longman, Brown, Green, and Longmans, 1852, p. 112.

是"1842至1844年中国最伟大的谈判代表,外国部长们盛赞他的精明强干,和蔼可亲,彬彬有礼,……他的名字是对待外国人和善、宽容、自由的新政策的象征;他是年轻中国的代表"①。显然,耆英受到推崇的原因正在于他及其代表的清朝政府为换取一时苟安,用"妥协"外交将国家利益和民族利益向欧洲列强拱手奉上,而这也正是《画报》上耆英形象难免被过度美化的原因之一。

二 中土西来第一使者斌椿

1866年6月23日亮相于《画报》的斌椿被作为"中国使团"(The Chinese Mission)的代表形象报道出来②。《画报》不仅用四分之一版面刊登出根据照片绘制的极为写实的斌椿肖像(见图2.8),而且在文字报道中也对这位"中土西来第一人"③赞誉有加。

这篇报道根据内容大致分为两部分。前半篇是对中国使团、斌椿其人以及行程的简单介绍,后半篇则对使团此次环球访问的重要意义大加感叹。首先,报道在简单介绍了来到伦敦的中国使团人员构成之后,立刻对斌椿的背景进行了强调,说他"在大清帝国担任过许多重要的职务",64岁,是旗人。接着,文章评价斌椿"眼界开阔、思想开明",也提到他"现任北京的总理各国事务衙门章京"。此外,《画报》还盛赞斌椿的文学素养,说"他在文学上才华横溢",到了伦敦之后就不停地"写诗"。行文至此,虽寥寥数语,但无疑塑造出一位才识卓越、备受器重的中国官员形象,尤其是"思想开明"这一点在当时闭关锁国的清王朝,在不得不接受"华夏中心主义"的崩塌却仍多将西人视为洪水猛兽的士大夫阶层,尤为难得。此外,插图中头戴冠帽,长袍马褂,正襟危坐,神色肃穆的长髯老者无疑是对文字的进一步形象化,令读者能够一睹这位即将完成"自中国有史以来,恐怕还没有另一个中国人——当然也没有其他中国官员——完成过的"大规

---

① [美]卫三畏:《中国总论》下册,陈俱译,陈绛校,上海古籍出版社2005年版,第1074页。

② "The Chinese Mission", *The Illustrated London News*, June 23, 1866, p. 609.

③ 斌椿曾就此次出国之行赋诗有云:"愧闻异域咸称说,中土西来第一人",见斌椿《乘槎笔记·诗二种》,钟叔河主编《西海纪游草·乘槎笔记·诗二种·初使泰西记·航海述奇·欧美环游记》,钟叔河、杨国桢、左步青校点,岳麓书社1985年版,第189页。

第二章 《伦敦新闻画报》中晚清中国人形象的主要类型(上) ❋ 65

THE CHINESE COMMISSIONER PIN-TA-CHUN.

图 2.8　《中国特使斌椿》①

---

① "The Chinese Commissioner Pin-Ta-Chun", *The Illustrated London News*, June 23, 1866, p.609.

模环球旅行的使者之尊容①。《画报》对斌椿的直接叙述和评价所建构的形象能在同时期其他文字中找到印证。例如时任同文馆教习的美国传教士丁韪良（William Martin，1827—1916）在其自传中也曾描述斌椿"一副长髯，神情睿智，举止高贵，在每一个地方都留下了良好印象"②。然而，细读通篇报道可以发现，《画报》所塑造的斌椿形象的内涵比表面上呈现出的更为丰富：他的形象既是对19世纪以来欧洲文学作品里中国文官形象表述的某种延续，又是《画报》对西方向东方扩张的热切期待的集中表现；他既带有遥远东方帝国的"异域"特征，又包含对欧洲文明的开放与接纳。

一方面，《画报》对斌椿"在文学上才华横溢"以及"不停写诗"的强调符合当时欧洲对中国文官的部分想象。"文学"本身就被认为是中国文化之于西方文化的"奇特性"所在：文学虽是中国悠久的历史文化得以存续的关键，但用于选拔中国官员的科举制度竟然也是文学制度，这就不能不说是奇特了③。例如1843年出任英国驻香港副领事的亨利·查尔斯·瑟尔（Henry Charles Sirr，1807—1872）写道，在中国社会中，"文学是最为人尊重的学识；一个人在文学上的成就能确保他通往这个国家的最高权力机构"④。更关键的是，中国对古代文学典籍的过分崇尚导致中国文化的崇古守旧及其对作为西方现代文化精神的科学的排斥，也就导致中国的封闭落后。斌椿既担任过清朝许多要职，又富有文学才华——他无疑是中国文官的典型。那么他"眼界开阔、思想开明"的外表下是否也涌动着封闭自守的暗流呢？同时，写诗或诗歌也是18世纪末到19世纪上半叶欧洲浪漫主义诗人对中国"儒官"的想象的构成要素之一。在他们关于中国的幻想中，"富有的儒官……整日吟诗诵词、抚歌弄曲"⑤。

---

① "The Chinese Mission", *The Illustrated London News*, June 23, 1866, p. 609.

② [美]丁韪良：《花甲忆记》（修订译本），沈弘、恽文捷、郝田虎译，学林出版社2019年版，第366页。

③ 参见周宁《天朝遥远：西方的中国形象研究》下册，北京大学出版社2006年版，第759—761页。

④ Henry Charles Sirr, *China and the Chinese: Their Religion, Character, Customs, and Manufactures: The Evils Arising from the Opium Trade: with a Glance at Our Religious, Moral, Political, and Commercial Intercourse with the Country*, Vol. 2, London: WM. S. ORR & CO., 1849, p. 82.

⑤ [法]米丽耶·德特利：《19世纪西方文学中的中国形象》，罗湉译，孟华主编《比较文学形象学》，北京大学出版社2001年版，第244页。

而《画报》对斌椿"诗作不断"的塑造是基于事实，但并非事实的全部。据丁韪良的回忆，斌椿"用两种方式仔细记录了他的印象：一卷诗作，和一卷散文体的叙述。后者的现实主义修正了前者的浪漫色彩"①。按史料来看，"后者"即斌椿的散文日记《乘槎笔记》也的确比"前者"即他的两卷诗作《海国胜游草》和《天外归帆草》更为写实②，更能够表达斌椿"对于欧洲艺术和科学奇观的感受、对于他在英国所受到的一致的礼遇和善待的感受"③。因此，报道中斌椿认为诗歌比散文更具表达力，故写诗而不作文的说法有意或无意地沿袭了19世纪欧洲对中国文官想象中的某些"浪漫色彩"。此外，斌椿的画像中除了直观体现他作为清廷官员身份的冠帽衣着之外，图中唯一的"道具"——他左手所持的水烟壶也非常引人注目。这是极具中国特色的器具，带有明显的"异域"特征。例如在清代前期，陆耀的《烟谱》中就曾提到吸水烟的情形："又或以锡盂盛水，另为管插盂中，旁出一管如鹤头，使烟气从水中过，犹闽人先含凉水意，然嗜烟家不贵也。……长一尺四五寸者佳，朝士于靴中置一管，长不过五六寸。……近世士大夫无不嗜烟"④。但值得一提的是，水烟壶在此处的作用与常伴19世纪中国人形象的"鸦片枪"有所不同。这当然是缘于肖像画的写实，但也能从此见得《画报》对过度"东方化"与"异域化"的克制。

另一方面，《画报》几乎将斌椿塑造为中国打开国门的标志性人物以及将中国国门开得更大的切入点。斌椿形象中的"眼界开阔、思想开明"与后文对当时整个"中国人"群体的评价——被"妄自尊大的硬壳"包覆、"对西方民族无知和憎恶"相对照，这无疑是西方视角中斌椿最重要、最宝贵的特质。从史料判断，斌椿的确具开明性与开放性。他作为英国人赫德（Robert Hart，1835—1911）的中文秘书办事妥洽，说明他并无

---

① ［美］丁韪良：《花甲忆记》（修订译本），沈弘、恽文捷、郝田虎译，学林出版社2019年版，第366页。

② 对斌椿诗文的比较与辨析参见尹德翔《斌椿西方记述的话语方式》，《学术交流》2009年第7期。尹德翔、Ingemar Ottosson：《〈海国胜游草〉考辨三则——兼议对斌椿海外纪游诗的评价》，《宁波大学学报》（人文科学版）2013年第5期。

③ "The Chinese Mission", *The Illustrated London News*, June 23, 1866, p. 609.

④ 陆耀：《烟谱》，杨国安校注，《中国烟草》1982年第3期。

时人对"夷人"的抵触情绪;他代替进士出身故自矜身份不愿出使的总署章京出国①,说明他对"夷人""夷务"更具平等心态;他在年逾花甲之时还以"天公欲试书生胆,万里平波作坑坎"②的勇气与豪气远渡重洋,出使当时仍被视为"蛮貊之邦"的欧洲,更能体现出他的胆识与开放。这些都是斌椿能成为"中土西来第一人"的重要原因,也体现出《画报》将他塑造为中国"突破旧的闭关自守政策的承诺"③之践行者的合理性。此外,《画报》介绍他曾担任清廷要职无非是为了铺垫斌椿其人在清政府中的重要性和影响力。但对照史实不难发现,斌椿在成为赫德的中文秘书之前,他的身份仅是"前任山西襄陵县知县",并非达官显贵,甚至是无足轻重的。而且这次出访的主角本是同文馆的学生——他们"于外国语言文字均能粗识大概,若令前往该国游历一番,亦可增广见闻,有裨学业"。但由于他们都还年轻,为了避免因其"少不更事"而"贻笑外邦",就"必须有老成可靠之人率同前去,庶沿途可资照料,而行抵该国以后,得其指示"④。因此斌椿最初仅仅是作为管带学生的"领队"而已,其行前获总理衙门奏准赏的三品衔有些"撑场面"的意味。但是,无论《画报》知情与否,它都极力赋予斌椿在身份上的重要性:斌椿必须重要,才配得上访问温莎城堡、出席白金汉宫皇家舞会的排场;斌椿必须重要,他将见闻写成的奏折才有可能发挥"建议将欧洲的艺术和文明引入中国,或建议改变与'外夷'交往时的规矩"的重大作用⑤——他是将中国国门进一步打开的切入点。

综上所述,《画报》中的斌椿形象更像是一个符号。它杂糅了19世纪西方叙事中对中国文官及异域的想象,以及对中国更开明更开放地拥抱欧洲文明与西方世界的期待。从清廷的角度看,派遣斌椿使团出访欧洲是对未知新世界的投石探路,为的是在中外信息不对等的前提下对西方

---

① 参见尤淑君《〈出使条规〉与蒲安臣使节团》,《清史研究》2013年第2期。
② 斌椿:《乘槎笔记·诗二种》,钟叔河主编《西海纪游草·乘槎笔记·诗二种·初使泰西记·航海述奇·欧美环游记》,钟叔河、杨国桢、左步青点校,岳麓书社1985年版,第201页。
③ "The Chinese Mission", *The Illustrated London News*, June 23, 1866, p. 609.
④ 宝鋆等修:《筹办夷务始末(同治朝)》卷39,沈云龙主编《近代中国史料丛刊》第62辑,台湾:文海出版社1966年版,第3670页。
⑤ "The Chinese Mission", *The Illustrated London News*, June 23, 1866, p. 609.

"探其利弊,以期稍识端倪"①,以消除对外交涉中的隔膜。它的主要任务也仅仅是"将该国一切山川形势,风土人情,随时记载,带回中国,以资印证"②。因此,这并非一个正式的外交使团,更像是"考察团"③,或是"试探性的观光旅行"④,"没有官方性质的公费旅游"⑤。但是,《画报》却对斌椿使团出访赋予了极高的重要性,投注了无比热切的期望,视之为中国冲破闭关自守,消除妄自尊大和无知憎恶的唯一途径。这个论断的前提则是对1750年后西方宏大叙事中因封闭而停滞、落后、野蛮的中国形象的默认。⑥因此,《画报》所高呼的"中华帝国以其人民的诚实、才智、耐心、勤劳和丰富的自然资源而强大,在这个时代,它将被带到我们中间,共享各国间手足情谊的进步"⑦,既代表了开放、文明、进步的西方对闭关自守、停滞不前的中国的回望,更映射了英国进一步成功实现海外扩张的勃勃野心。

三 亦商亦官的行商

与耆英、斌椿形象不同,《画报》中的"行商"形象主要作为群像散见于相关报道中。清朝自1757年(乾隆二十二年)起实行"一口通商"政策,广州成为唯一的海上对外贸易口岸,广州十三行则承担了"以官制商、以商制夷"的功能,是半官半商性质的对外贸易垄断组织。鉴于中国社会长期以来的"重农抑商"和"官本位",行商们也大多通过捐官来提高社会地位,故他们的商名中多带"官"字。"官"(qua)也类似英文中的"先生",属于一种尊称,同时又表明行商们具有一官半职。但不明就里的外国

---

① 宝鋆等修:《筹办夷务始末(同治朝)》卷39,沈云龙主编《近代中国史料丛刊》第62辑,台湾:文海出版社1966年版,第3669页。

② 宝鋆等修:《筹办夷务始末(同治朝)》卷39,沈云龙主编《近代中国史料丛刊》第62辑,台湾:文海出版社1966年版,第3671页。

③ 尹德翔:《斌椿西方记述的话语方式》,《学术交流》2009年第7期。

④ 王晓秋:《三次集体出洋之比较:晚清官员走向世界的轨迹》,《学术月刊》2007年第6期。

⑤ 危兆盖:《清季使节制度近代化开端述评》,《江汉论坛》1995年第11期。事实上斌椿使团也未能完成环球的计划。由于斌椿坚持早日回国,使团原定的美国之行取消,北欧和东欧的访问计划压缩。他们在游历了欧洲十一国之后便草草回国了。

⑥ 参见周宁《天朝遥远:西方的中国形象研究》,北京大学出版社2006年版。

⑦ "The Chinese Mission", *The Illustrated London News*, June 23, 1866, p. 609.

商人会以为"官"就是行商们的真正名字①。《画报》中的行商们也仅以商名出现，如"伍浩官"（Howqua）、"潘启官"（Pontinqua）、"卢茂官"（Mowqua）等，从未提及个人的真正姓名。例如最知名的怡和行"伍浩官"，从1842年到1857年都以"Howqua"（浩官）的商名出现，而"浩官"正是怡和行行商历代通用的商名。因此，《画报》中出现的"伍浩官"并非同一个人，而应包括最知名的伍秉鉴，其子伍受昌、伍崇曜②在内的前前后后五位怡和行主事人。可见，《画报》中的行商形象实质上是"商名"形象，是基于行商们的身份、职责等建立起来的形象，并非对个体或个性的塑造。概括来说，《画报》中的行商形象主要突出了以下三个侧面：

第一，开放兼容的心态。《画报》中首次提及行商是在1842年8月6日《海德公园角的"万唐人物"展》③一文中。该文在介绍于中国生活过十二年的美国人内森·邓恩（Nathan Dunn）在伦敦举办的"万唐人物"展览时顺便提到"此外，邓恩先生在广州行商时也得到过伍浩官（Howqua）、庭呱（Tingqua，关联昌）以及其他著名行商的协助。就这一点而言，这些人似乎超脱于他们的同胞们对于洋人的偏见，最'乐意交流'"④。这句话看似一处闲笔，但非常直截了当地让行商的形象从普通中国大众中跳脱出来，因为他们最大的特点就是能够超脱对于"蛮夷"的偏见。虽说行商的作用就是与外商直接接洽、充当外商与粤海关之间的"中介"，即"外洋夷商重译梯航来广贸易，全赖洋行商人妥为经理，俾知乐利向风，以昭天朝绥怀远夷至意"⑤，但能够摆脱偏见，并且非常愿意与"外洋夷商"交流，这就不仅仅是因为生意上有巨利可图，而且是

---

① 参见唐博《19世纪世界巨富伍秉鉴的商海浮沉》，国家清史编纂委员会、国家清史纂修领导小组办公室编《清史镜鉴：部级领导干部清史读本》第5辑，国家图书馆出版社2012年版，第223—227页。

② 伍秉鉴（1769—1843）于1826年将行务交给四子伍受昌（1800—1833）。伍受昌去世后，由其弟伍崇曜（1810—1863）接手怡和行行务。

③ "The Chinese Collection, Hyde Park Corner", *The Illustrated London News*, August 6, 1842, pp. 204–205.

④ "The Chinese Collection, Hyde Park Corner", *The Illustrated London News*, August 6, 1842, p. 204.

⑤ "嘉庆十八年二月二十一日粤海关监督德庆为设立洋行总商事奏折"，见伍媛媛选编《清代中西贸易商欠案档案（下）》，《历史档案》2021年第1期。

以平等视之，体现出行商心态上的足够开放与兼容。

第二，亦商亦官的职责。1842 年 11 月 12 日《中国》中提到广州城里因系列投毒案而人心惶惶。"行商伍浩官贴出了布告，大意是驻扎在河南（珠江南岸）的八旗兵在一些水井中投毒，已有多达 20 名汉人因不慎饮用井水而亡。外国人有必要谨慎起来，因为尽管这一残暴计划针对的是汉人，但其影响可能不限于他们。"① 为何作为商人的伍浩官要贴布告来警示外国人须注意安全呢？此处反映的便是行商"保商"职责中的一部分。所谓"保商"，即外国商船进港后须由一名行商作保来负责该商船的外商以及船员的所有行动②，也要对他们进行管理。因此，"保商"既有担保之职，又负保护之责。提醒外国人注意安全，这是后者。在当时美国商人 W. C. 亨特（William C. Hunter, 1812—1891）的记述中也能看到行商"作为中间人，处理当地政府对于外人在广州居住的一切有关事件，以及外人人身和财产的安全"③。《中国》随后提到有菲律宾恶棍在长洲岛（Dane's Island）谋杀了一个中国人。"行商们要求当局就此事给个说法，并召集所有洋商到行商公所进行调查"④。召集外商对其调查体现出来的便是行商的"担保"之责——他们须保证所负责的洋船、外侨在华守法。这在乾隆二十四年（1759 年）两广总督李侍尧所奏的"防范外夷规条"中也能见到："夷人到粤，宜令寓居行商管束稽查也。查历来夷商到广贸易，向系寓歇行商馆内，原属事有专责。"⑤ 因此，这篇报道印证了本应由官吏负责的管理来华外商及涉外治安事务却由作为商人的行商担负起来。行商不仅要经营对外贸易，而且承担了官吏的部分职责，具有了官吏的性质，亦商亦官。

第三，左右为难的处境。上述报道亦提及 1842 年 7 月初英军抵达长江口外，准备切断清代中国内陆交通干线——京杭大运河。此时清廷拟派

---

① "China", *The Illustrated London News*, November 12, 1842, p. 421.
② 参见张剑《清代初期广州"十三行"鼎盛原因探析》，《广东广播电视大学学报》2011 年第 3 期。
③ 姚贤镐编：《中国近代对外贸易史资料（1840—1895）》第 1 册，中华书局 1962 年版，第 193 页。
④ "China", *The Illustrated London News*, November 12, 1842, p. 421.
⑤ 故宫博物院编：《史料旬刊》第 1 册，北京图书馆出版社 2008 年版，第 651 页。

广州的行商前去与英国全权代表璞鼎查谈判：

> 伊里布已经派人到广州找两位行商和两名通事去苏州，广州当局随之命令爽官（吴天垣）和伍浩官的第五个儿子（也是他唯一在世的儿子）前往，但具体目的不详。这两位行商昨天应该离开了广州。本来是想派浩官本人去的，但他年事已高，终于免于这一职责。浙江当局认为，行商们习惯于和"蛮夷"打交道，所以对他们与英国人的谈判会有帮助，尽管行商们自己清楚，上一次璞鼎查爵士曾拒绝见他们。我们猜测，这两位行商一定是极不情愿地服从了这些命令，因为除了这趟旅行将使他们面临巨大的开支和可能的压榨（行商们富可敌国，在北方罕见）之外，假如他们参与谈判而谈判的结果又与清廷的期望不符的话，那么他们的自由将面临风险，亦即他们最终很可能被流放到新疆伊犁去。①

在此直接引用一大段报道的原文，是因为它将行商夹在清政府与"蛮夷"之间的两难处境非常清楚地表现出来。一方面是清廷之强人所难。本是朝廷打败仗要和谈，却将行商推到了谈判的前线——盖因他们"习惯于和'蛮夷'打交道"，有经验有交情，当然就能与英国人谈判。为印证此说法，报道在后文中又引用了清廷的命令，说面对"英夷"在江浙二省引起的骚乱以及进一步侵犯大清国土的趋势，清廷必须派人"对他们晓之以理"，但要找到合格的通事（翻译）非常难。"经查，迄今为止英国人对行商伍浩官抱有最大的信任"②，因此，在清政府看来，派遣行商去与英国人谈判非常具有可行性。以可行性为基础，其上还要叠加必须性。伍浩官年老体衰去不了，那么他的儿子就得去，即使那是"他唯一在世的儿子"。就算英国读者并没有"养儿防老、养子送终"此类传统的中国家庭观，但看到父亲年迈体弱，五子仅余一人，还被迫去谈判，应该也能体会到清廷的强人所难吧。何况接下来报道还分析了行商对此行"极不情愿"的原因：虽说他们"富可敌国"，但此行耗资巨大；更重要的是，参与谈判则很有可能丧失自由，甚至被流放边疆！然而，行商在此

---

① "China", *The Illustrated London News*, November 12, 1842, p. 420.
② "China", *The Illustrated London News*, November 12, 1842, p. 421.

事上绝无选择权。后文还引用清廷命令所言：当行商们"服从朝廷命令赶赴江苏时，便能为自己对朝廷的忠心提供持久的证明，也为国家做出重要的贡献，而这些都会被特别禀报（给皇帝）。"① 这似乎是明示朝廷并不会亏待行商，但反过来看，令人心中一紧：如果不服从朝廷命令，即证明行商们背叛朝廷、大逆不道，而这些也都会被特别禀告给皇帝。此等欺君之罪，谁能承担？这段文字无疑再次强调了行商前去苏州谈判如同箭在弦上，不得不发——此为谈判之行的必须性。

另一方面则是英国人的不讲情面。报道中"尽管行商们自己清楚，上一次璞鼎查爵士曾拒绝见他们"这句话透露了行商们已知艰难的谈判之行还面临着碰壁的极大可能性。璞鼎查上次连面都不见，这次又会如何呢？事实上，在"保商"制度下，平时的"官事民办"就已将行商置于尴尬的位置。行商可能通过捐官得到"官衔"，被要求处理"官务"，但其本身并没有被赋予"官权"，即有责而无权②。再者，且不论在1840年2月20日的《巴麦尊致中国宰相书》中就已提出了"中英官员平等交往"，即使是璞鼎查在1841年8月担任英国全权代表之后，其发出的照会中也始终强调只与中方的钦派"全权""大宪"谈判③，也就是只与"官"，还得是最高层的"官"谈判。区区行商怎可能插手两国之间的谈判呢？图谋着赔款、割地、五口通商、平等外交的璞鼎查来势汹汹，又怎可能买"私交""信任"这些人情牌的账呢？至此，这篇报道将行商所面临的明知要撞南墙却不能回头的两难境地表现得淋漓尽致。

此外，《画报》对行商与英国人的交情确也有所刻画。例如在1857年2月21日第171页，报纸用半个版面刊登了伍浩官、卢茂官、梁经官等老行商送别卸任的英国驻广州领事巴夏礼（Sir Harry Smith Parkes, 1828—1885）的速写（见图2.9）。图中左侧几位老行商皆为作揖之势，

---

① "China", *The Illustrated London News*, November 12, 1842, p. 421.

② 参见徐素琴《十三行行商与清政府的"夷务"》，国家清史编纂委员会、国家清史纂修领导小组办公室编《清史镜鉴：部级领导干部清史读本》第7辑，国家图书馆出版社2014年版，第206—211页。

③ 巴麦尊（Henry John Temple Palmerston, 1784—1865）自1809年起先后担任英国陆军大臣、外交大臣、首相，奉行对外侵略政策。参考茅海建《天朝的崩溃：鸦片战争再研究》（修订版），生活·读书·新知三联书店2014年版，第211—215页、第316—322页。

74 ❋ 《伦敦新闻画报》中的晚清中国人形象研究(1842—1876)

图 2.9 《英国领事巴夏礼先生向老行商们告别》①

① "Mr. Consul Parkes Bidding Adieu to the Old Co-Hong Mandarins", *The Illustrated London News*, February 21, 1857, p.171.

郑重道别。中间为首的应为伍浩官,只见他用以双手握住巴夏礼的右手这种较为亲密的西方握手礼仪与之告别。四目相接,不能说没有依依惜别之情流露①。又如,1857年3月14日《在中国的战争》②还提及十三行大火之后,广州行商们虽被迫离开家园,但其表现"令人钦佩":"他们鼓励英海军舰队司令,并尽全力支持他。商馆地面已挖了壕沟,'蛮夷'们尚未被驱入大海。"③ 此时距离《南京条约》签订、五口通商已有十余年,十三行独揽外国贸易早告废止。虽然行商仍经营茶叶生丝等大宗生意,但他们事实上已逐渐没落。尤其在遭逢使"十三行之运命遂告终结"④ 的大火之后,行商还能庇护"英夷",从《画报》的立场来看,的确"令人钦佩"。在此且不从道德上评断行商庇护侵略英军的"汉奸"所为,仅究其原因,不能不说一百余年"保商"制度的余波仍在;或因十三行行商早已投资海外(如伍崇曜就有"买卖生理在咪唎嘅国,每年收息银二十余万两"⑤),为其自身利益而支持"蛮夷"。

综上所述,《画报》上出现在外交场合的中国官员形象既包括耆英此等因清廷战败,被动走上与"夷酋"议和谈判道路的钦差大臣,也有斌椿这类由清政府主动派遣走出国门去探西方利弊以初识其端倪的使臣,还有行商之类夹在清廷与"夷人"之间,为前者处理"夷务"的亦官亦商群体。《画报》对于他们的塑造各有侧重,各具特色,就某一个形象而言,也没有将其单一化或扁平化,而是在图文的互动关系中呈现出多面性。这些中国官员在晚清的外交舞台上有着不同的亮相,他们也是鸦片战争之后晚清外交从"天朝体制"被动地步步退让,又小心翼翼地艰难摸索以及缓慢调整的过程中的一个个缩影。

---

① 当然,据传巴夏礼曾打伍崇曜耳光,疑为时任广州巡抚的柏贵所写信函中曾记载"伍一见即说早上受巴(夏礼)之辱",参见梁嘉彬《广东十三行考》,广东人民出版社1999年版,第401—403页。
② "The War in China", *The Illustrated London News*, March 14, 1857, pp. 251 - 252.
③ "The War in China", *The Illustrated London News*, March 14, 1857, p. 251.
④ 梁嘉彬:《广东十三行考》,广东人民出版社1999年版,第227页。
⑤ 《罗惇衍等又奏广州城内官员一意媚外折》,中华书局编辑部整理《筹办夷务始末(咸丰朝)》第3册,中华书局1979年版,第973页。

四 被污名化的两广总督叶名琛

毫不夸张地说，纵观《画报》（1842—1876）中的晚清中国统治者形象，无论是三位皇帝还是大小官员，在受关注的程度和承载的情绪方面，无人能及叶名琛。叶名琛于第二次鸦片战争期间任两广总督兼理五口通商事务钦差大臣，在中英外交史上留下了浓墨重彩的一笔。《清史稿》述评叶氏"性木强，勤吏事""颇自负，好大言，遇中外交涉事，略书数字答之，或竟不答"，最后以薛福成的"不战、不和、不守、不死、不降、不走"为其盖棺定论①。从1853年11月19日《国外与殖民地新闻·中国》②中第一次提及"叶总督"（Viceroy Yeh），到1864年2月13日关于叶总督衙门旧址上修建法国天主教堂的寥寥一语③，《画报》中涉及叶名琛的报道密度较高，时间跨度较大，体裁多样化。他被冠以诸如"顽固不化""残暴""厚颜无耻""刚愎自用""嗜血"等带有极明显负面色彩的形容词，可见《画报》毫不掩饰对他的深恶痛绝。涉及叶名琛的报道内容则主要围绕与其密切相关的"亚罗号"（the Arrow）事件及之后的中英军事冲突、广州反入城斗争（"入城"即允许英国人自由进出广州城）、镇压洪兵起义等，逐步建构起叶名琛的形象。

第一，强硬顽固的排外立场。1857年1月3日的消息《炮轰广州》强调叶氏的顽固强硬是英军炮轰广州的导火索。开篇首句将广州被英军炮击归咎于中方，第二句则将中英外交龃龉归于广州总督的固执昏聩。两句对照呼应，便自然而然地将"亚罗号"事件归罪于中方，尤其是叶总督。紧接着，报道简述了中国官员扣押悬挂英国国旗的"亚罗号"、俘虏船员并将四名船员斩首等一系列事件。更多篇幅则用于叙述叶总督对英方要求

---

① （清）赵尔巽等：《清史稿》卷394《列传一百八十一》，中华书局2020年版，第7867页。参见薛福成《书汉阳叶相广州之变》，齐思和等编《中国近代史料丛刊·第二次鸦片战争》第1册，上海人民出版社1978年版，第233页。

② "Foreign and Colonial News-China", *The Illustrated London News*, November 19, 1853, p. 419. 新闻称叶总督早已派兵到梅岭隘口，故太平军与清军或有一场恶战。

③ 原文仅有一句，且无标题："The foundation-stone of a French cathedral has been laid at Canton, on the site of Commissioner Yeh's late Yamoon." *The Illustrated London News*, February 13, 1864, p. 166.

置之不理，导致后者"迫不得已"炮击广州城①。同期的社论也复述了叶氏始终忽视英方请求并拒绝道歉："态度顽固"地对待英方抗议；"顽固不化"地拒绝面谈；在英方进一步轰炸广州，"造成了相当大的生命财产损失"之后，他"仍然顽固不化"②。一周之后即 1 月 10 日，报纸刊登配有 4 幅插图的通讯《炮轰广州》③，更为详细地叙述了相关事件。该文开篇便提出担忧，"我们与中国的友好关系，在其历史的关键时期，正迅速演变成难以看到终点的敌对状态"。而这使英中关系急转直下，"燃起燎原大火"的"小小火花"究竟是什么？报道明确指出，它是"仅仅因中国官员扣押本国罪犯"而引发的"亚罗号"事件④。与上一则消息类似，这篇报道也强调两广总督叶名琛排斥英方、不与之合作或平等沟通：他不按英方要求道歉和归还俘虏；他不接受英舰队司令西马縻各厘（Admiral Michael Seymour, 1802—1887）提出的外国军官有权谒见中国地方当局的"正当"要求；即使在总督衙门被炮轰，广州城被攻破的情况下，他面对英方提出的入城要求仍然不为所动！报道也未停留于"亚罗号"事件，而是进一步追溯至广州反入城事件——"英国政府在不久前坚持要进入广州城，并屈从于中国官员的一系列侮辱"。事实上，岂止"不久之前"（1856 年 10 月 30 日），早在 1849 年 4 月英方就强烈要求过入城，而彼时"羞辱"英国政府的也包括时任广东巡抚的叶名琛。于是，报道不无庆幸地宣称，西马縻各厘这一次"在他的观点得到落实之前是不太可能中止行动的"⑤，也就是对于"亚罗号"事件绝不会如之前对广州入城要求一样善罢甘休。既有"旧恨"，又有"新仇"，在如此层层抽丝剥茧之后，报道无疑将英中关系恶化的始作俑者指向了一以贯之顽固排外的叶名琛。同期的社论甚至直言不讳地宣称，"中国总督的顽固不化是造成这场灾难的全部原因"⑥。1 月 17 日的《与中国的战争》⑦ 一文再次重复了上述事

---

① "The Bombardment of Canton", *The Illustrated London News*, January 3, 1857, p. 664.

② "London, Saturday, January 3, 1857", *The Illustrated London News*, January 3, 1857, p. 669.

③ "Bombardment of Canton", *The Illustrated London News*, January 10, 1857, pp. 4–6.

④ "Bombardment of Canton", *The Illustrated London News*, January 10, 1857, p. 4.

⑤ "Bombardment of Canton", *The Illustrated London News*, January 10, 1857, p. 5.

⑥ "Saturday, January 10, 1857", *The Illustrated London News*, January 10, 1857, p. 6.

⑦ "The War with China", *The Illustrated London News*, January 17, 1857, pp. 38–39.

件，又加入了一些细节来强化叶名琛强硬排外的立场：他不仅对英国军官（西马縻各厘）的要求无动于衷，对代表英方政府的领事和全权大使态度依旧如此。他与英国领事巴夏礼经历了"旷日持久的笔墨官司"，仍然"语气嚣张跋扈，表现出绝不让步的顽固态度"①；对于英国驻华特命全权大使包令爵士（Sir John Bowring，1792—1872）的抗议和最后通牒，他也依旧拒不回应；在广州被炮轰，城郊大火烧毁大量房屋和财产之后，他还顽固地拒不退让。紧接着，从1月24日《与中国的战争》②一文中可见，美国人也被卷入了争端。同样，叶总督也未满足美国人提出的补偿要求。接下来，2月21日《与中国的战争》③一文谈及当时清政府内忧外患、岌岌可危，"然而，尽管在清帝国未来命运之上笼罩着重重阴云，叶名琛还是顽固地坚持着他自己对外国人的绝对仇恨"④。叶名琛强硬顽固、绝不让步的排外立场无疑让英方深刻体会到与之和谈毫无用处，而武力威慑他也不接受。英方如同对着空气挥拳头，其羞愤交加完全从报道的字里行间透露出来。直到1858年1月5日，叶名琛被俘并由英舰"无畏号"（HMS *Inflexible*）送至印度加尔各答。《画报》于同年5月1日刊登了特派画家兼记者在3月中旬由广州发回的报道，其中引用清帝上谕，斥叶名琛"刚愎自用，顽固不化，倒行逆施，肆无忌惮，完全无视其高位的职责"⑤。由此，"顽固不化的叶氏"不再是《画报》单方面的观点，而是清帝"上谕"对叶名琛的定调。

第二，虚与委蛇的迂回手段。如果说叶名琛的顽固强硬、拒不与英方交涉在以上文字中体现得淋漓尽致，那么他外交手段中的另一个方面即虚与委蛇、迂回延宕则集中体现在1858年2月27日《在中国的战争》⑥这篇报道中。报道占据三个版面，配以五幅插图，大部分是与广州之战相关

---

① "The War with China"，*The Illustrated London News*，January 17，1857，p. 39.
② "The War with China"，*The Illustrated London News*，January 24，1857，pp. 74 – 76.
③ "The War with China"，*The Illustrated London News*，February 21，1857，pp. 170 – 172.
④ "The War with China"，*The Illustrated London News*，February 21，1857，p. 172.
⑤ "China"，*The Illustrated London News*，May 1，1858，p. 447. 此处引用"上谕"，与史料记载一致："叶名琛以钦差大臣，办理夷务……实属刚愎自用，办理乖谬，大负委任，叶名琛著即革职"，见中华书局编辑部整理《筹办夷务始末（咸丰朝）》（第二册），中华书局1979年版，第623页。
⑥ "The War in China"，*The Illustrated London News*，February，27，1858，pp. 220 – 222.

的细节描述。后半段昭告天下，叶名琛已于 1 月 5 日被英军捕获并押解到"无畏号"军舰上。紧接着，报道中公开了自 1857 年 3 月担任英国全权代表的额尔金伯爵（James Bruce, 8th Earl of Elgin, 1811—1863）与叶名琛在 1857 年 12 月中旬的往来照会。1857 年 12 月 12 日，额尔金发给叶名琛的照会内容无非是谴责广州当局对条约的破坏，借此将英法的侵略行为合理化为"认真设法措理，将已往之事，取其补偿，未来之端，为之杜截"。额尔金将广州的一切敌对行为都归责于叶名琛一人，再一次提出入城要求和赔偿要求。他划定十日限期，若叶名琛"坦然接受"这些要求，则解锁珠江，恢复贸易，但英法军队仍然会保留在河南道和珠江上，直至重新签约（修订《南京条约》）。当然，他也不忘以开战来威胁叶名琛："倘贵大臣明言不允，或默无声说，或设词退卸，惜本大臣宜令水陆军重为力攻省城"，并且签约的前提作废①。额尔金照会中特别强调并以武力胁迫以确保叶名琛决不能沉默或拖延，因为这两种方法在叶名琛以往的对外交涉中并不罕见，英方也是"深受其苦"。但叶名琛是如何回应此份措辞严厉、暗藏杀气的最后通牒的呢？

报道中提到，叶名琛在 12 月 14 日便做出了答复，可见他在形式上并未保持沉默或拖延。但就答复内容来看，他首先申明广州的贸易往来所遵循的原则与其他通商口岸一致；而"亚罗号"事件有数百万人见证了是巴夏礼推波助澜之错，因此公平正义属于中方。此两点为叶名琛对额尔金所指控的广州当局破坏条约的反驳。接着他搬出了"清帝的神圣意志"——"万年和约，以期永守和好"不应为广州而改变，此为婉转拒绝修约的要求。然而，"额尔金特命全权大使在照会中的威胁部分得到了非常微妙的处理：对于额尔金伯爵本人，他堆砌了许多文绉绉的恭维之辞，他的措辞技巧会为欧洲塔列朗派外交家增光"②。此处的"塔列朗"

---

① "The War in China", *The Illustrated London News*, February, 27, 1858, p. 222. 照会原文参见《两江总督何桂清为送英美法要挟照会给军机处咨呈·附件一：英使威胁妄求入城赔偿各款与钦差大臣叶名琛辩驳来往照会》，参见齐思和等编《中国近代丛刊·第二次鸦片战争》，第 3 册，上海人民出版社 1978 年版，第 154—155 页。

② "The War in China", *The Illustrated London News*, February, 27, 1858, p. 222. 照会原文参见《两江总督何桂清为送英美法要挟照会给军机处咨呈·附件一：英使威胁妄求入城赔偿各款与钦差大臣叶名琛辩驳来往照会》，参见齐思和等编《中国近代丛刊·第二次鸦片战争》，第 3 册，上海人民出版社 1978 年版，第 155—158 页。

即夏尔·莫里斯·塔列朗（Charles-Maurice de Talleyrand-Périgord，1754—1838），是法国资产阶级革命时期著名的外交家。他曾在连续六届法国政府中担任了外交部长、外交大臣、总理大臣等职务，被认为是"圆滑机警，老谋深算，权变多诈，云谲波诡"①。他的原则与信条之一——"一个人的语言，是为了掩盖他的思想"②为人所津津乐道。此处将叶名琛的外交辞令与塔列朗流派类比，更凸显叶氏在外交中对话术的玩弄。后续报道看似平铺直叙地记述了额尔金与叶名琛之间一来一回的照会往复，但其中始终强调，叶名琛"不愿意满足英国的温和要求"；对额尔金告知的要向广州开战，他则"用更多的外交辞令作答""刻意回避额尔金伯爵的逼问"③。报道末尾以额尔金的一封短信作为结束，总结说叶名琛在入城问题和赔偿问题上都未做出让步。可见，尽管照会有来有往，叶名琛在文字上也尽显礼貌谦恭，但他永远不正面回应核心问题，这正是其交涉手段中虚与委蛇、迁延迂回的直接体现。

第三，残忍嗜杀的暴虐统治。从1857年1月起，《画报》中有十余次直接用"残暴""嗜血""血腥""暴虐"等词形容叶名琛，并着重突出两个方面。

一是用叶氏处决的中国人数量之众来证实其杀人如麻，强调其天性嗜血，以激发英国读者对他的憎恶。从1857年1月至1861年6月，《画报》一直如此。1857年1月10日的《炮轰广州》直截了当地指出"叶氏以残暴（barbarity）著称""在叛乱（1854年夏于广东爆发的洪兵起义，笔者注）的六个月间，仅在广州城内经他处决的就不止10万人"④。若读者稍稍计算一下，六个月处决十多万人，那么平均每天都要杀掉五百余人——这还仅仅是在广州城内！这简直是接近"屠城"的暴行！在通讯《与中国的战争》中，记者直言叶氏具有"嗜血的天性"（bloodthirsty propensity）⑤；

---

① 王小曼：《服务一切制度并背叛一切制度——法国近代外交家塔列朗》，商务印书馆1982年版，第1页。

② ［法］塔列朗：《变色龙才是政治的徽章：塔列朗自述》，王新连译，中国法制出版社2010年版，第16页。

③ "The War in China", *The Illustrated London News*, February, 27, 1858, p. 222.

④ "Bombardment of Canton", *The Illustrated London News*, January 6, 1857, p. 6.

⑤ "The War with China", *The Illustrated London News*, January 17, 1857, p. 38.

类似的还有如"最为残忍嗜血的野蛮人"①"凶残血腥"②等表述。在社论中提到叶氏"在他管辖的广州城内屠杀了7万名中国人"③,可见叶氏何等"毫无道德、嗜血成性"④！在叶氏死讯中再次提及他"将其10万同胞斩首"⑤。在1861年6月22日的社论《英国的对华政策》中则有"叶氏供认,他在十二个月内屠杀了400万叛军"⑥一语。正如莱普斯（Marie-Christine Leps）指出,19世纪英国的报纸"积极维持并参与了知识和权力的话语生产,从而产生了当时的'真相'"⑦。由数据堆叠起的叶氏狞恶嗜杀的"真相"又构成了手段暴虐、天生嗜杀的叶名琛形象。

二是不时提及叶氏仇恨外国人,长期悬赏西人首级,将祸水"西引",令英国公众惶恐不安。从1857年1月3日至3月14日,《画报》反复提及叶总督"说英国人是与叛乱分子和不法分子相勾结的……宣布不加区别地悬赏英国臣民的生命"⑧；叶氏在全省范围内悬赏,要求人们解外国人首级赴其署呈验⑨。1857年1月24日《与中国的战争》中引用叶总督发布的告示来证明前文所说悬赏人头并非无中生有："现在我收到了圣上的谕令：'坚守苦战,不惜代价,封锁江海,斩尽杀绝。'尔等须同心报国,尽兵勇之力,直至将外国强盗统统赶跑。若有议和者,当以军法

---

① "Notes of the Week", *The Illustrated London News*, February 21, 1857, p. 161.
② "Turbulence and Aggression", *The Illustrated London News*, March 14, 1857, p. 232.
③ "The Chinese Debates", *The Illustrated London News*, March 7, 1857, p. 223.
④ "London, Saturday, September 18, 1858", *The Illustrated London News*, September 18, 1858, p. 256.
⑤ "Foreign and Colonial News", *The Illustrated London News*, June 11, 1859, p. 554.
⑥ "British Policy in China", *The Illustrated London News*, June 22, 1861, p. 584.
⑦ Marie-Christine Leps, *Apprehending the Criminal: The Production of Deviance in Nineteenth-Century Discourse*, Durham: Duke University Press, 1992, p. 115.
⑧ "The Bombardment of Canton", *The Illustrated London News*, January 3, 1857, p. 664.
⑨ "Bombardment of Canton", *The Illustrated London News*, January 10, 1857, p. 6. 1856年10月27日,叶名琛发布告示称"照得英夷攻扰省城,伤害兵民,实为罪大恶极。合行晓谕,公同剿捕。为此示仰阖省军民铺户人等知悉：尔等务即戮力同心,帮同兵勇,但见上岸与在船滋事英匪,痛加剿捕,准其格杀勿论,仍准按名赏银三十大元,解首级赴本署呈验给领,断不食言。各宜凛遵,毋稍观望!"见《丙辰粤事公牍要略》,齐思和等编《中国近代史料丛刊·第二次鸦片战争》,第1册,上海人民出版社1978年版,第197页。

从事。"① 借皇帝之口说出"斩尽杀绝",对议和者都要军法处之——告示内容固然是要激奋民心合力抗英,但其遣词造句在英国人看来无疑又体现了叶名琛之暴虐。1857 年 2 月 21 日《与中国的战争》借记者之口道出"中国人唯一的攻击性行为是由叶氏悬赏我们首级的凶残布告引发的",虽然老百姓未有动作,但"清兵们则一有机会就迫不及待地要得到赏金",因此出现了多起清兵偷袭砍下英国水兵头颅的事件②。后续两篇同题为"在中国的战争"的通讯先后报道了粤港两地西人的危险处境,包括清军舰袭击英国船舶事件、1856 年 12 月 30 日 11 名欧洲人被杀的"提斯特尔"号(the Thistle)事件、1857 年 1 月中国人在黄埔洗劫西人仓库屋舍事件、对西人面包投放砒霜的香港"毒面包"案等,说明被杀害的对象不再限于英军士兵,而已殃及普通的外国商人、商船上的普通欧洲旅客、香港的外国居民,认为这些都是因叶名琛悬赏"蛮夷"首级而激发的"最深重的罪行"③。这一连串事例进一步渲染出因叶名琛的残暴嗜杀引发的令在华外国人人人自危的恐怖局面,也令英国读者陷入恐惧。

概而论之,《画报》在塑造叶名琛的形象时,既有对他强硬顽固的排外立场的痛恨,又有对他虚与委蛇手段的无奈,还有对他残忍嗜杀暴虐统治的恐惧。这些形象与当时英国在华外交人员、英国首相等眼中的叶名琛形象存在高度的一致性。例如叶名琛的老对手,也是与他接触时间最长的英国使节包令爵士④不仅将叶名琛视为清廷仇外排外的代表人物,还对他的冥顽不灵恼恨交加。他在回忆录里写道:"叶氏简直是顽固的化身,当我请求他府衙中的官员劝他做出一些小小的让步时,……他们都回答我说与其向总督求情,不如跟石头说话。"⑤ 然而,他对叶名琛的顽固不

---

① "The War with China", *The Illustrated London News*, January 24, 1857, pp. 74 – 75. 译文引自沈弘编译《遗失在西方的中国史:〈伦敦新闻画报〉记录的晚清 1842—1873》,北京时代华文书局 2022 年版,第 156 页。

② "The War in China", *The Illustrated London News*, February 21, 1857, p. 172.

③ "The War in China", *The Illustrated London News*, March 7, 1857, p. 200. "The War in China", *The Illustrated London News*, March 14, 1857, pp. 251 – 252.

④ 包令自 1849 年起任英国驻广州领事,1853 年年底升为全权公使,1854 年正式赴任,与叶名琛任职广州的时间(1847—1858)大部分重合。

⑤ Sir John Bowring, *Autobiographical Recollections of Sir John Bowring, with a Brief Memoir by Lewin B. Bowring*. London:Henry S. King & Co., 1877, p. 221.

化却又束手无策:"虽然我们不断地向广州的这位总督大人施加压力,但到目前为止,他仍不为所动。对待这样不可雕琢的愚顽之辈,可真没有办法"①"真不知道要用多大的力量才能压倒这位钦差大臣,也许就是把广州城摧毁了也不行,因为他似乎决心不作一点让步,而我们则无法强迫他同我们接触"②。又如曾在第一次鸦片战争中担任外交大臣的英国首相巴麦尊在1857年3月3日的议会演说中称叶名琛为"使一个国家蒙羞的最野蛮的野蛮人之一",说他"犯下了一切贬低人性的罪行"。巴麦尊还用更为惊悚的数据来佐证叶名琛的暴虐嗜杀:"我们听说在几个月之中就有7万中国人被野蛮的叶氏的刽子手斩首。我们还获悉仍有5 000人到6 000人的遗骸被留在刑场上散发着恶臭……我几乎不敢相信在不到一年的时间内,有7万人被处决;但恐怕这太真实了。"③在《画报》转载的巴麦尊致蒂弗顿(Tiverton)选区选民的声明中,他称叶氏为"粗野无礼的野蛮人",斥责他"侵犯了英国国旗,破坏了条约约定,悬赏在中国土地上的英国臣民的人头,并计划用谋杀、暗杀和下毒的方式灭绝他们"④。可见,在将叶名琛的残忍嗜血从处决中国人引向"灭绝"不列颠民族这一点上,《画报》的论调和首相的保持一致。

《画报》中的叶名琛形象也基本反映了当时英国朝野对于叶名琛的普遍观感,符合英国政府的话语导向。但须注意的是,《画报》一方面通过语言文字强化叶名琛的种种暴行恶举对其"污名化",但另一方面在肖像描绘上有所克制,并未蓄意"漫画化"或"丑化"他。

例如,在塑造叶名琛顽固排外的同时,《画报》也对相关事件的背景作了一些补充。1857年2月21日《在中国的战争》一文就为叶名琛拒绝为将美国卷入争端的水兵身亡一事道歉提供了前因:叶名琛认为自己提前警告过美国人,要求美军军舰撤离珠江地区;但美国人滞留不走,因此造

---

① 《拉伦英文手稿》第1228种165号,1856年11月29日包令致其子吉加的私信。转引自黄宇和《两广总督叶名琛》(修订本),区鉷译,上海书店出版社2004年版,第172—173页。

② 《拉伦英文手稿》第1228种165号,1856年12月15日。转引自黄宇和《两广总督叶名琛》(修订本),区鉷译,上海书店出版社2004年版,第173页。

③ "Lord Palmerston's Speech, fourth night on 'China' in House of Commons", *Hansard Parliamentary Debates*, March 3, 1857. Series 3, Vol. 144, Column 1811, 1822, https://api.parliament.uk/historic-hansard/commons/1857/mar/03/resolution-moved-resumed-debate-fourth.

④ "Tiverton-Lord Palmerston's Address", *The Illustrated London News*, March 28, 1857, p. 281.

成了灾难——美国水兵被炮火击中身亡——他确实无辜可道。又如关于叶名琛死不退让的"入城"问题，在同一篇报道中也梳理了中英双方在此事上针锋相对的渊源——这是十年前德庇时和耆英遗留下来的历史纠葛。报道也承认，"入城"实际上并不特别重要，但到了1854年修约之际，它被英国作为重申原有特权的难得机会来利用，于是也从侧面部分地解释了为何叶名琛如此强硬地死守底线①。甚至在叶名琛公开悬赏外国人首级、粤港两地人心惶惶之后，《画报》仍刊登了来自该报通讯员的《在叶总督管辖地的一次冒险之旅》，其中突出描写了叶名琛管辖地区村庄的宁静平和以及村民的淳朴、好客、热情，并以"他们的头还好，并对他们从中国村民那儿得到的礼遇非常满意"②作为结语，用较为戏谑的语气冲淡了叶名琛凶残嗜血的暴徒形象。

1858年2月13日《画报》增刊首页刊登的叶名琛肖像则更能证明这一点。它是特派画家兼记者发回的通讯《在中国的战争》的插图之一（见图2.10）。这是叶氏肖像唯一一次见于《画报》。图中叶氏样貌较为年轻，配顶戴花翎，颈挂朝珠，身着朝服，丰颊长眉，泰然自若，与《画报》在文字报道中反复塑造的顽固不化、残忍嗜血的叶氏差若天渊。若从图像写实、文字写情的对立来解释叶氏肖像与文字形象之间的差别，那么"顽固不化""刚愎自用"等特征的确难以图像化。但是，就连在一定程度上能够被视觉化的"残暴嗜杀"都于肖像的面部特征或表情神态中不露纤毫。记者的声明位于增刊末页："我寄回的肖像应该值得信赖，因为它临摹的是一位颇有造诣的本地艺术家的画作"③，在很大程度上规约了它的写实性。读者先见图，后读文，又翻回至首页，再次仔细揣摩插图，更能感受到肖像与文字报道中的叶氏形象之间的明显错位和强烈反差。

《画报》插图的分布和组织形式所生成的意义非常重要。其位置、题注、周围的文字等都"合力为图像提供语境"并生成特定的信息④。该通

---

① "The War in China", *The Illustrated London News*, February 21, 1857, pp. 170–171.

② "A Sporting Tour in Governor Yep's Land", *The Illustrated London News*, January 23, 1858, p. 77.

③ "The War in China", *The Illustrated London News*, February 13, 1858, p. 176.

④ Patricia J. Anderson, The Printed Image and the Transformation of Popular Culture, 1790–1860, Vancouver, Ph. D. dissertation, The University of British Columbia, 1989, p. 75.

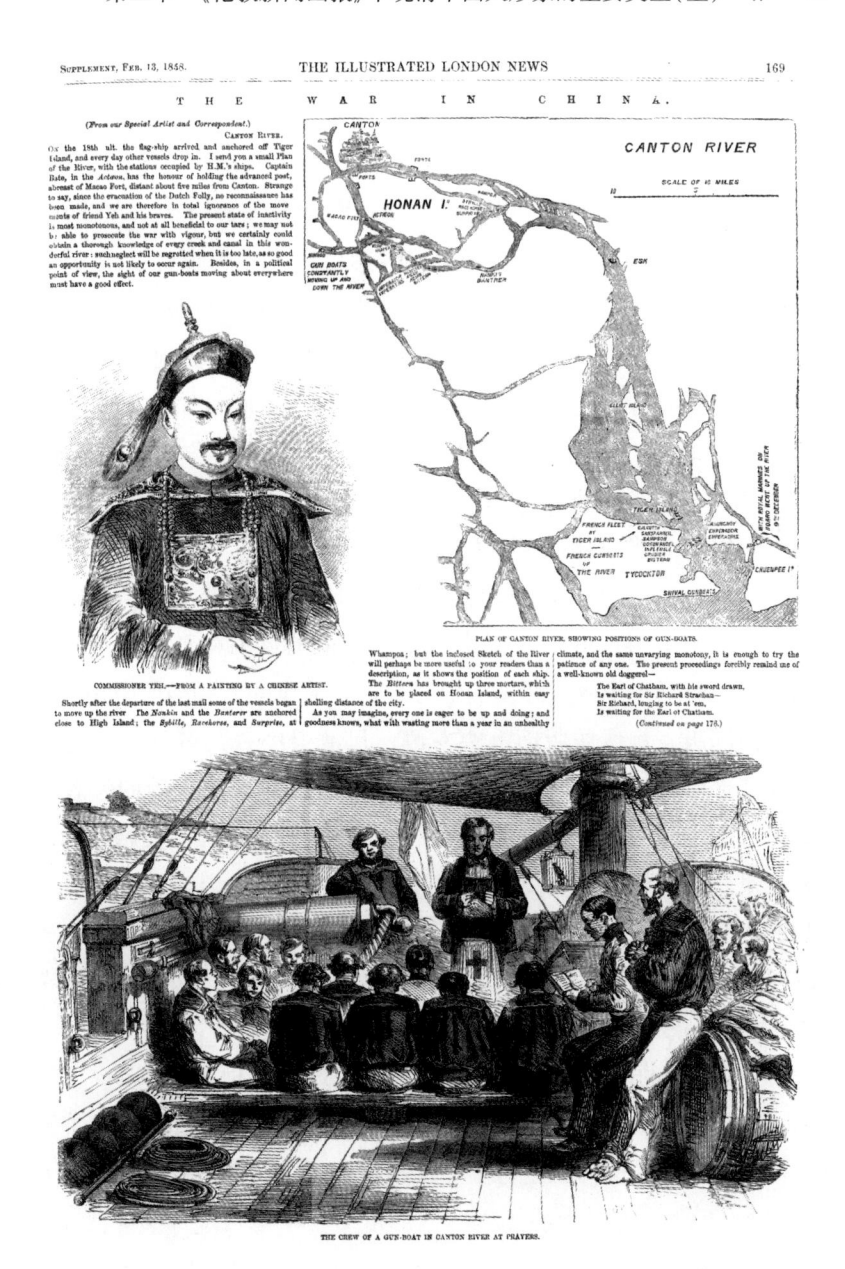

第二章 《伦敦新闻画报》中晚清中国人形象的主要类型(上) ❋ 85

图 2.10 《大臣叶氏——来自中国画家的画作》(左上)①

---

① "Commissioner Yeh.—From a Painting by a Chinese Artist", *The Illustrated London News*, February 13, 1858, p. 169.

讯中图文合力营造的氛围也使叶氏形象中的"恶魔感"得以弱化。文字报道除了简要介绍英海军旗舰的部署之外，更记叙了记者在珠江之上、珠江江畔和广州太平山寺庙的见闻，接近于体验中国自然风光与世风民俗的"风貌通讯"，语言随意，笔调轻快，洋溢着欢乐的情绪。在此语境中，文字虽三次提及叶名琛，但都未直接表达对他强烈的鄙夷、痛恨或恐惧，而是略带调侃之感，如称其为"老朋友叶氏"，说"不得不佩服他的勇气和耐力"，甚至在提及中国人埋下地雷"以期尽可能多地炸死'番鬼'"时也将"叶氏本人亲自督办此事"一笔带过，并未附加"血腥残酷"等形容词。尽管有"叶氏依然固执"[1]一语，但"固执"一词用了"stubborn"，而非以往《画报》上出现得最多的"obstinate"。虽然两词均表"顽固不化"，但"obstinate"偏重于表示为了让别人难受而罔顾他人劝说，拒绝改变自己的意见或行为，比"stubborn"带有更浓烈的负面情感色彩[2]。此处用"stubborn"无疑与整篇通讯的氛围相契合，在一定程度上弱化了叶氏形象中令人鄙夷痛恨之处。在通讯的六幅插图中，有两幅与叶氏肖像同版。肖像居版面上幅左侧，尺寸最小。其右侧《展示炮舰位置的珠江平面图》仅用文字标注了英法军舰所在珠江水域的位置。叶氏肖像背景中木雕的线条已经延展至平面图内，两图似相互交融，给人以叶总督面对广州城外陆续就位的英法军舰却胸有成竹、从容淡定的观感。下方插图描绘了英国水兵在珠江舰艇上做祷告时的情景，烘托出令人平心静气的温馨感。可以说，肖像与本篇报道的文字文本和同页插图在审美及情致上达到了一致。

《画报》中的叶名琛肖像与《泰晤士报》记者柯克（George Wingrove Cooke，1814—1865）近距离采访叶名琛后对其外表的描写形成了鲜明对比。柯克对叶名琛的形象进行了一定程度的漫画化与"怪物化"处理：

> 这位中国大员至足供人头学者之研究。他的辫子，既短而且薄，可谓渺乎小矣。中国最小的猪所拖的尾巴比这最高的官脑后所拖的还

---

[1] "The War in China", *The Illustrated London News*, February 13, 1858, p. 176.
[2] 参见 stubborn 和 obstinate 词条，[英] 莉（D. Lea）主编《牛津英语同义词学习词典：英汉双解版》，孟庆升等译，商务印书馆2014年版，第1274—1275页。

长些大些。

  他的面貌是厚重的。他的下颔，腮颊，腮骨均比平常中国人大些，显见其人意志坚强，性情顽梗。鼻长而扁，鼻孔形成极钝角之一面。从侧面看来，其鼻十分显著，亦十分丑陋，若从正面而看则略为好些。他的眼——正式黄种人的杏圆眼——是其人全貌中之表现最著者。在我这时正执笔写稿，他一眼钉着我，活现疑心。在他平素的神情中，眼光闪闪，射出慧黠狡狯之光，其相貌中有活动者只此而已。可是我也曾见过他生命转机之时了，那时他眼球凝定，发出恐怖和愤怒之光。他的口突出而阔，上下唇均厚，而牙齿则极黑，因为，如他自己所说，"他全家向例不用牙刷的"。然而在广州街上行走过者都可以常常见得苦力们或小商人每是很洁净的。

  ……他的面孔最足以表现其性情的笨钝，厚重，愚鲁，冷酷无情而残忍。①

  漫画式的丑化旨在于"异类形象中发现怪诞、愚蠢、笨拙甚至丑陋，等等可笑之处"②，由此获得自我心理中的荣耀感与优越感。若《画报》将最直观的叶名琛形象漫画化，无疑能弥补英国读者对这位总督大人恨之入骨又无计可施的心理落差，但是它没有那么做。可见，《画报》对叶名琛形象的污名化主要是基于其政治身份的攻讦，而非聚焦于对他进行人身攻击：《画报》对顽固不化的叶氏的挞伐，矛头所指向的是其作为两广总督和钦差大臣在对外交涉中处处与英方为难，并不在于攻击他作为一个中国人而有异于西方人的特征；它对野蛮残忍的叶氏的声讨，是要呼吁不列颠民族对叶氏及其代表的清政府进行惩罚和训诫，而不是通过将叶氏形象漫画化、丑陋化以达到怪诞、荒谬的效果，以提供消灭他个人的正义性与合理性。

五　地方治理中的官员群像

  如果说《画报》中外交舞台上的中国官员形象是通过议和谈判、对

---

 ① George Wingrove Cooke, *China: Being "The Times" Special Correspondence from China in the Years 1857–58*, London: G. Routledge & Co., 1858, pp. 397–398. 引文来自简又文的节译版本。简又文：《叶名琛浮海记》，《大风旬刊》第57期，1939年。

 ② 周宁：《天朝遥远：西方的中国形象研究》下册，北京大学出版社2006年版，第794页。

外交涉的钦差大臣、走出国门的使臣和处理"夷务"的行商较为集中地体现出来,那么地方治理中的官员形象涉及面则广得多:从最高级别的封疆大吏(两广总督、两江总督、闽浙总督)到地方军政大员(广东巡抚、江苏巡抚),从省级文官(布政使)到省与府之间的文官(道台),再到最低级别的地方行政官员(知县)——清朝官阶制度中的每个级别几乎都出现过。此外,还有未知官阶、仅以"官员"二字出现的群像。就前者而言,省级以上高官绝大多数有名有姓,关于他们的报道篇幅依其在两次鸦片战争之间与英国关涉程度的不同而长短不一。因此,《画报》聚焦的必然是广州这个"两次鸦片战争之间中西交往的中心地和中西冲突的风暴中心"① 的最高执政长官——两广总督监理五口通商事务钦差大臣。其中,对耆英和叶名琛两位着墨最多——他们出现于数篇报道中且有相关插图;徐广缙的任期在两者之间,但以他为"主角"的就只有关于"广州入城"问题会谈的一篇较平铺直叙的报道;对黄宗汉则仅一笔带过。两广总督或巡抚中,劳崇光有一幅肖像画配以详细介绍,而柏贵、耆龄等则仅有寥寥数语提及。另有江苏巡抚李鸿章因在镇压太平军的过程中与戈登"洋枪队"的龃龉而较引人注目。

除了报道长度和深度的不同,对同样重要的官员,报道的侧重点也各不一致。例如,同受瞩目的耆英、叶名琛二位,前者主要是以"谈判代表"或"外交家"的形象奔走于清廷对外交涉中,多以"钦差大臣"的面目出现;后者则坐镇广州,通常以"叶总督"的形象出现。但是,对叶名琛作为总督的地方治理的叙述又被包含到对他处理英中关系的报道中。联系史实来看,从徐广缙时期开始,两广已成为清朝内部变乱的发源地和中心地(19世纪40年代末广东各地零星起义频发、50年代后"太平天国"由两广而起、1854—1858 洪兵大起义等),故耆英尚能"把钦差大臣的职务看得比两广总督重要"②,而徐广缙,尤其是其继任叶名琛则不然,因为他们面临的还有越来越严重的国内以及地方的危机。因此,本书突出分析了耆英在"外交舞台上"的形象,也在《画报》对叶名琛对外交

---

① 何新华、王小红:《中国首次对西方外交冲击的制度反应——1842—1860 年间清政府对西方外交体制的形成、性质和评价》,《人文杂志》2003 年第 4 期。

② 黄宇和:《两广总督叶名琛》(修订本),区鉷译,上海书店出版社 2004 年版,第 27 页。

涉与对内治理的报道中剖析了他的形象,而不将他归入"地方治理中的官员形象"这个部分。另外,像对占类似篇幅的两广总督劳崇光和江苏巡抚李鸿章,报道也有不同侧重:前者虽有肖像插图与专门的报道,但文字内容大部分是对"两广总督"这个职务的介绍,附带提及劳氏在华工出洋问题上的解决措施,未涉及其个人形象;对后者的描述则着重于其性格特点,即"背叛"戈登少校承诺的卑鄙、阴险及其对太平军屠杀的残忍。

  总的说来,这些官员的形象沿袭了18世纪英国小说、出使日记或见闻录、游记等文本中的中国官员形象,与同时期的其他纪实中的形象也基本一致。例如在第一次鸦片战争结束后,《画报》对与鸦片贸易相关的中国地方官员、海关雇员等的叙述无不强调他们贪赃枉法,表面禁烟但实际上从中谋取巨大私利。这些官员或对鸦片走私听之任之,或收受鸦片贩子贿赂,或同意和鸦片贩子私相授受、从中渔利。他们不仅不遏制鸦片贸易,反而使其规模越来越大、利润越来越高。这些人对皇帝颁布的禁烟诏令阳奉阴违,专门装备的缉私船非但不用于正途,反而成了障眼法:"缉私官船一直在监视,或者说假装如此……尽管双方(指鸦片走私贩与水师官兵,笔者注)不时交战(通常是装门面的假冲突),但对于走私鸦片没有任何影响,因为那些水师官兵们和每一位与海关有关系的人,通过纵容鸦片贸易所赚到的钱要远比制止它得到的多得多:事实上,官船走私的数量不会少于那些专门走私鸦片的船。"① 这无疑与当时参战的英国海军上尉艾略特·宾汉在其《远征中国纪实》中写到的"中国的政客们一手写出了充满道义的禁烟训令和奏折,一手又接受贿赂,向走私这种令人消魂的毒品的人收费纳贡"② 完全一致。

  此外,《画报》上的中国地方官们还是阴险狡诈、两面三刀、暴虐嗜血的。如1843年3月18日《"福摩萨"(台湾)岛》一文报道了台湾官员假传圣旨,惨无人道地虐待和残杀"手无寸铁、毫无反抗能力、不具攻击性、身体虚弱"③ 的英国俘虏;1857年3月14日《在中国的战争》

---

  ① "The Opium Trade", *The Illustrated London News*, July 8, 1843, p. 21.
  ② [英]艾略特·宾汉:《远征中国纪实》,骆海辉译,周宁著/编注《鸦片帝国》,学苑出版社2004年版,第295页。
  ③ "The Island of Formosa", *The Illustrated London News*, March 18, 1843, p. 181. 此处为遵照原文直译,特此说明,下同。

一文中鲜有地出现了有名有姓的最低级别的地方官——黄埔县知县"金度"其人,说他颁发的布告"宣泄着最残忍的性情"——"每位中国居民凡遇到英国人,均须格杀勿论"一语便能体现出来①。报道还指出,这张布告的用语仍不算最激烈,即暗示比宣扬"见英人便杀之"更为残酷暴虐的中国地方官员还大有人在。例如1864年3月12日《中国的太平军"叛乱"》一文就对所谓"残暴""阴险"的江苏巡抚进行了严厉谴责。他利用"常胜军"戈登少校劝降苏州的太平军,保证"不会有不必要的流血事件";但回头便"卑鄙地"违背了"由一个英国军官背书的承诺""对毫无防备的苏州乡亲们大开杀戒,劫掠民舍,并屠杀了数百名男子、妇女和儿童"②。当戈登要找他讨个公道时,他竟然还躲了起来,避而不见。报道尤其用英国军官戈登的人道体面、绅士风度反衬出清朝高官之背信弃义、阴险残忍、猥琐不堪。这段文字显然流露出了美化戈登、丑化江苏巡抚的倾向。

中国地方官们的封闭无知也令人咋舌。如1855年1月27日《包令爵士出使北京》一文中提到,直隶的官员们"还是第一次见到洋人",他们尤其对黑人好奇和惊讶③。要知道,是时距离第一次鸦片战争结束已不止十年之久,然而京师官员们对于"洋鬼子"依旧完全不了解。京官尚且如此闭塞寡闻,内地其他官员便可想而知了。

当然,《画报》的确也塑造过少量较为正面的中国地方官员形象。例如1842年7月9日《陆路邮件:中国与印度》④一文引用了《广州纪录报》(Canton Register)3月18日对广州府道台大人有理有据定夺中国兵勇和英国军官、船员之间纠纷的报道;又如1866年9月29日《与中国海盗的冲突》中对协助缉捕海盗而"不幸因自己的热情和勇气而以身殉职"⑤的清朝官员梁大人的赞誉有加;1860年12月1日《广州总督》认可时任两广总督的劳崇光为镇压珠江上的苦力拐卖而采取的最严厉的措

---

① "The War in China", *The Illustrated London News*, March 14, 1857, p. 240.
② "The Taeping Rebellion in China", *The Illustrated London News*, March 12, 1864, p. 266.
③ "Sir John Bowring's Mission to Pekin", *The Illustrated London News*, January 27, 1855, p. 76.
④ "The Overland Mail-China and India", *The Illustrated London News*, July 9, 1842, p. 133.
⑤ "Conflict with Chinese Pirates", *The Illustrated London News*, September 29, 1866, p. 312.

施，以及使中国劳工能够自由移民到英属和法属西印度殖民地，并为之打下坚实基础的努力和政策①。不难发现，广州府道台的裁决是将英国军官和船员无罪释放，梁大人是在协助英军缉捕海盗中伤势过重身亡，而劳崇光的重要政绩即允许华工自由出洋承工并逐渐建立起规范的"公所制度"的背景则是英法等国威逼清政府将华工出洋合法化、"联军统领衙门"已在名义上统治广州②——这寥寥几位清朝官员的正面形象无不例外地出现在与英国利益一致的语境之中。

因此，《画报》上的中国地方官员形象大概能用"他们才是每桩恶行的根源"③来概括。可见，《画报》对中国地方官员形象的塑造基本上未脱离18世纪之后西方视野里的中国官员形象的窠臼。当然，其中不乏真实之处，以参与鸦片走私中饱私囊的官员们最为典型。如马克思评论道，鸦片贸易中官员们营私舞弊的行为"侵蚀到天朝官僚体系之心脏、摧毁了宗法制度之堡垒"④。但是，《画报》浸淫在西方长久以来从"天朝"的对立面对其的观看或想象之中，其话语无疑与"对于中国官吏来说，欺骗的行为不是恶劣的，狡诈的手段不是卑鄙的，虚伪的为人也不是肮脏的"⑤这等充满刻板印象的表述体现出高度的一致性。

总的来说，《画报》对中国官员形象的塑造呈现出多角度、多维度的特点。尽管其对晚清地方官员群像的再现难以摒弃18世纪以来英国小说、使团成员日记、纪实等文本对中国官员的普遍负面化叙述的传统，其立足点也始终在于将英帝国的海外利益最大化，但对于无论是活跃在外交舞台上的耆英、斌椿或广州行商群体，还是在19世纪中期的晚清历史与中英关系史上留下浓墨重彩的一笔的叶名琛，画报都未将其一概而论，而是从不同角度观察，在多个维度上叙述，生动立体或褒或贬地呈现了这些大小官员的形象。

---

① "The Viceroy of Canton", *The Illustrated London News*, December 1, 1860, p. 507.
② 参见肖志伟、芮宏磊《咸同之际粤督劳崇光处理劳工出洋问题论述》，《湘潭大学学报》（哲学社会科学版）2005年第3期。
③ "Sketches from China", *The Illustrated London News*, July 18, 1857, p. 73.
④ 马克思：《鸦片贸易史》，中共中央马克思恩格斯列宁斯大林著作编译局编译《马克思恩格斯论中国》，人民出版社2015年版，第71页。
⑤ ［英］艾略特·宾汉：《远征中国纪实》，骆海辉译，周宁著/编注《鸦片帝国》，学苑出版社2004年版，第381页。

第 三 章

《伦敦新闻画报》中晚清中国人形象的主要类型(下)

《伦敦新闻画报》中出现的晚清中国人可谓形形色色，除上章论及的皇帝高官、王公巨贾之外，还有贩夫走卒、山野乡民、八旗、绿营兵，海盗、太平军、艺术家、宗教人士……这些不同社会阶层、不同性别年龄的中国人不仅出现在文字里，也生动直观地再现于《画报》的插图中，成为《画报》用"铅笔的永恒记录"赋予"钢笔确认的细节以生命、活力和可感知性"①的有力体现。在这形形色色的中国人形象中，中国军人和中国百姓的形象很具有代表性。《画报》不仅对他们报道的频率最高，而且对他们形象的描绘也最为生动。

第一节 军人形象

1842—1876年间的晚清中国内外交战不断。军情战况作为对中国国情和英中关系最为直接的反映，引起了《画报》极大的关注。《画报》从第一次鸦片战争尾声起开始了对中国的报道，重点关注第二次鸦片战争，另对太平天国起义及清政府与海盗的战斗也有所涉及。《画报》对军情战况的关注着重于清军的军事力量和两次鸦片战争的战况，前者涉及武器装备如清军枪炮、舰船和防御工事（城墙、炮台）等，后者则有对战争背景与缘起的叙述，对战役过程、伤员、后备支援的记录及对战争趋势及后

---

① "Preface to Volume 1", *The Illustrated London News*, May 4 to December 31, p. iv. 这里的"铅笔"指代插图，"钢笔"指代文字报道。

果的预测等。由于《画报》创刊于第一次鸦片战争末,从时间上看它来不及向中国派驻战地记者,因此相关报道大部分引用和转载了英国官方公告、其他报社的报道、公开信件、英军军官士兵日记等二手材料,数量有限,时间集中。但是到了第二次鸦片战争期间,《画报》从1857年7月18日起就源源不断地刊登了特派画家兼记者沃格曼持续性的战地报道和速写,密切追踪战争进程,巨细靡遗地呈现主要战役的细节,包括英中双方参战人数、伤亡人数,英军缴获或破坏的大炮数量、攻克的炮台名称及数量等。与客观数字相辅相成的还有记者本人亲历战役时的细致观察和独特感受,搭配生动写实的速写插图,传递给读者"目击报道所特有的强烈现场感"①。从1856年10月"亚罗号"事件爆发到1860年年底,《画报》刊登的以"在(与)中国的战争"(The War in/with China)为题的专题报道多达23篇。

由于第二次鸦片战争持续时间较长,相关报道数量多,本书借鉴茅海建根据军事行动对第二次鸦片战争的四阶段划分,来考察在不同战争阶段《画报》对清军的形象塑造是否存在差别:第一阶段为"广州地区军事冲突阶段(1856年10月—1857年6月)",包括1856年10月22日—29日第一次广州之战、1856年11月的虎门之战、1857年6月初的佛山水道之战这三次较大的战斗,该阶段英军兵力不足,战斗规模和影响都较小;第二阶段为"第一次全面作战阶段(1857年7月—1858年)",包括1857年12月—1858年5月第二次广州之战、1858年5月20日第一次大沽之战;第三阶段为"换约作战阶段(1859年)",即1859年6月第二次大沽之战,是英法联军惨败的一仗;第四阶段为"第二次全面作战阶段(1860年)",包括1860年8月12日新河之战、8月14日塘沽之战和8月21日的石缝炮台及大沽北炮台之战、9月18日的张家湾之战、9月21日的八里桥之战②。概括地说,《画报》中的晚清中国军人形象主要包括遇战溃逃、英勇顽强和唯利残忍这三个方面。

---

① 沈弘编译:《遗失在西方的中国史:〈伦敦新闻画报〉记录的晚清1842—1873》,北京时代华文书局2022年版,译序第12页。

② 参见茅海建《近代的尺度:两次鸦片战争军事与外交》(增订本),生活·读书·新知三联书店2011年版,第73—89页。

一 遇战溃逃的中国军人

《画报》上两次鸦片战争中较为常见的中国军人形象是一触即溃、遇敌辄逃的清军官兵形象。从第一篇有关鸦片战争战况的报道,即刊于1842年7月9日的《中国》一文开始,"溃不成军""损失惨重""不堪一击""溃败逃窜"等描述就如影随形地与清军形象关联在一起,出现于大多数关于中外战斗或战役的报道中。例如上面这篇涉及1842年3月宁波、镇海之战的报道就通过引用多方资料来反复印证清军薄弱的战斗力。《画报》首先对陆路邮件送到的情报进行了综述:"宁波在3月18日遭遇了清军大约一万至一万两千人的攻击。他们在没有抵抗的情况下进入城镇,但在到达市场时被我们的军队四面夹击,并立刻溃不成军。据说约有250名清军死在战场上……""沿海地区也发生了几次小规模冲突,但是都没有取得决定性的结果,尽管清军在每一次冲突中都遭受了重大伤亡。"接着,它引用《孟买邮报》(*Bombay Courier*)的报道:"在3月10日上午,清军部队约有一万至一万两千人袭击了宁波。……很快就被击溃,被迫退出城市,在街头留下了250具尸体。……在清军进攻宁波的同时,还对镇海发动了进攻。这次进攻同样被证明是失败的,清军被击溃,损失惨重"。最后还引用英国驻华公使璞鼎查就宁波和镇海之战发布的传单:"一支约有一万至一万两千人的清军大部队向宁波南门和西门推进……在那儿他们遇到了英军的阻击,并且立即被击溃,损失惨重。事实上,当清军发现自己受到如此'热烈欢迎'时,他们唯一的目标就是尽快逃离这座城市。"① 此外,传单中还多次出现"望风而逃",受到"迎头痛击""溃败逃窜"的清军兵勇形象。与其形成鲜明对比的则是对英军诱敌深入、英勇善战和"无一伤亡"的反复强调。对比报道引用的二手材料不难发现,它们关于宁波和镇海之战的叙述除了在日期上有所出入之外②,其余无论是中方的参战、伤亡人数还是战役的过程都高度一致,差

---

① "The Overland Mail-China and India", *The Illustrated London News*, July 9, 1842, p.132.
② 《画报》在情报综述中将宁波之战日期写为3月18日,而在其引用的《孟买邮报》、璞鼎查发布的公告中,宁波和镇海之战的日期则作3月10日,故笔者怀疑是印刷错误。根据史实,后者为正确日期。

别仅仅在于战斗细节描述上的详细程度。参考中方记录，1842年3月的战役属于鸦片战争中清军在浙东（宁波、镇海、定海）发动的"唯一的收复失地的反攻"，历经4个月筹备，但在4个小时之内便全部瓦解，战斗进程与《画报》中的叙述基本一致。但需要注意的是，三地的清军涉战人数总共一万两千余人①，并非报道中众口一词的仅宁波一地就遭受一万以上的清军部队进攻。根据英国其他资料记载，英方并非在几次袭击中都"无一伤亡"，而是在宁波之战时阵亡一人，另有数人受伤；镇海之战中则没有伤亡②。因此，报道内容在大体上与史实相符，也在一定程度上体现了《画报》创刊时所标榜的办报宗旨，"不遗余力地向我们的读者生动而忠实地报道其他国家的情况"③。报道也通过多方引用佐证了其他新闻报道，反复凸显了清军一触即溃、不堪一击的形象，昭示了鸦片战争的必然结局。至于报道中清军参战人数与英方伤亡情况和其他史料的出入，一方面是由于其所引用的二手资料内容本身的差别，另一方面也因这些记录都呈现了清军兵力众多但迅速溃败的形象，与英军的毫发无损形成强烈对比。《画报》这里无疑又回到英国立场，为担心英军远征且兵力不足④的英国读者注入了一剂强心剂。

清军一触即溃、遇敌辄奔的形象在《画报》对第二次鸦片战争的报道中继续呈现。在战争规模较小的第一阶段，清军的不堪一击、节节溃败已体现出来。1857年1月10日《炮轰广州》一文中写道"即使英军只有500人，清军的防御也是毫无价值的"，"曾经最具信心的"、老百姓们"寄予很高期望的广州水师兵船被彻底摧毁"⑤。这是第二次鸦片战争正式打响之后《画报》刊载的第一篇记者通讯。它展示了尽管第一次鸦片战争已结束十余年，但清军军事力量与当时相比并无长进：广州水师筹备良

---

① 茅海建：《天朝的崩溃：鸦片战争再研究》（修订版），生活·读书·新知三联书店2014年版，第388页。

② See William Dallas Bernard and William Hutcheon Hall, *Narrative of the Voyages and Services of the Nemesis*, *from 1840 to 1843*, Volume 2, London：Henry Colburn Publisher, 1845, pp. 284-286.

③ "The Overland Mail-China and India", *The Illustrated London News*, July 9, 1842, p. 132.

④ 自1840年6月21日至1842年3月，英军远征中国沿海的兵力总计不足2万人。参见茅海建《近代的尺度：两次鸦片战争军事与外交》（增订本），生活·读书·新知三联书店2011年版，第49—52页。

⑤ "Bombardment of Canton", *The Illustrated London News*, January 10, 1857, pp. 4-5.

久，水勇们理应身经百战，但事实上一触即溃。后文写道，在英军攻打东炮台（French Folly Fort）之际，尽管清兵水勇进行了防守，但不到半小时便弃船逃跑，炮台被攻占，"所有其他的炮台都在未经丝毫抵抗的情况下便被占领"。这无疑是告诉读者，清军战斗力仍然薄弱，遇敌辄奔也是常态。作为对第二次鸦片战争初燃战火的报道，它不遗余力地强调了清军与十多年前一样一击则溃，其目的正如它明文写下的——要给"中国人一个很好的教训，让他们知道试图抵抗是徒劳的"①。1857年1月31日《与中国的战争》一文就前一年11月14日虎门之战中清军的表现作如此描述："英军刚刚登陆，清军就逃到了船上，那些船装不下的人就泅水逃跑。当时正值大潮，很多人被淹死了，还有许多被我们的船捞上来……我们的人员和船只几乎都未遭受损失。"②清军一如既往的四下溃散、疲于奔命而且狼狈不堪的形象跃然纸上。此般形象在同年2月21日《与中国的战争》③一文对虎门之战的回顾中又被复述了一次。在仍属于第一阶段的流溪河之战中，清军水师与英军有密集的炮火对峙，但这仅仅维持了一阵子，接下来的又是清军兵船的逃窜和兵勇们的被逼跳水逃命。1857年8月15日的《在中国的战争：流溪河之战》中写道："船上的兵勇们已惊慌失措，当后面四艘小船追上来时，他们全部弃船而逃……第二天……清军对这次突然会面完全没有准备。英国船只开足火炮，欢呼雀跃，冲了上去；清军士兵则一枪未发跳水逃命去了。"④

到战争的第二阶段，1858年8月28日《占领白河碉堡》一文摘录了《陆上中国邮报》（*Overland China Mail*）对同年5月的第一次大沽之战的报道。清军虽然有所抵抗，但在短兵相接之时，"就像往常一样，他们逃跑了，而且速度快得惊人。……那些天朝的清兵们已经逃跑了，只是偶尔转身试图端起火绳枪，……射得更远更准，但都徒劳无功"⑤。"像往常一样"这几个字极具杀伤力，即使前文描述了战斗的激烈，对清军英勇坚

---

① "Bombardment of Canton", *The Illustrated London News*, January 10, 1857, p. 5.
② "The War with China", *The Illustrated London News*, January 31, 1857, p. 86.
③ "The War with China", *The Illustrated London News*, February 21, 1857, pp. 170-172.
④ "The War in China: The Battle of Escape Creek", *The Illustrated London News*, August 15, 1857, p. 156.
⑤ "The Capture of the Peiho Forts", *The Illustrated London News*, August 28, 1858, p. 192.

守炮台表达了敬佩，但笔锋一转到这几个字，立刻让人感觉清军最擅长的还是不战而逃。尤其文中对清兵在逃跑之中偶尔转身开毫无意义的几枪的描写，将其仓皇失措、四处逃窜之时仿佛还在进行徒劳无功的抵抗之形象生动地呈现在读者眼前。到战争第四阶段的新河之战中，1860年12月15日《费恩与普罗宾骑兵师》一文报道，8月12日清兵对新河兵营发动突袭，快速冲锋到"距离火炮不足100码的地方"。但在英军下令反击之后，"只有一半的清兵在完全震惊中仓促应战。战场上的形势在瞬间就被扭转。清兵们四散奔逃，整个战斗只持续了不到一分钟"①。此段文字欲抑先扬，清军的突袭一开始仿佛气势如虹，但在遭遇英军反击之时，竟然只有一半士兵应战，而且是在"完全震惊"之中仓促作出的反应，仿佛他们的突袭也是兴之所至的突然决定，并没有战前推演。战势的瞬间扭转，清军毫无意外的不堪一击，不到一分钟便溃败，这一泻千里的结果和来势汹汹的开头形成鲜明且暗含讽刺意味的对比，将清军遇敌溃逃的形象再一次凸显出来。

二 英勇顽强的中国军人

尽管《画报》在塑造中国军人形象时以对遇敌溃逃者的叙述居多，但也不乏对清军英勇作战、顽强抵抗的正面描写，而且还包括通过描述战情激烈、英军作战艰难来从侧面反映清兵并非永远都是遇敌即逃的报道。这在对第二次鸦片战争的报道中体现得较为充分。1857年1月17日《与中国的战争》对一周前报道过的虎门之战中英军攻打东炮台一役进行了补充："此处中国士兵的抵抗出人意料，意志坚定地射击、装弹……""中方曾两次试图用火筏子烧毁我们的船只，但幸运的是，这两次火攻都失败了。"由此可见，尽管清军无奈失败，但他们在防守和进攻上都曾有积极作为。该篇报道还罗列了这次战役双方的死伤人数："英方的伤亡人数包括六人战亡……还有十六七人受伤"，而中方军队则"死伤想必非常惨重"②。鉴于《画报》将1842年6月16日吴淞口之战中英国远征军海

---

① "Fane's and Probyn's Horse", *The Illustrated London News*, December 15, 1860, p. 567.
② "The War with China", *The Illustrated London News*, January 17, 1857, p. 39.

军部队的 2 死 25 伤称为"重大伤亡"①，那么虎门之战英方的伤亡也算得上是重大损失了。对中方死伤情况并未提供具体数字，而是进行了推测，但其极为肯定的口吻（must have been）让读者笃定，中方死伤情况必然比英方更加惨重。由此，报道进一步烘托出双方交战的激烈，也从侧面反映出清军士兵抵抗的顽强——若清军皆遇敌逃窜，那么绝不可能有上述伤亡结果。类似的叙述方式在对第二次广州之战的报道，即 1858 年 2 月 27 日《在中国的战争》中也可见到。记者开篇便称，这是他亲历的"在该地区与中国人展开的最富有悲剧性的战斗之一"。那么"悲剧性"由何体现呢？文中对 1857 年 12 月 14—15 日的战斗依照时间顺序进行了细述。被卷入战斗的是载有包括记者在内共 15 人的英军快艇。到达高岛之后，13 人上岸搜集情报，余下 2 人看管快艇。但当上岸的人返回之时，发现"几个清军兵勇在民众的簇拥下，用砖块砸向那两名留守船上的士兵"；英方人员迅速全体撤回船上，"我们刚上船，敌人就用火铳向我们猛烈射击，打伤了一个人的腿"，还"抬出一门小火炮向我们开火……炮兵和两名水兵被当场打死……好几人负伤……在这种情况下，谁都不会奇怪那些有能力的人决定弃船逃命（因为那些清军兵勇们毫不留情）"②。记者跳船，耗费九牛二虎之力后被搭救，但这期间发现"又有两名水兵被杀"。快艇上的英海军上尉被清兵逼迫撤退，直到他被英军"南京号"（the Nankin）搭救之时，身后还有清兵"紧追不舍"。这次战斗的结果是英方"5 名水兵阵亡，6 名重伤，其中 1 人后因伤重而亡"。由上述可见，此次战斗为清兵发动的突袭。记者自然着重于描述英方被袭后的顽强抵抗和惨烈结果，即开篇所云"悲剧性"，但若由此来看清兵，他们对待敌人的毫不留情和穷追不舍无疑是英勇作战的铁证。后文写道，英军"南京号"派 250 名海军陆战队队员和水兵登陆向清军报复性进攻，但"遇到了清兵最顽强的抵抗……蜂拥而至的清兵漫山遍野……中方的损失一定很大，因为他们曾向我们发起冲锋，但遭到精确瞄准的排炮射击的阻止，并在英

---

① "China", *The Illustrated London News*, November 12, 1842, p. 420. 值得注意的是，对第一次鸦片战争中英军投入兵力最大、伤亡人数最多的镇江之战（39 死 130 伤，3 人失踪），《画报》并未加以报道。镇江之战伤亡人数参见茅海建《天朝的崩溃：鸦片战争再研究》（修订版），生活·读书·新知三联书店 2014 年版，第 442 页。

② "The War in China", *The Illustrated London News*, February 27, 1858, pp. 220–221.

军刺刀的威胁下投入战斗"①，足见清军的顽强和英勇。

到战争的第二阶段，1858 年 3 月 13 日《在中国的战争：攻打广州城》一文报道了 1857 年 12 月 29 日一战。当时英军以为炮台中的人已经逃光，未想到他们刚刚调动兵力推进，"覆盖在圆石炮台顶部的方形碉堡上的蒲席突然被抽掉，从较低的炮眼后面的三门大炮和顶部枪眼后面火枪的齐射立刻表明这个地方仍有人防守"。由此可见，防守炮台的清军不仅没有丢城弃地，反而是用"埋伏仗"打英军一个措手不及。当英军开始反击，散兵逼近炮台，用步枪射击炮眼时，"那些炮手仍在继续开炮"。直到英军用野战炮近距离向炮台开火，并派突击队向炮台进攻之后，清军终于抵抗不住，"就以某种神秘的方式潜逃了，涌向山上的郭富炮台（Gough Fort）"②。这篇报道对此战过程记录全面，虽仍是以清军败退潜逃告终，但文中并未刻意隐瞒清军的顽强抵抗。这一方面能够凸显出新闻的客观性；另一方面，越是强调清军顽强抵抗也就越能衬托出英军的骁勇善战——毕竟战胜强者需要更强的力量。前文提到的《占领白河碉堡》引自《陆上中国邮报》的文字尽管提及清军的"惯常性"逃跑，但也记录了在"战火最激烈的地方"，"中国人相当准确地向那些不断移动的军舰开火，并且勇敢地坚守在自己的大炮旁"③。直到英法联军登陆，中国守兵们只能放弃炮台逃跑。在此，《画报》对《陆上中国邮报》的引用无疑是默认了后者的立场及其报道的真实性、客观性。该报道强调了战斗的激烈和中外军事力量差异的悬殊；对清军士兵的作战能力（准确炮击移动的军舰）和士气（勇敢死守大炮）都给予了较高评价。

对第二次鸦片战争最后阶段的 1860 年 8 月 21 日石缝炮台一战，《画报》在 1860 年 11 月 17 日的《攻陷白河碉堡》一文中引用《德臣西报》的报道作为补充，其中亦多次描述了清军不辟斧钺、临危不挠的抵抗：在英法联军准备攻城之际，"中国人显然对发生的事情有所了解，他们从炮台的墙上扔出了大量燃烧弹，以查明我们的人在哪里以及要做什么"；当

---

① "The War in China", *The Illustrated London News*, February 27, 1858, p. 221.
② "The War in China-The Attack on Canton", *The Illustrated London News*, March 13, 1858, p. 258.
③ "The Capture of the Peiho Forts", *The Illustrated London News*, August 28, 1858, p. 192.

英法联军发起攻击之时,"中国人士气高昂地进行了反击";当英法联军对炮台的炮击达到白热化状态,"每分钟有五六发炮弹飞入炮台,敌人(清军)根本无法在胸墙上露面",但清军守军"仍坚持从枪眼里用火铳猛烈射击";直到英法联军攻入城之后,"清军八旗兵们仍然使用长矛、剑和火绳枪跟我们(英法联军)英勇对战,直到被大量射杀或刺死"。该文对石缝炮台一役从作战计划至战斗结束进行了全面报道,不仅从己方出发记述英法联军的推进过程,而且详尽展示了清军使用火炮、火铳枪直到长矛、剑等武器进行的一步步抵抗,最后以"我们伤亡共计 201 人"① 画上句号。尤其文中对八旗士兵与英法步兵近身肉搏的记录更立体充分地体现出清军在"第三次大沽口之战中最为惨烈的一仗"② 中的英勇顽强。

三 唯利残忍的中国军人

对于两次鸦片战争期间的中国军人形象,《画报》除了呈现主要战场上清军的一触即溃和英勇顽强这两个对立面之外,也不遗余力地塑造出他们唯利是图、残忍嗜杀的一面。这集中体现在对第二次鸦片战争第一阶段的报道中。1857 年 2 月 21 日《与中国的战争》报道了清兵为得到叶名琛悬赏外国人首级的赏金,蓄谋已久、伺机而动,在非战斗中将英军士兵砍头的残忍行为:"一名可怜的海军陆战队队员在澳门要塞附近的村庄登陆时遭到伏击并被斩首。他之前常去那里买菜,清兵们终于找到了机会,把他杀了,除了他的头颅之外,其他什么都没带走。"文中指出这名英军士兵之前常去那个村庄买菜,不仅印证了清军的伏击行为确实蓄谋已久,而且强调了受害者是在他非常熟悉、理应安全的地方被以砍头的方式残忍杀害,营造出较强的冲击感,能够令读者更加同情受害者,也愈加对清兵在利欲驱使下的残暴嗜血深感愤慨。报道中另有一位黑人水手"在一大群中国人当中悄悄地张贴有关轮船离港的布告"时遭到清兵偷袭:"有几个清兵偷偷地摸了上来,其中一人开始砍他的头。"③ 这段极具画面感的描

---

① "The Storming and Capture of the Peiho Forts", *The Illustrated London News*, November 17, 1860, p. 472.

② 茅海建:《近代的尺度:两次鸦片战争军事与外交》(增订本),生活·读书·新知三联书店 2011 年版,第 360 页。

③ "The War with China", *The Illustrated London News*, February 21, 1857, p. 172.

述同样使无辜的英国水手与在人群中就举刀砍人头的清兵形成鲜明对照，更加凸显出清兵的利欲熏心、丧心病狂。显然，《画报》有意夸大了清兵的残忍。

1857年3月14日《在中国的战争》一文用"提斯特尔"号邮船事件和"飞马号"客轮事件再次突出了清兵为赏金将外国人砍头的残忍形象。前者发生在1856年12月31日，邮船上的清军兵勇将船上所有欧洲人和马来人砍头后放火焚烧船只。"第二天，我们所有人的头颅都被开出了高价：军官的头颅是500两银子一个，士兵的头颅是50两银子一个，若烧掉或摧毁任何一艘我们的军舰，那就是1万两银子的奖赏"①。列出具体的赏金金额，无疑是将"提斯特尔"号事件归因于清兵见利起意而残杀无辜的外国平民。对"飞马号"事件则有更为详尽的报道，以此证明清军这些"可怜虫的勇气和尚武精神"：1月9日下午2点左右，"飞马号"受到了"53艘清军兵船的攻击"，它们每艘"都装载着2至4门重炮，并且至少有40支桨推动，每支桨都配备3至4名水勇"。除了细数清军兵船装备之外，报道也概述了清军对"飞马号"的围攻过程："中国人知道我们无法抵抗，便以最大的勇气追了上来"，用"冰雹"般的炮弹袭击"飞马号"，射穿船舷，穿透船体。这次围攻长达"整整20分钟"。尽管"飞马号"最终躲过一劫，但记者愤慨且无不嘲讽地评价道："这便是中国人所谓勇气的绝佳展示——八千多人在一艘可怜的小客轮后疯狂地追赶叫喊，船上只有八九名乘客，然而他们每个人的头颅都值100两银子。"② 53艘重装的兵船舰队和一条无武装的小客轮、八千多清军水兵与八九名旅客，如此天壤之别的强弱对比强化了清军的恃强凌弱和胜之不武。"然而他们每个人的头颅都值100两银子"这最末一笔更令读者有恍然大悟之感，原来这起大动干戈的围攻，清军所谓的"勇气"和"尚武精神"无非是在高额赏金驱动下的嗜血暴行。《画报》在渲染清军的残忍嗜杀时基本上将其缘由归结于士兵为获取赏金而丧心病狂。即使是中英军事冲突中清军士兵勇猛抗击的行为，从《画报》的立场出发也被解读为蓄意给英军"造成某种伤害"的残忍，

---

① "The War in China", *The Illustrated London News*, March 14, 1857, p. 252.
② "The War in China", *The Illustrated London News*, March 14, 1857, p. 252.

被归因于清军为了钱财铤而走险。《在中国的战争》一文将清军对英占荷兰炮台（Dutch Folly，海珠炮台）的反攻中无数次用火药爆炸破坏英军军舰的尝试也视为清军视财如命的体现：正是因为清军"对金钱贪得无厌"，所以只要能得到钱，便会有无数的人"愿意冒生命危险或赌上自己的肢体"[①]。这些描述，通过情节和画面流露出了对中国军人的憎恶情绪，解构了其"尚武精神"。

简言之，《画报》主要通过正面描写和侧面烘托的方式，塑造出中外对抗中遇敌溃逃、英勇顽强和唯利残忍的中国军人形象。不难发现，随着第二次鸦片战争的白热化与《画报》对中外战争报道的逐步深入，中国军人的形象逐步变得立体和复杂。除了以上三个主要方面之外，《画报》对非中外对抗中的中国军人也有所着墨，主要体现在对"常胜军"和对第二次鸦片战争中半军事化的组织——军事（苦力）辎重队的报道中。对于前者，在1863年8月29日《来自上海的插图》一文中有简要介绍，并配以大幅插图。其中强调"常胜军"是在欧洲人率领下的中国士兵，他们在与太平军的战斗中"屡屡获胜"，证明"只要领导得当，中国人也能成为纪律严明、英勇善战的好士兵"[②]。对苦力辎重队的报道明显更多，初期主要是对其组成和任务的介绍："全是中国人，身穿黑衣，斜跨一条白布带，上面用中英文写着他们的番号。他们都戴着圆锥形的竹斗笠，上面用英语写着'Military Train（军事辎重队）'。他们每个月领取7元钱，申请加入的人络绎不绝"[③]；他们"承担了马匹的工作——拉炮扛枪等等"；同时记者也表达了疑虑，"不知道他们的表现会怎么样"[④]。随着战争的深入，记者因与军事辎重队的苦力们一起生活并共历战火，对其了解程度加深，形象塑造也愈加详细和全面，态度也由疑虑随之转为正面评价居多。1858年3月6日《在中国的战争》一文中，记者用大段文字描述了苦力们出色的表现，赞扬他们在运送物资时任劳任怨，评价他们"以自己的温顺、幽默、服从和不知疲倦的勤劳而让世界为之震惊"[⑤]。1858

---

① "The War in China", *The Illustrated London News*, March 14, 1857, p. 251.
② "Illustrations from Shanghai", *The Illustrated London News*, August 29, 1863, p. 223.
③ "The War in China", *The Illustrated London News*, February 27, 1858, p. 222.
④ "Sketches in China", *The Illustrated London News*, January 9, 1858, p. 45.
⑤ "The War in China", *The Illustrated London News*, March 6, 1858, p. 237.

年 4 月 10 日《在中国的战争》一文还引用了《泰晤士报》记者的报道，再次强调苦力们的"有耐心、精力充沛、吃苦耐劳"，将其形容为"宝贵财富"。但这篇报道同时也用细节生动地呈现了处于英法联军中的中国苦力们几乎荒唐的麻木不仁："当一颗炮弹将他们中的一人脑袋打掉了时，其余的人只喊了声'哎哟！'然后大笑，继续一如既往地快乐干活儿。"到战争的中后期，军事辎重队的角色发生变化。他们不仅为前线运送军事物资，也异常活跃地参与到英军对广州城的烧杀劫掠中：在"令人震惊的破坏和劫掠场景中，苦力们像猴子般很快就爬上了屋顶，边砸边撞，边打边撕边抢"；这些"狡猾的家伙事先给自己准备了绑在腰间的口袋。这种安排使他们在归来时一个个都呈现出过载的样子。尽管如此，他们的手也没空着"①。可以说，报道中军事辎重队苦力们体现出来的对同胞遭遇的漠视和毫不逊色于英法士兵的贪婪简直令人震惊。《攻占白河碉堡》②一文也展示了在第二次鸦片战争最后阶段，如 1860 年 8 月 21 日英法联军对大沽要塞石缝炮台的攻打中，苦力们在法国人攻城的过程中是如何发挥辅助作用的。由此可见《画报》中军事辎重队苦力形象的转变：最初，记者认为苦力们对英法联军的效忠来自"他们对清朝官员的恐惧"③，"每个人都预测他们将投奔自己的同胞，他们不会去广州，他们会背信弃义等等"④，这时他们是为英法联军服务但在身份上却与之潜在对立的"中国人"。但随着记者深入了解后发现，出于对清军的恐惧以及自身的麻木不仁，苦力们对"中国人"的身份没有认同感，反而因英国人的"善待"及其本性中的贪婪而逐步与英军以及后期的法军"融为一体"，一步一步被同化为附属于欧洲人的身份。

总的来说，《画报》中的中国军人形象与 18—19 世纪西方叙事中常见的中国军人形象呈现出较高的一致性，一触即溃、懦弱无能的清军也一直是衰败落后的清政府形象的重要组成部分。中国在军事上的软弱首先由欧洲人强横地揭示出来，后者早在 16 世纪就已到达东半球并且"早就知

---

① "The War in China", *The Illustrated London News*, April 10, 1858, p. 373.
② "The Storming and Capture of the Peiho Forts", *The Illustrated London News*, November 17, 1860, p. 472.
③ "The War in China", *The Illustrated London News*, February 27, 1858, p. 222.
④ "The War in China", *The Illustrated London News*, March 6, 1858, p. 237.

道中国的士兵是一个被藐视的社会阶层"①。18 世纪末马戛尔尼使团访华的记录中呈现了武器落后的中国军队形象,如仍倚重落后的冷兵器——弓箭,笨重而且没有保护作用的铁质盔甲,无实际作用的小铁炮等②。从 19 世纪初开始,在西欧标准衡量下的中国军事力量更是遭到诸多贬抑,如亨利·埃利斯(Henry Ellis,1788—1855)在 1817 年《阿美士德使团出使中国日志》中就塑造了"全副武装"但兵器落后,拿着"原本就造得不好,又不好好维护"的火绳枪,"装束奇怪"的中国士兵形象③。清军的软弱无能在第一次鸦片战争中也得以印证,"中国陆军不是英国陆军的对手,英国海军在'复仇女神号'的帮助下击溃了中国在海上集结的任何一次对抗"④;广州沙面炮台之战后,惊慌失措,被吓破了胆的中国士兵争先恐后、极其绝望地逃跑的"极为壮观"的场面也在柏那德和霍尔(William Bernard and William Hall)的《复仇女神号在中国》(1844)一书中生动地呈现⑤。

但是,这一时期的叙述中同样不乏英勇抗战、以死殉国的清军官兵形象。例如奥兹特伦尼(John Ouchterlony)的《中国的战争》对第一次鸦片战争中乍浦陷落后全家自尽的驻防八旗官兵表达了复杂的情感——尽管他们的行为可被斥为"野蛮",但"必须得到尊重":"他们即使战败,被赶出高地上的堑壕,但也从未想过将家人撤出城外以逃脱我们的追击,而是坚决保卫家园的不可侵犯性,直到生命最后一刻……他们宁愿用鲜血染红家园也不愿抛家而去使之遭受侵略者的玷污。"⑥ 斯温霍(Robert Swinhoe,1836—1877)在《1860 年华北战役纪要》中则塑造了与《画报》中

---

① [英] 雷蒙·道森:《中国变色龙——对于欧洲中国文明观的分析》,常绍民、明毅译,中华书局 2006 年版,第 193—195 页。

② 参见 [英] 斯当东《英使谒见乾隆纪实》,叶笃义译,商务印书馆 1963 版,第 462 页。

③ [英] 亨利·埃利斯:《阿美士德使团出使中国日志》,刘天路、刘甜甜译,商务印书馆 2017 年版,第 93 页。

④ [英] 约·罗伯茨编著:《十九世纪西方人眼中的中国》,蒋重跃、刘林海译,中华书局 2006 年版,第 97 页。

⑤ See William Dallas Bernard and William Hutcheon Hall, *The Nemesis in China*: *Comprising a History of the Late War in the Country*; *With a Complete Account of the Colony of Hong-Kong*, 3rd ed, London: Henry Colburn Publisher, 1846, p. 169.

⑥ John Ouchterlony, *The Chinese War*: *An Account of All the Operations of the British Forces from the Commencement to the Treaty of Nanking*, London: Saunders and Otley, 1844, p. 287.

类似的复杂而立体的清军形象。在他对第二次鸦片战争中大沽炮台之战的记述里呈现了既勇猛又怯懦的清军士兵形象："毋庸置疑，战斗中清兵表现英勇，朝我们的进攻部队扔下各种各样讨厌的炸弹。"但是，作者将这种英勇视为清军被封闭在要塞之内无路可逃，只能杀红眼的被迫之举，因此"勇敢大都出于环境的特殊性"。而"尽管清兵拥有强大的力量和重型武器，然而北岸要塞下游守军的顺从行为以及南岸要塞无条件投降的举止，充分体现了这个民族与生俱来的怯懦"，所以似乎胆小懦弱才是清军的本质特点。此外，《1860年华北战役纪要》对军事辎重队苦力们也有类似《画报》中的描述，"他们似乎很享受战争带来的乐趣，只要炮火击中目标，无论是敌人遭到致命的打击还是我军不幸的士兵被击倒，他们都会欢呼喝彩"。书中也有对苦力站在齐脖的壕沟中用头顶住云梯协助法国人攻城的记录。在作者看来，这些都是苦力们英勇无畏的明证，值得肃然起敬。但他同时认为，这些苦力大多数都曾是以流血事件维持生计的盗贼或海盗，故用他们来证明中国人不乏勇气是牵强的。他的描述中也体现出苦力们的唯利是图：他们的英勇是出于追逐"每个中国人骨子里渴望的'万能的'金钱"①，为了钱他们不顾礼义廉耻，能以牺牲一切荣誉和公正原则为代价。可以说，《画报》与《1860年华北战役纪要》中的中国军人形象有高度重合之处，即两者都再现了清军官兵英勇和怯懦交织的复杂形象以及军事辎重队苦力们麻木不仁、追逐金钱以至于无所畏惧的形象。但是，相较于《1860年华北战役纪要》的个人化叙述，《画报》出于其新闻媒体的立场，更多着重于描述发生过的事实，个人的评论或推断则少一些。

第二节　百姓形象

19世纪最早来华的美国新教传教士，被尊称为"美国汉学之父"的卫三畏（Samuel Wells Williams, 1812—1884）曾在《中国总论》中如此评论中国人："中国人表现为奇特的混合体：如果有些东西可以赞扬，也有更多的应予责备；如果说他们有某些显眼的罪恶，他们比大多数异教国

---

① ［英］斯温霍：《1860年华北战役纪要》，邹文华译，中西书局2011年版，第81—82页。

家有更多的美德。"① 周宁在概括 18 世纪末到 19 世纪西方视野里的中国人形象时写道,对于中国人的性格而言,"了解得越多就越模糊"②,对于任何一种概括性评价似乎都能找出例外。这些复杂甚至相互矛盾的特点集合在一起,使对中国人整体性格抑或形象的把握变得越来越困难。究其原因,有个体身上多种性格特征重复出现时给把握整体"民族性格"带来的困难;有同时出现的矛盾对立的性格特征带来的困惑;有"新"发现的性格特点不断推翻已被之前各种"见闻"所确证的中国人性格特点;还有中国地广人多所带来的地域性差异等③。

  细观 1842—1876 年《画报》塑造的晚清中国百姓形象,也不免有过于庞杂丰富之感,因此不可对其武断定位:中国百姓在对晚清传统习俗、科举教育、文化生活、宗教信仰、社会民生等方面的介绍中出现;他们的衣食住行、劳作娱乐被细致入微地呈现在读者眼前。若横向铺展,中国百姓形象包括男女老少,从事各行各业:有山野乡民,有富商巨贾,有农民村妇,有城市平民……尤其随着第二次鸦片战争的进程,《画报》记者从沿海深入中国腹地,接触了不同地区的百姓,因此中国百姓的形象也从最初广东沿海、香港、浙东、上海等地区一直北上,覆盖到了大连湾、天津、北京等地,在不同程度上体现出了地域差异。若纵深挖掘,《画报》中出现的不仅有作为群像的中国百姓,更有关于他们的人物特写和家庭生活特写。《画报》用一张张生动写实的版画插图展示出晚清中国不同地区不同阶层人民的外貌和个性特点,记录下了形形色色的社会生活点滴。他们身上体现出多种极为矛盾对立的特征,如礼貌友善和虚伪狡诈,吃苦耐劳与麻木堕落等。若按赫德爵士所言,"在多数情况下,关于中国和中国人的著作都陷入了没有前提支持的以偏概全的错误中"④,那么《画报》则属于"少数情况":它通过横跨 30 余年的报道多方面、多角度,深入细致地呈现了

---

① [美]卫三畏:《中国总论》上册,陈俱译,陈绛校,上海古籍出版社 2014 年版,第 583 页。

② 周宁著/编注:《第二人类》,学苑出版社 2004 年版,第 64 页。

③ 参见周宁著/编注《第二人类》,学苑出版社 2004 年版,第 76 页。

④ Robert Hart, "Journal: Ningpo", in Katherine F. Bruner, John K. Fairbank, Richard J. Smith, eds. *Entering China's Service: Robert Hart's Journals, 1854–1863*, Cambridge, Mass.: Council on East Asian Studies, Harvard University, 1986, p. 143.

复杂立体、真实鲜活的中国百姓形象。若要将这些形象分门别类，则无法也不可能做到面面俱到。因此，本书仅总结《画报》中中国百姓形象最突出的三个方面，即礼貌友善、吃苦耐劳和堕落麻木。

一 礼貌友善的中国百姓

《画报》用较多篇幅塑造了礼貌友善的中国百姓形象。当然，中国人对礼节、礼貌的重视以及乐于助人、热情好客等品质在 19 世纪之前的西方各类型文本中就已有诸多体现。如早在 16 世纪耶稣会传教士们笔下的中国人就是"善良、性情温顺、爱好和平，许多礼仪和风俗习惯都优异于人"① 的；1697 年，德国哲学家莱布尼茨在其《中国新事萃编》② 的绪论中盛赞中国人的道德素养、讲究礼貌、恭顺、友爱③；伏尔泰更是赞扬中国的礼节"在整个民族树立克制和正直的品行，使民风既庄重又文雅。这些优秀品德也普及到老百姓"④。到 18 世纪，在杜赫德神父（Jean-Baptiste Du Halde，1674—1743）堪称"启蒙时代欧洲中国的百科全书"⑤ 的《中华帝国通史》（又译作《中华帝国全志》，1735）中尽管已涉及中国人性格特征中的矛盾复杂，但它仍肯定其讲究礼仪、温顺文雅、人情味浓、没有粗鲁的行为⑥。与《画报》同时期的见闻录中也有类似对中国人的和蔼友善、乐于助人和热情好客的记载，例如 1848 年福布斯（Frederick Forbes）的《在中国的五年：1842—1847》⑦、1853 年鲍尔（William Power）的《旅居中国三年回忆》⑧ 等。

---

① ［法］裴化行：《利玛窦评传》上册，管震湖译，商务印书馆 1993 年版，第 81 页。又见［西］门多萨撰《中华大帝国史》，何高济译，中华书局 2013 年第 2 版。
② 又译为《中国近事》《中国新事》《中国最新消息》《中国最近事情》《中国近讯》等。
③ 参见孙小礼《莱布尼茨与中国文化》，首都师范大学出版社 2006 年版，第 106—115 页。
④ ［法］伏尔泰：《风俗论：论各民族的精神与风俗以及自查理曼至路易十三的历史》上册，梁守锵译，商务印书馆 2017 年版，第 250 页。
⑤ 周宁：《天朝遥远：西方的中国形象研究》上册，北京大学出版社 2006 年版，第 107 页。
⑥ Jean-Baptiste Du Halde, *The General History of China*: *Containing a Geographical*, *Historical*, *Chronological*, *Political and Physical Description of the Empire of China*, *Chinese-Tartary*, *Corea*, *and Thibet*, Vol. 2, London: J. Watts, 1741, pp. 128 – 137.
⑦ Frederick Edwyn Forbes, *Five Years in China*, *from 1842 to 1847*, London: R. Bentley, 1848, p. 3.
⑧ William James Tyrone Power, *Recollections of a Three Years' Residence in China*: *Including Peregrinations in Spain*, *Morocco*, *Egypt*, *India*, *Australia*, *and New Zealand*, London: R. Bentley, 1853, p. 138.

《画报》从创刊初期即有对中国民风淳朴、百姓知礼友善的报道。早在1842年10月15日的《中国：对乍浦的描述》一文中便引用了几年前到过乍浦的英国鸦片船大副的日记，"更近距离、更生动地"将乍浦这个刚刚被英军攻占但在英国地图上难觅踪迹的地方以及"那儿井然有序、彬彬有礼的居民"的形象传递给读者。引用的日记中举例说明了乍浦居民的礼貌友善：第一天英国人到达乍浦时城门已关闭，故他们只能爬墙入城，被当地人看了笑话，认为他们举止怪异；第二天仍然城门紧闭，英国人只得再次爬墙入城。但从那之后，当地人便"有礼貌地"①将城门打开以便英国人出城。可见，鸦片战争之前的乍浦百姓即使在并不了解英国人的前提下，也没有因外来者带有侵犯意味的"翻墙入城"而对其刁难，反而以礼相待，以客视之，敞开城门方便其出入，为其免除"逾墙"的尴尬。日记中还描述了乍浦优美迷人的风景、精耕细作的农田，与淳朴的百姓形象相辅相成，呈现出地灵人杰之感。1853年11月5日的《中国的内战——英国皇家海军"赫耳墨斯号"在扬子江上》也通过引用船上大副威廉姆斯的日记，描述了在遭遇太平军"叛乱"的镇江府，当地百姓于混乱时局中仍然维持良好秩序，"最礼貌"地对待这些"绝对是新奇事物"的英国人，或有好奇之举，"但是他们的好奇心却并不惹眼"②。若说前面一篇报道中的乍浦居民是仓廪实而知礼节，那么于乱世中仍以礼待人则更能够突出中国普通百姓的礼貌与友善。

1857年之后，得益于向中国特派的画家兼记者与底层人民更近距离、更频繁的接触，《画报》中的中国百姓形象得到了更为生动、更为鲜活的呈现。这在特派记者由英国出发前往中国的过程中就已体现出来。1857年7月11日《去中国的路上：从锡兰到香港》一文叙述了记者乘坐"北京号"（the Pekin）轮船从锡兰到达香港的旅途。在途经广州时，他描写广州乡下的中国人"像法国人一样彬彬有礼"，他去到的每一处地方都有小男孩们问好，受到各种溢美之词的礼遇；在香港的村子里，观看类似"法国滑稽戏剧歌舞"的表演时，"观众的举止甚至比法国人更好：没有

---

① "China, —Description of Chapoo", *The Illustrated London News*, October 15, 1842, p.356.
② "The Civil War in China. —H. M. S. 'Hermes' in the Yang-Tze-Kiang River", *The Illustrated London News*, November 5, 1853, p.381.

发出任何声音，除非有什么滑稽的事出现，才会有笑声响彻整个会场"，引发了记者"从未见过脾气这么好的观众"① 之感叹。在同年 7 月 25 日的《中国速写》中，报道引用福钧（Robert Fortune，1812—1880）在同一时期出版的《居住在中国人的中间》（*A Residence Among the Chinese: Inland, on the Coast, and at Sea*，1857）一书中描绘的中国野餐情景，再次突出表现了中国百姓的礼貌友善与热情。书中写道，野餐的中国百姓多次邀请福钧加入他们，与他分享精心准备的食品；虽然长途跋涉使人疲惫不堪，但他们完全没有任何人醉酒或表现出异样。"中国人是一个安静而清醒的民族"，极少有打架斗殴或醉酒行为，"在这些方面，中国的下层阶级与欧洲甚至印度的同类阶级形成了鲜明对比"。《画报》在引文后附有评语，"这些评论与我们的画家对中国人民的印象一致"②，无疑对上述中国百姓的正面形象再次进行了肯定。类似遵序守礼的形象在后来的多篇报道中亦有呈现，如1858 年 5 月 15 日《中国速写：香港跑马场》一文认为，在香港观看赛马的中国观众与英国观众最重要的区别是中国观众规行矩步，尤其没有醉酒者③。又如 1867 年 6 月 29 日《北京的赛马场》中也形容中国观众遵守秩序、礼貌得体④。

即使是在 1857 年年末的第二次广州之战期间，在悬赏欧洲人头颅的叶名琛治理下的广东山区，村民们仍客气热情地款待外国人。1858 年 1 月 23 日《在叶总督管辖地的一次冒险之旅》一文先借"不幸的预言者"（croakers）之口渲染了处于中外对抗风暴眼中的广州之紧张气氛，即外国人若被清朝官员抓住便会被砍头的恐怖。但接下来记者描述其所遇到的村民"很有礼貌地"为他们端茶送水，愿意卖给他们任何东西。农庄前大片稻田中"正在成熟的稻穗呈现出棕色调，像金子般闪闪发光，让人感到和平与安宁"。此美景"消除了我们之前的恐惧感"⑤，营造出现世安

---

① "En Route for China", *The Illustrated London News*, July 11, 1857, pp. 27 - 28.
② "Sketches in China", *The Illustrated London News*, July 25, 1857, p. 89.
③ See "Sketches in China. —Hong-Kong Races, 1858", *The Illustrated London News*, May 15, 1858, pp. 496 - 497.
④ See "European Races at Pekin", *The Illustrated London News*, June 29, 1867, p. 654.
⑤ "A Sporting Tour in Governor Yep's Land", *The Illustrated London News*, January 23, 1858, p. 77.

好、人善景美的祥和氛围。三个月之后，即1858年4月3日《在中国的战争》一文主要报道了香港和广州城的近况。报道由两篇通讯组成，先抑后扬，对比鲜明。前一篇写于1858年1月28日，主要篇幅用于详细介绍香港的景色、在港的英军医船、医护人员和伤病员情况，同时反映出广州战争的余波未平——尽管秩序逐渐恢复，但海盗行径与谋杀频繁发生。记者也针对英军对广州的占领难以为继、战争或将再次爆发表达出深重忧虑。因此，这篇通讯透露出的是战争告一段落之后笼罩在港粤地区暗流涌动的不安。但后一篇写于2月15日的通讯所营造出的氛围则完全相反。此时正值中国春节，处处都是一派喧闹繁华的景象：熙熙攘攘的街巷、富丽堂皇的店面，家家户户灯笼高挂，走亲访友热闹非凡。作者还不惜笔墨描写春光明媚——数日晴空万里，鲜花绽放，虫飞鸟鸣。这些都烘托出2月10日解除封锁的广州城万象更新的面貌。更令人印象深刻的是，饱受战乱之苦的广州百姓仍然对外国人表现出礼貌和友好：

> 总是面带微笑的小男孩们成群结队地伴随着游客，站在店铺外面默默地、惊讶地盯着在里面采购的番鬼。如果这番鬼爱开玩笑，最重要的是，如果他沉迷于用一点点中文打趣的话，他肯定会让这群好脾气的围观者们开怀大笑；他们会为他指出或者帮他找到最好的商店。①

若更长远地看，肇始于1842年8月《南京条约》的"广州入城"问题在中英双方历经15年反反复复的对抗和妥协之后，随1857年12月英法联军对广州的占领刚刚落下帷幕。尽管这篇通讯洋溢着快乐祥和的气氛，但参考一个月前的报道，若说数年以来广州人民对"夷人"入城民情激愤的反抗、叶名琛对广州军民"戮力同心""格杀勿论"的动员未留任何痕迹，恐怕都太过武断。因此，记者将目光投向了涉世未深的孩童，生动描绘了他们的天真烂漫、趣稚好奇但不失分寸，及其与"番鬼"互动的快乐热情。在整篇通讯营造出的广州城浴火重生、喜迎新春的氛围烘托之下，孩童形象以小见大地体现出彼时广州百姓的友善形象。文章在最

---

① "The War in China", *The Illustrated London News*, April 3, 1858, p. 345.

后部分还描述了记者高兴地与中国朋友共度大年初二，旁观拜年过程，还入乡随俗，依葫芦画瓢地将名字写在红纸上，"令中国人很高兴"①。这些对"天朝子民"和"番鬼"和睦共处、其乐融融的描写更从侧面反映出中国百姓的热情好客、与人为善。

1859年4月16日和4月23日的《画报》连载了记者在九龙附近的村庄乘轿旅行的见闻，活灵活现地再现了村民们礼貌、殷勤和友善的形象。4月16日的报道在前半部分用大量篇幅描述了乘轿这种"天朝旅行的奇特方式"及沿途风光，用山路的崎岖凶险反衬轿夫们的健步如飞，并将后者称为"奇妙而令人难忘的景观"。记者更对轿夫们令人心情愉悦、使旅途充满快乐的"好脾气"②大为赞赏，为后来在林崆村令人兴致盎然的经历做了铺垫。在入住村长金叶家中不久后，记者一行便受到了村民们好奇但绝无恶意的围观；村民们"张着嘴，睁大了眼，一直目瞪口呆地站在我们面前，对任何有趣的事情都放声大笑，并且和颜悦色、兴高采烈地跟着我们在村子里转来转去"；他们邀请记者共进晚餐，在被谢绝之后，仍非常热诚真挚地请客人吃蜜饯；晚饭后，还有"一位非常英俊的小伙子"用五弦琴（banjo）为客人们演奏欢快乐曲。这一系列叙述将村民们的好客热情、礼数周到淋漓尽致地展现在读者眼前。记者还大为感叹，"在这些小山村里充满了自由、平等和博爱：每个人都抽了烟喝了茶"③。"自由、平等、博爱"是18世纪法国大革命中提出的政治口号，对19世纪欧洲的思想有着深刻的影响。将其冠在封闭自守的"天朝"乡村之上，想必会对当时的英国中产阶级读者产生一定震荡。但这里的"自由、平等、博爱"与象征新兴资产阶级与"封建专制、封建等级制度和封建特权等思想意识"④宣战的口号不尽相同。它要表达的更多是在相对狭小的空间中（小山村里），人与人之间平等友善的和谐关系，也将作者塑造洋溢着人文关怀的小山村的努力表露无遗。后文中对金叶寥寥几句的描述更令人莞尔：先是指出金叶在记者"真实又真诚"的速写（见图3.1）

---

① "The War in China", *The Illustrated London News*, April 3, 1858, p. 345.
② "Travelling in China", *The Illustrated London News*, April 16, 1859, p. 375.
③ "Travelling in China", *The Illustrated London News*, April 16, 1859, p. 376.
④ 陈崇武：《论"自由、平等、博爱"》，《上海师范大学学报》（哲学社会科学版）1982年第1期。

112 ❋ 《伦敦新闻画报》中的晚清中国人形象研究(1842—1876)

图 3.1 《林畛村的文娱表演》①

① "Entertainment in the Village of Lin-Cong", *The Illustrated London News*, April 16, 1859, p. 376.

中之所在，即通过强调他形状奇怪又令人称羡的烟杆将他与众人区别开来，便于读者一眼就能从挤满人的画面中找到这位主人公。然后，文字中插入了记者等人的恶作剧——给当地人尝掺了水的白兰地，而后者纷纷表示酒劲大——这并非突兀的题外话，而是一处伏笔。接着，作者写到金叶将他拉进卧室，为的是展示10英尺左右的抬枪和"用蓝墨水画的猫"——此时，记者发现他的桌子上摆着一瓶真正的白兰地！这真是极其有趣的一笔。原来金叶并非不知纯白兰地的味道，但为何在记者等人恶作剧的时候未将其拆穿呢？将此举解释为中国传统的给人留面子的做法比较合适。中国人在处理争执时，"'和事佬们'必须仔细斟酌如何顾及每一方的'面子'"①，而不是追求客观公正；中国人也热衷于维护其他人的面子和尊严，尽量"使他们不蒙受羞辱"②。记者显然体会到金叶此举之意，因此用颇为活泼的语气感叹道："金叶先生，你真是个友善的小老头！"③（A nice old boy you are, Mister Kin-Yeh!）抬枪与猫，一为充满火药味的武器，一为温和乖巧的宠物；两个冲突的元素融合在金叶身上，使他的形象生动立体又趣味盎然，完全摆脱了脸谱化。最后对他城府周到的举动的描述更凸显了以这位村长为代表的当地百姓之客气与友好。

正面直书村民们的亲切热情、礼貌质朴，辅以琐碎细节的补充——由此中国百姓礼貌友善的形象在这篇游记中得以充分展现。记者同年关于台湾岛之行的报道也记述了在口语不通、只能用文字沟通的情况下，仍受到村长热情款待的经历，特别提及村民们的举止礼貌、本性醇厚④。类似的报道还见于1860年10月13日《中国：英国军队在大连湾》一文对记者在大连湾村庄中所受礼遇的详细描述中。村民们几乎有求必应，慷慨大方，周到备至：在给记者一行送来上好的鸡蛋和鸡之后，他们不仅不要任何报酬（即使记者等人把钱放在他们褡裢里），还硬是把带来的鸡留在外国人的船上；为避免干扰记者作画，村民们不允许小孩子挡住其视线或挡

---

① ［美］明恩溥：《中国人的气质》，刘文飞、刘晓旸译，译林出版社2012年版，第8页。
② ［英］麦高温：《中国人生活的明与暗》，朱涛、倪静译，中华书局2006年版，第289页。
③ "Travelling in China", *The Illustrated London News*, April 16, 1859, p. 376.
④ See "Manners and Customs of the Chinese in Formosa", *The Illustrated London News*, September 24, 1859, pp. 294–296.

他的路①。这种极度的好客热情与有些"过分"的慷慨大方在同时期西方人在中国的见闻录或游记中也时有体现②。在同日刊登的另一篇通讯《大连湾一座农舍的内部》中,记者写道当他自行走入一间农舍时,主人不仅不发难,还非常礼貌亲切地请他吃饭。而且这并非18、19世纪西方文本中常见的中国人"刻意的、虚伪的客气和夸张的表白"③,也不是出于"讲面子"、流于表面虚情假意的客套④,而是真挚诚恳的邀约:因为主人担心客人吃不惯当地食物,还特地给他煮了几个鸡蛋,并坚持请他喝烧酒。难怪记者感叹道:"这真是个和蔼可亲的民族!"⑤("What an agreeable people they are!")

《画报》中的报道除了细数记者本人所受的礼遇之外,甚至还通过对中国人怜惜牲畜、善待动物等的叙述来呈现这个民族的善良平和⑥、中国百姓的友善礼貌。可以说,中国百姓形象中的这一面借由记者对亲身见闻的细节性描述尤为生动形象、细致入微地呈现在读者眼前,绝无"为赞美而赞美"之感。这也从侧面印证了英国汉学家雷蒙·道森(Raymond Dawson,1923—2002)的总结——无论是传教士还是记者,在中国与中国人建立个人关系、在中国人中间进行工作这些简单的事实,都无疑有助于促使他们对中国和中国人民采取更亲善的态度⑦。

---

① See "China. —The British Forces in Talien Wan", *The Illustrated London News*, October 13, 1860, pp. 343.

② See John Livingston Nevius, *China and the Chinese: A General Description of the Country and Its Inhabitants, Its Civilization and Form of Government; Its Religious and Social Institutions; Its Intercourse with Other Nations; and Its Present Condition and Prospects*, New York: Harper & Brothers, 1869, p. 240; J. Thomson, *The Straits of Malacca, Indo-China, and China; or, Ten Years' Travels, Adventures, and Residence Abroad*, London: Sampson Low, Marston, Low, & Searle, 1875, p. 219.

③ [英]乔治·马戛尔尼:《马戛尔尼勋爵私人日志》,[英]乔治·马戛尔尼、约翰·巴罗《马戛尔尼使团使华观感》,何高济、何毓宁译,商务印书馆2019年版,第7页。

④ 参见[美]明恩溥《中国人的气质》,刘文飞、刘晓旸译,译林出版社2012年版,第205—207页。

⑤ "Interior of a Cottage at Talien-Wan", *The Illustrated London News*, October 13, 1860, pp. 350 - 351.

⑥ See "Sketches from Pekin", *The Illustrated London News*, February 23, 1861, pp. 170 - 171. "Street Scene in Pekin", *The Illustrated London News*, September 13, 1873, p. 256.

⑦ 参见[英]雷蒙·道森《中国变色龙——对于欧洲中国文明观的分析》,常绍民、明毅译,中华书局2006年版,第181页。

二 吃苦耐劳的中国百姓

勤劳可谓公认的中华民族最著名的美德之一。1793年马戛尔尼使团访华后,评价普通的中国人民"极坚强","能吃苦耐劳,对生意买卖和种种赚钱的手段都十分感兴趣"①;而且即使劳作条件非常严酷,中国人仍然乐观、健谈。19世纪中叶西方对中国人看法中极其一致的也是勤劳节俭——几乎得到了所有欧洲人和美国人的赞扬②。美国传教士明恩溥(Arthur Henderson Smith,1845—1932)在总结中国人的气质特点时写道,"无论是偶然到此的旅行者还是久居此地的侨民,都会对中华民族的勤勉深信不疑"③。《画报》中也不乏吃苦耐劳的中国百姓形象,主要可分为两类:一类是孜孜矻矻、兢兢业业的小商人们;另一类则是辛苦劳作、勤劳耕耘的农民。两类形象中以前者更为多见。

1857年2月14日《城墙内的广州》一文形容广州城内商店布置"最为华丽诱人",店内"装修整齐",商品陈设"很有品味"④。彼时广州"入城"争端仍沸沸扬扬,《画报》记者未有机会一窥"城墙里面"的广州,因此报道所配插图是对一位中国画家作品的临摹。画中广州城街道整洁,商铺井然有序。上述文字正是对插图的描述。报道的切入点体现了《画报》对广州商人的关注,其对商铺的评价也从侧面反映出普通的中国小商人们的勤勉经营。类似的叙述也出现在1857年3月21日《香港的维多利亚城》中。报道描绘了香港的殖民地政府所在地维多利亚城中的商业街道,并介绍香港的劳工阶层和小商贩"大都是中国人,他们总是在奔波逐利"⑤。普通百姓为生计勤劳奔忙的形象在1858年4月3日的《在中国的战争》一文中也有体现,记者发现只有在春节时,"天朝子民们首次全都无所事事"——这让他觉得"最奇怪",而"这样的事情一年才发生一次"⑥。

---

① [英]乔治·马戛尔尼:《马戛尔尼勋爵私人日志》,[英]乔治·马戛尔尼、约翰·巴罗《马戛尔尼使团使华观感》,何高济、何毓宁译,商务印书馆2019年版,第11页。
② 参见[美]M. G. 马森《西方的中国及中国人观念1840—1876》,杨德山译,中华书局2006年版,第304页。
③ [美]明恩溥:《中国人的气质》,刘文飞、刘晓旸译,译林出版社2012年版,第16页。
④ "Canton Within the Walls", *The Illustrated London News*, February 14, 1857, p. 134.
⑤ "Victoria, Hong-Kong", *The Illustrated London News*, March 21, 1857, p. 261.
⑥ "The War in China", *The Illustrated London News*, April 3, 1858, p. 345.

一年一度的休息意味着接近全年无休的辛勤经营，也正因为中国百姓的日旰忘食、孜孜不怠是常态，记者才会对他们的"闲"感到新奇。1857年7月18日的《中国速写》一文更是为中国商人的勤勉作出肯定论断：

> 我从那些不带偏见的、在中国生活了十到十二年、在内陆和沿海与当地人交往广泛的英国人那里得知了这些。事实上，他们是最能够真实描述当地人的，而他们同时是从着火的广州十三行逃出来的绅士，本应该对中国人最为痛恨。但他们说中国人不是一个好战的民族，其本质上是一个热衷于贸易和商业的民族；……他们把所有的精力都投入到自己的生意上，要找到另一个同样勤勉的民族是很困难的。①

报道一再强调评价者态度之公正中立、对中国和中国人的了解程度之深。这些铺垫无疑是要突出其评价的客观性、公允性和真实性。尤其是评价者们本应站在敌对立场，却还能对中国商人赞誉有加，这更说明他们的评论发自肺腑——因为中华民族的吃苦耐劳形象深入人心，令人无论如何也不能作违心之论。与之类似的对中国商人之富于事业心与进取心，之精力充沛、孜孜矻矻的描述在19世纪后半叶不少西方人的游记或回忆录中也常有体现②。

中国农民勤劳耕耘的形象则在1857年7月25日《中国速写》一文对福钧《居住在中国人的中间》的引用和肯定中得以集中呈现。文中除了通过侧写农民精耕细作的成果，如浓翠的稻田、随处可见的水车、遍山的茶园，已开垦、待种下一季作物的田地等来反映其耕耘不息之外，也正面描写了劳动中的人们之辛勤忙碌、任劳任怨："勤劳的人们正在田里忙着农活；或走到一个山坡上，那里当地人正在采摘最早的一批茶叶。……劳动者们强壮、健康、乐意劳作，但又无拘无束，让人觉

---

① "Sketches from China", *The Illustrated London News*, July 18, 1857, p. 73.
② 如 Robert Samuel Macley, *Life Among the Chinese: With Characteristic Sketches and Incidents of Missionary Operations and Prospects in China*, New York: Carlton & Porter, 1861, p. 122; Laurence Oliphant, *Narrative of the Earl of Elgin's Mission to China and Japan in the Years 1857, 1858, 1859*, New York: Harper & Brothers Publisher, 1860, p. 29;［美］何天爵：《真正的中国佬》，鞠方安译，中华书局2006年版，第230—231页。

得'他值得被雇佣'。这里没有在印度或其他东方国家中所见的那种懒散或谄媚之辈……"① 最后这句话将中国农民与印度等其他东方国家的农民进行对比,当然首先能印证尽管"世界各地的农民或多或少都是忙碌的,但中国农民的勤劳却可能是很难被超越的"②。但更重要的是,它将中国从19世纪西方视野中与英国殖民地——印度并列的、备受排斥、憎恨和轻蔑的"第二个东方"中暂时剥离出来,使其脱离了西方语境下东方的懒惰和病态,而被表述为勤劳快乐、生机勃勃的③。

类似的表现手法在1857年9月19日《在中国的战争》一文中更为明显。报道用其他国家人的懒惰懈怠反衬中国人的孜孜矻矻:印度人大都很懒,西班牙人很少劳作,马尼拉的当地人也几乎从来不干活,那么是谁在维持着这个地方的正常运转呢?当然是勤劳的华人——"我不知道如果没有我们的华人朋友,这块殖民地会变成什么样子"。为证明这一点,报道首先描述华人工作范围覆盖面之广——只要是能赚钱的营生,就有中国人在其中勉力经营:所有商店的店主都是华人,所有从事农业生产的也都是华人;商人中也有很多华人。他们"像蚂蚁一样忙碌,没有任何消遣"。报道紧接着描述了华人一天的生活轨迹:"清醒持重的华人在营业时间结束后,会在他店里的椰子油灯旁工作到深夜,然后可能还要散散步,以便第二天精神抖擞地开始"④。为何言其"清醒持重",因为文中马尼拉的夜晚香风沉醉,处处笙歌曼舞。就是在如此大的诱惑面前,华人仍能目不斜视,杜绝娱乐消遣,生活作息完全围绕着工作,连散步都是为了第二天更有精力投入工作。这自律自发、宵衣旰食的形象想必能加深读者对吃苦耐劳的中国百姓的印象。

1873年5月24日《中国速写》则先用整版插图呈现了一位"勤劳的主妇"(industrious goodwife)在农舍内纺纱的场面(见图3.2),表现了中国的贫苦农妇同时承担家庭生产劳作与维持家庭生活的艰辛。文字中特别指出,农妇在纺纱的同时因无暇顾及两个孩子,于是将他们用柳条围起

---

① "Sketches in China", *The Illustrated London News*, July 25, 1857, p. 89.
② [美]明恩溥:《中国人的气质》,刘文飞、刘晓旸译,译林出版社2012年版,第18页。
③ "第二个东方"参见周宁《天朝遥远:西方的中国形象研究》下册,北京大学出版社2006年版,第745—747页。
④ "The War in China", *The Illustrated London News*, September 19, 1857, p. 289.

118 ❋ 《伦敦新闻画报》中的晚清中国人形象研究(1842—1876)

图 3.2 《上海附近的一位农妇在纺纱》[1]

---

[1] "Sketches in China: Village Interior Near Shanghai", *The Illustrated London News*, May 24, 1873, p. 481.

来（in a sort of wicker pound），防止其调皮捣蛋。文字不仅突出了画面的重点，还解释了英国读者对于画中人物或有的不解之处，即为何孩子被圈住了。后文继续详细描述中国穷人极其简陋的居住环境：其茅舍"往往只是单间小屋，是用泥巴糊在竹篾上搭起来的"，并提及了他们困顿之至、难以为继的日常生活——"有时就连最基本的衣食都很难供应或维持"①。在如此背景下，农妇将孩子用柳条围起来实属无奈之举，但也从侧面反映出中国百姓吃苦耐劳又不乏生活的智慧。同时期西方对中国的观察记述也都普遍反映了中国乡村妇女不但要照顾大家庭起居、从事各种家务活，更要承担繁重的农活和手工生产，如收庄稼、养蚕、抽丝、织布等，故"在其他所有国家和地区通行的'女人的活计永远也做不完'这句话在中国尤其确当"②。中国妇女在苦难生活中"表现出来的坚忍和勇敢就是一种英雄主义的精神"③，而这种精神也更凸显了整个中华民族普通百姓的勤劳坚韧与任劳任怨。此外，报道尤为引人注目之处还在于将中英两国劳动妇女进行类比："正如我们在自己的地方所观察到的一样，女人到了一定年纪，结婚生子，便会充分承担起生活的辛劳和麻烦。"④ 事实也的确如此。19 世纪中后叶英国下层贫困妇女在承担做家庭主妇、照看孩子等责任的同时，也是家庭小手工业生产的主要劳动力；工人阶级妇女们作为有偿劳动力，其收入对家庭的生存至关重要⑤。报道从中国与英国劳动阶层妇女生活艰辛的共同性出发，进而以小见大推及不同民族的劳动人民在本质上的一致性："根据这位游历广泛的哲人判断，当我们审视一个民族和另一个民族家庭生存的必要条件时，人类的外在多样性之间确实没有那么大的本质区别。"⑥ 如此写法将中国人与英国人置于同一语境之中，观看"他者"的同时也反观自我，用内在本质中的共同点消弭不同民族之间的差异性，更能达到令英国读者对中国百姓在艰辛生活中的吃

---

① "Sketches in China", *The Illustrated London News*, May 24, 1873, p. 482.
② [美] 明恩溥：《中国乡村生活》，陈午晴、唐军译，中华书局 2006 年版，第 205 页。
③ [英] 麦高温：《中国人生活的明与暗》，朱涛、倪静译，中华书局 2006 年版，第 301 页。
④ "Sketches in China", *The Illustrated London News*, May 24, 1873, p. 482.
⑤ 参见王晓焰《18—19 世纪英国妇女地位研究》，人民出版社 2007 年版，第 156 页。See also Kathryn Gleadle, *British Women in the Nineteenth Century*, Houndmills, Basingstoke, Hampshire and New York：Palgrave, 2001, p. 97.
⑥ "Sketches in China", *The Illustrated London News*, May 24, 1873, p. 482.

苦耐劳感同身受的传播效果。

三 堕落麻木的中国百姓

18—19世纪的西方人习惯于将中国人的残暴和麻木关联在一起：或天性残暴，或因极度的贫困导致的"无度"残酷，使中国人习惯接受磨难，所以无论是对自己的还是对别人的遭遇，无论是对肉体上的还是对生活中的痛楚都麻木不仁①。若将两者结合为一体，那便是20世纪上半叶美国汉学家M. G. 马森所总结的人性的缺失②。明恩溥在其代表作《中国人的气质》中提出，中国人是生理上的"神经麻木"，故而能忍受肉体上的痛苦、无视生活中的苦难③。但他同时评论中国人有着品质上的忍耐和坚韧，尤其是"忍耐"的第二层意义，即"能够平静地或镇定自若地面对或承受任何苦难的力量或行为"④ 似乎又与麻木区别甚微。该书被视为"西方人介绍与研究中国国民性格的最具影响的著作之一"⑤，其对中国人性格的论述影响较广。《画报》对战火中的地区和战后沦陷地区的报道较多反映出中国百姓堕落麻木的一面，而此处所谓的"堕落"也包含了对他人的残忍或残暴。这些百姓因生活贫困潦倒而堕落，因数历战乱之苦而麻木。除此之外，《画报》对"鸦片鬼"的报道则塑造出自甘堕落与麻木不仁交织的形象。但总的来说，堕落麻木的形象类型在《画报》中主要的中国百姓形象中所占比例偏小。

---

① 法国外方传教团马若瑟神父（1666—1735）对中国赤贫的描述参见朱静编译《洋教士看中国朝廷》，上海人民出版社1995年版，第25—26页。第二次鸦片战争期间随军来华的英国军医查尔斯·亚历山大·戈登认为，中国人从小就被教育漠视身体或生活中的痛楚。个人的残酷在婴儿时期就被注入其本性中，而且十分有效。见 Charles Alexander Gordon, *China from a Medical Point of View in 1860 and 1861*: *To Which is Added a Chapter on Nagasaki as a Sanitarium*, London: John Churchill, 1863, p. 430.

② 参见［美］M. G. 马森《西方的中国及中国人观念1840—1876》，杨德山译，中华书局2006年版，第168页。

③ ［美］明恩溥：《中国人的气质》，刘文飞、刘晓旸译，译林出版社2012年版，第66—71页。

④ ［美］明恩溥：《中国人的气质》，刘文飞、刘晓旸译，译林出版社2012年版，第112页。

⑤ 代迅：《跨文化交流中的中国形象及其迁移》，《社会科学战线》2004年第1期。《中国人的气质》又被译为《中国人的性格》《中国人的特性》等。

在第二次鸦片战争的第二次广州之战期间,战火纷飞下的广州百姓体现出令人既震惊又痛心的麻木。1858年3月6日《在中国的战争》一文描述了"最不寻常的情景":广州郊区的老百姓在英法军队未经任何抵抗便占领广州城之后,竟然在"欢度这一天":"他们搬出铜锣铙钹,显然是在欣赏炮火。有些人简直就处在我们的炮眼之下,但他们安静地蹲着抽烟,就像什么事都没发生一样。"① 身陷战火之中还能锣鼓喧天地将炮火当作焰火欣赏,确实足够"不寻常",但这至少是对周遭的乱象作出了反应。更令人费解的是那些蹲在炮火下无动于衷抽烟的人。很难想象,他们是经历过多少次战火才能如此"安静"地面对近在咫尺的炮火,既不望风而逃,也不好奇观望。"欢度这一天"、锣鼓喧天地欣赏炮火与无动于衷、安静地蹲着抽烟互相映衬,呈现出极富戏剧性的冲突感,将后者的麻木不仁表现得入木三分。这篇报道在后半部分再次提及这些"异常冷静的范例",详尽描述了在炮火下蹲着抽烟的人:"尤其是有一位老人蹲在自家门口抽烟,突然一枚炮弹落在他面前的泥里,溅了他一身土,而他只是抖了抖身上的土,继续抽烟,就像什么事情都没发生过一样。"② 在同一篇报道中被提及两次,前略后详,尤其是后文在细节上的补充非常生动地刻画出这位超乎寻常冷静,更确切地说应该是麻木的吸烟老者形象,足见他带给记者的震撼也是异乎寻常的。一个星期后的报道,即1858年3月13日《在中国的战争:攻打广州城》一文对广州百姓表现出的异常麻木提供了某种解释:"这些奇怪的中国人实际上似乎已经习惯了。舢板甚至货船顺流而下,就像是伦敦的驳船工人在进行日常的工作。老百姓们来到岸边,注视着圆形炮弹和迫击炮弹从他们头顶飞过。"③ 可见,正是因为广州在两次鸦片战争中都是中外对抗的重要战地,尤其第二次鸦片战争从炮轰广州城开始,当地老百姓对外国军队的炮击的确是"习惯了"。他们看似"两耳不闻窗外事"地继续自己的生活,其实并非无动于衷,更多的只是逃离不了战火的无奈之举。文中对老百姓聚集江边抬头仰望炮弹

---

① "The War in China", *The Illustrated London News*, March 6, 1858, p. 236.
② "The War in China", *The Illustrated London News*, March 6, 1858, p. 237.
③ "The War in China-The Attack on Canton", *The Illustrated London News*, March 13, 1858, p. 258.

这个场景的描述，更体现出麻木背后的凄凉之感。

1858年11月20日《中国速写》一文在介绍中国鸦片馆的陈设、吸食鸦片的器具、过程等之外，也集中刻画了自甘堕落的"鸦片鬼"形象。文中将吸食鸦片描述为"可怕的奢侈生活"，稍微沉溺就会"把一个强壮健康的人变成白痴一般的骷髅"。报道对受鸦片影响到最后阶段的瘾君子们的文字刻画可谓细致入微：

> 周围的烟床上挤满了人，他们懒洋洋地躺着，脸上挂着的白痴般的微笑证明他们已经完全受到鸦片的影响，无法思考世事，很快地融入了自己想要的那种圆满状态。这场悲剧的最后一幕通常发生在鸦片馆后面的一个房间中，即那个停尸间里。在那里躺着的人都已进入鸦片鬼们狂热追求的极乐世界——也就是他们盲目而匆忙地进入的长眠的象征。①

报道自信且自豪地介绍了所配的插图，认为"特派画家以令人钦佩的技巧忠实地描绘了两位鸦片鬼脸上'白痴般的微笑'"，将"显然正迅速融入一种麻木不仁的状态中"②的"鸦片鬼"形象呈现在读者眼前（见图3.3）。的确如《画报》所言，这幅占据半个版面的插图极其生动写实，准确再现了鸦片馆的陈设和瘾君子等人的形象：以烟床为画面中心，前景左侧有摆放吸鸦片工具的桌几，后景中有帷幔和瘾君子们脱下挂着的衣物，连左右对称的两块牌匾上的"新春大吉"和"万事胜意"八个汉字都被一五一十地临摹下来。烟床上躺着的两位瘾君子左右对称，左边这位侧卧，手持烟杆，应正在填充烟壶；右边的则完全呈现出正融入"麻木不仁"的瘫软状态，脸上表情似笑非笑，大概也就是文字描述中所谓的"白痴般的微笑"吧。右侧端坐的女子即为文中介绍过的伺候吸食鸦片者的人。她手拿纸扇，目不斜视，表情冷漠，连她的小脚都如实入图。她又与左侧的桌几两相呼应，平衡了整个画面对称的构图。可以说，这幅插图是文字极为准确的图像化，而文字则点出了插图的重点，让读者的目光不被新奇而纷杂的中国鸦片馆陈设过多吸引，而是聚焦于"鸦片

---

① Sketches from China, *The Illustrated London News*, November 20, 1858, p. 483.
② Sketches from China, *The Illustrated London News*, November 20, 1858, p. 483.

第三章 《伦敦新闻画报》中晚清中国人形象的主要类型(下) ❋ 123

图 3.3 《中国的鸦片鬼》①

———
① "Chinese Opium Smokers", *The Illustrated London News*, November 20, 1858, p. 483.

鬼"的表情上，凸显其堕落麻木的形象，也为后文提及英国兄弟会代表提交的备忘录中所抗议的"鸦片已经造成了中国人民的苦难和道德沦丧"① 提供了直观的证据。

总的来说，《画报》中最典型的中国百姓形象有礼貌友善、吃苦耐劳和堕落麻木这几个类型；相较而言，前两者所占篇幅更多，刻画也更为生动。这与《画报》自1857年起向中国特派画家兼记者关系甚大。当时记者从英国出发，经马赛、马耳他、开罗、红海、亚丁湾、马尔代夫、锡兰，直至香港及其周边的马尼拉等地，其旅程见闻记录即《去中国的路上》(En route for China) 系列报道自1857年4月18日始在《画报》上陆续刊载。1857年7月11日《去中国的路上》一文在描写记者于广州所受的礼遇之后，明确指出，"在此之前，我们一直认为中国人是个糟糕的民族，像大多数英国人现在所认为的那样（如亚当·斯科特先生②那样了解中国人的人除外）"③。此处传达出记者认为英国人对于中国人的成见源于不了解的看法。在后续的报道中，如1857年7月18日《中国速写》强烈呼吁要将"中国人"和"清朝官员"区分对待，因后者才是一系列恶劣的仇外行径的根源④。在一周后刊登的《中国速写》中，特派记者更是赞美中国人"聪明异常，天赋惊人，和之前别人告诉我的完全不同""我和他们相处得很好"⑤。这些直白的评论明显反映出记者在与海外华人和中国人民近距离接触后，随着对其了解的加深而逐渐摒弃了对于中国百姓的成见。1858年2月27日《在中国的战争》进一步更为明确地强调，中国老百姓开始认识到英国人并非"蛮夷"，"他们只需要跟外国人多交往，就能成为一个优秀的民族。他们勤勤恳恳，不屈不挠，具有惊人的模仿能力等等"。中国老百姓的一些"坏习气"也并非他们自身之过，而是因为与世隔绝且被歧视，"并总是遭受统治者的欺压"⑥。此处再一次体现了

---

① Sketches from China, *The Illustrated London News*, November 20, 1858, p. 483.
② 从前文看，亚当·斯科特（Adam Scott）应是在香港居住已久的英国人，为记者广州之行的陪同人员之一。
③ "En Route for China", *The Illustrated London News*, July 11, 1857, p. 27.
④ "Sketches from China", *The Illustrated London News*, July 18, 1857, p. 73.
⑤ "Sketches in China", *The Illustrated London News*, July 25, 1857, p. 88.
⑥ "The War in China", *The Illustrated London News*, February 27, 1858, p. 222.

《画报》对中国百姓的认可以及要将中国人民与清政府官方分别对待的看法。这些话语不仅呼应了1857年3月21日《在中国的战争:中国的兵船》一文中编辑引用的法国天主教传教士古伯察(Évariste Régis Huc,1813—1860)对中国命运的论断,即中国需要"一位才智过人、意志坚定的皇帝,一位决心立即与古老传统决裂、引导他的人民进入西方进步文明的改革家"①,方可实现中华民族振兴;也为《画报》后来疾呼以"奉行基督教的人道的政府"对中国进行"有力而公正"的统治埋下了伏笔②。强调中国百姓处于水深火热之中、亟待基督教乃至西方文明的"拯救"已是老生常谈,这在19世纪西方传教士关于中国的论述中屡见不鲜。除了上文提到的古伯察,如丁韪良、麦高温(John Macgowan)、明恩溥等人无不基于亲身经历,对中国社会沉疴加以总结和批判,从而佐证用基督教和西方的新思想促使中国改弦更张、除旧布新的必要性③。《画报》的视角固然尚未完全摆脱西方人根深蒂固的种族优越观,但须注意的是,在第二次鸦片战争后《画报》特派画家积极、警觉且巨细靡遗的观察所呈现的中国百姓众生相中,从主观上刻意排斥、嘲笑或强调后者野蛮落后的述评并不多见,反而是着力于将中英人民等而观之的态度较为明显。其结果或许与《画报》自身标榜的"真正的世界主义精神"④仍有差距,但其中透露出的贴近中国人民的意愿、对中国人民不断加深的了解和友善的态度,以及"试图营造出一种赢得英国公众认可的同胞感,即中国人作为一个整体是他们在地球上的共同居住者"⑤的努力是显而易见的。

---

① "The War in China: Chinese Vessels of War", *The Illustrated London News*, March 21, 1857, p. 260.

② "Sketches in China", *The Illustrated London News*, June 5, 1858, p. 569.

③ See W. A. P. Martin, *The Chinese: Their Education, Philosophy, and Letters*, New York: Harper & Brothers, 1881. [英]麦高温:《中国人生活的明与暗》,朱涛、倪静译,中华书局2006年版,第23页。[美]明恩溥:《中国乡村生活》,陈午晴、唐军译,中华书局2006年版,第268—278页。

④ "Sketches in China", *The Illustrated London News*, April 5, 1873, p. 327.

⑤ Gillian B. Bickley, "Plum Puddings and Sharp Boys 'One Touch of Nature Makes the Whole World Kin': An Analysis of the China Coverage in the Illustrated London News, 5 January to 23 September 1861", *Journal of the Royal Asiatic Society Hong Kong Branch*, Vol. 38, 1998, p. 154.

第 四 章

《伦敦新闻画报》中晚清中国人形象的表现艺术

《伦敦新闻画报》对晚清中国人形象的塑造丰富而生动,这首先得益于该报最大的特色——图文结合的表达。一些国外学者认为,《画报》的插图在大小、细节、排版、数量等方面都与之前的周刊差别显著,因此图像将文字排挤到了"从属的"或"次要的"位置①。另有学者认为,插图的最基本功能是体现文字的具体内容,因此文字应具有完全的支配权②。事实上,研究《画报》中的图文关系并非争论两者孰高孰低、孰支配孰从属的问题,而是关注它们是如何结合起来并共同生成由单独任何一方都无法生成的意义的③——这也是本书的着眼点,即剖析《画报》中的图像与文字如何在互释、互补或背离中表达晚清中国人形象。《画报》作为新闻媒体,以多样化的叙述主体(包括记者、特派画家兼记者、编者等)呈现了对中国和中国人的报道与评论,体现出多重叙述主体透视的特点,达到了真实性与完整性、体验性与情绪性、全面丰富性与权威性相结合的效果。《画报》于 1842 年开始了对中国

---

① See Joshua Brown, *Beyond the Lines: Pictorial Reporting, Everyday Life, and the Crisis of Gilded Age America*, Berkley and Los Angeles: University of California Press, 2006, p. 14; Richard D. Altick, *The English Common Reader: A Social History of the Mass Reading Public*, 1800–1900, Second Edition, Chicago: University of Chicago Press, 1957, p. 344.

② See Edward Hodnett, *Image and Text: Studies in the Illustration of English Literature*, London: Scolar Press, 1982, p. 13.

③ See Peter W. Sinnema, *Dynamics of the Pictured Page: Representing the Nation in the Illustrated London News*, Hants, UK: Ashgate Publishing Limited, 1998, p. 2.

和中国人的报道,尽管此时包括英国在内的西欧对中国已有一定程度的了解,但作为《画报》最大受众群体的英格兰中产阶级家庭未见得都具备相应的知识背景去理解和接受来自这遥远东方帝国的新闻。在"中国热"褪去已近一个世纪之时,他们也未必对"异教""异民族"的中国人这个主题有足够兴趣。这就涉及《画报》中的新闻报道如何运用新闻背景提升易读性和可读性的课题:一方面,运用新闻背景为读者提供理解新闻的语境;另一方面则运用新闻背景突出新闻人物和事件特色,增强报道的可读性。

第一节 图像与文字的互文

在《画报》创刊之时,创始人赫伯特·英格拉姆(Herbert Ingram, 1811—1860)鉴于其他报刊在配上插图之后销量陡增,便明确将该报的"首要吸引力"(chief attraction)[①] 定位于插图之上,借此在维多利亚时代日渐蓬勃的报刊市场中抢占一定位置。事实证明,这一定位是《画报》获得成功的最关键因素。16 页、48 个新闻栏目、32 幅"比之前任何出版物中的配图都更大的、完成度更高的、更为丰富的"[②] 版画插图,迅速为该报吸引了较同时期其他报纸而言更大规模的读者群,可谓在真正意义上开启了现代图像新闻之先河,"改变了新闻被定义和被消费的方式"[③]。插图之于《画报》的重要性毋庸置疑,但图文结合的表达缘何能产生如此大的吸引力?新闻插图与报道文字在对晚清中国人形象的塑造中,具体体现为怎样的互动关系或呈现为怎样的互动形态?两者的结合又达到了何种表达效果?这些都是本书将要回答的问题。

对《画报》如何通过图文共同塑造中国人形象进行探究的前提,是

[①] Mason Jackson, *The Pictorial Press: Its Origin and Progress*, London: Hurst and Blackett Publishers, 1885, p. 284.

[②] Brian Maidment, "Representing the Victorians-Illustration and the ILN", *The Illustrated London News Historical Archive 1842 – 2003*, http://gale.cengage.co.uk/images/BrianMaidment1.pdf.

[③] Jennifer Tucker, "'Famished for News Pictures': Mason Jackson, The *Illustrated London News* and the Pictorial Spirit", in Jason E. Hill and Vanessa R. Schwartz, eds. *Getting the Picture: The Visual Culture of the News*, London & New York: Bloomsbury Academic, 2015, p. 213.

将《画报》中由插图和文字组成的报道视为"语图互文"的"形象文本"①，即在同一文本中共存有文字和图像这两种传播信息、表情达意的符号，也可以说并存着两种叙事的工具或手段。两者性质相异、功能不同，但参互成文，相互模仿，双向应答，合而见义②。事实上，图像与语言文字之间的互动关系自人类文明之初便已存在。如图像理论研究领域的巨擘 W. J. T. 米歇尔（W. J. T. Mitchell）曾指出的那样，"文化的历史部分是图像与语言符号争夺主导位置的漫长斗争的历史"③。概而论之，图文互动关系可分为图文一致（或"诗画一律"）以及图文不一致（或"诗画不一律"）两大类。西方关于图文一致较为系统的论述可追溯至古希腊柏拉图的摹仿理论：图像与文字均为对被陈述对象的模仿，故二者关系应是和谐一致的。这种观点历经后世学者如本·琼生、温克尔曼、卡西尔等的强化，形成"图、文、物三者是完全一致的，图像的呈现传达了文字的概念，文字的概念则规定了图像的意义，图文结合乃使人们对某实物的认知成为可能"④ 的一致意见。中国古已有之的"书画同源"说、"诗画一律"说也对图像与文字的同一性和相通性进行了阐发。就图文不一致而言，最具代表性的是莱辛于1766年发表的《拉奥孔：论诗与画的界限》。莱辛的"诗画不一律"在对诗与画两种艺术的界限和关系的探讨中强调两者之间的首要区别在于艺术宗旨上的差异：画作为造型艺术，以美为宗旨；诗作为文学艺术，则以真为宗旨。从此差异出发，两者的表现媒介不一，感受途径有别：画通过空间中的"自然的符号"如线条、颜色来描色状物，但无法给人以时间上的连贯感受；而诗借时间中的"人为的符号"即语言和文字来述说动作情节，难以让人体验空间上生动的整体⑤。钱锺

---

① 本书借用图文叙事研究中的"语图互文"一词来强调《画报》中的图文互动关系；"形象文本"指"把形象和文本结合起来的合成的综合性作品（概念）"，见［美］W. J. T. 米歇尔《图像理论》，陈永国、胡文征译，北京大学出版社2006年版，第77页。

② 参见赵宪章《文学和图像关系研究中的若干问题》，《江海学刊》2010年第1期。又见龚举善《图像叙事的发生逻辑及语图互文诗学的运行机制》，《文学评论》2017年第1期。

③ ［美］W. J. T. 米歇尔：《图像学：形象、文本、意识形态》，陈永国译，北京大学出版社2020年版，第47页。

④ 陈力丹、王亦高：《论图文关系的历史变迁——以柏拉图式的图文观为先导》，《现代传播》2008年第4期。

⑤ ［德］莱辛：《拉奥孔》，朱光潜译，商务印书馆2013年版，第69—105页。

书在《读〈拉奥孔〉》中认为,"诗画不一律"更偏向"扬诗抑画",并提出"诗歌的表现面比莱辛所想的可能更广阔几分"①。受篇幅所限,在此不再细究图文关系的历史与演变。下文将聚焦于作为语图互文文本的《画报》报道是如何通过文字和图像之间的交汇融合、互相阐释、比照对话、合力互补来再现晚清中国人形象的。同时,也将涉及图像文本与文字文本之间因受客观条件限制和受《画报》本身的定位与意识形态所囿而出现的"非对等性、非对称性甚至相互抵牾"②的背离及其对中国人形象表达的影响。

一 图像与文字互释

就一般意义上的新闻图片而言,其作用应是两方面的:第一,图片本身提供新闻;第二,图片凭借视觉描绘的直观性、形象性和"证明力"为文字提供证据,支持文字叙述中的主张③,即"以图证文"。"以文证图"或"以图证文"似乎是对插图新闻文本中图文关系最为直觉性和反射式的理解,也依托于默认图像报道的即时性、在场性和透明度这些前提。然而,一方面,在严格意义上,新闻图片的真实性并非恒量,而是受到诸如意识形态、利益倾向、个人好恶等诸多因素影响,故即使图与文之间存在"互证"关系也并不意味着新闻本身的确凿性;另一方面,《画报》的插图具有其自身的特殊性。它既属于绘画作品,又受制于从草图绘制到刻版再到印刷的大规模、细分工的生产流程④,较新闻现场摄影图片而言,遭遇了更多主观或客观因素的掣肘。由此看来,若将关于《画报》中图文关系的探讨局限在对"图文互证"的考据上,则既难以证明新闻的确凿性,又无法挖掘图文互动的深层机制及其意义。但若从图像叙事与文字叙事相应的优劣势出发,探讨《画报》中"图文互释"的发生,

---

① 钱锺书:《七缀集》,生活·读书·新知三联书店2002年版,第57页。
② 张玉勤:《"语—图"互仿中的图文缝隙》,《江苏师范大学学报》(哲学社会科学版)2013年第3期。
③ Jason E. Hill and Vanessa R, "General Introduction", in Jason E. Hill and Vanessa R. Schwartz, eds. *Getting the Picture*: *The Visual Culture of the News*, London & New York: Bloomsbury Academic, 2015, p. 5.
④ See Peter W. Sinnema, *Dynamics of the Pictured Page*: *Representing the Nation in the Illustrated London News*, Hants, UK: Ashgate Publishing Limited, 1998, pp. 51 – 84.

即文字如何为图像"做解释、叙述、描写、标记或代言",以及图像怎样"为文本插图、例示、澄清、寻找理由或编制文献"①,则能对其图文表现艺术做更为丰富和深刻的阐释。在《画报》对晚清中国人形象的塑造中,图文互释是最为常见的一种图文关系,具体表现为两个方面:一是以图释文,图像为文字增添直观性、可感性;二是以文注图,文字为图像重建语境、锚定意义。

(一) 以图释文,图像为文字增添直观性、可感性

图像与文字虽同作为符号或叙事系统,但相较之下,前者具有突出的"易接受性",即图像是一种"一般性"的符号,接受门槛比文字低得多。"观图"有别于"读书",即使是不识字或受教育有限的人也能从图像中获取信息、体验视觉快感或得到体悟。如早在公元 6 世纪,教皇格里高里就指出,"图像对于无知的人来说,恰如基督教《圣经》对于受过教育的人一样,无知之人从图像中来理解他们必须接受的东西;他们能在图像中读到其在书中读不到的东西"②。担任《画报》艺术编辑兼记者长达 30 年的梅森·杰克逊在其代表作《图片新闻业:起源与发展》(1885) 中,也以"文明生活中的儿童"与"未受过教育的爱斯基摩人"都能从图像中获取愉悦为例,印证"图像说的是一种通用的语言,不需要通过教学便能被理解"③。究其原因,若从"模仿论"的观点看,图像比文字"更适于'摹仿'事物的本来面目",它将事物直观、便捷地"展示"出来④。它诉诸读者的眼睛,具有直接性——正如 1851 年《经济学人》刊登的分析当时插图报纸流行现象的文章标题——"对眼睛说话"⑤所示。图像

---

① [美] W. J. T. 米歇尔:《图像理论》,陈永国、胡文征译,北京大学出版社 2006 年版,第 81 页。
② [斯洛文尼亚] 阿莱斯·艾尔雅维茨:《图像时代》,胡菊兰、张云鹏译,吉林人民出版社 2003 年版,第 20 页。
③ Mason Jackson, *The Pictorial Press: Its Origin and Progress*, London: Hurst and Blackett Publishers, 1885, p. 1.
④ 陈力丹、王亦高:《论图文关系的历史变迁——以柏拉图式的图文观为先导》,《现代传播》2008 年第 4 期。
⑤ "Speaking to the Eye", *Economist*, May 17, 1851, p. 533. https://babel.hathitrust.org/cgi/pt?id=mdp.39015016711106&view=1up&seq=651&q1=%22speaking%20to%20the%20eye%22

的媒介，即"线条、色彩、体积和影像"与"自然的'感性存在'是一致的"，"其能指与自然的表象有着同构性与一致性"①。因此，图像带来的视觉感受和外在世界给人的视觉感受具有高度的一致性，这是语言文字所无法企及的。文字则是对世界的理性化"叙述"，经由深层表意引发读者的理性思考来构建形象，具有间接性。对文字的理解首先以识字为前提，后亦受制于个体的阅读经验和生活阅历。作者、文字、读者三者之间的审美距离较图像而言要远得多。鉴于图像与文字的这些特点，以图释文便是图像用其直观性和可感性阐释文字难以表述清楚的细节。如郑振铎在强调历史书插图的重要性时所言，"从自然环境、历史人物、历史事件、历史现象，到建筑、艺术、日常用品、衣冠制度，都是非图不明的。有了图，可以少说了多少的说明，少了图便使读者有茫然之感"②。《画报》中的中国人形象之于英国读者，与历史形象之于现代读者类似：它们都是难以从日常生活中找到参照物的陌生形象。即使间接抽象的文字描述能激发读者的想象力，也难以解决读者因无从想起而陷入的困惑。

以《中国的咸丰皇帝》③这篇报道为例。其插图（见图2.3）在文字后一页，排版方式为先文后图、图文异版。这在一定程度上也约定了读者由文及图的阅读顺序与以图释文的理解方法。文字报道的第四段皆与咸丰皇帝的外貌相关，包括整体观感与细节描绘，还夹杂评论。如果说读者能够凭借想象力勾勒出年轻健壮、前额高、眉毛又浓又弯、颧骨高而方正的咸丰皇帝的大致轮廓，那么肤色比同胞们更为黝黑、纯正的"鞑靼人"后裔等建立在与其他中国人（包括汉人与"鞑靼人"）比较参照基础上的描述无疑为他们在脑海中构建形象增加了难度。"鞑靼人"应具有何种外貌特征？这对于读者而言无从想象，因为《画报》在过去十余年塑造的中国人形象中并无专门对"鞑靼人"外貌的特写，更何况是"纯正的鞑靼人"。当然，报道开篇便提示了咸丰继位道光皇帝。若以父亲的相貌作

---

① 赵炎秋：《图像时代诗画差异论——艺术视野下的文字与图像关系论证研究之五》，《创作与评论》2016年第20期。

② 郑振铎：《中国历史参考图谱》序、跋，《郑振铎全集》第14卷，石家庄：花山文艺出版社1998年版，第376页。

③ "Hien-Fou, Emperor of China", *The Illustrated London News*, October 13, 1860, p. 353.

为参考，也许能获得大致印象。但道光皇帝的肖像（见图2.1）刊载于十八年前，无论是在报纸还是读者的记忆中追溯其相貌，都非常困难。此外，"锐利的眼神"和"威严的外表"等评价性质的抽象语词更不具有直观性和真切感。何为"锐利"？怎样才能称得上"威严"？这些皆依赖于读者凭借各自阅历进行想象，其结果想必是混沌模糊又千差万别的。可见，文字在表现具体形象时，因"作用于感官的间接性"而体现出难以克服的"虚幻性"①。那么，咸丰皇帝的肖像就具有了重要的解惑作用。

该幅肖像与同时期《画报》刊载的大幅人物肖像相比并不细致，尤其是冠服细节（如花翎、前襟纹样、袖口）和搭配与中国史料记载中的清朝皇帝服饰严重不合②。插图作者似乎仅仅将冠帽、顶戴花翎、披领、袍服、朝珠等较为英国大众熟悉的清官员服饰元素拼凑在了一起，大致勾勒出他所认为的清朝帝王装扮。但同时，仿佛随便绘制的服饰又为肖像的重点——咸丰皇帝的面部特写提供了粗粝的背景，将其反衬得笔触细腻、刻画传神。他尽管蓄有胡须，但面部并无多余线条，因此看上去的确是未到30岁的年轻人相貌。他的饱满前额、高眉弓、弯浓眉、深眼窝、方正颧骨都对文字叙述作出了直观的阐释，将其具象化、可视化。可见，咸丰皇帝的肖像为文字赋予了真切感，达到了以图释文、答疑解惑的效果。

（二）以文注图，文字为图像重建语境、锚定意义

图像再现事物的直接性、具象性使它具有为文字增添直观性与可感性的优势。但作为表意符号，图像的能指和所指之间的关联因遵循相似性原则而具有多义性与不确定性，故图像是"虚指性"符号③。图像的"虚指性"也意味着图像文本的开放性或者"阐释上的敞开性"④，这表现在接受者对于图像文本的"观看"结果可能与主体的创作意图相去万里，产生接受上的"歧义"或偏差；也表现在不同接受者对于同一个图像文本

---

① 杨向荣、雷云茜：《图文研究的逻辑起点与言说立场——文学与图像关系学理研究的思考》，《文学评论丛刊》2013年第1期。

② 参考宗凤英《清代宫廷服饰》，紫禁城出版社2004年版。严勇、房宏俊、殷安妮主编：《清宫服饰图典》，紫禁城出版社2010年版。

③ 赵宪章：《语图符号的实指和虚指——文学与图像关系新论》，《文学评论》2012年第2期。

④ 龚举善：《图像叙事的发生逻辑及语图互文诗学的运行机制》，《文学评论》2017年第1期。

的观感大相径庭。除了多义性与开放性之外,图像以"在时间和空间上都浓缩了的方式传输现实状况"①,这种"浓缩"将图像所保存的"瞬间的外观"②从事件的形象流中断裂并离析出来,失去了与前后事件的关联,造成图像意义的"漂浮"。由此可见,如果要使图像意义明确和确定,一方面需要将其所指的多义性"浮动链"加以固定,即实现罗兰·巴特所说的文字对图像的操纵、控制和压制的"锚定"功能;另一方面则需要为其重建语境。此时,文字作为"实指性"符号③的作用便能凸显出来。它的能指与所指之间的关联依赖于"约定俗成",而且有词法、句法、语法等规约,确保其意指的精确性和确定性。因此,以文注图是以文字"不容置疑"的可信性和"权威性"④为图像"锚定"意义,既"阻止内涵意义扩散到过于个体化的领域(限制图像的投射力)或是令人不快的价值层面"⑤,又为图像提供语境,防止人们在理解时断章取义、莫衷一是。

1858年11月20日《中国速写》的两幅插图一小一大,一上一下,几乎占据了整个版面的三分之二,有以图"先声夺人"之感(见图4.1)。这种排版方式在1857年《画报》向中国派遣特约画家兼记者之后便极为常见,很可能因为特约画家提供的第一手图像资料(速写)较为丰富,也得到编者更多的重视,故在图文安排上以图行先或以图为重,多采用"图配文"或"图镶文"⑥的排版方式,图大而字少,在第一时间以图吸引读者的注意力。文字则仿佛成为图片的陪衬,其内容在更大程度上是对图像的注解。

---

① [德]瓦尔特·舒里安:《作为经验的艺术》,罗悌伦译,湖南美术出版社2005年版,第268页。
② [英]约翰·伯格:《摄影的使用》,[英]约翰·伯格著,[英]杰夫·戴尔编《理解一张照片:约翰·伯格论摄影》,任悦译,中国美术学院出版社2018年版,第76页。
③ 赵宪章:《语图符号的实指和虚指——文学与图像关系新论》,《文学评论》2012年第2期。
④ 赵宪章:《语图互访的顺势与逆势——文学与图像关系新论》,《中国社会科学》2011年第3期。
⑤ [法]罗兰·巴尔特:《图像修辞学》,方尔平译,王东亮校,北京大学外国语学院外国语言学及应用语言学研究所编《语言学研究》第六辑,高等教育出版社2008年版,第265页。
⑥ 陈雯、李云述:《报纸版面设计中的图文关系》,《新闻前哨》2009年第4期。

图4.1 上图：《中国的女水果贩子》，下图：《中国的鸦片鬼》①

---

① "Sketches from China", *The Illustrated London News*, November 20, 1858, p. 483.

上方较小的插图为坐在舢板上的年轻女子特写。她头戴斗笠，身着宽松的衣裤，露出右边一截小腿，赤脚，脚边堆有菠萝等水果。她面带微笑，右手扶着船板，似为保持平衡；左手则用食指指水果，像是在对人们展示。由图像中这些并置的元素初步推断，她或许是买了水果要回家，或许是要将水果运往其他地方。但由于报道的大标题开宗明义指出是"中国速写"，该图下又有"中国的女水果贩子"（Chinese Fruit-Girl）作为图注，图像的意义立即被"锚定"。即使当时的英国读者难以从斗笠、大襟衫、未缠足的赤脚等元素判断出女子的身份（极有可能为中国岭南地区客家人），但也至少明确了该图呈现的是一位在船上贩售水果的年轻健美的中国女子形象。

与上图相比，占据下面半版的插图表意则更为含混。一眼瞥去，该图为正面取景，视点几乎平视但稍带俯角，主要人物集中在中景与近景，暗示了一种参与的状态①，仿佛画家就站在人物面前、在同一个封闭空间中进行观察描绘。画面构图几乎是左右对称的，如背景里从中轴线分开的帷幔，一左一右的春联；中景里画面的主角，即相对着的半倚半卧的两个男人；前景右边端坐的小脚女人和左边的桌几也相互呼应。但由于女子面向左侧，右边半躺的男人的头也偏向左方，本来对称的构图产生了强大的向左侧运动的力②，使读者的视线在对画面的游弋扫描中迅速聚焦于左侧男人。他正在做什么？既然插图题为"中国的鸦片鬼"，那么他应在吸鸦片，但为何又与《画报》之前对中国"鸦片鬼"的图文报道③中所绘姿势不同呢？整个场景为何处？为何他与另一个男人同卧一张床？他们脸上难以名状的表情意味着什么？右侧手拿纸扇、目不斜视、表情冷漠的小脚女人似乎置身事外，但她缘何出现在画面之中？此时，图像符号的虚指性和去语境化使观者陷入迷雾，必须依靠文字的注解与阐释才能拨云见日，获得意义。插图题为"中国的鸦片鬼"，这首先为读者框定了大致的语境，编辑者也特地为插图"附上一些中国鸦片馆的具体情况"，进一步重建

---

① 参见王文新《文学作品绘画改编中的语—图互文研究——以丰子恺〈漫画阿Q正传〉为例》，《文艺研究》2016年第1期。

② 参见［美］鲁道夫·阿恩海姆《艺术与视知觉》，滕守尧、朱疆源译，四川人民出版社1998年版，第26页。

③ 见插图"An Opium Smoker"，*The Illustrated London News*，July 8，1843，p. 21.

图像的语境。文字不仅细述了画面中的空间——鸦片馆的陈设,也说明了图中女子在场的作用是伺候吸食鸦片的客人,帮其填充鸦片和点烟枪,更聚焦于"两位鸦片鬼脸上'白痴般的微笑'",解释了图像中凝聚的时刻正是他们"完全受到鸦片的影响,无法思考世事,很快地融入了自己想要的那种圆满状态"之片刻①。以文注图,明确图像的意指;图文参照,进一步渲染出"鸦片鬼"的堕落麻木、道德沦丧,令读者反感甚至唾弃,深化了表达的效果。

二 图像与文字互补

图文互补指由文字提供图像无法呈现的信息,由图像展示文字没有表达的内容。从莱辛的"诗画异质"观点看,即诗(文字)属于"时间艺术",而画(图像)则属于"空间艺术",图像"只宜于表现那些全体或部分本来也是在空间中并列的事物",无法表现在时间上前后相继的动态;语言文字则"只宜于表现那些全体或部分本来也是在时间中先后承续的事物"②,而无法展现在空间中定格的片段。在此意义上,图文互补意味着用图像弥补文字所缺乏的空间性,用文字来弥补图像所不具有的时间性。但这并非将图与文生硬嫁接便能获得的效果,否则,非但不能图文互补,反而会造成图文分离。因此,图文互补意味着"双方利用各自不同的特质互相补充完整,从而达成相辅相成的状态"③。《画报》中的图文报道正是在图与文的相互补充、和谐共生中拓展了文字的意义空间,提升了图像的审美价值,实现了单独的图像作品或文字作品所不能实现的最佳效果。

(一)图像弥补文字空间性的不足

与文字侧重于表现时间上的连续动态这一特点相对应的,是其叙事上的层层推进以及读者阅读时由先到后的线性模式。换句话说,文字文本难以将时间链条上的先后环节"还原"为共时的整体来呈现,无法如图像

---

① "Sketches from China", *The Illustrated London News*, November 20, 1858, p. 483.
② [德]莱辛:《拉奥孔》,朱光潜译,商务印书馆2013年版,第90页。
③ [加]佩里·诺德曼:《说说图画:儿童图画书的叙事艺术》,陈中美译,贵州人民出版社2018年版,第251页。

那样并列、完整地展现事物。因此，借由图像因定格重要时刻而承载的空间来弥补文字的这一不足，能让接受者反复观看和品味——类似叙事学中所称的"停顿"，即暂停故事的时间，在图像中极力延长对事件、环境、背景的描写①，纵深地拓展空间。这也类似于苏珊·桑塔格提出的照片的"切片"（slice of time）作用，即"照片可能比活动的影像更可记忆，因为它们是一种切得整整齐齐的时间，而不是一种流动……每一张静止照片都是一个重要时刻，这重要时刻被变成一件薄物，可以反复观看"②。

《画报》1849年11月10日所刊《澳门总督遇刺》一文，文字报道提供了事件发生的时间为8月22日，地点为"在离要塞大约半英里、距栅栏门300码处"，主要人物为"葡萄牙派驻澳门总督亚马留先生（Senhor do Amaral）"、他的副官及八名中国人。报道用寥寥数语简单交代了总督被刺的经过："他（澳门总督亚马留，笔者注）遭遇了8名中国人的袭击，被拖下马，同时，暗杀者砍下了他的头和一只手，从栅栏门处消失。那位副官也被从马上丢下来，身受重伤。"③ 显然，文字叙述的是时间流中的连续动态，从总督被袭击到被拖下马、被砍下头和手，再到暗杀者消失，简明扼要，层层递推，一气呵成。但时间上的持续连贯意味着对空间的压缩。例如，刺杀发生时的周围环境如何，当事人（包括总督、副官、暗杀者）的表情、动作如何，旁观者反应如何——读者都无从得知。此时就需要用插图（见图4.2）来弥补上述缺失。

插图所定格的并非总督被砍头砍手的时刻，而是介于总督被包围之后和他被从马上拖下之前的那个瞬间，是典型的"最富于孕育性的顷刻"④。它在整个刺杀过程中最耐人寻味、最富于想象性。居于画面中景正中的是被暗杀者团团包围的总督和他的马。马仿佛是被骤然截停的，故后腿弯折而前蹄扬起，仰天嘶鸣。马背上的总督双目圆睁，像是受到这突袭的惊吓，

---

① 参见罗钢《叙事学导论》，云南人民出版社1994年版，第150—151页。
② ［美］苏珊·桑塔格：《论摄影：插图珍藏本》，黄灿然译，上海译文出版社2010年版，第27页。
③ "Assassination of the Governor of Macao", *The Illustrated London News*, November 10, 1849, p. 308.
④ ［德］莱辛：《拉奥孔》，朱光潜译，商务印书馆2013年版，第91页。

图 4.2 《澳门总督遇刺》①

① "Assassination of the Governor of Macao", *The Illustrated London News*, November 10, 1849, p. 308.

又像是对被包围感到极度恐惧,但他此刻已拔出佩刀似乎准备自卫。围住马与人的四名中国刺客均高高举起匕首,但动作各异。居最左侧者左手持匕首,右手正拽紧马的缰绳,显然是他第一个冲上去将马控制住的。他面朝画外,因此能见其表情狰狞,并像是正在大声呵斥总督。左二男子背对观者,但明显可见他左手揪住总督的衣领,仿佛正要将其拉下马。居前景的男子双手举匕首,正一个箭步冲向总督。画中主要人物的姿势均蕴含着巨大的张力,而画面主体的轮廓也呈现出左高右低的斜三角形;背景左侧仿佛要狂奔出画的马、追马的刺客、从马上跌落的副官;右侧似闻讯赶来的总督随从;布满阴影、黯淡低压的天空……这些都使静态的画面充斥了运动感、动荡感和压迫感,结合文字对暗杀者将总督砍头砍手的叙述,烘托出总督被刺事件的血腥以及中国刺客的残忍嗜杀。可见,插图的纵深拓展弥补了文字在空间表意上的欠缺,增加了报道的厚度,使读者无论是对事件本身还是对暗杀者的"狰狞暴虐"都能留下深刻的印象。

(二) 文字弥补图像时间性的不足

图像适于表现静态景象,它是将一个"切片"时刻上的空间拓展,将此刻的物体同时、并列、完整地呈现,具有"共时性"特征,属于非线性的视觉符号。由于图像的空间不可能如时间一般无止境流动,而是具有一定界限,加之图像符号的"虚指性",因此创作者为了在有限的空间内完整、准确地叙述事件和传达信息,就必须"删除一切多余并有可能引起歧义的图像要素,只把那些能准确地再现主要动作、明确地表达自己的意思而又能被接受者明白的图像要素画下来"①。然而,即使图像呈现的"最富于孕育性的顷刻"具有暗示所叙事件前因后果的作用,这种暗示与文字塑造形象和再现生活的深度和广度相比,终究是相对扁平与狭窄的。它在叙事上难以表现出事件如何缘起、发展、了结以及个中波折与余波荡漾,即"仅以图像传之而不能曲达其委折纤悉之致"②。因此,图像

---

① 龙迪勇:《图像与文字的符号特性及其在叙事活动中的相互模仿》,《江西社会科学》2010年第11期。

② 尊闻阁主人:《点石斋画报缘启》,《点石斋画报》1884年5月8日第1号。参见陈平原《左图右史与西学东渐:晚清画报研究》,生活·读书·新知三联书店2018年版,第192页。

需要文字为其弥补时间性上的不足，以文字衔接"在一定时间和空间之中的具有因果关系的事件"①，形成完整丰富的叙事。

1861年1月12日《中国的家庭生活：春节》（见图4.3）用上下两幅对称的插图将版面一分为二，文字被"挤压"为规整的一小长条，居于两图之间，在视觉上起到分隔的作用。读者的目光自然而然在第一时间被两幅图吸引。与一目了然的下图——烟雾氤氲、陈设简陋的厨房，背对画面正用大锅烹饪的妇女相比，上图中元素繁杂，喧闹非凡。背景为临街小楼，二楼窗口挤满向下观望的人，最右侧还有一人将竹竿挑出窗外，燃放鞭炮。中景中人头攒动，其中几根用帷幔、灯笼、树枝等装饰的长竹竿高高挑起，格外显眼。多名男子肩上扛着三叉戟，喜气洋洋地大步向前。画面正中由两人撑起的状似鱼头的庞然大物无疑是整幅图的主角。在它周围有两名敲锣打钹的男子相互应和，还有孩童手舞足蹈跟随奔走。前景中有男子左手持盾、右手拿刀，似乎对这庞然大物严阵以待。最右侧还有抱着幼童的妇女、手持烟袋的老者及其他围观的百姓。图下标题"'中国春节'：广州的龙宴"虽明确指出了时间、地点和事件，但所谓"龙宴"为何，图中的庞然大物是否为"龙"，扛戟执盾持刀的男子又是要做什么，这些都依赖于文字为图像提供语境进行阐释。因此，《画报》先引用了香港《孖剌西报》（the Hong-Kong Daily Press）对"龙宴"这一别具一格的中国风俗的背景解释，接着又对"龙"的构成，舞龙行列中各色人员的分工，舞龙的表演过程，尤其是"龙"从何处来、往何处去等进行了详细描述，将图像表现的那一顷刻重新嵌回先后承续的时间链条上，从一个空间辗转至另一个空间，随舞龙的结束而为叙事画上句号：

> 在经历完一段严格训练（a "course of sprouts"）并吞噬了街上所有的恶鬼之后，这只野兽被交给了一名侍从。然后，一些手持盾牌、长矛、剑和三叉戟的"勇士"进行了一系列表演。在整个过程中，一支重骑兵乐队一直在演奏震耳欲聋的音乐，同时向人群中扔炮仗，令每个人都高兴不已，除了那些眼睛被炸到的人。表演的队伍走到一

---

① ［美］大卫·波德维尔、克莉丝汀·汤普森：《电影艺术——形式与风格》，彭吉象等译，北京大学出版社2003年第5版，第80页。

第四章 《伦敦新闻画报》中晚清中国人形象的表现艺术　❋　141

图4.3　上图：《"中国春节"：广州的龙宴》，
下图：《"中国春节"：一位妇女在制作糕饼》①

① "'The China New Year'：The Dragon Feast at Canton. —From a Sketch by Our Special Artist"，"'The China New Year'：Woman Preparing Cakes. —From a Sketch by Our Special Artist"，*The Illustrated London News*，January 12，1861，p. 45.

条街的尽头时,便拐入下一条街继续巡游,直到没有任何恶鬼剩下为止。大约下午四点钟,"龙"去吃晚饭,一天的表演到此结束。①

可见,《画报》图文结合的报道用文字表现的时间上的脉动和位移补充了图像在空间上的静止感,实现了语图互动共同对叙事的推进。结合图像对文字在空间上的补充可见,语言和图像这两种符号固然性质不同,但当二者"并置在同一个画面时",它们会"同时被不断地强化"②。

三 图像与文字背离

背离现象在文艺创作和新闻传播活动中都有不同程度的存在,例如文艺作品中形象与思想的差异、作者主观动机与作品实际作用的矛盾,或新闻报道中报道者的主观意图与客观效果的冲突等。在《画报》对晚清中国人形象的塑造中,图文背离更确切地指图与文在对同一事件或人物的表达上,呈现出在意义或旨趣上的明显差异甚至矛盾对立。这与陈平原在评论晚清《点石斋画报》时指出的其图文之间的"缝隙"有相似之处。他认为这些"缝隙"具有巨大的张力,能使后人更加深刻地了解"晚清的社会风尚、文化思潮以及审美趣味的复杂性"③。同样,《画报》中图与文在氛围上的扞格,在写实与写情之间的对立,为其表现的晚清中国人形象增添了复杂性,也为进一步探究《画报》的旨趣、定位及审美倾向提供了重要参考,具有特殊意义。

(一)图文营造氛围之扞格

1842年7月9日的《陆路邮件:中国与印度》一文主要转引了多方消息来源对1842年3月浙东与广东局势的报道,包括陆路邮件中的情报、《孟买邮报》、《广州纪录报》、英国驻华公使发布的传单、私人信件等,

---

① "Domestic Life in China: The China New Year", *The Illustrated London News*, January 12, 1861, p. 45.

② 赵宪章:《语图互仿的顺势与逆势——文学与图像关系新论》,《中国社会科学》2011年第3期。

③ 陈平原:《左图右史与西学东渐:晚清画报研究》,生活·读书·新知三联书店2018年版,第142页。

均强调了战争的惨烈,渲染了清军的一击即溃、损失惨重和英军的无一伤亡。例如,在广州、宁波发生的中国人对英军士兵的恶意袭击、残忍杀害;对黄埔到广州一段珠江上的清军操练与军事要塞的描述,体现出清军在广州的严阵以待;另有对英军已占领厦门的现况简介。《画报》自身的文字则在一头一尾,以类似"编者按"的形式出现,对这些消息归纳和综述。

此处的文字与图像营造的氛围之扞格较为明显。文字中弥漫着战争未散的硝烟,充斥着因战场之外中国人的偷袭带来的"十面埋伏"般的危机感。浙东两场大战中清军的死亡人数被重复叙述,如"约有250名清军死在战场上""在街头留下了250具尸体""在城墙之内发现了不止250具尸体"①"在追击过程中共被打死30名兵勇和两名军官""中国人溃败逃窜,共有30死1伤"② 等。虽然描写清军死伤惨重是为了与英军的毫发无损作对比以凸显战势的乐观,预示英国必胜的结果,但这些数字无疑映射出战争的血腥,让人联想到尸横遍野、流血浮丘,产生不适感。同样,文字还详细描述了英国船员如何在广州被中国人追捕并砍伤,以及英国运输船指挥官如何在镇海水域被中国人伏击、折磨、虐杀的过程,尤其突出了其死状之惨烈:

> 可怜的 W 先生的无头尸体在一个小湖里被发现,身上有三十多处伤口。他似乎一直拼死搏斗,而不是被活捉的。然而,有些伤口似乎是为了折磨他而造成的,他的手腕和膝关节被切开,从每根手指到手腕之间都有切割伤。③

这些血淋淋的细述令人触目惊心,无不凸显了环境的危机四伏和中国人的"穷凶极恶"。

然而,报道的插图并未匹配文字叙述表现出的惨烈、残忍和恐怖。第132页与第133页排版相同,均采用"文配图"的形式,以文为主,以图

---

① "The Overland Mail-China and India", *The Illustrated London News*, July 9, 1842, p. 132.
② "The Overland Mail-China and India", *The Illustrated London News*, July 9, 1842, p. 133.
③ "The Overland Mail-China and India", *The Illustrated London News*, July 9, 1842, p. 133.

为辅——这与第二次鸦片战争中的中国报道动辄用两幅插图占据整个版面的排版方式有明显区别。每页各配有三幅图像：左中部一上一下各两幅风景画，右侧各一幅人物肖像（见图4.4、图4.5）。第133页上下两幅风景画构图类似，均以水为近景，以山为远景，笔墨重点在于描绘水上停泊的船只，展示出静谧祥和的景致。若非图下分别标明《宁波的景色》与《厦门的景色》，即一地"宁波之战"硝烟未散，另一地于1841年8月的两役后被英军占领，读者大概会以为这是某处世外水乡的风光。同样，第132页下图《中国的炮台》虽为对广州沙面中国炮台的表现，与军事密切相关，但因视点极远，除城墙为人瞩目之外，炮眼、船只、船上人的活动均不明显，很难让人联想到激烈的军事冲突。上方《广州珠江的景色》一图则更符合《画报》所追求的"如画"（picturesque）美学，即类似"一种田园诗与崇高的综合"①。其构图为典型的17世纪欧洲绘画中常见的三个平面结构（three plane structure）："克劳德式的低取景角度、仔细勾勒的前中景、明亮的后景、由两边的树木形成侧翼般的画框效果"②。连绵平缓的远山、静水流深的河流、扬帆前行的船只，笔触平滑、舒缓优美；近景中的稻田、山坡、奇树，则粗粝壮观。若不是图中点缀了身着长袍、头梳长辫的清人形象，又有图下的文字标注，谁又能想到这是清军防备森严，实弹射击日夜不断的广州呢？就连《清军的兵勇》和《清军的军官》这两幅人物肖像也与文字格格不入，即画中人物并非在战场上拼杀，而是持兵器直身肃立，表情平静。

　　该篇报道的图与文在情绪和氛围上出现强烈不对称感和冲突感。这在很大程度上可以用《画报》的插图绘制与文字写作之间存在时间差来解释。《画报》在1842—1856年没有驻中国的特派画家记者，因此撰文者与绘图者并非同一人。文字来源于其他报纸、公告与信件，而插图则未交代出处。但若按该文编者所言，图片是关于"天朝帝国一些最重要的城

---

① Hans Lund, *Text as Picture: Studies in the Literary Transformation of Pictures*, Kacke Götrick, Trans., Lewiston: Edwin Mellen Press, 1992, p. 117.
② 吴雅凤：《由田园主题的变迁谈透纳的英国风》，刘纪蕙主编《框架内外：艺术、文类与符号疆界》，台北：立绪文化事业有限公司1994年版，第59页。参见李秋实《"如画"作为一种新的美学发现》，《东方艺术》2012年第5期。

图4.4　第132页图《广州珠江的景色》《中国的炮台》《清军的兵勇》①

注：图序为由左至右。

---

① "View of the Canton River" "Chinese Fort" "Chinese Soldier", *The Illustrated London News*, July 9, 1842, p. 132.

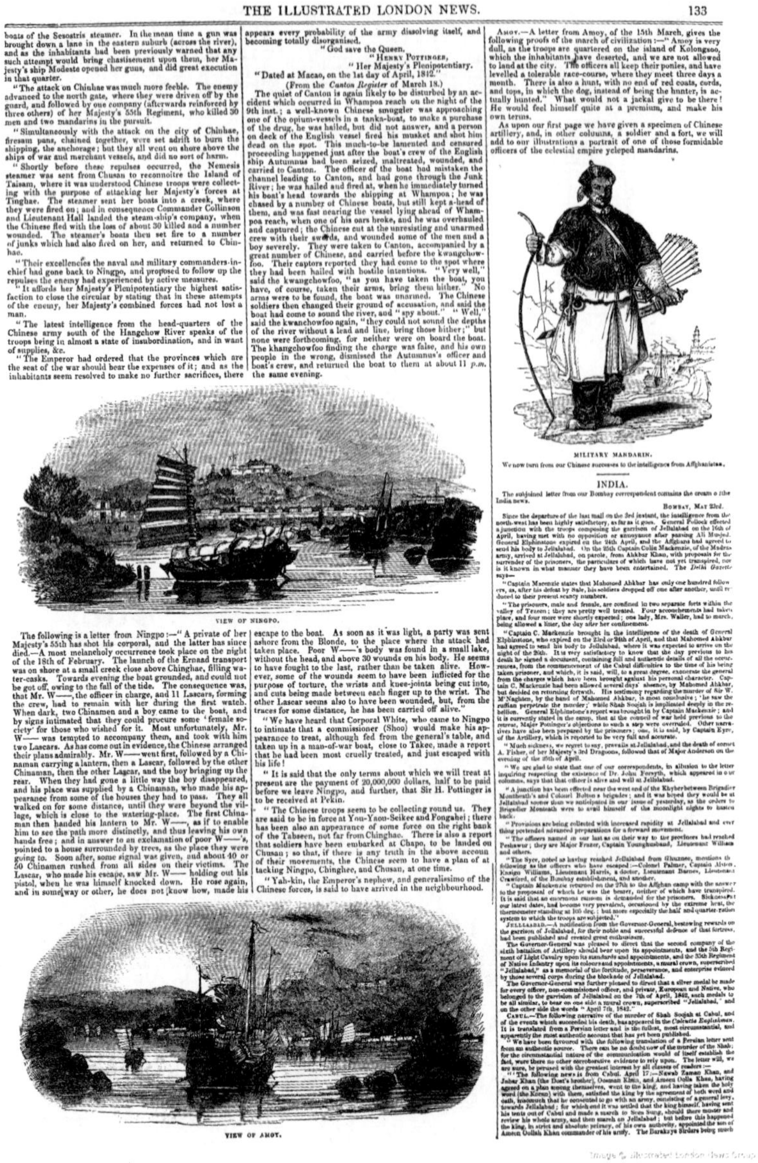

图 4.5　第 133 页图《宁波的景色》《厦门的景色》《清军的军官》①

注：图序为由左至右。

---

① "View of Ningpo" "View of Amoy" "Military Mandarin", *The Illustrated London News*, July 9, 1842, p.133.

市和边远地区的风景",并且"忠实地描绘了它们所要表现的对象"①,那么它们应该是来自实地速写,只是部分插图可能于战争爆发之前或战火平息之后绘制。但是,另有重要原因可归结为《画报》对其受众和自身审美观的定位。既然它是面向中产阶级的"家庭报纸",就势必要顾及"更年轻、更天真的读者"②,因而须避免在插图中细致展现战场上的血腥残酷。既然它要以"崇高"的美学观对读者进行"艺术教育",就不可能出现因写实而惨不忍睹的违背美感的图像。相反,《画报》还要以图像所展露的静谧安宁、平和"如画"来冲淡调和文字叙述中的惨烈血腥,以达到平衡。王夫之说:"以乐景写哀,以哀景写乐,一倍增其哀乐"③,那么图像表现出的优美祥和更能反衬出战争的残酷恐怖:本应该在如画风景中安居乐业优哉游哉的中国人,却或曝尸沙场,或成为残忍的刽子手。结合《画报》反复塑造的一触即溃的清军形象、麻木堕落的中国百姓形象,这种图文或能启发读者思考:究竟中国人天性如此,还是战乱使然呢?

可见,尽管《画报》在对晚清中国人形象的塑造中不乏对其残忍嗜血的刻画,但因顾及英国中产阶级读者的审美观,仍然尽量回避使用太过血腥或粗俗的图像。图文氛围的扞格,以图像来平衡冲淡文字营造的令人不安的氛围,能避免引发读者的不适情绪,防止《画报》高雅的艺术教育和道德提升使命大打折扣。

(二) 图写实与文写情的对立

图写实与文写情的对立是指偏重写实的图像在一定程度上将文字叙述中强烈的感情色彩中和、抵消甚至颠覆。事实上,《画报》自创刊始便标榜严肃、高雅的定位,高呼真实、准确报道新闻事件的口号,其中特别强调了图像报道的写实性。它在《发刊词》中宣称:"如果这支钢笔曾被引向谬误的论点,那么这支铅笔至少必须具有真相的精神(the spirit of truth)。"④ 也就是说,或因作者的倾向性、局限性而构建的错误或虚假的文字会由用铅笔记录下的亲眼所见即插图来予以纠正,以期将中立和可信

---

① "The Overland Mail-China and India", *The Illustrated London News*, July 9, 1842, p. 132.
② Peter W. Sinnema, *Dynamics of the Pictured Page: Representing the Nation in the Illustrated London News*, Hants, UK: Ashgate Publishing Limited, 1998, p. 127.
③ 王夫之:《姜斋诗话笺注》,人民文学出版社 1981 年版,第 10 页。
④ "Our Address", *The Illustrated London News*, May 14, 1842, p. 1.

的新闻传播给读者。在对特定人物形象的塑造中，这句话经由图文写实与写情的对立得以充分展现。

《画报》在对叶名琛的文字塑造中从未掩饰过对他的深恶痛绝，再现了一个坚持强硬顽固排外立场、擅用虚与委蛇迂回手段、推行残酷嗜杀暴虐统治的妖魔化形象。然而，于1858年2月13日刊登在第169页上的叶名琛肖像（见图2.10）却与文字叙述大相径庭。画中人就相貌而言，天庭饱满，地阁方圆；从神情上来说，眉舒目展，嘴角含笑，神色镇定，颇具气度。若非图下标明这是叶名琛的肖像，没人能将它与文字描写中的两广总督关联在一起。题注明示，此画像是根据一位中国画家的作品制作的。若细究，图绘的笔法欠缺中国画的工整细腻，衣冠的明暗更具有西画光影处理的特征——由《画报》制版加工的痕迹很明显。但观其面部，则既有线条勾勒，又有明清肖像画在西画影响下对人物面部以墨色阴影处理而具有的凹凸立体之感①。加之《画报》为保证其插图真实可信性的惯常操作方式是通过与当地画家合作获取草图，故其所指画像出自中国画家之手应非虚言。图文对照，可感受到鲜明的拉锯。不仅文字书写中强烈的仇恨色彩与惊怖情绪未在图像中延续，而且肖像表现的叶名琛的形神在一定程度上颠覆了文字塑造的妖魔化形象。

进一步剖析图文冲突强烈的原因，则应追问"缘何文字能肆意写情""缘何图像无法呈现对应的情感色彩"等问题。这与前文探讨过的文字擅长的时间性叙事与图像表征的共时性局限密切相关。文字的线性叙事使记者能由远及近列举叶名琛的种种"劣迹恶行"来佐证叶的强硬排外、冥顽不灵、虚伪多诈、残暴嗜血。一幅图作为时间流上的一个"切片"，则至多呈现一个场景。若用此法来表现叶名琛的仇外事件和血腥暴行，恐怕需要一本画册，这显然不符合新闻画报的属性。但更重要的是，图写实与文写情的对立是由图文在表征世界上的根本区别决定的。图像擅于表征"世界的表象"，却不易表现文字所长于表征的"概念、属性、规律等抽象的方面"② 以

---

① 参见萧平《明清肖像画的风格流派和形式》，澳门艺术博物馆编《像应神全：明清人物肖像画学术研讨会论文集》，故宫出版社2015年版，第18—23页。

② 赵炎秋：《实指与虚指：艺术视野下的文字与图像关系再探》，《文学评论》2012年第6期。

及思想感情。构建叶名琛形象的关键词,如"顽固""残忍""无耻""嗜血"等均属抽象的概念。当它们被文字表征时,读者能接受无碍。但若要将其付诸画笔,即使绘出青面獠牙的怪物都未必能准确传达相应的信息或表达与之对称的情绪。何况图像制作的相似性原则要求其表征对象在表象世界有据可依,画家断难凭上述抽象概念构建出具体人像。可以说,《画报》在图写实与文写情的对立中,为叶名琛形象增强了内在张力,能使读者在图文冲撞中感受到与总体上被污名化的叶氏形象的隐约错位,也可能启发他们领略到更为丰富的言外之意或画外之象。

总的说来,《画报》对晚清中国人形象的图文表现形式多样,在互释、互补、背离中增强了图文的表现功能。《画报》中的图文关系超越了过去文学艺术与新闻传播中文主图辅、以图辅文的单一关系,形成了图文相互阐释、相互补充、相互背离的复杂关系,并在这种复杂关系中使文字与图像比独立叙事具有了更为丰富的表现能力与更为突出的表达效果。

第二节 多重叙述主体的透视

若从叙述主体看,1842—1876年间《画报》对中国和中国人的新闻报道可分为两大类:其一为标明"来自一位记者"或"来自本报记者"或"来自本报特派画家兼记者"[①] 的报道,主要是图文并茂的通讯(或特稿),包括少量单篇稿件、连载的通讯[②]以及最引人注目的系列报道[③];其

---

① 19世纪英国报纸上署名为"来自一位记者"("from a correspondent")或"来自本报记者"("from our own correspondent")的报道,一般来源于常驻外国主要城市(包括首都或其他重镇)的常规记者,类似今天的驻外记者。署名为"来自本报特派记者"["from our (own) special correspondent"]的稿件则来自特约记者或特派记者。这类记者受编辑特别委托,前往某一国家或地区对公众关注的问题进行特别调查和报道。参见 Catherine Waters, "'Doing the Graphic': Victorian Special Correspondence", in Joanne Shattock, ed. *Journalism and the Periodical Press in Nineteenth-Century Britain*. Cambridge, United Kingdom: Cambridge University Press, 2017, pp. 165–181.

② 此处所说的"通讯"或"消息"尚未具备当今新闻体裁的标准形态。以"通讯"为例,它可能糅合了记者对亲身见闻或经历的叙述,各类情报、谣传,记者或编者的个人见解等,多呈现为夹叙夹议的事件报道,例如《画报》从1872年底到1873年初对同治皇帝婚礼的连载报道。

③ 例如贯穿第二次鸦片战争始终的"在(与)中国的战争"系列、体现特派画家兼记者前往中国的"去中国的路上""中国之旅"系列、记者亲身经历重大新闻事件或体察中国世风民俗的"中国速写"系列中的大部分稿件。

二是以《画报》编者作为叙述主体的文章，包括以编者口吻写作的新闻评论①，或是由编者在一篇通讯或消息中整合来自本报记者以及其他来源的新闻报道、信件、外交急件、电报、公告等②。这一特点意味着从宏观上看，《画报》对中国和中国人的报道出自不同的叙述者，包括新闻事件的观察者、新闻当事人、编者等。从微观上看，可能在同一篇报道中并存同一层次上的多个事件，由于记者的角色不一导致叙述的视角不同，出现类"平卧式"的叙述框架；同时也存在不同叙述层次的嵌套（"垂悬式"叙述框架），即新闻观察者或当事人的叙述话语被嵌入编者的叙述框架之中③；这些都为严格切分叙述视角带来了一定程度的困难。此外，在实际叙述中，各种理论上互相区别的视角出现"变异"④，即视角之间的交叉和渗透现象也很常见。为避免重复和混淆，本书将从三个方面来论述《画报》多重叙述主体的透视：一为新闻观察者的叙述，二为新闻当事人的叙述，三为嵌套式叙述。对于前两者，均以明确标明由本报记者或特派画家兼记者写作且未经编者节选重组的报道来论证，其叙述视角较为清晰且视角"变异"的情况不多；而后者则分析最常见的以编者为"主要"或"框架"叙述者，其引用或转载报道的作者为"次要"或"嵌入"文本叙述者的报道⑤。

一 新闻观察者的叙述

严格而言，所谓"新闻观察者"，他们应处于新闻事件之外，能从任何角度观察事件，也能透视事件中人物的内心活动。新闻观察者的视角是一种全知的视角，也是传统中最常用的视角。新闻观察者的叙述是新闻叙

---

① 例如关于鸦片贸易、两次鸦片战争、英国对华政策、英与清廷及太平军关系等篇幅较长的新闻评论。
② 如"国外情报""国外近闻"或"国外与殖民地新闻"栏目中持续不断的关于中国的简讯。
③ 关于"平卧式"和"垂悬式"叙事框架，参见 William Nelles, *Frameworks: Narrative Levels and Embedded Narrative*, New York: Peter Lang Publishing, Inc., 1997, p. 132.
④ 参见胡亚敏《叙事学》，华中师范大学出版社 2004 年第 2 版，第 34 页。
⑤ 关于"主要"叙述者文本和"嵌入"文本，参见［荷］米克·巴尔《叙述学：叙事理论导论》，谭君强译，中国社会科学出版社 1995 年版，第 167—168 页。邹颉《叙事嵌套结构研究》，虞建华主编《英美文学研究论丛》（第三辑），上海外语教育出版社 2002 年版，第 364—379 页。

述的主要方式，一般采用第三人称。但是，在《画报》记者作为新闻观察者的报道中，相较于全知视角而言，更为普遍的是采用"我"或"我们"等第一人称叙述。因此，此处"新闻观察者"的视角模式尽管也属于观察者处于事件之外的"外视角"，但更贴近于采用"第一人称叙述中见证人的旁观视角"① 来叙述新闻事件以及人物。这在很大程度上源于对观察者的临场感和事件真实性的有意强调。盖因在当时的客观条件下能拥有常驻中国的记者，甚至能在重大事件发生之前或进行之中从英国特派画家兼记者来到中国绝非易事——这也是《画报》本身的重要卖点之一。例如1857年4月18日"去中国的路上"系列的第一篇报道，其正标题下方用大写字母署名"来自本报特派画家兼记者的速写"（SKETCHES FROM OUR OWN ARTIST AND CORRESPONDENT），并有编辑的导语说明画家兼记者是被专门派往中国报道第二次鸦片战争的②；1872年11月9日"中国之行"系列也特意说明，因该年10月16日中国皇帝在北京举行隆重的婚礼，经验丰富、备受推崇的艺术家威廉·辛普森先生"受《画报》明确的、独家的委托"③ 专程前往中国进行报道。因此，《画报》本身对于记者的在场旁观是极其重视并予以大力支持的。记者以第一人称叙述，通过作为见证人的旁观视角不仅能凸显在场观察的真实性，也能兼顾事件叙述的完整性。

（一）真实性

记者作为新闻观察者，通过在场观察或深入采访直接获取第一手资料。他们的叙述相对于远离新闻事件、由整合其他来源信息而形成的新闻报道而言，体现出更强的真实性。

1857年1月10日的《炮轰广州》一文，署名为"来自一位记者"（From a Correspondent）。开篇也点明报道写作的地点和时间——"广州，1856年11月13日"，说明记者身在事件发生地，这使读者意识到文中所述应为记者的亲身见闻，为报道设定了真实的基调。炮轰广州的前因是

---

① 关于"外视角"和"第一人称叙述中见证人的旁观视角"参见申丹、王丽亚《西方叙事学：经典与后经典》，北京大学出版社2010年版，第94—99页。

② "En Route for China", *The Illustrated London News*, April 18, 1857, p. 353.

③ "The Voyage to China", *The Illustrated London News*, November 9, 1872, p. 438.

1856年10月8日的"亚罗号"事件及英方与叶名琛之间纠缠已久的"入城"问题。记者概述了英军"分阶段逐步进行"的炮轰广州的过程：英军从攻占珠江上的炮台开始，炮轰广州城北的总督衙门和各炮台，接着攻破城墙进入广州城。英海军舰队司令西马糜各厘爵士拜访总督衙门，但未能见到总督叶名琛。随后，英军撤出广州。至此，叙述简明扼要，行文节奏非常快，并未对攻占炮台的战斗场面展开细述，而是将英军对广州数日的炮轰浓缩在十余句话中。若以"时距"来看，叙述时间远远比事件经过时间短得多，属于"概要式"叙述，但也衬托出英军攻陷各个炮台时的势如破竹，反衬出清军防御的不堪一击。那么，记者在场观察的真实性如何体现出来呢？

在对英军撤出广州后攻占东炮台的报道中，叙述节奏明显放缓，叙述时间与事件时间基本一致，即采用了热奈特所定义的"场景"描述①：

  英国蒸汽炮舰刚打出第一炮，中国兵船和炮台上便众炮齐发，倾泻出一场完美的炮弹风暴，撕裂了"梭子鱼号"（the *Barracouta*）军舰的索具，毫不留情地击穿了它的船体。由于它摆动到落锚的位置上，一度无法还击，几乎任人宰割，这使清军信心大振。但是，当"梭子鱼号"终于可以把大炮的火力发挥出来时，它的枪弹和炮弹的爆炸使中国的炮台和兵船遭受重创。其他的小船和"克罗曼德尔号"（the *Coromandel*）补给舰也加入了摧毁清军的工作。不到半个小时，中国人就被赶下了炮台，炮台落入了我军之手——燃起胜利的熊熊烈火的清军兵船、船上频繁爆炸的军火，都向周围地区宣告我们所取得的辉煌胜利。所有其他的炮台都在未经丝毫抵抗的情况下便被占领。②

这段叙述完整呈现了英军攻占东炮台的经过，尤其生动地描述了英中舰船交火的战斗场面。记者从见证人的旁观视角出发所观察到的"完

---

  ① 关于"时距""叙述时间"与"故事时间"的长度与关系，参见［法］热拉尔·热奈特《叙事话语 新叙事话语》，王文融译，中国社会科学出版社1990年版，第53—72页。

  ② "Bombardment of Canton", *The Illustrated London News*, January 10, 1857, p. 5.

美的炮弹风暴"、英军军舰受损的细节、清军兵船被烧时的熊熊大火和船上军火的爆炸都使叙述极具现场感和生动性,因此凸显了真实性。值得注意的是,记者对于清军在此次战斗中的表现并未像大多数报道那样以"不战而逃""一触即溃"等词一笔带过,而是叙述了清军水勇从猛烈炮击、初获小胜到战势急转直下后逃跑的过程,令清军试图抵抗却无济于事的形象显得更具可信性和说服力。此外,在写于11月14日的内容中,记者特别提及报道所配的四幅插图之一——《广州全景》(见图4.6)。该图是在东方银行(Oriental Bank)的露台上绘制的,图片本身运用了类似"零聚焦"①的视角,即无固定观察角度的全知视角来鸟瞰广州城。但是,记者在文中特意指出,该幅速写"画出了城北的炮台以及遭到炮击的内城督府衙门的位置"②,即以见证人的身份引导读者"变焦",将目光落在新闻事件中出现的确切地点,用这一细节进一步强化英军炮轰广州的势不可当,以及清军防守无力、溃不成军形象的真实性。

1857年1月17日《与中国的战争》与前文类似,署名同样为"来自一位记者",写于1856年11月14日的广州。但是,该文侧重于详述在前文中被概述的英军炮轰广州的全过程:以击毁珠江上各炮台为始,以摧毁虎门炮台为终。其中,记者仍采用见证人的旁观视角,通过列举战斗中的细节和数据来凸显报道的真实性。例如,文中列举了被英军击毁的珠江两岸炮台和广州附近炮台的名称,如永靖炮台(Red Fort)、凤凰岗炮台(Bird's Nest)和沙面炮台(Shameen Forts);记录了英军攻城的方式是从海珠炮台平射广州城墙而打开缺口;细述了在西马縻各厘见叶名琛失败后,英方加紧攻势时所架设大炮的地点、数量和类型,英军的伤亡情况包括六个人战死的地点等。这些细节的叠加使报道的真实性层层加强,因此也使文中概述的东炮台一役中中国士兵"出人意料"③的抵抗、中方军队死伤惨重等更具有可信性,使读者更易接受清军士兵英勇顽强的形象。

---

① [法]热拉尔·热奈特:《叙事话语 新叙事话语》,王文融译,中国社会科学出版社1990年版,第129页。

② "Bombardment of Canton", *The Illustrated London News*, January 10, 1857, p.6.

③ "The War with China", *The Illustrated London News*, January 17, 1857, p.39.

图 4.6 《广州全景》①

① "General View of Canton", The Illustrated London News, January 10, 1857, p. 5.

1858年3月6日《在中国的战争》署名为"特派画家兼记者",写于1858年1月13日的广州。这篇报道的前半部分也采用了见证人的旁观视角,叙述了英法联军从1857年12月28日清晨开始的持续一天多的炮轰广州事件。与前面两例相比,它对整场战役中每次战斗的叙述都更为细致。例如,记者利用旁观者的优势,有条不紊地记录了参与战斗的英法联军分属的兵团、军舰的名称及其在实际战斗中的方位、作战计划的部署等。记者对英法联军攻城的过程更有着巨细靡遗的叙述:英法士兵如何先用突袭赶走清军散兵,再如何用云梯攻城,法国人如何率先攻上城墙,联军何时控制广州城所有制高点;其间受伤军官的具体姓名为何,伤势如何;海军陆战队和炮兵从何处入城,东城门和东北城门又由哪些部队占领等,都被一一交代清楚。在记者旁观的视线明显的追随下,攻城部队成为叙述内容的主角。同时,在攻城过程中必然会遭遇到的敌方——清军士兵也不可能缺位:有关清军的叙述对保证战役报道的真实性不可或缺;报道用细节堆砌出来的写实感又为清军形象赋予了可信性。因此,尽管着墨不多,但记者在对攻城的叙述中仍然多次提及清军:在英法军队攻城前的行军途中,"郭富炮台的清兵向他们开了火,但没有击中任何人";在英法士兵突袭赶走清军散兵时,"后者在一侧发射火铳和火箭,而另一侧则从郭富炮台和广州城内发射炮弹";在英法联军进攻城墙之时,装备极其简陋的"八旗兵们拿着弓箭冲了出来,离我们只有明火枪两个射程的距离。但我们士兵的刺刀让他们招架不住,于是又跑回了城里"[1]。这些叙述虽然非常简略,但比起用"一触即溃""遇敌辄奔"等一笔带过而言,它们对清军形象的塑造却立体和真实得多:记者见证了他们在什么方位,用何种兵器对英法联军攻城进行了抵抗,证实了这些清军士兵尤其是八旗兵并非不战而逃,而是因战斗力弱、武器装备落后才不得不落败而逃。

(二) 完整性

作为"新闻观察者"的记者见证、旁观新闻事件而不参与和介入其中。他们在从近处观察新闻事件的同时,又始终与之保持距离,如同两条平行线,可以靠近,但不会重合。他们的叙述在具有临场感和真实性的同

---

[1] "The War in China", *The Illustrated London News*, March 6, 1858, p. 237.

时,也具有新闻当事人所不具备的"聚焦"的多重性。因此,新闻观察者采用"外视角"叙述一方面能跳出当时当刻,把握新闻事件全貌;另一方面能通过对事件不同参与方的旁观,获取多方信息,实现报道的完整性。

仍以 1857 年 1 月 10 日的《炮轰广州》一文为例。它在叙述英军炮轰广州的过程及其结果时不仅有对英中双方交战情况的观察,其焦点也移动到清军士兵和中国老百姓身上。如前所述,这篇报道对炮轰广州事件采用了快节奏的概要式叙述,基本上没有铺展开来。但是,当记者叙述到英军攻破广州城时却暂时停顿下来,间接引用了中国人对于广州城沦陷的评论:"中国人说,即使英军只有 500 人,清军的防御也是毫无价值的。以前,除了因为变节背叛之外,他们的城市还从未沦陷过。我们的水兵和海军陆战队队员可以大胆地挑战它,根本不需要任何正规军的支援。"① 转述基本能够保留原话的意义,但因通过叙述者之口说出而难以探寻说话者的真实语气,并且附着了叙述者自身所倾向的表达②。因此,中国人是否"鼓励"英军"大胆挑战",读者不得而知;但从中国人之口承认清军防御的毫无价值,无疑提供了新的角度,使清军战斗力低下的形象被塑造得更加完整。在后文对英军入城之后的报道中,记者将焦点移动到广州本地人民,尤其是商人身上:"广州的老百姓似乎并不反对我们,一些最富有的本地商人毫不犹豫地谴责叶名琛的顽固不化,并且对我们在炮轰广州城的过程中采取的人道措施感到满意。"③ 此处的叙述体现出广州人对英军和对叶名琛的态度之间的强烈对比。从本是受难者的广州百姓的角度赋予了英军破城一事以正当性——虽然他们仅是"似乎并不反对"英军入城,但对于叶名琛却是"毫不犹豫地谴责"。由此,从中国人的角度对英军炮轰广州的缘由进行了补充,也对后文一系列针对叶名琛的贬抑之词作出了铺垫,将叶名琛的形象塑造得更为完整。

1858 年 3 月 6 日《在中国的战争》的署名为"特派画家兼记者"。或出于画家相较于一般文字记者而言更为敏锐的观察力,又或是出于绘

---

① "Bombardment of Canton", *The Illustrated London News*, January 10, 1857, p. 4.
② 参见胡亚敏《叙事学》,华中师范大学出版社 2004 年第 2 版,第 93 页。
③ "Bombardment of Canton", *The Illustrated London News*, January 10, 1857, p. 5.

制现场速写的需要，他的视线除了聚焦于各次战斗中双方交火的场景之外，也落在了战场之外的环境和战地百姓身上。例如在对英法联军发动总攻的前一天（1857年12月28日）的报道中，记者的叙述如同一个构图的过程，从背景或远景中的天空、房屋，到中景或近景中的广州百姓，一步步将画面填满：清晨天空万里无云，广州城里四处冒起火光，房屋接连起火，"像火绒一样燃烧"，"火苗被凄厉的东北风吹得蹿起来"；当晚月亮十分明亮，空气中有万千火星在飞舞，一支火箭穿过夜空……广州郊区的百姓或是"欣赏"炮火，或是在炮火底下无动于衷地抽烟；挤成一团的舢板从火里抢救家产，"可怜的家伙拎着他们的货物到处乱跑，而枪弹和炮弹就从他们的头顶呼啸而过"[①]。在这幅"图像"上也点缀着各种色彩，或是由记者直接指出来的，或是由读者联想产生的：前者如海珠炮台顶上"法国的三色旗"和"英军的红色军旗"、军舰在黑夜中的"红色轮廓"；后者如清晨水面"明亮的阳光"[②]——金色，熊熊燃烧的房屋、夜空中成千上万颗火星——红色，皎洁的月亮——亮白色等。因此，记者作为旁观者采用的多角度观察和外部视角叙述，如同绘画一般从构图到一层层涂抹上物体和人物，对细节部位进行色彩的强调等，这些元素丰满了整篇报道，无疑使读者对第二次广州之战的印象更加完整，也对中国百姓在数次经历战火后的麻木和在战乱中的苦难与悲惨的形象更为印象深刻。

除了真实性与完整性，若按照当代新闻的标准，新闻观察者的叙述本还应具有客观性，即不掺杂主观好恶或价值评断。然而，纵观《画报》中以记者作为见证者、用旁观视角对中国及中国人的报道，尤其是对涉及英中双方利益冲突之事（以对战争战役的报道为典型），记者均以第一人称出现，行文中或直接用稍长的篇幅对新闻事件本身、相关背景和人物、社会影响等发表评论，或在不中断叙述的前提下用简短的文字或带倾向性、情绪性的词语来表达自身的看法。这些品评不可能完全脱离报纸自身在意识形态上的倾向性及西方自启蒙运动后期以来对中国的宏大叙事而完全中立。因此，《画报》作为新闻观察者的记者更倾向于充当"干预叙述

---

① "The War in China", *The Illustrated London News*, March 6, 1858, p.236.
② "The War in China", *The Illustrated London News*, March 6, 1858, p.236.

者",而非"客观叙述者"①。若要探讨考究此类报道如何符合当代新闻的"客观性"原则,笔者认为较为牵强,故不予论述。

二 新闻当事人的叙述

所谓"新闻当事人",即与新闻事件直接相关的、亲自参与或影响新闻事件的人物。从叙述的角度看,与新闻观察者旁观的"外视角"不同,新闻当事人的叙述属于"内视角"模式,且是"固定式人物的有限视角"。所谓"固定式",即视角由始至终都来自新闻当事人一人;之所以"有限",是因为新闻当事人处于事件之中,其视野受到限制:能够从外部接收到的信息有限,故难以把握整个新闻事件,也难以深入了解其他人的思想活动;所能展示的内心世界也局限于其一人②。这近似于热奈特所划分的"内聚焦"③模式。

当然,新闻当事人的叙述除了由上述视角带来的限制之外,也具有其他特点。一方面,由于从亲历新闻事件者的角度来展示其所见所闻,其叙述较之旁观者视角更具有"身临其境"的体验性和逼真感;另一方面,通过第一人称叙述充分展示新闻当事人的内心,淋漓尽致地表达当事人经历新闻事件其时及其后的所思所感,也能使叙述具有较强的情绪性和感染力。《画报》中记者或特派画家以新闻当事人角度叙述的报道大致包括两类:一类是作为战斗或战役的亲自参与者的报道;另一类是作为游历者体验中国自然风光与世风民俗的"风貌通讯"④,即类似"见闻"或"游记"。在这两种类型的报道中,记者或特派画家通过对自身经历的细腻刻画和对内心感受的充分抒发,借由新闻当事人叙述中的体验性和情绪性所附着的逼真感与感染力,生动地塑造了晚清的中国人形象。

(一)体验性

1858年2月27日《在中国的战争》一文由特派画家兼记者写于广州

---

① "干预叙述者"和"客观叙述者"参见胡亚敏《叙事学》,华中师范大学出版社2004年第2版,第46—53页。

② 参见申丹、王丽亚《西方叙事学:经典与后经典》,北京大学出版社2010年版,第95—96页。

③ [法]热拉尔·热奈特:《叙事话语 新叙事话语》,王文融译,中国社会科学出版社1990年版,第129页。

④ 刘明华、徐泓、张征:《新闻写作教程》,中国人民大学出版社2002年版,第462页。

珠江之上。它以"我还没来得及写完落款为 12 月 14 日的上一封信,就有幸参与了有史以来在该地区与中国人展开的最富有悲剧性的战斗之一"①作为开篇,既突出了这是亲身经历,又强调了最富悲剧性,吸引人迫不及待地往下读。该文主要叙述的是 1857 年 12 月 14 日,包括记者在内的 15 人在搜集情报的回程中于轻便快艇上遭遇清军炮击,记者跳船逃生后被英军"南京号"所救的经历,也涉及 12 月 15 日"南京号"炮击新罗镇、记者随英海军陆战队队员和水兵登陆进攻该镇的整个过程。

作为事件亲历者,记者在叙述中贯穿了他的所见所闻所感。例如在描述清军用小火炮向快艇开火时:

> 炮弹从我们的头顶呼啸而过,还有一些击中了船,砖块如冰雹一般落下;愤怒的暴徒的叫嚷声、尖叫声及其激动的手势真的令人毛骨悚然。……这条小溪又窄又浅,大家奋力划桨,中国人则继续从岸边发动攻击。然而,我们的人设法遏制了袭击,直到他们到达某一个点,在那里有一棵大树和一组房屋矗立在岸边,为我们的敌人提供了掩护:房顶上的砖块和岸边的火铳将死亡与毁灭倾泻在我们身上。那名炮兵和两名水兵当场中弹身亡,前者就坐在我旁边。还有好几个人受伤。当被子弹击中,或者更确切地说被粗糙的弹头击中时,他们发出撕心裂肺的痛苦哀嚎,手中的桨再也握不住了,掉了下去。最后,船失去了动力,停了下来。②

这段文字既唤起读者的视觉——看到"如冰雹一般"落下的砖块、清兵激动的手势、当场死伤的英国士兵、伤者手中划桨的掉落,又作用于读者听觉上的想象——听到炮弹"呼啸而过"、暴徒的叫嚷声和尖叫声、旁人中弹时"撕心裂肺的痛苦哀嚎"。尤其是记者指出死者之一就坐在他的身旁,这更令人感到死亡和毁灭近在咫尺,笼罩着小艇。在看到记者叙述船失去动力停下时,读者无疑能感同身受,陷入记者当时的恐慌与绝望。同样,记者对他跳船逃生的叙述也十分细腻生动:"根据个人经验,

---

① "The War in China", *The Illustrated London News*, February 27, 1858, p. 220.

② "The War in China", *The Illustrated London News*, February 27, 1858, p. 220.

我可以向你们保证，若想逃生，就绝不该选择最为泥泞不堪的水田。我每走一步都陷入膝盖深的泥浆中。我游过了两条小溪，在到达河边时几乎晕厥，拼命地向'南京号'军舰挥舞我的红腰带以示求救。"这段文字生动地表达了记者急于逃命却深陷泥泞水田、寸步难行的恐惧与焦灼，以及在极为不易的逃生后筋疲力尽、几近虚脱的无力感。在对15日"南京号"攻打新罗镇的叙述中，记者目睹了战地百姓的惨状，并将视线落在弱小的中国妇女和儿童身上："最令人感到悲怆的莫过于看到那些小脚女人试图穿越水田……同样，一些不幸的孩子迷了路，没有父母陪伴，在周围游荡。"① 有了前面记者跳船逃生后在水田里寸步难行的遭遇作为铺垫，读者立即体会到他目睹裹着小脚（意味着无法正常行走）的女人要穿越泥浆及膝的水田时的忧虑，以及对迷路的孩童在战火中的无辜与无助的真切怜悯。最后，该文以"我必须收尾了，因为我现在就要上前线去了"② 一语结束，与开头"最富有悲剧性的战斗"首尾呼应，也让读者瞬间体会到记者身处战争前线的紧张感，同时感怀于战地中国百姓的悲惨凄凉。

1859年4月16日与4月23日连载的《在中国旅行》也是由特派画家兼记者以新闻当事人的身份叙述的，为读者展示了他和同伴在九龙附近村庄（金湾）感受"天朝旅行的奇特方式"③ 即坐轿子旅行的见闻。在上篇中，除了开篇对英国读者完全陌生的竹轿、轿夫以及乘轿必备品进行详细说明以提供新闻背景之外，记者用大量篇幅叙述了他坐在轿椅上的一路见闻：在攀登关隘时，眼前是崎岖的小路，身旁是几百英尺的悬崖，崖下是令人赞叹敬畏的激流和翠绿的深涧，抬头看到对面山坡上只有灰色的岩石，一棵树都没有。绕过大帽山西岭后，眼前是层层叠叠荒芜的梯田，半道上的农舍周围是鲜亮翠绿的树林。到达山顶极目远眺，望见的是在悬崖峭壁包围中的平坦的苦丁谷、树丛后的小山庄、干涸而变成白色的水田、薄暮中的深水湾和珠江两岸的群山。画家兼记者利用他对色彩的本能敏感使这一系列描述更为生动鲜活，让读者仿佛能够透过他的视角见他所见，身临其境，也为后文塑造热情好客、知情达理的林㘭村村民形象做了

---

① "The War in China", *The Illustrated London News*, February 27, 1858, p. 221.
② "The War in China", *The Illustrated London News*, February 27, 1858, p. 222.
③ "Travelling in China", *The Illustrated London News*, April 16, 1859, p. 375.

"地灵人杰"的铺垫。例如，记者生动描述了他们初次见到村民们的场景："我们很快就被一群天朝村民包围了。他们张着嘴，睁大了眼，一直目瞪口呆地站在我们面前，对任何有趣的事情都放声大笑，并且和颜悦色、兴高采烈地跟着我们在村子里转来转去。"① 透过记者的视角，读者能体验到被村民们"目瞪口呆"围观时的窘迫感，但这种感觉立即又被村民们的"放声大笑"与"和颜悦色、兴高采烈"的四处随行所驱散，令人忍俊不禁，深深感受到村民们的淳朴和友善。

在对当晚林崆村的英俊小伙弹奏五弦琴的速写中（见图3.1），新闻当事人的"内聚焦"视角包含在"外聚焦视角"中。乍看之下，画面采取正面取景，图中演奏者和观赏表演的村民、轿夫、孩子们形成半包围的结构。因此，画家兼记者仿佛正好处于画面之外，并用一个中心透视点观看着现场——类似"外聚焦视角模式"②。但是，画家采用了水平的视点，且画中人物主要集中在中景，故令画面具有了邀请观看者（读者）参与画中众人，共同形成"围观"效果的作用。此外，画家在"围观"中"安插"了一个"内聚焦视角"，即画面左侧近景中那把空椅子。它仿佛暗示画家刚刚坐在这里，只是因要画速写而暂时换了位置，但他仍然在现场，正在观赏表演中。因此，整个画面制造出一种"在场"感，既暗示了叙述者的在场——这是他当时当刻正在观赏的场景，又吸引了观看者（读者）融入现场，"缩短了人物与读者的距离，使读者获得一种亲切感"③，仿佛对林崆村的"自由、平等和博爱"有了一定程度的亲身体会。

（二）情绪性

新闻当事人的叙述多采用第一人称，且叙述内容与叙述者自己的亲身经历相关，因此其中易包含叙述者所表现出来的内心活动和抒发的内在感受，即带有情绪性的"直抒胸臆"。这一方面自然会使新闻偏离"客观性"的轨道，但另一方面也在一定程度上提高了报道的感染力。

---

① "Travelling in China", *The Illustrated London News*, April 16, 1859, p. 376.
② 参见胡亚敏《叙事学》，华中师范大学出版社2004年第2版，第32页。
③ 胡亚敏：《叙事学》，华中师范大学出版社2004年第2版，第27页。又见王文新《文学作品绘画改编中的语—图互文研究——以丰子恺〈漫画阿Q正传〉为例》，《文艺研究》2016年第1期。

以 1857 年 3 月 14 日《在中国的战争》一文为例。它由《画报》的两位记者的两篇报道组成。其中，第二篇报道的作者在华亲历数次战斗，其叙述中充分表现出他对战争的倦怠感与对清军的愤恨之情。报道开篇交代了写作的时间和地点，即 1857 年 1 月 10 日，在广州附近的皇家海军舰艇"英康特号"（H. M. S. Encounter）上——这暗示了记者极可能处于两场战斗之间的休整中。报道正文第一句以"我最亲爱的父亲"① 开头，显示出它的"叙述接受者"是记者的父亲，整篇文章也就有了家书的性质。那么，其中若夹杂着对心迹的剖白或含有较多情绪性的抒发也是能够被接受的。

在记者的叙述中，"幸福而古老的英格兰"仿佛成为可望而不可即的遥远家园，与之形成鲜明对比的是他在中国"该死的河流上"的悲惨生活：三个月以来因必须将船保持在深水区而日夜不停地劳作，船员们除了伤亡，还纷纷病死，而且"从早到晚，甚至整夜都在向敌人开火"②，终日都不得安宁。这些叙述传达出记者对目前生活深深的厌倦、无奈与无力之感。他特别叙述了上一次与清兵交火的情况：由 100 艘战船组成的清军舰队气势汹汹而来，每艘船上各装载 10 门大炮，配备 80 至 100 名水勇。由于清军舰队在浅水区活动，导致"我们无法靠近这些畜生们打"。"畜生"（brutes）一词在《画报》对清兵的报道中并不多见，在此处传达出叙述者强烈的愤恨与无奈之情。这些叙述一方面渲染着记者的倦怠、愤懑情绪，但也从侧面展示出清军并非总是一触即溃、遇敌辄奔，至少在此段时间都在积极抗击，尤其最近一次更是有备而来、英勇出击，令英国人无计可施、恼羞成怒。记者还详细叙述了"加尔各答号"（the Calcutta）舰长副官在这次战斗中遭受致命伤后的情景："当他奄奄一息地躺在我们的主甲板上时，我赶到了他的身边，聆听他给他可怜的父亲——德特福德造船厂的珀恩先生留下遗言。我把他的一缕头发和临终遗言一起寄给了他的父亲。"③ 如前文对《画报》中新闻观察者和当事人叙述的真实性、体验性等的论述所示，"细节和特殊性对于《画报》文章构建与验证真实性描

---

① "The War in China", *The Illustrated London News*, March 14, 1857, p. 252.
② "The War in China", *The Illustrated London News*, March 14, 1857, p. 252.
③ "The War in China", *The Illustrated London News*, March 14, 1857, p. 252.

述至关重要,而真实性描述也是英国读者可以接受的最准确的新闻"①。此处对于舰长副官临终前的描述同样充满细节和特殊性,例如其父亲的工作地点和姓名、"一绺头发"——读者通过这些细微之处既能真实地感知现场,又能与作者深切地共情,还会为所有远在中国战火中备受煎熬的"英格兰的儿子们"顿生同情和怜惜。同时,诉诸温情脉脉的亲情也能反衬出清军的残忍和威胁感,使读者对清军士兵的形象更添几分恼恨。

后文中记者对清兵的叙述均充满情绪性,从"他们就能把我们活活吃掉""他们令我们非常担心和烦恼""尽管中国佬不是伟大的战士,但他们非常狡猾,而且多得像海滩上的沙粒",到描述清军三次试图用饵雷炸毁英军舰艇、英军与清兵短兵相接后2人被打死,死者被割下头颅等,无不凸显出清兵的残忍、狡诈以及记者对其深刻的厌恶与痛恨之情。记者数次祈求自己能踏上归家的路途,因他"对于这场在中国的战争已经感到厌恶和疲惫";在文末他再次呼唤"我最亲爱的父亲",请求父亲向家人转达最真挚的爱,并"和以往一样,请相信我依然是您深情的儿子"②。这种在叙述者与受述者之间的直接对话再次表达出父子间的脉脉深情,也又一次反衬出战争的残酷、记者应对战斗的筋疲力尽,更进一步渲染了清军形象所承载的令人深恶痛绝的感情色彩。

1859年4月23日《在中国旅行》的下篇③也充溢着画家兼记者对旅程中亲眼所见的乡村风光的细致描述。同时,文中另埋有一条"暗线",即记者一路上情绪的跌宕起伏也串起了整篇叙述。清晨记者在"云雀的啼鸣声中"起床,闻到空气中仿似牛奶的淡香,开心感怀林岜村村民的殷勤好客;路遇货郎们的友善笑容,"一路小跑"翻越关隘时的轻松愉悦;接近海盗村时的忐忑不安、避无可避时的提心吊胆;平安通过后的有惊无险,到下一个村庄时获得的热情款待;直到最后安然无恙地回到香港。在这一系列当事人"内聚焦"视角的叙述中,记者时时敞开心怀直接表达他当时的所思所感,令读者与他同喜同忧。因此,文末他对此次旅

---

① Peter W. Sinnema, *Dynamics of the Pictured Page: Representing the Nation in the Illustrated London News*, Hants, UK: Ashgate Publishing Limited, 1998, p. 124.
② "The War in China", *The Illustrated London News*, March 14, 1857, p. 252.
③ "Travelling in China", *The Illustrated London News*, April 23, 1859, pp. 403 – 405.

行经历发出的感慨也显得水到渠成、真实自然：他感叹中国百姓的热情友善、心地质朴，虽衣衫褴褛却非常有礼数。这些感慨虽更接近评论而非叙事，但因文中从头到尾一直有情绪性的抒发，故并不显得突兀，反而能使读者认同叙述者的感想，极大地增强了中国百姓知礼友善、温良平和形象的感染力。

三 嵌套性叙述

从来源看，除了前文举例分析的由记者提供的报道之外，《画报》中更为常见的是编者对多种信息进行处理后形成的报道。这些信息来源包括其他报社的新闻报道、个人信件、日记、外交急件、公告等。因对它们的引用或转载均较为完整，故此类报道可被视为"嵌套性叙述"，即在编者的框架（第一层）叙述之下的第二或第三层次中讲述了一个完整的故事①。

从1842年创刊之后到1856年向中国特派记者之前，面对自鸦片战争以降中国在英国对外关系中越来越重要的位置，《画报》尽量整合多种信息源，尽可能全面地为读者提供有关中国的信息。此外，受交通条件所限，19世纪40年代从中国发回的消息一般通过陆路抵达英国，中间所需时间大约3个月以上，因此，新闻的时效性在一定程度上让位于全面性或趣味性，令编者拥有了较大的发挥空间。到19世纪50年代，从中国到英国的通信若经由半岛东方蒸汽航运公司（Peninsular and Oriental Steam Navigation Company，简称P&O）的汽轮，时长约为7周②；若采用当时各大通讯社记者传递新闻的路线，即从香港至红海使用汽轮，由陆路到达意大利的里雅斯特市（Trieste），再用有线电报发送信息到达伦敦的话，则更快一些③。相应地，《画报》的"国外情报""国外近闻"或"国外与殖民地新闻"等栏目几乎陆续不断地刊载了关于中国的简讯。但是，哪怕是向中国特派了画家兼记者，其活动范围也有限，不可能亲临各重大事件的

---

① 参见［荷］米克·巴尔《叙述学：叙事理论导论》，谭君强译，中国社会科学出版社1995年版，第167页。

② Freda Harcourt, "Black Gold: P&O and the Opium Trade, 1847–1914", *International Journal of Maritime History*, Vol. 1, June 1994, p. 11.

③ 黄宇和：《帝国主义新析——第二次鸦片战争探索》，《近代史研究》1997年第4期。

发生现场（例如参与每一次重要战役），何况他们提供的速写要经过雕版再付梓，也需要更长的时间。因此，《画报》记者的稿件供给远远低于它每周的刊载要求和英国读者的需求，这也为编者转载其他报纸尤其是权威性大报的报道提供了合理性。

按照编者的叙述介入程度的高低可再将采用"嵌套性"叙述的报道大致分成两种：一种是其他报纸的报道或日记、信件等作为单一新闻来源被全文转载，其中编者的叙述仅以导语或（和）结语的方式出现，故"框架"叙述的作用和影响并不明显；另一种是以编者作为主要叙述者，引用不同来源即不同叙述者的文本，将它们有意识地编排整合，使之嵌入编者的"框架"叙述中。这两种嵌套性叙述都为《画报》对中国及中国人的报道增添了全面性、丰富性和权威性等特点；但因在后一种情况中，编者作为"框架"叙述者的作用更为明显，故本书将重点举例分析该类报道的特点、作用与影响。

（一）全面性

在早期的《画报》中，由编者作为主要叙述者提供框架叙述，并将不同来源、不同叙述者的文本拼接或嵌入框架之中的报道尤为典型。以1842年7月9日《陆路邮件：中国与印度》一文为例。编者在类似"编者按"的开篇中便"很高兴地"向"我们的读者"展示来自中国、阿富汗和印度的最新情报。可见，框架叙述的受述者或隐含读者（"隐含在作者心目中的理想读者"或"文本预设的读者"①）应是《画报》的目标读者，即英格兰的中产阶级家庭。接着，编者反复强调兑现对读者许下的承诺、实现"不遗余力地向我们的读者生动而忠实地报道其他国家的情况"②之类的诺言，既可见报纸在创刊初期对于目标读者不遗余力的"讨好"，也可见编者对报道的十足信心——它提供了一段时间以内尽可能全面的来自遥远"天朝帝国"的图像和文字。

在接下来的框架叙述中，编者先对从陆路送达的各种消息和通讯内容进行了概括和补充——其中一部分原文在后文中被"嵌入"，但因采用类似"零聚焦"或"无聚焦"的视角、全知的叙述模式而令文本中清军在

---

① 申丹、王丽亚：《西方叙事学：经典与后经典》，北京大学出版社2010年版，第77页。
② "The Overland Mail-China and India", *The Illustrated London News*, July 9, 1842, p. 132.

浙东一带溃不成军、连连失败、每次冲突均伤亡重大的形象显得更为客观与无可争议。在嵌入的四个文本即《孟买邮报》的报道、《广州纪录报》的报道、"宁波来信"和"厦门来信"中,前两者中又嵌套了"平卧式"的叙述框架,即包含不同叙述者的接连叙述。例如《孟买邮报》拼接了对1842年3月中英军队在宁波、镇海和舟山交战的报道与署名为"英国公使璞鼎查"的宣布胜利战绩的传单。两者均采用"零聚焦"视角叙述了同样的事件,区别在于后者的叙述者身份更为官方,且它包含更多对战斗场面的细节性描述。两个文本并置,合力凸显了清军一触即溃、望风而逃的形象。《广州纪录报》的报道则是以编者的口吻用全知视角叙述了英国军舰"秋季号"(the Autumnus)船员被逮捕、虐待伤害、押解广州、最终获释的事件,突出中国兵勇的残忍狡诈。"宁波来信"同样以全知视角叙述了"厄纳德号"(the Ernaad)的大汽艇上官兵被中国人伏击,指挥官被刺三十多刀并被残忍地割头。此两者的共同之处在于用较为冷静客观的叙述方式塑造了中国兵勇和中国人残酷险诈的形象。最后的"厦门来信"与编者的主要叙事主题似乎并不符合。编者用"来自厦门的一封信对于文明的进展提供了以下证明"①一语将其嵌入框架之中。信件虽未标明出自何人之手,但若分析叙述的视角则可推断出这应该是由英军驻鼓浪屿岛的士兵写作。叙述者以旁观视角简述了岛上英国军官的赛马和打猎活动——这便是编者所说的"西方文明的进展"。因此,编者的框架叙述暗示了嵌入"厦门来信"的原因:鼓浪屿上的赛马、打猎活动与鸦片战争一样,都是英国在中国逐步推进西方文明的证明!可见,这封来信尽管与浙东、广州的战事无关,但在内容上从另一个角度提供了中国1842年3月的情况,从叙述视角上以见证人的旁观视角、第一人称叙述,比全知视角更贴近事件,更能拉近读者和文本的距离。因此,该篇报道的嵌套性叙述整合了来源不同、内容侧重点不同、叙述模式不同的文本,具有突出的全面性。这些文本合力渲染了清军士气涣散、不堪一击、残忍狡诈的形象,尽显清朝的衰败与野蛮,也突出了在中国进一步推进西方文明的必要性。

又如在1858年2月20日《在中国的战争》②一文中,编者的介入较

---

① "The Overland Mail-China and India", *The Illustrated London News*, July 9, 1842, p. 133.
② "The War in China", *The Illustrated London News*, February 20, 1858, pp. 193–194.

少，其框架叙述的作用是以故事时间即事件发生的自然时序，将关于1857年12月28—29日英法联军轰炸和攻占广州城的不同报道进行编排，为读者拼接出整场战役由开始到结束的全过程。首先被嵌入的《陆上邮报》（the Overland Mail）的报道采用了全知视角，主要叙述了从12月28日凌晨开始的英军炮轰广州至29日英法联军准备进攻四方炮台之前的战斗进程，其中提及叶名琛的封闭无知和英军的"人道主义意愿"；《泰晤士报》随军记者则以见证人的旁观视角，用生动并充满细节的叙述再现了29日英法联军攻破广州城城墙的战斗，但此时郭富炮台尚未被攻破；《中国之友》（the Friend of China）以全知视角补充了29日攻城战中英国军官伤亡细节；星期二的《公报》刊载的法军范·斯特劳本兹少将（C. T. Van Straubenzee, Major-General）写给负责战争事务的国务秘书的公函，则以第一人称的回顾性视角证实了英法联军于29日9点攻下广州城。可见，这些嵌入的文本将英法联军攻占广州城一役以不同视角和侧重点在读者眼前全面铺展开来。最后，编者以"从香港《陆上纪录报》（the Hong-Kong Overland Register）的附刊上得知，郭富炮台已于12月29日下午2点至3点被攻占"① 一句为报道画上句号，再次体现出主要叙述的框架的时序性。

（二）丰富性

采用嵌套性叙述的文本有机利用各方信息和不同叙述模式，不仅能将新闻事件全面地再现给读者，也能使报道更具丰富性。以1842年11月12日的《中国》为例。该篇报道同样体现出《画报》创刊初期因严重依赖其他新闻来源而出现的在编者的叙述框架中嵌入多个信源文本的情况。但是，这篇报道的内容十分庞杂，涉及面较广，结构比较松散。同时，它具有"述评新闻"，即评论性新闻报道②的特色，以述为主，述中有评。它的内容多，适合阐发评论，选取的嵌入文本也更为多样化，因此文章也更具丰富性。

该文主要报道了1842年6月中国的情况，可大致分为三个部分：在吴淞口和扬子江的战斗、广州的局势、清廷的应对。在第一部分，编者以

---

① "The War in China", *The Illustrated London News*, February 20, 1858, p. 194.
② 参见周胜林《述评新闻与新闻述评》，《新闻传播》2003年第7期。

第三人称的全知视角简略概述了6月16—20日的几场战斗的过程和结果，特别描述了缴获的火炮和英中双方的重大伤亡，其中侧重于细述英军舰船受到的损毁（如"'复仇女神号'的索具被炮火撕得粉碎"）和伤者的惨状。紧接着，编者以一小段话引出即将被嵌入的文本：

> It will be remembered that the Nemesis, which is commanded by Lieutenant Hall, distinguished herself in a very extraordinary manner, shortly after her arrival in the Chinese waters, by blowing up a number of the enemies' war-junks, which created no little consternation amongst the Celestials. As this event invests the Nemesis with more than ordinary interest, we here present our readers with a sketch of her on the trying and critical occasion to which we allude. The following brief narrative of this steamer's career since her leaving may be allowed by way of episode, and will prove not altogether unacceptable.①

> 人们将会记得，由霍尔海军上尉指挥的"复仇女神号"在进入中国水域后不久，便以一种非凡的方式脱颖而出：她炸毁了清军许多的战船，在天朝子民之间引发了不小的恐慌。这一事件使人们对她怀有超乎寻常的兴趣，故我们在此向读者展示一张她在我们提到的这一艰难而危急时刻的素描。以下对这艘蒸汽船自下水以来的经历的简要叙述，可以作为我们报道中的一个插曲，并将被证明它并非完全无法令人接受。

此段文字在叙述时间上值得玩味。英文原文所用的三个句子，首句与尾句的主句时态均为一般将来时，中间一句为一般现在时。"人们将会记得"采用的是预叙，即"对后来事件的预先叙述"，用"时间上的指向性"来引发读者的期待②。但是，读者"将会记得"的并非在故事时间中最靠近的，即"复仇女神号"在1842年6月中旬刚刚结束的几场战斗中的英雄壮举（事实上它受到严重损毁），而是它在"进入中国水域后不

---

① "China", *The Illustrated London News*, November 12, 1842, p. 420.
② 胡亚敏：《叙事学》，华中师范大学出版社2004年第2版，第68页。

久"（约在 1840 年 10 月）的威风史——若从时态上看，这应是过去完成时，即在"过去的过去"已发生的事件。编者现在"在此向读者展示"的也是在"过去的过去"中"复仇女神号"的速写。这一点也从插图的标题上得到印证——"'复仇女神号'蒸汽船在珠江上击毁中国战船（根据东印度公司拥有的一张速写绘制）"，即插图所展示的场景应为 1841 年"复仇女神号"参与的虎门战役。在第三句同样采用了类似"重复闪前"的叙述，即事先"预告"即将在"现时叙述中展开"的事件，意在强调当前正是嵌入对"过去之过去"的叙述的适当时机①——这个插曲将"被证明它并非完全无法令人接受"。于是，紧接着被嵌入的文本以全知视角叙述了"复仇女神号"在"过去的过去"中的战斗光辉史，类似在时序上采用了"局部闪回"②，即对某一过去的片段的回顾。在嵌入文本完结之后，编者在框架叙事中又总结道，"在攻占广州时，事实上，在自 1840 年以来与中国的每一次重大交战中，她始终战功卓著"（"At the taking of Canton, and, in fact, in every engagement in China of consequence since 1840, she has always been distinguished…"）③。此处的现在完成时态具有"未完成"的意思，意指"复仇女神号"的卓越战功开始于 1840 年，一直延续到编者写作报道之时，还可能要继续下去。综上所述，此处嵌套性叙述中的时序体现为"闪前"和"闪回"的交错，突出的是英军重要的武装蒸汽船"复仇女神号"的光辉历史和光明未来。尽管此前的框架叙述中有对其刚刚所受重创的细节性描述，但嵌入文本又长篇大论地细数了它过去的赫赫战功。在嵌入文本的冲击之下，读者并不会对它近期遭受的重创留下太深刻的印象。因此，嵌套性叙述用军舰在过去的战功冲淡了 1842 年 6 月英军重大伤亡的负面影响，顺便也不动声色地抹去了清军士兵在战役中的英勇顽强，即使在报道开头的框架叙述中也提到了清军在吴淞口激烈抵抗了两个小时。因此，在嵌套性叙述的介入作用之下，读者印象中的清军依然是一直以来被反复言说的军心涣散、贪生怕死和不堪一击的形象。

---

① 胡亚敏：《叙事学》，华中师范大学出版社 2004 年第 2 版，第 70—71 页。
② 胡亚敏：《叙事学》，华中师范大学出版社 2004 年第 2 版，第 67 页。
③ "China", *The Illustrated London News*, November 12, 1842, p. 420.

编者的叙述继续按"故事时间"推进，提及英国皇家海军舰队于7月4日到达扬州，并提供京杭大运河的历史和战略意义作为新闻背景；广州行商被派遣到苏州与英方谈判，其中编者以全知视角分别叙述浙江当局派遣其前往时的考虑和行商们自己的打算；还有上海疑似被英军占领的消息。在这之后又嵌入了英国全权大使璞鼎查爵士关于6月16日战役的官方公告。此处的嵌入文本本身成为框架叙述中的"闪回"，其内容除了详细叙述几场战斗场面之外，更强调清军修筑了大量的防御工事并对英国海军进行了密集的炮轰，然而英国"远征军中海军的伤亡人数是2死25伤，但登陆部队中却无一人伤亡"①。其本意在于突出英军胜利之不易，同时消解英军伤亡的负面影响，但也反映出了清军作战的英勇。随后的框架叙述在时序上仍然停留在嵌入文本中的故事时间，即6月，而未回到嵌入文本之前的故事时间——7月。在对这段时期广州等地的情况进行现时叙述和评论之后，编者以直接引用的方式再次嵌入一个文本，即清廷颁布的"非常奇怪的命令"②。由于直接引语是对人物话语的如实记录，能够保留人物的各种语言特征③，该嵌入文本中叙述主体（清廷）用于形容英军的如"逆夷""他们会潜窜至他处"等侮辱性词句以其本来面目呈现，而"绝对有必要让他们（前文提到的伍浩官的弟弟和子侄）听从我们的命令，充当通事，不得贻误"④的焦急感也跃然纸上。两者交错，真实地反映出清廷面对英军既竭尽全力贬低蔑视，又被迫尽快向之低头的复杂情绪。

接下来，编者的框架叙述中通过直接引语和间接引语交织使用的方式摘录了道光皇帝于1842年6月5日颁发的处理"夷务"的诏令。其中就道光皇帝对鸦片战争起因和进展的说法绝大部分采用了间接引语，尽管其中仍用"逆夷""贼""蠢尔丑类"等词指称英国人，但由于处在经过编者精简转述的句子中，情绪色彩有所减弱。然而穿插的直接引语，如皇帝疾呼的"下民何辜？罹兹惨酷"、"扰我海疆黎庶"、六百万两白银赔款是

---

① "China", *The Illustrated London News*, November 12, 1842, p. 420.

② "China", *The Illustrated London News*, November 12, 1842, p. 421.

③ 参见申丹、王丽亚《西方叙事学：经典与后经典》，北京大学出版社2010年版，第145页。

④ "China", *The Illustrated London News*, November 12, 1842, p. 421.

"区区之施，实非所吝"，以及最后的"剪除夷孽，扫荡海氛"①等，因保留了说话人的语言特征和情绪色彩，生动地再现了面对百姓受难时痛心疾首却又无力回天，只能虚张声势自欺欺人的道光皇帝形象。

总的来说，这篇报道的嵌套性叙述采用在时序上"闪前"和"闪回"的交错，在表达上直接引语与间接引语的穿插，增添了文本在情节上和话语上的厚度。其中被再现的与战事相关的中国人形象，即清军士兵和代表朝廷的道光皇帝形象也随之丰满起来：就前者而言，既有嵌入文本回溯中的一触即溃，又有从侧面透露出来的英勇顽强；就后者而言，既有直面英军的焦灼无力，又有俯瞰百姓的怜悯痛惜。他们都在一定程度上得益于嵌套性叙述的丰富性。

与之类似，1857年2月14日《城墙内的广州》一文将框架叙述中广州外城（十三行区域及中国人居住地区）频发的劫掠事件、英军炮火带来的毁损与嵌入文本和插图中的广州内城街道店铺作了鲜明对比。框架叙述中提及的"盲流"、暴徒本是来自中国各地的难民，却趁英军炮轰广州后趁火打劫，不仅洗劫和焚烧欧洲人的商店，还劫掠本地人，尽显其贪婪堕落。与之相对照的则是嵌入文本中对"最为华丽诱人"的"装修整齐"、陈设"很有品位"、装饰物"不同凡响又令人赏心悦目"②的内城临街商铺的描述，配以插图所展示的整洁的店铺、站在每个柜台后的商人，极易让读者感受到店主们在经营生意时的一丝不苟和专业细致。于是，炮火连天与井然有序、趁乱洗劫与精心经营形成引人瞩目的强烈对比，在同一篇报道中不仅为读者呈现了因"入城"问题一直难窥其貌的广州内城，还展示了同为中国人却截然不同的多个面向，体现出了中国百姓形象的丰富性与多样性。

（三）权威性

《画报》中编者对于嵌套性叙述的运用不但使新闻报道具有全面性和丰富性，而且也能彰显报纸本身及其报道的权威性。概而言之，体现权威

---

① "China", *The Illustrated London News*, November 12, 1842, p. 421. 道光帝谕令原文见文庆等编《筹办夷务始末（道光朝）（选录）》，齐思和、林树惠、寿纪瑜编《中国近代史料丛刊·鸦片战争》，第4册，上海人民出版社1957年版，第137—138页。
② "Canton Within the Walls", *The Illustrated London News*, February 14, 1857, p. 134.

性的方式有两种：一是嵌入的文本来自同时期具有权威性的报刊或公告；二是编者对同一事件不同来源的信息进行累积和整理，确保其再现的"事实"具有权威性。

第一种方式在维多利亚时代的报纸中较为常见。运用声誉卓著的信息来源有助于个别报纸"建立一个非正式的交换网络，使之能够保持其作为独立的且有竞争力的新闻界成员的地位，同时还宣告其流通的能力以及提供即时新闻的能力"①。《画报》转载信息的来源具有不同程度的权威性：政府公告、外交急电；《伦敦公报》(The London Gazette) 等英国政府记录的官方周刊②；英国全国性的报纸，如《每日新闻》(The Daily News)、《泰晤士报》等非政党报刊，尤其是后者对于国外重大新闻的实地报道极具影响力③；与中国有利益关系的其他国家较具影响力的报纸，如法国《箴言报》(Le Moniteur)，俄罗斯的《圣彼得堡日报》(The Journal de St. Petersbourg)、《北方蜜蜂报》(the Northern Bee)④ 等；还有中国本土的报纸如香港影响力最大的英文报纸——《德臣西报》和《中国之友》等。这些较具权威性的文本一般都被全文嵌入，编者的框架叙述仅体现在导语或（和）结语上，例如对文本的来源、嵌入的理由或是所配插图内容的叙述，因此形成本为"次要"的嵌入文本与本为"主要"的叙述框架之间在重要性上的倒错。

以较为典型的 1857—1858 年《画报》对《泰晤士报》记者报道的运用为例。此段时间它刊载的对广东地区英中之间几场军事冲突的长篇通讯均出自《泰晤士报》特派记者之手。在 1857 年 7 月 18 日《中国速写》

---

① Peter W. Sinnema, *Dynamics of the Pictured Page*: *Representing the Nation in the Illustrated London News*, Hants, UK: Ashgate Publishing Limited, 1998, p. 121.

② 也称为"备案报纸"，具有专业新闻收集和编辑功能且被政府授权或维护，用以发布公告，因此通常具有权威性。

③ 英国前首相迪斯雷利（Benjamin Disraeli, 1804—1881）曾高度赞誉《泰晤士报》的驻外首席记者，称"英国在各国首都有两名大使，一名是英国女皇派遣的，另一名是《泰晤士报》派遣的驻外首席记者"。见郑超然、程曼丽、王泰玄《外国新闻传播史》，中国人民大学出版社 2000 年版，第 70 页。

④ 《北方蜜蜂报》作为当时俄国权力最大的秘密警察的喉舌，有相当大的影响力。见 George Ripley and Charles A. Dana, eds, *The New American Cyclopaedia*: *A Popular Dictionary of General Knowledge*, Vol. 12, New York, London: D. Appleton and Company, 1869, p. 310.

一文中,《画报》特派画家兼记者沃格曼特别提及《泰晤士报》的记者柯克一行在他写作这篇报道时(5月24日)"刚刚经由亚丁(Aden)抵达(香港)"①。一周之后,即1857年7月25日的《中国速写》② 一文的最后部分已嵌入了《泰晤士报》记者以第一人称叙述的初到香港的见闻,并以编者的框架叙述作为导语:"正如我们的艺术家在上周的信中所说,《泰晤士报》记者已经抵达香港。下面是他对那儿的第一印象"③。此后,1857年8月8日、8月15日、8月29日的《在中国的战争》系列,凡涉及1857年5月至6月英中军队在珠江流域交战的通讯,均为对《泰晤士报》记者报道的全文转载④。其中,记者交替运用内外视角,即以新闻当事人视角(8月8日文)与全知视角(8月15日、8月29日文)的叙述模式对上述两场战役进行了极为详尽的报道,而《画报》编者的框架叙述仅仅体现在说明嵌入文本出处和表达对其的认可上,例如用"出自《泰晤士报》驻香港记者的如飞劲笔(vigorous pen)"⑤ 这般溢美之词介绍8月29日刊载的报道。此外,1857年8月22日《画报》是在该月中唯一没有刊登关于英中战事通讯的一期。但是,在第203页《中国》一文中,编者如此叙述:"《泰晤士报》驻香港记者没有什么新闻可以传达,比如他在上一封信中提到的佛山和流溪河的英勇袭击那样的新闻,于是他开始以愉快、八卦的方式记录他对'英属中国'(British China,此处指香港,笔者注)和一般事物的印象——我们转载了其中一些'第一印象'"⑥,接着嵌入了《泰晤士报》记者对香港的气候、"粤式英语"、昆虫爬虫等的散记。由此见得,《画报》对《泰晤士报》记者的报道异常倚重——编者想方设法地保持后者的连贯见报。事实上,在第二次鸦片战争

---

① "Sketches from China", *The Illustrated London News*, July 18, 1857, p. 74.
② "Sketches in China", *The Illustrated London News*, July 25, 1857, pp. 88 – 89.
③ "Sketches in China", *The Illustrated London News*, July 25, 1857, p. 89.
④ "The War in China: The Battle of Fatsham Creek", *The Illustrated London News*, August 8, 1857, p. 130; "The War in China: The Battle of Escape Creek", *The Illustrated London News*, August 15, 1857, p. 156; "The War in China: The Battle of Fatsham Creek", *The Illustrated London News*, August 29, 1857, p. 212.
⑤ "The War in China: The Battle of Fatsham Creek", *The Illustrated London News*, August 29, 1857, p. 212.
⑥ "China", *The Illustrated London News*, August 22, 1857, p. 203.

初期,例如在对1857年12月第二次广州之战的报道中,《画报》已表现出对《泰晤士报》较为明显的依赖。又如前文提到的1858年2月20日《在中国的战争》一文中虽嵌入多个来源的文本,但《泰晤士报》记者的报道仍然是唯一一篇采用战场上旁观者视角的叙述。直到1858年2月27日《在中国的战争》中,《画报》的特派画家兼记者的长篇通讯才与读者见面。

这一现象难免令人疑窦丛生,既然《画报》特派画家兼记者沃格曼先于《泰晤士报》记者抵达香港并已常驻,那么为何在第二次鸦片战争初期的战地报道却要假手于人呢?笔者认为,原因应是《画报》对报道权威性的考量。一方面,借《泰晤士报》在战地新闻报道上已有的声望与公信力来提升《画报》自身的权威性。《泰晤士报》不但是第一张拥有驻外记者的报纸,也是第一张派驻战地记者的报纸。在1853—1856年的克里米亚战争中,《泰晤士报》就特派了记者 W. H. 罗素（William Howard Russell,1821—1907）随英军奔赴前线,提供一线报道。罗素作为战地记者发回的新闻具有极大的社会影响力,不但促成了阿伯丁内阁的倒台、远征军总司令被撤职和红十字会的诞生①,而且也使《泰晤士报》的权威性与公信力大增。连《画报》1857年3月7日"新书一览"栏目中都可见到罗素新书《英国的克里米亚之征》（*The British Expedition to the Crimea*）的预告②。因此,《泰晤士报》对战事的实地报道既有丰富经验可循,又有公信力和影响力作保障。在《画报》首次向中国特派画家兼记者的初期,就深入战场的实地报道而言,尽可能转载《泰晤士报》记者的报道无疑能打响头炮,设定权威性战事报道的基调,为后续本报记者的报道做好铺垫。

另一方面的原因则是出于对特派画家兼记者分工、特长以及客观条件的考虑。首先,从沃格曼远赴中国的使命来看,他不仅要报道战况战势,更要为英国读者提供关于中国国情民风的真实记录。这从《画报》的相关公告上得以体现:"为了给我们的读者和公众奉上发生在广州和香港的事件的正确版本,我们已派遣一位记者兼画家前往事件现场。"③ 可见,沃格曼的第一要务是要深入了解1856年10月"亚罗号"事件的来龙去

---

① 参见陈力丹、王辰瑶《外国新闻传播史纲要》,中国人民大学出版社2008年版,第29页。
② "New Books, & c.", *The Illustrated London News*, March 7, 1857, p. 213.
③ "The Chinese Difficulty", *The Illustrated London News*, March 7, 1857, p. 204.

脉、叶名琛在广州的治理情况以及香港的现状，绝不仅限于对战斗战役的报道。从1857年7月至1858年2月见报的通讯看，自沃格曼抵达香港之后，包括1857年6月广州局部战斗期间，他的活动范围都应在香港及马尼拉等地，发回英国的报道也是关于这些地区风土人情的图文并茂的"风貌通讯"。因此，就第二次鸦片战争第一阶段广州地区局部的军事冲突而言，沃格曼或许本没有深入战区的打算。其次，沃格曼的多篇报道体现出他绘画功力深厚，文笔优美流畅。其绘画的题材和风格更倾向于风俗画①，即在对日常、家庭生活和趣闻轶事的表现上非常突出，其文字叙述和绘画风格统一，具有鲜明的散记和随笔的风格。所以，在来华初期，既然有擅长战地新闻报道的《泰晤士报》记者深入广州，沃格曼在香港周边地区继续深度了解世风民情也属扬其所长。最后，就客观条件而言，从沃格曼的报道中可见，他是一人独自在香港，而与《泰晤士报》记者柯克同行的还有第93步兵团的麦克唐纳少校（Major Macdonald, 93rd Highlanders）、加勒特（Messrs. Garrett）、克利乐（Crealock）先生等人。沃格曼感叹说"这看起来像要应战""当部队到达时，最好立刻把他们送到广州"②。由此可见，从人员配备上考量，《泰晤士报》记者一行比沃格曼一人随军深入战区更为合理。综合上述两个方面，《画报》在对第二次鸦片战争初期的报道中一手利用嵌套性叙述，在编者的笼统性框架叙述中嵌入《泰晤士报》对战斗现场的报道，确保新闻的公信力；另一手持续刊登本报特派画家兼记者对香港及其周边地区风土人情的独家报道，树立起"中国特写"的品牌。两手合力，无疑大大有助于《画报》在对中国战事、国情、人文等报道方面树立自身的权威性。这种运作方式在《画报》于第二次鸦片战争的第二次全面作战阶段（1860年）对香港《陆上中国邮报》战事报道的倚重中同样体现得较为明显，此处不再赘述。

　　体现权威性的另一种方式是《画报》编者对同一事件不同来源的信息进行累积和整理，将其嵌套到同一个文本中使之相互对照或彼此补充或共

---

① 此处的"风俗画"是与"历史画"相对而言的。后者关注的是具有历史意义和民族意义的官方性时刻和决定性时刻。参见 Andrea Korda, *Printing and Painting the News in Victorian London: The Graphic and Social Realism, 1869—1891*, Farnham, England: Ashgate Publishing Limited, 2015, p. 74.

② "Sketches from China", *The Illustrated London News*, July 18, 1857, p. 74.

同印证，力图确保报道再现的"事实"的权威性。这种手法在《画报》创立的早期即19世纪40年代至50年代，在对国外新闻尤其是灾难新闻的处理中较为常见，例如1842年汉堡的大火、1846年7月巴黎火车脱轨事件等，均有对各种来源的可靠信息（尤其是拥有驻当地记者的报纸的报道）的大量嵌入。当然，若据彼得·辛内玛的研究，这在维多利亚时代的插图报刊中其实较为普遍，因为当时编者和读者所共同认可的"真相"的底线是使用大量支持性陈述来验证一份主要报告的必要性。"真实"事件存在于累积起来的大量不同视角、不同"版本"的叙述中。编者"用归纳法将'真实'发生的事件拼凑出来"；读者经过编者在框架叙述中的引导仿佛就能够"沿着最直接的路线了解到事实真相"①。这种用累积、拼接与"合并对照"②最多数量的信息以再现"真相"的方式自然也成为《画报》实现并保持权威性报道的方式之一。除此之外，《画报》在对中国及中国人的报道中运用嵌套性叙述的重要原因也出于受资源和地理环境的制约。在有特派画家兼记者专程前往报道某一重大事件（如同治皇帝婚礼）的情况下，篇幅长、插图精美的独家新闻占据当期《画报》绝对的主要地位；在同一时期对于"合并式"或"拼凑式"的嵌入性报道的应用明显减少。

  此类采用"嵌套性"叙述的报道在《画报》里较为常见，如前文在论述"嵌套性"叙述的全面性时所举的两例，即1842年7月9日《陆路邮件：中国与印度》和1858年2月20日《在中国的战争》都能体现出《画报》编者对不同叙述者从不同视角对同一事件的大量报道的收集、累积、合并对照。它通过组合这些嵌入文本并在框架叙述中得出最具权威性的结论，再将其作为"真相"的证据呈现给英国读者。《陆路邮件：中国与印度》的各个嵌入文本之间具有一致性的、被重复再现的是清军一触即溃、望风而逃的形象和中国人残酷险诈的形象；《在中国的战争》在前文所示的编者框架叙述结束之后还补充了法国人的视角，即法国《箴言报》对英法联军攻占广州的总攻过程的概述，突出英法联军的同仇敌忾、

---

  ① Peter W. Sinnema, *Dynamics of the Pictured Page：Representing the Nation in the Illustrated London News*, Hants, UK：Ashgate Publishing Limited, 1998, pp. 120 – 121.
  ② 此处的"合并对照"借用彼得·辛内玛的"collation"，完整意思为收集组合不同来源的信息并分析、对照、对比。参见 Peter W. Sinnema, *Dynamics of the Pictured Page：Representing the Nation in the Illustrated London News*, Hants, UK：Ashgate Publishing Limited, 1998, p. 121.

法国将士的奋勇争先,与之前文本中英军在攻城中英勇无畏的形象互相呼应。英法联军的节节进攻、步步为营所暗示的自然是清军的闻风丧胆、丢营弃寨。在"嵌套性"叙述中多个文本的合并参照之下,清军给读者的印象必然又是类似"真相"的一触即溃、望风而逃。可见,在此类嵌套性叙述的文本中,《画报》的编者作为叙述最恰当的提供者,运用框架叙述和嵌入文本呈现新闻事件的"真相",通过将自身展现为"一个值得信赖的声音""一个比竞争对手更令人信服的接近真理的声音"① 来建构和维护《画报》报道的权威性。

第三节 新闻背景与事实的结合

《画报》对中国和中国人的报道开始于第一次鸦片战争晚期。这一时期,西欧的中国与中国人形象已与16—17世纪理想化的中华帝国及其子民形象明显不同。从启蒙运动后期开始,负面的中国形象主要在与传教士相对的世俗人员提供的文本中建构起来:从笛福的小说《鲁滨逊漂流记续篇》(又译《鲁滨孙历险记》,1719)起,通过一系列纪实作品尤其是游记和使团回忆录②共同塑造了一个停滞衰败、封闭落后的中华帝国以及愚昧野蛮的中国人形象。在鸦片战争爆发之后,西欧更为中国贴上了"鸦片帝国"的标签,中国人随之成为堕落、垂死的"鸦片鬼"。即使有正面的信息或中立客观的言论,它们也被"有关进步、自由、启蒙、理性等"③ 的西方现代性宏大叙事所淹没。中国被置于"自由、进步与文明"的西方的对立面,也难有整体的、有体系的形象类型与"停滞衰败""专制封闭""野蛮或半野蛮"的中华帝国形象相抗衡④。若从民族构成

---

① Peter W. Sinnema, *Dynamics of the Pictured Page: Representing the Nation in the Illustrated London News*, Hants, UK: Ashgate Publishing Limited, 1998, p.121.

② 18世纪末至19世纪初期的代表性游记如1748年乔治·安森(George Anson)的《环球航行记》(*A Voyage Round the World*);使团回忆录:如1799年斯当东(Sir George Staunton, 1737—1801)的《英使谒见乾隆纪实》、1804年约翰·巴罗(Sir John Barrow, 1st Baronet, 1764—1848)的《中国旅行记》、1817年亨利·埃利斯的《阿美士德使团出使中国日志》等。

③ 周宁:《天朝遥远:西方的中国形象研究》下册,北京大学出版社2006年版,第542页。

④ 参见周宁《天朝遥远:西方的中国形象研究》上册,北京大学出版社2006年版,第313页。

上看，这一时期的英国人逐渐取代了西班牙人、葡萄牙人和法国人等欧洲大陆的民族，成为"向西欧输送中国信息的主要力量"①。因此，鸦片战争之后的英国人一方面对于上述西方宏大叙事所塑造的负面的中国及中国人形象不全然陌生；另一方面，他们面对刚被坚船利炮轰开国门的中国也有着一窥究竟的好奇心与机会。《画报》作为新创立的图文报纸，既有报纸杂志相对于令人生畏的大部头著作而言的易接近性和易读性，其本身也具有图文并茂的极大吸引力，并且还做出了"不遗余力地向我们的读者生动而忠实地报道其他国家的情况"② 之承诺。那么，它在新闻报道中是如何利用自身优势"生动而忠实"地再现中国及中国人形象，并令读者能在最大程度上理解和接受这些形象的呢？同时，随着读者对中国和中国人的逐步了解，面对这些阅读面相对广泛的，能对关于中国和中国人的不同权威著作进行挑剔比较、辨别力较强的读者，《画报》又是如何在反映记者与编者观点的同时，综合运用权威著作思想的呢？③ 以上都能从《画报》的报道对新闻背景的综合运用和将背景与事实的巧妙结合中找到答案。

所谓"新闻背景"，从广义上看，凡与新闻事件相关联的一切都可被视为新闻背景，因为任何新闻事件虽然都作为独立事件存在，但其发生、发展均与一定的历史条件、现实环境和其他事件有着纵向和横向的联系④。如果从狭义的新闻写作上看，"新闻事实之外，对新闻事实或新闻事实的某一部分进行解释、补充、烘托的材料"⑤ 都属于新闻背景。新闻背景既有说明、解释、证实等作用，引导人们用"已知"来理解"未知"；也有烘托、衬托等作用，有助于突出特点、深化主题，增强新闻报道的感染力。总而言之，恰当地运用新闻背景能帮助读者准确、全面地理解和评价新闻事件的内容和意义，增强新闻的可读性，提高新闻的价值⑥。需要注意的是，严格而言，新闻背景在一般意义上是针对消息中新闻事件的背景而言

---

① 李勇：《西欧的中国形象》，人民出版社 2010 年版，第 223 页。
② "The Overland Mail-China and India"，*The Illustrated London News*，July 9，1842，p. 132.
③ 关于 19 世纪 40 年代至 70 年代西方期刊的读者的特点参见［美］M. G. 马森《西方的中国及中国人观念 1840—1876》，杨德山译，中华书局 2006 年版，第 52 页。
④ 参见季水河《新闻美学》，新华出版社 2001 年版，第 309 页。
⑤ 刘明华、徐泓、张征：《新闻写作教程》，中国人民大学出版社 2002 年版，第 196 页。
⑥ 参见杨善清《新闻背景与新闻写作》（修订本），新华出版社 2001 年版，第 68—70 页。

的。但是,《画报》对中国和中国人的报道以本报和其他报纸的通讯以及编辑对各权威性来源的通讯或(和)消息的整理合并为主。因此,下文有关《画报》巧妙运用新闻背景的案例仅包括出自本报记者或特派画家兼记者之手的通讯,而不包括他们对中国地理风貌、社会风俗等的纯粹介绍性的文章。概而论之,《画报》的报道对新闻背景的巧妙运用主要体现在以背景阐明新闻事实和以背景烘托新闻事实这两个方面。

一 以新闻背景阐明新闻事实

新闻背景在阐明事实、传递信息,帮助读者理解与接受新闻事件和新闻人物等方面具有重要作用。《画报》面向的是19世纪中叶以后对中国及中国人有所耳闻但了解极少的英国读者,因此在相关报道中利用新闻背景来补充、说明、解释、注释新闻内容与意义,消除阅读门槛是必不可少的。补充,即"充实新闻链条中的残缺部分"①,达到新闻的完整性。说明和解释,即利用背景材料提供新闻发生和发展的原因、主观和客观(历史的、现实的、环境的)具体条件、内部与外部的联系、相关的知识以便充分而准确地传达信息并赋予新闻知识性与趣味性②。注释,则是对一般读者在理解新闻时的"拦路虎"例如"非常识性的人物、事物"、"专业术语、新词"③、抽象的概念、生僻的语汇等进行注解和"翻译",以让读者看明白。可见,这四个方面彼此有所交叉,而且均旨在为读者提供适当的语境,帮助他们理解新闻,故在此将其合并为"以背景'阐明'新闻事实"来进行论述。

以1842年8月6日《海德公园角的"万唐人物"展》为例,它报道了美国人内森·邓恩在伦敦举办的私藏中国古董展览。当时虽然距离"中国热"(Chinoiserie)④潮流褪去已近一个世纪,但正值英中联系紧密

---

① 杨善清:《新闻背景与新闻写作》(修订本),新华出版社2001年版,第13页。
② 参见刘善兴《新闻习作36术》,解放军出版社2001年版,第201—201页。
③ 中国人民大学新闻学院《新闻采访与写作》教材编撰组:《新闻采访与写作》,中国人民大学出版社2018年版,第252页。
④ Chinoiserie又译为"中国潮"或"中国风",指西方社会文化生活中兴起于1650年前后,结束于1750年前后的"泛中国崇拜"的思潮。在器物方面表现为对中国瓷器、丝织品、茶叶、漆器、装饰风格、园林艺术等的追慕与模仿。参见周宁著/编注《世纪中国潮》,学苑出版社2004年版,第12页。

的鸦片战争晚期,于是此篇报道的核心目的便在于通过对展品生动形象、通俗易懂的介绍,促使对中国古董有兴趣的读者去亲自参观,并引起更大范围的读者的好奇心。记者充分运用"巧妙穿插"① 这种背景写作的基本方式,在叙述中笔锋所至若需要补充、解释或说明,便信手拈来地发挥背景材料的作用。例如,他描述"这个入口是典型的中国风格,构思来自展览中的一个凉亭模型"②。尽管中国的亭台楼阁、小溪曲径因17—18世纪的"中国热"而对英国园林艺术有所影响③,但一般的英国读者未必清楚其背景知识。因此,记者在描述凉亭的构造与装饰之后继续写道:"上述这种凉亭常见于中国南方各省富商家的花园中,通常矗立于一片水中央,通过小桥才能够到达。有时它们的窗户上还有云母材料的装饰图案"④。这段文字不仅说明了凉亭在中国园林中的安放位置、装饰风格,也突出了它在中国园林艺术中的地位——在南方富商家的花园里常见,故从侧面印证了将亭阁造型用于"万唐人物"展览入口的合理性:它不仅是典型的中国风格,还是备受中国富贵阶层推崇的园林元素。从另一个角度看,这段新闻背景也为"中国南方各省富商"的形象提供了背景,对他们的居住空间和审美旨趣做出了说明和补充,从而使他们的形象得以充实。

对于"万唐人物"展览的来历和发展,记者也补充了两方面的背景资料。其一,关于创办人内森·邓恩的经历。记者介绍说邓恩先生为美国人,在中国生活过十二年,"在中国人处得到了比一般外国人更多的礼遇",更与广州的著名行商们有过亲密的交往。这不但通过凸显创办人的经历来衬托展览的可靠性,而且也与前文提到的"南方各省富商"相呼应——行商正是典型的中国南方(广州)的典型富商。于是,背景中的中国人形象从南方富商精确到了行商,从其身处的亭台楼阁、花园宅院推进到了他们为人处世中的礼节,尤其是对待外国人的开放态度。这就为新

---

① 刘明华、徐泓、张征:《新闻写作教程》,中国人民大学出版社2002年版,第212页。

② "The Chinese Collection, Hyde Park Corner", *The Illustrated London News*, August 6, 1842, p. 204.

③ 参见范存忠《中国文化在启蒙时期的英国》,译林出版社2010年版,第100—117页。

④ "The Chinese Collection, Hyde Park Corner", *The Illustrated London News*, August 6, 1842, p. 204.

闻涉及的人物形象进一步提供了背景，将其完整化、立体化。其二，记者补充了展览本身从规模很小的私人古董收藏扩张到如今这"整个中国的缩影"①的历程和它树立起的绝好口碑：它曾在美国费城展出，当时有成千上万人参观，单单展品目录就被"印刷和散发了五万多份"，而且备受知名的科学家和学者推崇，这才促使邓恩将展览办到了英国。这一系列的背景补充和说明又进一步证实了记者对"万唐人物"展的价值和影响力的解说："这些'奇珍异宝'的美观、珍稀、新颖和极度的独特性令人耳目一新"，能使人们直观而全面地了解"构成中国人活动和生活世界的成千上万的事物""分析中国人的精神和道德品质"②。此处的"中国人"显然是泛指，但前面的新闻背景已使读者对至少是中国人形象中的重要组成——中国的行商们的生存空间、精神道德品质有了一定程度的了解。新闻背景充实了展览本身的重要价值，进而吸引读者亲自前去参观，以便更全面、更深入地了解和理解中国人。

1857 年 1 月 10 日的《炮轰广州》、1 月 17 日的《与中国的战争》这两篇写作于第二次鸦片战争爆发初期的报道内容相似，都与 1856 年 10 月至 11 月广州地区的中英军事对抗相关。记者们均补充阐明了第二次鸦片战争的缘起，即 1856 年 10 月 8 日的"亚罗号"事件，反复提醒读者战斗打响的背景，令其理解这绝非英方无端寻衅。同样，对于中方核心人物——两广总督叶名琛的相关事迹，两篇报道也将其作为新闻背景而有不同程度的补充与说明，通过对同类事实的反复叙述与叠加，塑造出顽固强硬排外、冷酷残暴对内的叶名琛形象。这些新闻背景具有明确的倾向性，旨在阐明并证实英方在第二次鸦片战争中的合理性与正义性。

《炮轰广州》的第一段就是背景段，其中对"亚罗号"事件进行了回顾，将它定性为中英双方的"公开决裂"，且完全归咎于中方违反英中条约、侵犯英方权利、侮辱英国国旗而拒绝道歉、对英方"简单而正当"的要求不予满足等③。这样的处理方式盖因记者认为"亚罗号"事件至关

---

① "The Chinese Collection, Hyde Park Corner", *The Illustrated London News*, August 6, 1842, p. 204.

② "The Chinese Collection, Hyde Park Corner", *The Illustrated London News*, August 6, 1842, p. 205.

③ "Bombardment of Canton", *The Illustrated London News*, January 10, 1857, p. 4.

重要，若不补充这一前因，那么后续对英军攻占珠江上各炮台、炮轰广州、中英激战东炮台的叙述便无从说起。正因为补充解释了英方是在提出"正当"要求但被无礼拒绝、忍无可忍之后才发动了战争，后续报道才有了在道德上的立足点和正当性，读者对新闻事实的理解才不会和记者的写作目的发生偏差。后文对虎门炮台的地理位置、历史以及军事重要性的交代也独立成段，并见缝插针地提及令英国政府一再受挫的"入城"问题，即自1849年起英方便与叶名琛结怨的最重要的历史问题。其后，记者还用独立段落介绍了叶名琛的残忍嗜杀：对内，以其在洪兵"叛乱"的短短六个月中，仅于广州城内就处决了十几万人为例；对外，以其在全省悬赏外国人首级，并将此暴行推诿于老百姓却最终无法自圆其说为例。至此可见，虽然文章主体是关于1856年10月底英军由香港越过虎门，沿珠江攻破清军炮台，炮击广州，摧毁东炮台、虎门炮台等一系列军事冲突，但在新闻背景中所补充的不仅有"亚罗号"事件这一导火索，还有叶名琛在广州执政期间顽固排外、残暴嗜杀的种种恶行。《与中国的战争》一文所报道的主要事件与上文相同。文章开篇指出，若愿意花时间来考虑英中冲突的具体原因，便能得出显而易见的结论，即"必须承认我们诉诸武力的正义性"①。于是在第二段中，记者进一步为读者补充了叶名琛的背景，尤其是其刚愎自用、残忍嗜杀的性情，冷血残酷的手段等，并再次细述了"亚罗号"事件的来龙去脉。与上文不同的是，这篇报道将对"亚罗号"事件的交代置于对叶名琛的介绍之中，进一步将矛头指向后者：抓走12名船员的是"叶名琛及其手下"；对介入争端的英国领事巴夏礼"嗤之以鼻"甚至威胁其人身安全的是总督衙门；与巴夏礼展开"旷日持久的笔墨官司"的正是叶名琛本人，而且他还一直"语气嚣张跋扈，表现出绝不让步的顽固态度"②；对英国驻华特命全权大使包令爵士的抗议和最后通牒拒不回应的还是这位叶总督。可见，记者在叙述"亚罗号"事件的前因后果中，用一系列事件着重说明的是叶名琛之蛮横无理、漠视外交礼节和残忍嗜杀。

因此，在这两篇文章中，记者均运用背景性事实补充说明了新闻事件

---

① "The War with China", *The Illustrated London News*, January 17, 1857, p. 38.
② "The War with China", *The Illustrated London News*, January 17, 1857, p. 39.

的前因后果，体现出了巧妙运用新闻背景增强新闻报道纵深感的效果。同时，对这些背景性"事实"的堆叠也颇具言在此而意在彼的意味，即在表面上客观的叙述中暗暗将英中冲突的矛头和焦点指向了叶名琛一人，借对他种种恶行的描述来向读者阐明英方为"捍卫正义"而发动战争的合理性。可见，虽然这些背景材料的内容是叙述"客观事实"（当然，对于"亚罗号"事件，英方所谓的"客观事实"与史实有较大差别），但记者写什么、回避什么，强调什么、弱化什么都大有讲究，在运用新闻背景阐明新闻事实中无疑贯穿着记者的政治立场。

《画报》中的此类报道当然绝不止以上三例，因篇幅所限，不再赘述。较为典型的还有1859年4月16日《在中国旅行》① 一文。记者也是开篇便向读者解释了"天朝"的奇特旅行方式，包括旅行中的交通工具即轿子为何物，轿夫如何配备、有何特点，乘轿旅行的必需品有哪些等，尽可能为英国读者详细注解这一新奇陌生的交通方式，也为后文塑造健壮乐观、不辞辛劳的轿夫形象做好铺垫。又如在1859年9月17日的《1859年的中国人礼仪风俗》中②，记者在报道他亲历的一场极其隆重而奢侈的香港葬礼之时，也补充了卫三畏著作中对中国人的命运观以及普通葬礼风俗的介绍。读者综合观之，便更能体会到报道主体叙述香港葬礼上各种景象之"奇特"，也更能理解丧葬仪式中的中国人于哀中寻乐，既悲痛欲绝又快活之至的奇异表现。再如在1872年12月28日《中国皇帝的婚礼》一文中，特派画家兼记者在描述新娘婚礼行列的同时也见缝插针地解释了出现在其中的各种人与事物，包括不同色彩的含义（如黄沙的"黄色是皇室的颜色""黄色和红色的绸带……形成皇家色彩和婚礼色彩的组合"③）；皇家轿夫们演练抬花轿的原因和方式；各种婚礼物品在中国的象征意义；时辰安排的寓意等。记者运用这些背景逐一解释了盛大的中国皇家婚庆行列中或令读者极为好奇的各种细节，使他们对这场庆典有了更全面深入的了解，也强化了同治皇帝作为礼仪符号的形象特点。总之，这些

---

① "Travelling in China", *The Illustrated London News*, April 16, 1859, pp. 375–376.

② "Manners and Customs of the Chinese in 1859", *The Illustrated London News*, September 17, 1859, pp. 279–280, 283.

③ "The Chinese Imperial Wedding in China", *The Illustrated London News*, December 28, 1872, p. 622.

报道运用新闻背景阐明新闻事实,有利于提高新闻事实报道的完整性和易读性,帮助英国读者理解与接受中国的新闻事件和新闻人物。

二　以新闻背景烘托新闻事实

新闻报道中的背景材料不但可用于补充、说明、解释、注释新闻事实,而且也具有烘托新闻事实的作用。也就是说,记者能巧妙地运用新闻背景来陪衬、反衬新闻事实,也可在两者之间进行对比,起到突出新闻人物和新闻事件的特色,深化主题、凸显意义,增强新闻报道可读性的作用,"有时甚至可以带来一些戏剧性的效果"①。所谓陪衬,即将新闻背景与新闻事实放在一起,突出后者的特色;反衬则是将新闻背景与新闻事实进行比较,利用两者之间的反差,从反面来衬托正面,从而增强对主题的烘托;对比既可以是纵向的新旧、今昔对比,也可以是横向的此物与彼物之间的比较,同样也是为了凸显新闻人物或事件的特点,拓展与深化其意义②。《画报》中的多篇报道在不同程度上运用了上述手法,既突出了中国人与西欧人尤其是英国人之间的差异性与共通性,也烘托出中国人形象中的某些特点。

仍以前文提及的《海德公园角的"万唐人物"展》为例。记者在解释展馆建筑比例低矮的原因时不仅说明"这正是中国建筑的特点",还顺势插入了一段"轶事":"当中国皇帝看到巴黎或伦敦的街道透视图时,他说:'这些国家的领土面积一定很小,所以居民们才不得不把房子堆上了云端。'"③ 此处表面上是借"中国皇帝"之口用西方建筑的高与中国建筑的低矮作了对比,仿佛又是扬中而抑西——欧洲的楼高是因为领土面积小,那么中国建筑低矮当然是因为幅员辽阔。但事实上,其中隐含着对中国人的揶揄:透视法发明于文艺复兴时期的欧洲,在中国传统绘画中不曾被使用——这也是当时西方认为中国艺术落后的原因之一。因此皇帝陛

---

① 高宁远、郭建斌、罗大眉编著:《现代新闻采访写作教程》,新华出版社 1998 年版,第 199 页。

② 参见何国璋、邝云妙编著《新闻采访写作百题问答》,中国新闻出版社 1988 年版,第 97 页。

③ "The Chinese Collection, Hyde Park Corner", *The Illustrated London News*, August 6, 1842, p. 204.

下能否看懂透视图是个问题，图上房子看上去"堆上了云端"会不会是因透视技巧的运用而造成的错觉，这也是个问题。这句直接引语见缝插针地用作新闻背景，"反话正说"地将中国人的封闭自守和盲目自大讽刺了一把。后文中，记者也将中国的屏风与"伊丽莎白或詹姆斯一世时期我们自己的一些华丽大厅中的屏风"作了类比，说它们风格相近；但在类比之后又转而大赞中国屏风的惊艳绝伦："不过这些屏风上的金色和绚丽的色彩如此夺目，令我们屏风的装饰黯然失色"，足以引起读者的好奇心，想要前去一睹这使英国王室的屏风都相形见绌的艺术品之风采。接着，记者在介绍橱窗中的几组盛装的人物塑像时再次用了类比的方法："上述人物塑像都是真人大小，而且和我们自己一样，也都是用黏土制成的。"① 此处将塑像与真人尤其是"我们自己"对比，强调的是大小上的类似，突出塑像的栩栩如生；但其中也暗含着另一个类比，即中国塑像是用黏土制成的，而"我们自己"在西方基督教传说中是上帝用泥土造成的。这个句子通过"将背景材料化作句子的某种成分揉进主体"② 而实现了类比，使读者区分不出背景与新闻事实的界限，在表现塑像的栩栩如生之余，还附着了西方宗教神话与中国艺术品之间的联结，亦暗示了中国人与英国人之间的关联性与共通性。

用新闻背景与新闻人物或事件进行类比或对比的手法在《画报》对中国人形象的塑造中较为常见，主要体现为在对中国或中国人的叙述中穿插西方的背景材料，烘托两者之间显著的差异或者奇妙的相似之处。例如在1859年3月26日的《一位中医》中，特派画家兼记者以幽默的方式开场："这位先生曾有幸为我看过一两次病，因此我希望永远记住他。"③ 紧接着，他评论了这位医生的外表，介绍了他抽烟的习惯，等等。最后，记者在介绍中医的号脉问诊、使用草药时穿插了"作为外科医生，他们一窍不通"形成对比。外科手术是现代西方科学与医学发展的成果，所以此处的对比所强调的不仅是中医不懂外科手术，而且是对中医的现代性与

---

① "The Chinese Collection, Hyde Park Corner", *The Illustrated London News*, August 6, 1842, p. 205.

② 刘明华、徐泓、张征：《新闻写作教程》，中国人民大学出版社2002年版，第218页。

③ "A Chinese Doctor", *The Illustrated London News*, March 26, 1859, p. 301.

科学性的质疑。但记者在最后一句话中也承认，中医在"治疗头疼脑热或其他什么疾病方面"①还是很管用的，这大概是开篇提到的"希望永远记住他"的原因，形成了首尾的两相呼应。这段文字在对比中产生的冲突感也反映了记者自身对于中医，以至于对于中国人的矛盾态度。

又如，在前文提及的《1859年的中国人礼仪风俗》中，记者首先将中国的葬礼与爱尔兰的守灵类比——"这是爱尔兰守灵的中国版本"。在描述一件极为有趣的用于演奏哀乐的乐器时，又将它比作"吹奏阿尔卑斯山区的召牛调的乐器原型"。这些类比无疑能使读者产生熟悉感，在脑海中更容易勾勒出中国葬礼的场面。接着，记者描述人们在葬礼后列队回家时，依然演奏着出发时的曲调，"这与欧洲人在安葬遗体时演奏活泼曲调的观念相反"，凸显出中国与欧洲在丧葬礼仪上的区别。但他立刻又穿插了一个对比，即在悲哀的乐曲中"我听到了许多欢声笑语"，原来是有人发现了一个骷髅头，顺便开始了一场捣乱的"即兴足球赛"②。由此可见，尽管在哀乐的选择上有所差异，但中国人和欧洲人在葬礼之后的沉重哀恸感均大大减弱，甚至都会有意或无意地创造出活泼快乐的氛围。因此，在葬礼形式上的差异并不能掩盖不同民族之间在精神内核上的某些共通性。1861年1月12日《中国的家庭生活：春节》一文则在说明插图《"中国春节"：一位妇女在制作糕饼》时明确提出："中国人和英国人有很多共同点"③，接着展开类比：前者钟爱圆形的糕饼，后者喜欢圆形的圣诞布丁（plumpudding）；中国妇女在制作糕饼时的情形与英国妇女准备圣诞布丁时的场景也相同，均是朋友们齐聚一堂，互相帮助，共同准备原料。这段文字以中英节庆习俗尤其是食物方面的相似性拉近了英国读者与中国人的距离。1873年5月24日《中国速写》在介绍中国纺纱农妇的辛劳与困苦生活之后，也将其与英国的情况类比："正如我们在自己的地方所观察到的一样，女人到了一定年纪，结婚生子，便会充分承担起生活的辛劳和麻烦"，表现了中英两国劳动阶层妇女的相似性。同时，以中国农

---

① "A Chinese Doctor", *The Illustrated London News*, March 26, 1859, p. 301.
② "Manners and Customs of the Chinese in 1859", *The Illustrated London News*, September 17, 1859, p. 280.
③ "Domestic Life in China-The China New Year", *The Illustrated London News*, January 12, 1861, p. 45.

妇生活的艰辛来烘托出英国劳动阶层妇女与人民生活之不易，也深化拓展了主题："当我们审视一个民族和另一个民族家庭生存的必要条件时，人类的外在多样性之间确实没有那么大的本质区别"①。1873年9月13日《北京街景》则生动描绘了在街上手持小棍子"遛鸟"的北京男人，并且将鸟之于北京人与狗之于英国人类比："狗在英国是什么，鸟在这里似乎就是什么：它是永恒的伴侣"。这样的类比不仅令读者更易理解"遛鸟"这种奇特的北京风俗，能够感同身受地体会北京人对宠物的驯化与宠爱，而且烘托出中国人性格中的温和善良以及对动物的富有爱心，为文末引申至英国人向中国人学习做出铺垫："走在北京大街上的任何人都会相信，他们从鸟类身上得到的乐趣远比用枪猎鸟要多得多。不管中国人有什么缺点，至少我们国内一些人可以模仿他们。这对于我们会有一些好处，对于鸟类肯定也没有任何坏处。"②。1873年11月22日《中日速写》中，特派画家辛普森将黄浦江上的舢板与英国的公共汽车和火车车厢类比，便于读者理解舢板实际上是常见的交通工具。更重要的是，他还将殷勤和善的中国船夫与英国的船夫、马车夫以及"国内所有类似的阶级"进行对比，并得出结论："中国人占了很大优势"③，烘托出了新闻报道的客观性。此外，上述类比、对比体现出了一种总体的趋势，即自第二次鸦片战争末期起，《画报》亲历中国的记者和画家从强调中国与西方，尤其是中国与英国之间的差异性，逐渐转变为通过比较两国人民的生活习惯而突出其中的相似之处。在这种比较中，《画报》对于中国人既不嘲笑也不贬低，而是倾向于认可各个民族之间共通的特质。这种立场和态度的微妙转变也是与英国公众对中国了解的深入相一致的。④

除了运用新闻背景进行类比与对比，《画报》的记者或画家也常在一篇报道之内使用衬托的手法为新闻增添色彩，将主题烘托得更为鲜明。例

---

① "Sketches in China", *The Illustrated London News*, May 24, 1873, p. 482.
② "Street Scene in Pekin", *The Illustrated London News*, September 13, 1873, p. 256.
③ "Sketches in China and Japan", *The Illustrated London News*, November 22, 1873, p. 476.
④ See Gillian B. Bickley, "Plum Puddings and Sharp Boys 'One Touch of Nature Makes the Whole World Kin': An Analysis of the China Coverage in the Illustrated London News, 5 January to 23 September 1861", *Journal of the Royal Asiatic Society Hong Kong Branch*, Vol. 38, 1998, pp. 147 – 171.

如1843年3月18日《"福摩萨"（台湾）岛》一文的内容主要关于1841年底和1842年年初，两艘英国船只在台湾岛附近海域触礁沉没后，共有283名船员被当地政府军官残忍处死或虐待致死的事件。文中详尽地叙述了清政府如何用极其残忍的手段冷酷杀害了这些"手无寸铁、毫无反抗能力、不具攻击性、身体虚弱"的英国公民，体现出恶的强大与善的弱小之间的对比，使清政府的残酷与丧失人性更令人愤慨。随后，作者在独立的背景段中介绍了台湾岛的基本情况，直言是为了用台湾岛的"富饶"来"衬托出这次屠杀事件的残暴性"。台湾岛被描述为"中国东海岸的粮仓"，它繁荣昌盛，岛的西部堪比"中国最好的省份"①；它自然风光秀丽，地理景观多样，而且"福摩萨"一词的拉丁词源正是"美丽"之意②。在此，作者在看似"客观"的描述中，又通过对比手法，表现了《画报》的政治倾向性：越是强调台湾岛美丽的自然景色和它的富饶繁荣，就越反衬出岛上中国官员的暴虐凶残和丧尽天良。1859年4月16日与4月23日连载的《在中国旅行》上下篇也分别运用了新闻背景陪衬与反衬新闻人物。例如在上篇中，记者在叙述到达大帽山之际，穿插了关于此山的传说：曾有皇帝逃难到当地，受到首领保护。皇帝重新掌权之后为报恩情，便将大帽山上放眼望去目之所及的土地都赠予了首领。以此类典故轶事作为背景材料穿插于行文中，不仅增添了报道的趣味性，也与整篇文章轻松活泼的氛围相融合，还能陪衬后文中林岯村村民们的好客之举——乐善助人在此地原来是有史可循、源远流长的。在下篇中，记者中途小憩时发现必须要穿过臭名昭著的海盗村，于是描述了自己忐忑不安的情绪和村民们的"面目可憎"，将之与海盗村的"恶名"相互映衬，渲染出紧张的氛围。就在读者心中的弦绷到最紧之际，记者笔锋一转，"尽管如此，我们并没有碰到任何粗鲁无礼的行为"③，并叙述了平安出村，在到达下一个村庄之后还受到了欢迎——在之前铺垫的新闻背景的反衬中，记者的有惊无险更令人长呼一口气。记者在后文还用独立的背景段补充介绍了这些村庄：不仅仅是在海盗村，在他们此次游历的所有村庄其实都有

---

① "The Island of Formosa", *The Illustrated London News*, March 18, 1843, p. 181.
② "The Island of Formosa", *The Illustrated London News*, March 18, 1843, p. 182.
③ "Travelling in China", *The Illustrated London News*, April 23, 1859, p. 403.

非常频繁的宗族械斗。械斗极为残忍血腥，甚至有整个村的男女老少全被"赶尽杀绝"。清廷对此既束手无策，又望而却步，官员们甚至"不敢进入那个地区"①。这段背景资料再一次与记者一行的平安旅程形成反衬，更重要的是引出他对这次旅行的总结和评论，即在这些"据说"十分凶险的村落里，村民们对不速之客并未有任何逾矩冒犯之处，由此烘托出中国百姓的心地质朴与知礼守节。

总的来说，《画报》运用图像与文字的互释、互补或背离，新闻观察者、当事人和编者等多重叙述主体的透视，以及新闻背景与新闻事实的有机结合，塑造了一系列真实完整、生动形象、极具说服力的晚清中国人形象，使当时英格兰的中产阶级读者能够迅速熟悉这些异域"他者"，并从与中国人的对立中巩固自身的优越感，或从中立的比较中发掘彼此之间的共性。

---

① "Travelling in China", *The Illustrated London News*, April 23, 1859, p. 404.

第 五 章

《伦敦新闻画报》中晚清中国人形象的形成原因

在探讨《伦敦新闻画报》中生动丰富、复杂立体的晚清中国人形象时，不仅应肯定《画报》在表达手法上对图文关系、多重叙述主体以及新闻背景与新闻事实的巧妙运用，还应更进一步纵深挖掘这些形象的形成原因。这就要求将《画报》置于波澜壮阔的历史背景之中，将它自身的特殊性与所处时代的语境相结合，以观照晚清中国人形象的成因。首先，《画报》的特派画家兼记者作为其中国新闻的重要叙述者，在对中国人形象的塑造中发挥着直接的、集中的和无可取代的作用。其次，19世纪中期西欧视野中的中国和中国人形象已是以意识形态化的负面想象居多，《画报》处于此类宏大叙事的背景下，又直面被鸦片战争轰开国门的中国，它对中国人形象的塑造难免有对此前西欧中国人想象的延续，同时也交织着由记者亲身见闻所带来的冲击。最后，《画报》承载着维多利亚时代英帝国的意识形态。19世纪的大多数英国人对于"大英帝国是有史以来最伟大的国家"[①]坚信不疑。在工业革命的滚滚巨轮之上，在"社会福音运动"的推波助澜之中，野心勃勃的英国人"不仅梦想统治世界，还要救赎这个世界"[②]。从这个视角出发，《画报》不止一次鄙夷过衰败野蛮的清政府，连连发出在中国维护和彰显英帝国的荣誉与民族权利、从清政府的野蛮统治下"拯救"中国百姓的呼声。但是，《画报》作为新闻媒体，

---

① [英]西蒙·沙玛：《英国史Ⅲ：帝国的命运1776—2000》，刘巍、翁家若译，中信出版社2018年版，第248页。

② [英]尼尔·弗格森：《帝国》，雨珂译，中信出版社2012年版，第99页。

它对于新闻报道真实性的一贯强调和自认为的坚守也使它像在《发刊词》中宣称的那样，要"勇敢而忠于事实地""审慎而有品位地"① 将关于别国的一切带回英国。这意味着它不能罔顾记者亲历中国、与中国百姓打交道时的所见所闻所感。因此，《画报》在对中国人形象的塑造中呈现出了对清廷与官僚近乎一边倒的蔑视和唾弃、对中国百姓复杂而富有人情味和同理心的表达。这种分裂与反差使《画报》中的晚清中国人形象更加耐人寻味。

第一节 记者画家亲历中国的印象

约·罗伯茨（J. A. G. Roberts）在评述19世纪西方关于中国书写的各种文献资料时指出，作者贡献的大小取决于他们在中国"亲身经历的程度"。若以此为判断标准，则由官员和传教士等具有官方地位的人对中国及中国人做出的评价"最有分量"②。但他同时也认同约翰·斯卡思（John Scarth）的评价，即官员主要采取"僵硬乏味的外交式访问"接触中国，所交往的对象又多为中国官员，故难以获得有关中国不同阶层人民的信息；传教士虽然与人民交往较多，但因其具有自身的宗教立场和传教的使命，故"对中国人的看法又与绝大多数其他观察者的不同"③。相较而言，19世纪中后期的驻华记者在中国所接触的社会阶层比官员更广，观察角度较传教士而言也更为多样。他们通常是受独立的报纸委托来到中国，能充分行使自由采访报道权利的专业人员，一般"以革命、大规模的战争以及其他与本国利益相关的有煽动性和诱惑力的新闻事件"④ 作为报道对象。出于新闻媒体的独立性，他们还能一定程度地游离于本国对华政策的牵制之外，去执着地进行自我探索。需要指出的是，19世纪中后叶外国驻华记者活动的地域范围并非没有限制。在1842年《南京条约》签订之后，虽然外侨已不局限于在广州活动，而是能够自由前往香港以及

---

① "Our Address", *The Illustrated London News*, May 14, 1842, p. 1.
② ［英］约·罗伯茨编著：《十九世纪西方人眼中的中国》，蒋重跃、刘林海译，中华书局2006年版，导言第7—9页。
③ John Scarth, *Twelve Years in China: The People, the Rebels, and the Mandarins*, Edinburgh: Thomas Constable & Co, 1860, pp. 1-2.
④ 张功臣：《外国记者与近代中国：1840—1949》，新华出版社1999年版，第48页。

开放的各通商口岸（"五口"，包括广州、上海、厦门、福州、宁波），但其在"五口"的定居之地仍处于较偏僻的"沿江马路或滩涂一带"的租界①；由"五口"去往中国其他地方也只能作半天旅行，在天黑以前就必须回到"五口"住地②。1858年《天津条约》签订之后，英法等国人可前往内地游历，或在内地居住、通商。但事实上直到1871年，对于中国的观察大多数也仅限于"五口"及沿海地区，内地省份鲜有人问津③。

  在关于1845年11月钦差大臣耆英访港的《香港的盛大行进仪仗》④正文中，已出现了指明为"本报记者"（our correspondent）在香港现场所记录的游行行列和宴会场面。可见，早在1845年，《画报》已有自己的记者在香港从事报道活动。1845年至1856年《画报》陆续刊登了由"一位记者"或"本报记者"从加尔各答、山海关等地发回的报道，但数量较少。可以推测，这些记者应属于"旧式记者"⑤，可能是旅行者或居住在香港及通商口岸的通讯员。直至1857年第二次鸦片战争的爆发引起了《画报》的重视，它特别派遣画家兼记者沃格曼前往中国了解"亚罗号"事件的来龙去脉，并为读者与公众报告战事的进展。沃格曼比更为知名的《泰晤士报》第一位驻华记者柯克早一步到达香港，在完成对第二次鸦片战争的报道（包括1860年年底随英国特使额尔金勋爵入京，采访在清漪园纵火的英军部队）之后，他于1861年开始常驻日本横滨，继续为《画报》工作，并创办了《日本笨拙》（the Japan Punch）杂志。因此，沃格曼虽属于《画报》的特派记者，但也具备了新型的驻外记者的特点，而且比19世纪70年代之后逐渐普及的由西方三大通讯社⑥或财力雄厚的少

---

① 张剑：《1840年：被轰出中世纪》，东方出版中心2015年版，第246页。
② ［英］约·罗伯茨编著：《十九世纪西方人眼中的中国》，蒋重跃、刘林海译，中华书局2006年版，导言第9页。
③ See T. T. Cooper, *Travels of a Pioneer of Commerce in Pigtail and Petticoats*; or, *An Overland Journey from China Towards India*, London: John Murray, 1871, p. 2.
④ "Grand State Procession at Hong-Kong", *The Illustrated London News*, February 7, 1846, p. 90.
⑤ "旧式记者"与"新型记者"的区别参见［美］约翰·霍恩伯格《西方新闻界的竞争》，魏国强等译，新华出版社1985年版，第51—52页。
⑥ 路透社、哈瓦斯社、沃尔夫通讯社和后加入的纽约联合新闻社于19世纪70年代根据"三社四边协定"划分了国际报道的势力范围，其中路透社取得远东新闻发布权。

数英美大报如《泰晤士报》《纽约先驱报》等派驻的专业驻外记者还更早一些①。1872年受《画报》特别委派来华报道同治皇帝大婚的辛普森则是英国著名的写生画家和经验丰富的战地记者。他曾随英国军队远征阿比西尼亚,他的一系列画作如"《印度素描》《塞瓦斯托波尔之战》《耶路撒冷的探险》《苏伊士运河》以及《法德战争》,都备受推崇"②。

可以说,《画报》中对晚清中国人生动、多面、立体的塑造在很大程度上归功于沃格曼和辛普森这两位特派画家兼记者。他们用图文记录下的有第二次鸦片战争中具体战役的情况、战争的进程,有战地百姓在纷飞战火中的凄惨悲怆,也有同治皇帝大婚的礼仪和细节,还涵盖了中国的自然风光、人文景观、民间习俗、市井生活,甚至包括东南亚华侨的生活习俗等。他们"试图以一种读者们可以理解的方式为其放映遥远国度的复杂事件"和事件中的人物,成为身处其中并将之诉诸笔端的晚清中国社会的"镜子"③。下文将从三个方面着重剖析《画报》的两位特派画家兼记者亲历中国的印象是如何直接作用于晚清中国人形象书写的:一是民间的游历,二是战地的目击,三是传闻的影响。

一 民间的游历

若在沃格曼1857年3月接受《画报》派遣之后发回的报道中追寻他中国之行的踪迹,可发现1857年5月至1860年5月,他在抵达香港之后的活动范围以香港为中心,辐射周围的马尼拉、广州、台湾等地,1860年5月之后,他随英军北上到达大连湾,经历了第三次大沽口之战中的北塘登陆、新河塘沽之战、通州附近的八里桥之战,最后于1860年10月底随额尔金勋爵进入北京城,直至1861年初离开中国前往日本。从整体上回观,沃格曼的大致行踪与第二次鸦片战争的推进顺序基本上一致,呈现出由东南北上的轨迹,符合他作为战地记者来华的首要使命——报道第二

---

① 参见[美]约翰·霍恩伯格《西方新闻界的竞争》,魏国强等译,新华出版社1985年版,第49页。
② "The Voyage to China", *The Illustrated London News*, November 9, 1872, p.438.
③ [英]保罗·法兰奇:《镜里看中国:从鸦片战争到毛泽东时代的驻华外国记者》,张强译,中国友谊出版公司2011年版,引言第3页。

次鸦片战争的进程和各战役的细节。但除战地报道之外，他在未卷入战争的地区如香港、九龙周边村落、台湾岛、北京城以及休战期间的广州驻留时间较长，因此也有机会深入到普通民众中，尽可能广泛地介绍他亲历亲闻的世风民情。辛普森则因来华采访的重点在于同治皇帝大婚，所以他的主要活动范围在北京城。但因他兼有为《画报》的读者提供关于"中国的风景、城市、服装"①以及"中国人民的风貌、礼仪、习俗"②的重要任务，其足迹亦到达周边的八达岭长城、十三陵、天津，并南下至上海，还向内地深入长江中下游的汉口等地。辛普森画技高超，文笔流畅，而且对中国历史文化有相当程度的了解。不论是皇家婚礼的迎亲排场，还是市井小民的日常生活，在他的图文报道中都生动形象、引人入胜。

这两位特派画家兼记者虽然来华时间前后相隔约十五年，但在对中国人形象，尤其是中国普通百姓形象的塑造上有共通点：他们在主观上尽量摒弃对中国人的刻板印象，在民间游历中细致入微地观察中国百姓。他们将人物形象置于对游历时的亲眼所见、亲耳所闻的叙述中，在对环境的真实描写和对亲身所感的抒发中烘托出人物形象的真实性和多样性。

沃格曼在1857年5月12日于香港的报道中描述了他甫至香港的发现："与其他东方人的冷漠相比，'天朝人'的活动是相当令人振奋的。他们的店铺看上去都是欧洲风格的。画家数量众多，他们从银版照相上临摹的微缩画像非常精美。你几乎可以像在巴黎一样买到本地制造的绘画材料。"在广州，他发现乡下的中国人"像法国人一样彬彬有礼"；香港村子里看戏的观众知礼守序，"举止甚至比法国人更好"③，等等。这些第一印象令沃格曼质疑大多数英国人对中国人的评价——"糟糕的民族"，认为产生这种评价的根源在于英国人并不了解中国人④。在此需要特别指出的是，将法国人作为参照标准来评价中国人无疑折射出一定程度的"文

---

① "The Voyage to China", *The Illustrated London News*, November 16, 1872, p. 476.
② "The Voyage to China", *The Illustrated London News*, November 30, 1872, p. 510.
③ "En Route for China", *The Illustrated London News*, July 11, 1857, pp. 27-28.
④ "En Route for China", *The Illustrated London News*, July 11, 1857, p. 27.

化霸权"意识,即"认为欧洲民族和文化优越于所有非欧洲的民族和文化"①,以欧洲文明为标尺来区隔"我"与"他者"。但是,结合沃格曼自身的经历,这又不见得完全出于欧洲中心的视角。他曾在1854—1855年间居住于法国巴黎②,然后被派驻中国。用他脑海中最新的异国和异民族形象与当下正在经历的作对比,也可谓自然而然的行为。在1857年5月24日写于香港的《中国速写》中,沃格曼重申了在完全不了解的情况下凭借"道听途说"去中伤和诽谤一个国家和民族的做法"实在是糟糕了",而英国国内对中国人的舆论恰恰建立在"无中生有"与"夸大事实"③之上。他借引起英国社会较大恐慌的香港"毒面包"案④来说明舆论的黑白颠倒。沃格曼澄清,嫌犯亚霖并未被处决,而且"他在投毒事件中完全是无辜的,一般的中国人也是无辜的,他们和我们一样深受其苦"。此处"一般的中国人"事实上就是普通中国人民,以"诚实的生意人"为代表。沃格曼谴责居住在香港的英国人因不与中国人接触而完全不了解后者,将"诚实的生意人与海盗、清朝官员"相提并论,因后者的过错而对所有中国人都进行谩骂和不公正的判断。因此,一方面他采访了"那些不带偏见的、在中国生活了十到十二年、在内陆和沿海与当地

---

① [美]爱德华·W. 萨义德:《东方学》,王宇根译,生活·读书·新知三联书店2019年第3版,第10页。

② See Design & Art Australia Online, "Charles Wirgman", https://daao.org.au/bio/charles-wirgman/.

③ "Sketches from China", *The Illustrated London News*, July 18, 1857, p. 73.

④ 1857年1月15日,据称香港面包店(裕成办馆)店主张沛霖(别名"亚霖",英文中作Ah-lum/Ah Lum/Ahlum/A-lum/Alum/Allum)在面包里加入砒霜图谋毒害整个欧洲人群体。《画报》1857年3月14日曾在《陆路邮件:中国近闻》中报道过此事,说1名面包店合伙人和其他9名中国人被逮捕并交付审判,见"The Overland Mail-Later News from China", *The Illustrated London News*, March 14, 1857, p. 232. 一周后,《画报》转载了《香港纪录报》(the *Hong Kong Register*)对该事件的报道,参见"Wholesale Poisoning at Hong-Kong", March 21, 1857, pp. 256 - 257. 3月28日,《画报》在《香港的下毒事件》一文再提此事,不仅提供了由葡萄牙人巴普蒂斯塔(Baptista)绘制的关于裕成办馆、香港维多利亚警察局对亚霖等人审讯现场的两张素描,还转述"从中国海寄往巴黎"的"私人信件",说亚霖以及其他三名同伙被处以枪决,见"The Poisonings at Hong-Kong", *The Illustrated London News*, March 28, 1857, p. 286. 此次案件在英国国内还经由《泰晤士报》《晨报》《环球报》等各大报纸广为宣传,也在1857年2—3月英国议会关于政府对华政策的辩论中备受关注,并成为巴麦尊内阁在1857年大选期间争取支持的重要筹码。

人交往广泛的英国人",从他们那里获得对中国人民的认知:中国人绝不好战,是极其勤勉的、"本质上是一个热衷于贸易和商业的民族"①。另一方面,他悉心观察到,香港任何一家商店、任何一个行业里的中国人,无论处于怎样艰苦的际遇中,他们都夜以继日、全年无休地勤劳工作,乐观向上地对待生活的;在香港的广州小店主们"与英国殖民者中更为明智的那部分人保持着最友好的关系";他观察到海中小渔船上的中国人以优美的方式驾驭风帆,为之感到有趣;他以画家对美的敏锐触觉欣赏头上插花的中国女人,称赞划舢板的女孩们"非常漂亮、绝对优雅",她们的衣着打扮"绝非'中国人的模样',而比其他任何东西都更法式"②。此处所谓"中国人的模样",大概是指一般的欧洲人所以为的中国人的真实长相——在广州买的瓷器上的漫画化肖像③,而事实上两者相去甚远。他也留意了中国人的饮食习惯:"我在这里并没看到任何小狗被吃掉。"④ 狗肉更是西方人的中国游记中在夸大中国人饮食的奇特性时常常举的例子:"燕窝汤、狗肉火腿、原汁煨猫肉、鼠、蛇、虫,还有其他稀奇古怪的东西"一起被认为是中国人的主要食物⑤。沃格曼将这些新闻背景作为从句黏着在作为主句的新闻事实之上,看似不露痕迹,但事实上体现出他对这些"西方人的中国印象"的特别留意,也提醒了读者在刻板成见与亲眼所见的中国人形象之间的强烈对比。

上述两篇报道的写作时间仅仅间隔了 12 天。但是,沃格曼在到达香港之后的这段时间中通过近距离观察最普通的中国劳动人民,已经得出了初步的结论:"中国佬是不容轻视的:在一个好政府的领导下,有了对贸易的鼓励,中国人将成为世界上最优秀的民族之一,因为他们的毅力是无与伦比的。当欧洲真的更加了解中国人时,它一定会大吃一惊。"他还通过展示香港本地人与欧洲人人数的悬殊来说明中国人并非真正与欧洲人为

---

① "Sketches from China", *The Illustrated London News*, July 18, 1857, p. 73.
② "Sketches from China", *The Illustrated London News*, July 18, 1857, p. 74.
③ 参见 [美] M. G. 马森《西方的中国及中国人观念 1840—1876》,杨德山译,中华书局 2006 年版,第 172 页。
④ "Sketches from China", *The Illustrated London News*, July 18, 1857, p. 74.
⑤ [美] 卫三畏:《中国总论》上册,陈俱译,陈绛校,上海古籍出版社 2014 年版,第 537 页。

敌，因为"这个岛上有不少于6 000名当地人，而在袭击发生时，包括驻军在内的欧洲人还不及1 000人"，如果中国人真有敌意的话，"每个欧洲人都早就被杀害了"①。中国人的聪明、"惊人的天赋"②让他感到惊讶，因为这和他来华之前听说的完全不同。

良好的第一印象、亲眼所见与道听途说之间巨大的反差促使沃格曼更深入、更全面地了解中国百姓。他认为，要了解中国某地人的风俗习惯需要较长时间，一两天是绝对不够的，并且须眼见才能为实——"我从不相信我在中国听到的任何事情，除非是亲眼看到的"③。他不仅旁观中国百姓的日常工作、生活、休闲娱乐和节庆礼俗，还参与其中，与他们近距离地相处与交流。他观察各行各业的底层百姓，如路边的剃头匠、照料英国人孩子的中国保姆、街上的轿夫、苦力、香港画室里的画家、北京的马车夫等；他留心海外华人与印度人的不同特点，突出前者的兢兢业业、勤勤恳恳；他游历了北京内城、外城，看孩子们在冰上嬉戏，看市民泡茶馆、养鸟。他采用中国独特的"乘轿旅行"方式到九龙附近的村庄游历，与村民同乐，留宿村长家；到台湾岛时尽管因台湾人说闽南话而语言不通，却还是用纸和笔交流，抽当地人表示友好的烟斗，体验当地的渡溪方式；随军登陆大连湾后，发现中国南方孩子和大连湾本地人也互相不懂各自方言，但都能通过写字沟通，并体会到当地人的殷勤慷慨、礼貌善良。他打趣为他看过两次病的中医形象猥琐，却又想一直记住他；他感激为他一直提供水果、鸡蛋的老派的小贩船主，还注意到船主小儿子腿上绑着绳子是为预防他掉下船去。他留心观察各地的风俗：全程观看了香港的中国人隆重奢侈、持续多天的葬礼；也观摩了台湾人跳神的把戏；春节时参与广州人家中交换红色名帖、互相拜年的活动，观看中国人的喧闹游戏和灯笼节的舞龙盛典。沃格曼在中国民间游历中，既体察了普通百姓在艰难时世中的坚韧勤勉、任劳任怨，也感受到了他们的苦中作乐、淡然平和。

值得一提的是，沃格曼对中国女性尤其关注。除了前文提到的他对

---

① "Sketches from China", *The Illustrated London News*, July 18, 1857, p. 74.
② "Sketches in China", *The Illustrated London News*, July 25, 1857, p. 88.
③ "China", *The Illustrated London News*, September 1, 1860, p. 193.

香港妇女和划舢板的女孩不遗余力地赞美，他也自述"我对于女性充满了热爱，绝不会画有着令人不悦的特征的脚"①，因而从未给《画报》寄回小脚女人的速写。可见沃格曼与当时西方对于缠足的普遍见解一致，认为这是"对女性足部的残害……与任何形体美的概念都不相关"②，他不画小脚不仅出于对女性的热爱，也出于对她们的尊重。他与香港的姑娘们相处愉快，为其画肖像，后者则帮他送洗衣服、买甘蔗和蛋糕，在各方面善待他。他饶有兴趣地观察中国女性的装扮，如广东一带妇女如何做出如茶壶一般的发型；广州与其他地区的女孩在头巾使用上和澳门女孩的差别；台湾妇女的雅致的发型和花枝招展的服饰；春节时广州姑娘们涂脂抹粉，美丽动人；香港跑马场上成群结队的中国女子整洁的穿戴和讲究的品位。他也见证了中国劳动阶层女性的勤劳与艰辛：她们或背着婴儿在田间抢收晚稻，或在溪间用摔打的方式洗衣服，或划着舢板贩卖水果，或是在过年前与英国妇女一样聚集三五好友互相帮忙制作糕饼。沃格曼的民间游历见闻证实了19世纪西方作者们普遍认为的中国妇女并非一生都过着不能抛头露面的生活③。更重要的是，得益于对普通中国女性的观察和与她们的交往，沃格曼笔下的中国女性呈现出美丽、活泼、热情、善良、勤恳、辛劳等鲜活、立体、多面的形象。

总之，沃格曼对于普通中国人的态度可以用他自己的一段话来概括：

> 关于中国人，有一个奇怪的现象：偏爱他们的人过于喜欢他们，而相反，不喜欢他们的人却非常讨厌他们。你永远不会听到任何中立的意见。一个人会告诉你，所有中国人都是流氓、小偷、诈骗犯和骗子；另一个人会告诉你，中国人是太阳底下最勤劳、最节俭、脾气最好、最通情达理的民族，还有许多其他优秀品质。以我的拙见，后者更接近事实。④

---

① "Sketches in China", *The Illustrated London News*, January 9, 1858, p. 45.
② John Francis Davis, *The Chinese: A General Description of the Empire of China and Its Inhabitants*, Vol. 1, New York: Harper & Brothers, 1836, p. 255.
③ 参见［美］M. G. 马森《西方的中国及中国人观念1840—1876》，杨德山译，中华书局2006年版，第190页。
④ "China", *The Illustrated London News*, July 17, 1858, p. 49.

第五章 《伦敦新闻画报》中晚清中国人形象的形成原因　✽　199

辛普森来华任务的重中之重则是报道同治皇帝大婚。在皇宫内举行的仪式自然不可能得见，即使是婚礼行列即将通过的、从内城的公主府到紫禁城的道路两旁也都设置了栅栏和帷幔，明令禁止任何人观看。辛普森事先充分了解了婚礼各项程序的时间点和具体内容、贺礼的象征意义等，并且预想了多种"偷窥"婚礼行列的计划，最终由"一位与在这里的一个使团有关系的女士"牵线搭桥，和"一位女士、一个急于想看新娘花轿的小姑娘和一位充当向导的中国老太太"一行四人躲在临街的"简陋而破败的鸦片馆"①中，透过窗户纸上戳出的小洞窥看。这几位"偷窥者"和把守严密的大街之间只隔着薄薄的窗户纸，窗户下面甚至还坐着守街兵勇，于是在整个过程中都屏息静气，紧张不已。就这样，辛普森巨细靡遗地记录下了从半夜开始的皇室婚礼行列，用其神秘性衬托出同治皇帝作为"仪式符号"的形象。他绘制的 5 幅插图称得上是笔精墨妙、惟妙惟肖，其中 2 幅被分别选为 1872 年 12 月 28 日和 1873 年 1 月 11 日两期《画报》的封面。后来，辛普森还深入天坛"这个中国国教中最神圣的庙宇之一"，为西方世界报道了"也许从来没有任何一家报纸的记者见过"②的神圣之所。当然，按照晚清政府的规定，宫廷重地和陵寝禁地都属于严令禁止外国人游历的区域③，因此辛普森在天坛及十三陵等地的参观实属违背清廷禁令的"任意妄行"。但同时，正如《画报》转载的《英伦中国通讯》(The London and China Telegraph) 对其的高度评价："我们斗胆说，英国公众从来没有像现在这样有机会了解中国大城市的面貌和居民。我们希望辛普森先生的素描能为大多数英国人心目中关于天朝人家园的模糊想法提供更栩栩如生的现实。"④他的图文报道让英国读者了解到了此前根本不可能接触到的中国新奇的人、事、物，的确具有极高的新闻价值。

辛普森驻华共计一年左右，从时间上而言较短；从空间上看，虽然他

---

① "The Imperial Wedding in China", *The Illustrated London News*, December 28, 1872, p. 622.
② "Our Illustrations of China", *The Illustrated London News*, January 11, 1873, p. 27.
③ 参见刘甲良《晚清来华外国人的内地游历政策考述》，《白城师范学院学报》2015 年第 7 期。
④ "The 'Illustrated London News' on the Chinese Imperial Marriage", *The Illustrated London News*, January 11, 1873, p. 38.

的主要活动区域在京津一带，但也深入上海、武汉等沃格曼未曾踏足之地。辛普森来华之时距离第二次鸦片战争结束已过十年，中国的国情与沃格曼赴华时相比也有了较大变化：除广州、上海这些开埠已久的城市之外，因《天津条约》和《北京条约》而新开的通商口岸和商埠如汉口、天津等地发展也较快，华洋混居使西方器物及文化对这些城市中国人的生活方式也产生了较大影响①。因此，辛普森注意观察了教会学校这种传播西学的方式：他走访了由传教士团创办的两所北京的教会学校，一所仍按中国传统的方式教授儒家经典，另一所女校则反而提供算数、地理、音乐和宗教教育。同时，从 19 世纪 60 年代末开始愈演愈烈的民教冲突如 1868 年扬州教案、1870 年天津教案等使中国民众与在华外国人之间的关系剑拔弩张，因此辛普森也关注了欧洲人群体在中国的生活，如英国人在上海的"猎纸运动"（paperhunt）②、汉口英国人社区的"喜庆剧院"中业余剧团的表演，从他的游历中并未体现出中国人与西方人矛盾的激化。上述时代背景又在某种程度上影响了辛普森了解中国人的主要方式：若借用民族志研究中的"观察法"来区分，沃格曼兼用了"参与式观察法"和"非参与式观察法"③ 两种，而辛普森则多使用后者。他在民间游历中看到了中国百姓的堕落、封闭，例如北京寺庙中将自己封于"钉子房"内以筹款修补佛像的和尚，辛普森感叹其将忍耐和信仰奉献给了愚昧堕落的偶像崇拜；肩搭褡裢分发《京报》的传信官是中国国内封闭的缩影——由于缺乏有效率的报社，北京人对南方多年的"叛乱"所知甚少。他也目睹了贫苦人们生活的困顿艰辛，例如天津弃婴塔旁将被草席裹着的死婴抛至塔内的妇女，上海破陋茅舍中既要纺织又要照看孩子

---

① 参见李长莉《近代中国社会文化变迁录》第 1 卷，浙江人民出版社 1998 年版，第 116 页。
② "A Paperhunt at Shanghai", *The Illustrated London News*, April 12, 1873, pp. 351 – 352. "猎纸运动"起源于英国伊顿公学和拉备比公学男孩跑步比赛，后演变为类似越野骑手之间展开的马术比赛。
③ 参与式观察法，指研究者主要通过观察一个文化共享的群体并成为这个文化情境中的参与者来进行研究；非参与式观察法指研究者处于被研究群体之外，与之保持一定距离来进行观察，因此不参与到被观察群体的活动中。See Danny L. Jorgensen, *Participant Observation: A Methodology for Human Studies*, Thousand Oaks, California: SAGE Publications Inc., 1989; John W. Creswell, *Qualitative Inquiry and Research Design: Choosing Among Five Approaches*, 3rd edition, Thousand Oaks, California: SAGE Publications Inc., 2013.

的农妇。他还观察了普通民众的市井生活，如广受孩子们欢迎的街头滑稽木偶戏，北京街头手持木棍遛鸟的闲人。当然还有勤劳敬业的劳动人民，如将舢板内壁贴满《伦敦新闻画报》和《笨拙》（Punch）杂志剪报作为装饰的殷勤和善的上海船夫、全神贯注观摩英国人制作圣诞布丁的中国仆人等。

约翰·斯卡思在总结他的中国游历经验时曾写道："一本速写簿是在中国旅行的最佳武器。"① 首先，它能向人们表明他四处转悠的动机；其次，它能使人们保持良好情绪，不会害怕；最后，在他速写时妇女和儿童通常会主动靠近，而不是逃离。这一经验之谈从另一方面反映出 19 世纪中叶外国人在中国，尤其是在内地旅游时所遭遇的"深入民间"的困难：除了官方对其活动的限制之外，普通的中国老百姓对这些"不速之客"的态度一般是好奇与敌意混杂。且不说与之进行深度互动，就算是近距离的交流也较为困难。沃格曼和辛普森作为画家，速写簿是他们工作时必不可少的工具，也帮助他们拉近了与普通中国民众的距离。例如沃格曼在台湾岛和大连湾时都通过为当地居民画肖像的方式来逗后者开心，令彼此熟络。但与斯卡思的经历相反的是，中国人强烈的好奇心和对图画的过于喜欢也给特派画家带来了"观看者反被观看"的困扰。沃格曼曾谈到自己速写时被村民礼貌围观的场景："一位可敬的绅士撑着伞，遮在我两个朋友的头上……苦力们在一旁赞叹不已，并礼貌地为我们弄来了水彩画需要的水。"② 但在后来的经验中，他多次遭遇速写时被中国人围观，以致难以继续画下去的情况，甚至"在户外写生得冒着被人挤压窒息的危险"③。1861 年 4 月 13 日《一群中国人——来自我们特派画家的素描》这幅插图（见图 5.1）再现了围观沃格曼、完全遮挡了他的视线的人群，并有文字解释道"这群人的存在严重妨碍了他履行职责。……于是他就开始为这些性格温和却又坚持不懈的'迫害者'们画像"④。

---

① John Scarth, *Twelve Years in China: The People, the Rebels, and the Mandarins*, Edinburgh: Thomas Constable & Co, 1860, p. 71.
② "Sketches from China", *The Illustrated London News*, July 18, 1857, p. 74.
③ "Sketches in China", *The Illustrated London News*, January 16, 1858, p. 60.
④ "A Group of Chinese", *The Illustrated London News*, April 13, 1861, p. 330.

图 5.1 《一群中国人——来自我们特派画家的素描》①

---

① "A Group of Chinese-From a Sketch by Our Special Artist", *The Illustrated London News*, April 13, 1861, p. 331.

辛普森也曾用大段文字极其生动形象地描述过这些好奇的围观者：

> 作为一名画家，我可以用自己的经验来说明他们无所事事的好奇心。在北京的大街上，拿出一本速写本就是被围观的信号。他们并非有意冒犯，但会将你团团围住，想看看这个"洋鬼子"手里拿着一本簿子和一支铅笔究竟是在干什么，结果就是你根本看不到你要画的对象。随着围观人数的增加，外围的迟来者看不到里面发生了什么事情，于是就推推搡搡，只要偷看到"洋鬼子"一眼就行。其结果是人潮汹涌，写生变成不可能的事。我曾有过在东方各地写生的经验，并总能完成任务，但中国的围观人群真的让我无能为力。①

这些并无恶意却又让画家们无可奈何、无计可施的围观人群为他们的民间游历平添了一丝谐趣和几分烦恼，也使他们的叙述更具有真实性。

二 战地的目击

本书第四章第二节集中分析了《画报》记者作为旁观者、参与者，如何真实、完整地叙述战役或战斗的过程。本部分将着重分析沃格曼在第二次鸦片战争中的战地目击对他笔下战场上的清军形象和战地百姓形象有何影响。

如前所述，沃格曼于1857年12月14日在广州参加了一场"最富有悲剧性的战斗"②。这是他实地报道的第一场战斗，也是1857年12月第二次广州之战中的首场战斗——自此，第二次鸦片战争拉开了全面作战阶段的序幕。此前，英中军事冲突仅限于1856年10月至1857年6月的广州局部地区，即虎门、广州、佛山的珠江沿岸一带，英军兵力不足、规模不大。但是，1857年11月英国将在印度的兵力调至中国战区，法军也相继到达，全面作战的态势一触即发③。12月14日的这场战斗事实上是以

---

① "Street Scene in Pekin", *The Illustrated London News*, September 13, 1873, p. 256.
② "The War in China", *The Illustrated London News*, February 27, 1858, p. 220.
③ 参见茅海建《近代的尺度：两次鸦片战争军事与外交》（增订本），生活·读书·新知三联书店2011年版，第76页。

清军兵勇偷袭开始的小规模冲突,但沃格曼经历了坐船逃生被火炮围攻、弃船逃命几乎虚脱昏厥的惊险;目睹了近在咫尺的英军炮兵被打死,听到了同船其他士兵受伤时的凄厉惨叫;还目击了清军兵勇将英国士兵的头颅从尸体上砍下的残忍场面。尽管他最后全身而退,但同行的14人中5死7伤,给他的震撼可想而知,故而他感叹"情况非常可怕,但又极富'如画'美"①。到12月15日,英法联军强占广州对岸的河南,这一役规模已大大升级。据英国领事巴夏礼当日写给包令爵士的备忘录记载,当时共有英舰8艘、登陆水兵600名和法炮艇3艘、登陆水兵130名参与行动②。沃格曼在现场观察的是英舰"南京号"对新罗镇的炮击和强攻。他见证了清军顽强的抵抗及其因英军炮弹的准确打击和对英军登岸地点的错误判断而不得不节节败退,在短兵相接时被英军的刺刀逼得狼狈逃窜的形象。沃格曼亲眼所见的战场上的清军兵勇并非此前《画报》中频繁出现的"不战而逃"的形象,而更多的是因在战术和武器上的悬殊差距而导致的"一触即溃"和"屡战屡败"形象。沃格曼在对1857年12月28日起英法联军攻占广州的几场战斗的现场观察中也有类似发现。其中,清军在郭富炮台发起了炮击、发射了火铳和火箭,但同样收效甚微,虽造成英法联军部分伤亡却并未能阻挡后者的强攻;尤其在后者攻进广州城墙之后,八旗兵勇使用弓箭在距离他们"只有明火枪两个射程的距离"③ 抵抗,但在面对英军的刺刀时却无能为力,只能逃跑。显然,清军的"战而不胜"给沃格曼留下了深刻印象。他在1858年6月已用"中国人惯常的战斗方式"来形容广州白云山一战中清军的抵抗:"山上布满了兵勇和他们的旗帜。他们投射了火箭,但完全不具伤害性。"④ 值得一提的是,得益于在战场上的近距离观察,沃格曼关于12月28日炮轰广州的多幅素描作品生动真实地再现了战斗现场的宏大场面,一经刊载⑤,立即被搬上当时英国

---

① "The War in China", *The Illustrated London News*, February 27, 1858, p. 221.

② See "Consul Parks' Memorandum No. 1 to Sir John Bowring, December 15, 1857", in D. Bonner-Smith and E. W. R. Lumby, eds. *The Second China War 1856—1860*, London:Navy Records Society, 1954, p. 260.

③ "The War in China", *The Illustrated London News*, March 6, 1858, p. 237.

④ "China", *The Illustrated London News*, July 31, 1858, p. 96.

⑤ See "The War in China-The Attack on Canton", *The Illustrated London News*, March 13, 1858, pp. 257–258.

盛行的"宏大奇观剧"①的舞台：1858年4月，位于伦敦威斯敏斯特桥南侧的阿斯特利圆形剧场（Astley's Amphitheatre）"爆满"，观众们蜂拥而至观看和庆祝对广州的轰炸和占领，"享受光荣战争的盛况"②。

除了对战场上清兵的观察之外，沃格曼也十分留意战地中国人民的境况，这在很大程度上源于如前文提到的他对普通中国百姓的好感。沃格曼不止一次目睹了中国民众在战火与硝烟中所遭受的劫难：小脚女人在逃命时极其艰难地试图穿越水田，可怜的孩子在迷路之后找不到父母只能无助地彷徨；英法联军炮轰广州时，老百姓从着火的房子里抢救财产，舢板乱作一团要运走抢救出来的东西，可怜的人们在呼啸的炮弹间拎着家产跑来跑去；战后的广州郊区，勤勉辛劳、努力生活的人们的房屋被英法联军砸、撕、抢、烧，原本生机勃勃、人声鼎沸的家园在滚滚浓烟中化为荒凉一片；广州城内人民生活极为困顿，在胡列特牧师施米的现场，人们饥肠辘辘，或如同骷髅一般，或用手和膝盖爬向布施区——"这群人饱含着人类苦难浓缩的本质"③。同时，他也观察到中国百姓因频繁的战火而变得异常的冷静和麻木：他们蹲在英军的炮火下安静地抽烟，就连炮弹在身旁爆炸也无动于衷。他还见证了军事辎重队的苦力们在英法联军对广州的报复性烧杀劫掠中如何助纣为虐。沃格曼看到了"穷人的房屋被洗劫一空，他们的家产被破坏和毁灭，还有其他那些令人作呕的场面，例如随处可见未被埋葬的尸体处于腐烂的各个阶段"，他对中国普通百姓更生恻隐，也对战争的残酷发出诘问："还有比战争更可悲的事情吗？"④

当然，沃格曼本人在作为战区的广州的处境相较于此前在中国香港以及菲律宾游历时已有了天翻地覆的改变。初至香港时中国百姓与刻板印象

---

① 宏大奇观剧（grand spectacle）是维多利亚时期流行的一种舞台戏剧，以华丽壮观的布景、绚丽的灯光效果和装饰、丰富的色彩混合、宏大的历史场面表演为特色，给观众带来视觉盛宴。See Michael R. Booth, *Victorian Spectacular Theatre, 1850—1910*, London: Routledge & Kegan Paul, 1981, p. 1.

② Robert Bickers, *The Scramble for China: Foreign Devils in the Qing Empire, 1832 - 1914*, London: Penguin Books Ltd. , 2016, p. 146.

③ "Sketches in China by Our Special Artist and Correspondent", *The Illustrated London News*, December 25, 1858, p. 598.

④ "The War in China", *The Illustrated London News*, March 6, 1858, p. 237.

中的反差,香港、马尼拉两地的东方异域情调都让他迫不及待地去多观察、多了解、多与当地人交往,巨细靡遗地记录下他们的衣食住行、休闲娱乐、风俗人情。就连中国"奢华""完美"的竹制扶手椅都能令他感叹"告诉我,有了这个,还能说中国人不是伟大的民族吗!""我坐在这种椅子上时无时无刻不在祝福整个中华民族——除了叶名琛。"① 这种戏谑而夸张的自述从侧面反映出彼时他的生活是悠闲舒缓而又自得其乐的。但从《画报》1858年8月21日、9月4日和9月18日的报道看,自1858年6月起,沃格曼认为他们陷入了非常糟糕的处境中,"我们吹嘘的攻占广州的结果非常糟糕,因为我们成了被围困的囚犯"②:一方面中国人不断向英军司令部所在地发射火箭、炮弹、火铳枪弹,但英国人却无法逃离——因为清廷大幅度提高了对欧洲人头颅的悬赏,在外处处是对他们虎视眈眈的强盗和乡勇。另一方面,英军士兵大量染疾,食物短缺,恐慌蔓延。这种朝不保夕、危机四伏的境遇令沃格曼深感绝望,甚至在报道中直接写道:"约翰牛想回家:他厌倦了他所谓的这种欺骗,情绪低落令人生病。"③ 可以说,他在这种被"囚禁"的日子中深切感受到了强盗、乡勇等在巨额悬赏的煽动下可达到如何残忍嗜杀的地步。这也促使他反复强调,要将作为广州城最好的保障的生意人、在战乱中遭遇苦难的普通中国百姓与穷凶极恶的中国朝廷、兵勇、强盗等区分开来,切不可一概而论。

三 传闻的影响

特派画家兼记者的民间游历与战地目击对他们缘何塑造出这样或那样的普通中国百姓形象、中国军人形象和战地居民形象等提供了合理的解释。但是,对于记者几乎没有机会亲眼观察或亲身接触的中国人如清朝皇帝或清廷高官而言,他们的形象更多是在记者所获知的传闻中再现的。其中,极为典型的便是沃格曼笔下的叶名琛形象。

沃格曼于1857年3月接受《画报》特派来华,当时英国社会上下对

---

① "Sketches in Manilla", *The Illustrated London News*, December 26, 1857, pp. 640-641.
② "China", *The Illustrated London News*, September 4, 1858, p. 213.
③ "China", *The Illustrated London News*, August 21, 1858, p. 165.

"亚罗号"事件争议不断，但以巴麦尊为首的主战派已占上风。1856年10月8日，两广总督叶名琛在处理"亚罗号"事件中的"失误"（并非过错）被英国驻广州领事巴夏礼和英国公使包令揪住不放，并处心积虑、纵曲枉直地扩大事态，借英方受到侮辱之名，将"亚罗号"事件移交到海军上将西马縻各厘手中，由他率领舰队于10月23日炮轰清军在珠江沿岸的炮台，由此开始了亚罗战争①。事实上，英方因1849年以来的广州"入城"问题早已对叶名琛积怨颇深，后者的顽固排外、虚与委蛇使英国在华外交人员备感屈辱却又无可奈何。亚罗战争打响之后，在从1857年2月底开始的英国议会辩论中，叶名琛成了辩论的核心。首相巴麦尊在3月3日的演说中谴责叶名琛是"使一个国家蒙羞的最野蛮的野蛮人之一"②，他不仅滥杀中国人，而且"悬赏英国人的头颅"，还"发布公告，宣布他已采取秘密手段来消灭这个可恨的族类"③。若英方不发动战争，则会使其在中国的同胞"任由这些野蛮人摆布"，也是"向全世界公开表明，你不准备用你的权力来保护那些被你诱使而将自己及其财产置于异国他乡的人"④。1857年春，巴麦尊的支持者还发动宣传运动大肆传播中国恐怖的排外，用一系列宣传画表现中国的酷刑，包括"肢解、凌迟、车裂、活剥人皮等"，以示清廷及中国人之残忍，凸显"整个文明世界应该联合起来，制止这些可怕的暴行，并努力教训这些混蛋，告诉他们什么是人性的共同原则"⑤之必要性。最终，对华战争被"从国际法这一很好的

---

① "亚罗战争"指1856年10月至1857年6月，驻港英军在广州地区与中国的军事冲突。参见茅海建《近代的尺度：两次鸦片战争军事与外交》（增订本），生活·读书·新知三联书店2011年版，第73页。蒋孟引《第二次鸦片战争》，生活·读书·新知三联书店2009年版，第31—54页。J. Y. Wong, *Deadly Dreams*: *Opium*, *Imperialism and the Arrow War*（1856—1860）*in China*, Cambridge: Cambridge University Press, 1998, pp. 70 - 74.

② "Lord Palmerston's Speech, fourth night on 'China' in House of Commons", *Hansard Parliamentary Debates*, March 3, 1857. Series 3, Vol. 144, Column 1811. https：//api. parliament. uk/historic-hansard/commons/1857/mar/03/resolution-moved-resumed-debate-fourth.

③ "Lord Palmerston's Speech, fourth night on 'China' in House of Commons", *Hansard Parliamentary Debates*, March 3, 1857. Series 3, Vol. 144, Column 1823. https：//api. parliament. uk/historic-hansard/commons/1857/mar/03/resolution-moved-resumed-debate-fourth.

④ "Lord Palmerston's Speech, fourth night on 'China' in House of Commons", *Hansard Parliamentary Debates*, March 3, 1857. Series 3, Vol. 144, Column 1830. https：//api. parliament. uk/historic-hansard/commons/1857/mar/03/resolution-moved-resumed-debate-fourth.

⑤ Gourley to Hammond, March 24, 1857, FO17/280, p. 226.

出发点，转移到了爱国主义和国家利益这一情感问题上"①，叶名琛更成了聚焦点。《画报》从1857年1月3日起开始刊载相关报道，同样将矛头直指"对文明战争仍然一无所知"②的叶名琛，反复渲染其傲慢无礼、刚愎自用、满口谎言，以及对内对外都残酷冷血的嗜杀天性。

沃格曼对于叶名琛的印象无疑深受这些舆论的影响。他在抵达香港之后，充分见证了当地百姓的平和友善、热衷于商业活动而非与外国人对抗。因此，他对巴麦尊和英国媒体如《泰晤士报》关于"提斯特尔"号欧洲人被杀事件、香港"毒面包"案嫌犯均受叶名琛指使的言论也深信不疑③。他在澄清百姓的无辜之时，进一步强调了"清朝官员"尤其是叶名琛才是"每桩恶行的根源"④，应该将其捉拿。对于叶名琛的狂暴残忍和不遗余力地激化中外矛盾，沃格曼还为其找到了看似合理的解释。他从"消息灵通的中国人"那里了解到，1848年自广州及其周边而起的"叛军"前往叶名琛的家乡及管辖地，将其家人杀害、村庄摧毁、"将其祖先的骨灰扬撒于风中"的历史：

> 叶总督因此已失去了他在世上最珍爱的一切。他制订了复仇计划，他此生的梦想便是摧毁这叛乱的发源地，或成为摧毁它的手段。因此，他的复仇是非常奇特的。除了他的父亲之外，他再无他人可关心；和大多数中国佬一样，他并不在乎失去自己的生命。他将系统性地致力于摧毁广州。⑤

事实上，叶名琛为湖北汉阳人，于1846年任广东布政使，1847年擢升为广东巡抚，直至1858年被掳，均在广州任职。1849年，广东北江流域（清远和英德一带）积聚过"叛党"，由广东提督镇压；1850年，广

---

① ［英］蓝诗玲：《鸦片战争》，刘悦斌译，新星出版社2020年版，第348页。
② "Bombardment of Canton", *The Illustrated London News*, January 10, 1857, p. 6.
③ 《泰晤士报》于1857年3月初大肆渲染在华英国人的危险处境，营造出广州人民在叶名琛的指使下围攻英国人的恐怖氛围。See "The Chinese and Persian Wars: China", *The Times*, March 2, 1857, p. 10; "The War in China", *The Times*, March 4, 1857, p. 6; "The English in China", *The Times*, March 3, 1857, p. 5.
④ "Sketches from China", *The Illustrated London News*, July 18, 1857, p. 73.
⑤ "Sketches from China", *The Illustrated London News*, July 18, 1857, p. 74.

西大量起义者至广东与当地的义军会合，由叶名琛剿灭。太平军是1850年11月在广西金田村集结，随后正式起义的；洪兵大起义则是在1854年。这两次起义都遭受过叶名琛用血腥手段镇压，1857年2月底至3月初传遍英国朝野的叶氏屠杀了7万人也就是来自他对洪兵起义者的处决人数①。可见，所谓1848年从广州及周边发源的"叛军"难以考据属于哪支，他们到叶名琛的家乡暨管辖地（无论是汉阳还是广州）毁村杀人一事也无从考证。但叶名琛对其父亲极其孝顺是确有其事的——从他1849年在广州观音山麓为据说笃信占卜扶乩的父亲修建"长春仙馆"精舍便可见得②。然而，这更多是被作为叶名琛通过扶乩决定军机要事的把柄。可见，沃格曼所听到的传闻似乎为叶名琛的残酷嗜血、顽固排外找到了理由，即这并非因为他本质上是"残暴的恶魔"③，而是因为他背负着"血海深仇"。但事实上，这些传言将叶名琛塑造成了不惜用血洗广州、毁掉一座城市人民的福祉来报私仇的封疆大吏，是用迷信手段扰乱军务的朝廷重臣——其荒唐与糊涂可见一斑。那么，对其无比恩宠、委之以重任的咸丰皇帝又能摆脱昏聩颟顸之嫌吗？

叶名琛于1858年1月被俘，并于2月底被送往加尔各答。6月底，新任两广总督黄宗汉抵达广州，"速图克复省城"，重金悬赏外国人首级，使英法等"有所顾惜震慑"④。此时，沃格曼感叹道，"我们现在的处境很糟糕，人头的价格上涨了"⑤；"广州的情况比任何时候都要糟糕……如果事情按照目前的速度发展下去，很快就会出现恐慌。我们的供应被停止了，人也快死了：前几天，在30个小时内，我们因暗杀、疾病和中暑而失去了10个人。"毫无自由又危机四伏的

---

① 参见季念《19世纪中叶英国舆论中两广总督叶名琛"恶魔"形象考辨》，《广东开放大学学报》2022年第4期。

② 参见叶志诜《叶氏宗谱》卷20，转引自黄宇和《两广总督叶名琛》（修订本），区鉷译，上海书店出版社2004年版，第4页。

③ "Lord Palmerston's Speech, fourth night on 'China' in House of Commons", *Hansard Parliamentary Debates*, March 3, 1857. Series 3, Vol. 144, Column 1821. https://api.parliament.uk/historic-hansard/commons/1857/mar/03/resolution-moved-resumed-debate-fourth.

④ 《直隶总督谭廷襄等奏洋务未有定议通筹全局请恩威并用折》，齐思和等编《中国近代史资料丛刊：第二次鸦片战争》第3册，上海人民出版社1978年版，第276页。

⑤ "China", *The Illustrated London News*, August 21, 1858, p.165.

处境令他愈加恐慌，最终发出感叹："相较于黄（宗汉），叶（名琛）是位绅士。"① 叶名琛的嗜血残忍多来自传闻并经反复渲染，但黄宗汉悬赏鼓动团练乡勇取外国人首级的恐怖却近在咫尺。此处体现出听闻传言与真实体验对沃格曼的不同影响：叶自然算不上"绅士"，但似乎也不至于是"恶魔"。

如前文提到，沃格曼坚持关于中国的报道须眼见为实，绝不偏听偏信。但是，他塑造的叶名琛形象难免在一定程度上受到了当时英国社会集体想象的制约，成为英国社会集体想象的"投射物"②；同时，这一形象反过来又对"社会集体想象物"的建构增添了素材。

第二节　西欧的中国人想象的延续

从最直观的层面看，《画报》中的中国人形象主要由记者、画家将他们在中国的亲眼所见、亲耳所闻付诸笔端而成。但是，从比较文学形象学的意义上而言，"形象"是一国或一个民族对异国或异民族的"想象"，是"社会集体想象物（这是从史学家们那里借用来的词）的一种特殊表现形态：对他者的描述（représentation）"③。若将此处的représentation理解为"再现"或"表征"则更确切一些，因为它本就包含"文化的和情感的、客观的和主观的因素"④。可见，形象并非对现实的复制，而是一种主观的心理现象；它也不是对异国或异民族的细枝末节性的想象，而是由细部特征提升转化的总体印象；它还不是某一个人或某一个小群体的想象，而是为一个国家、一个民族或一个社会集团所广泛接受了的对异国或异民族的想象。那么，乍看之下，本书所研究的"形象"似乎与比较文学形象学所言的"社会集体想象物"有所出

---

① "China: Siege of Canton by the Braves", *The Illustrated London News*, September 18, 1858, p. 268.

② 孟华：《比较文学形象学论文翻译、研究札记（代序）》，孟华主编《比较文学形象学》，北京大学出版社2001年版，第16页。

③ ［法］达尼埃尔-亨利·巴柔：《从文化形象到集体想象物》，孟华译，孟华主编《比较文学形象学》，北京大学出版社2001年版，第121页。

④ ［法］布吕奈尔等：《形象与人民心理学》，张连奎译，北京大学出版社2001年版，第113页。

入。一方面,《画报》中的中国人形象来源于新闻报道而非诗歌、小说一类的文学创作,新闻的真实性原则与"想象"本应是相互背离的;另一方面,这些形象来源于记者或画家的个体体验,属于个人化的言说,与英国"社会集体"对中国人这个大的"文本"的总体"阅读"与"接受"仿佛也有较远的距离。但是,若更进一步思考,《画报》中的中国人形象与比较文学形象学中的"社会集体想象物"之间仍具有高度的一致性。

一方面,新闻的真实性并非一个绝对的问题。新闻的真实是新闻报道尽可能地趋近于客观事实,而非等同于客观事实:首先,新闻报道的写作受到记者主体认识的局限,一般不可能超越记者已有的社会意识;其次,新闻报道的传播过程经历了各个"把关者"的筛选,其中主观的价值取向、意识形态也在发生作用;最后,受众对新闻事实的接受亦受制于其期待视野,是一种主观的解读。因此,新闻所传播的"真实"并非客观现实本身,而是美国新闻评论家李普曼所认为的对现实的"拟态"(pseudo-environment)[1]。

若更进一步思考,新闻报道的真实性可被视为在主客体二元对立的前提之下,主观话语与客观现实之间的符合程度。然而,主客体的二元对立若从哲学上看并非定论,如存在主义用"主体间性"(主体与主体相对于主体与客体之间的关系)将客体世界统一到主体中;或是解构主义用个体主体的虚构来勾销客体本体,都基于对主客体二元对立的消解。在这种语境下,"真实性"可被视为话语所传达出来的效果,即其内在的逻辑性所产生的说服效果,而并非全是话语本身与现实之间的吻合程度。即便是从主客体二元对立的辩证关系来看,也难以有绝对的判断标准。例如,若是由新闻报道中被观看、被塑造的"异国"或"异民族"的人来检验,他们所认为的"真实"须符合他们关于自身的认知,即与其自我认同相一致,因而也具有主观性。这种关于自我以及生存环境的认知"是一种由于自我生存的需要而构筑出来的话语系统"[2],它是从对自我以及本民族利益的维护出

---

[1] Walter Lippmann, *Public Opinion*, with a New Introduction by Michael Curtis, New Jersey: Transaction Publishers, 1991, p. 15.

[2] 李勇:《西欧的中国形象》,人民出版社 2010 年版,第 4 页。

发而构建的意识形态性话语，并不能被作为判断真实的标准。此外，即使观看主体选取了符合被观看者自我认知的素材来塑造形象，其对素材细节上的取舍、表述方式上的选择也具有主观性（例如言此而意彼），那么最终被再现出来的形象是否仍符合"真实性"也不一定。

此外，社会集体对于异国或异民族的想象深受历史上的主流话语的主导与支配，但这些话语的"真实性"更无法考证（例如西欧的中国形象在早期完全属于创造式想象）。这些话语因其历史的先在性、传播的久远性与接受的广泛性而具有了权力。这种话语权力使某些形象（如套话）得以一直延续和承继下去，但其本身并不具有"真实性"。这正是当代比较文学形象学研究不再拘囿于探究"形象"与现实中异国或异民族形象之间的吻合程度，而注重观照形象塑造者主体的原因。有鉴于此，《画报》中的晚清中国人形象并非"绝对真实"的中国人，无论这些形象是记者在场时以其对中国人的感知而复制出的"再现式想象物"，还是缺席的编者根据记者或其他在场者的叙述而构思出的"创造式想象物"，它们终究属于想象的成果[①]。本书运用比较文学形象学方法进行的研究也不应止步于将《画报》中的晚清中国人形象与各种历史文本交互参照以辨其真伪，而应更多地思考记者、编辑为何塑造出了这些形象；这些形象又对历史上的西欧尤其是英国对中国人的想象有怎样的延续和偏离。

另一方面，个人化言说与集体想象不可割裂。李勇认为，形象不仅是想象中的心理表象，也是一种表意实践，即"想象主体表达某种意图/意愿的实践行为"：通过将具体文本符号化为抽象符码，摆脱生成它的具体语境对其所指的束缚，再吸纳关于异国或异民族的意涵从而转化为其形象。从表意实践的角度来理解形象，其实就是探讨它的形成机制，分析它如何由"具像"的文本，通过"侧像""全像""类像"，再纵向转换为"型像"的过程[②]。但从"具像"向"型像"的转换并非完全是单向的，而是包含了反向的渗透："型像"作为原始意象已根植于集体记忆中，对

[①] 参见孟华对保罗·利科《从文本到行动》中对"再现式想象"和"创造式想象"的阐述：孟华《比较文学形象学论文翻译、研究札记（代序）》，孟华主编《比较文学形象学》，北京大学出版社2001年版，第6页。

[②] 参见李勇《西欧的中国形象》，人民出版社2010年版，第6—11页。

"具像"的塑造和接受具有潜移默化的影响。因此，《画报》的记者、画家提供的有关晚清中国人的文本首先可被视为具像，它们来自亲身体会、亲手获得的第一手资料，属于作者的个人话语，其中不乏感性色彩和个性化表达，是形象的具体、切实的载体，也是社会集体想象的基本成分。同时，这些具像的形成和运作过程包含了记者或画家对素材的挑选和表述、《画报》的传播、读者的接受，其中不无受到想象者自身的心理图式与思维模式、其所处社会的巨大话语系统——先在的文化传统以及特定的历史语境、社会文化心理、意识形态——的制约和影响；而已有的中国人的全像、类像和型像则都是上述影响因素隐性或显性的构成成分，作为强势话语发挥着潜移默化的作用。因此，《画报》所塑造的晚清中国人的具像与英国以至西欧对中国人的社会集体想象并不冲突，而是处于动态的相互作用之中。对具像的研究不仅是探讨其如何在巨大的话语系统中得到阐释、获得内涵、发挥意指作用，而且最终指向的是形象背后的想象主体的"心理动机及其所属文化的深层结构"[1]。

在对《画报》中晚清中国人形象的成因进行研究时，除了通过分析记者、画家如何对第一手材料进行个人化表达来透视其直接经验的作用，还必须纵深挖掘这显性表层之下其他潜在的、影响更为深远的因素。如前所述，个体话语或具像不可避免地承袭了原型或原始意象（型像）以及已成为强势话语的先在的社会集体想象（主要体现为全像和类像）。《画报》中的晚清中国人形象也延续了长期以来西欧关于中国以及中国人的想象，承继了这些想象中稳定的、共同的"思维方式、意象传统、话语体制"[2]。这些思维、意象、词汇传统所构建的文化观念与地理空间上存在的中国及其子民已相去甚远。与文学理论家萨义德所认为的东方主义者将"真实"的、地理概念上的"东方（East）"改造成为推论的、虚构的"东方（Orient）"一致，"中国"和"中国人"形象是被"东方化"了的、作为文化构想物的、与西欧相异的"他者"[3]。中国一直是西欧为

---

[1] 姜智芹：《文化过滤与异国形象误读》，姜智芹《西镜东像》，中央编译出版社2014年版，第24页。
[2] 周宁：《西方的中国形象史：问题与领域》，《东南学术》2005年第1期。
[3] 参见［美］爱德华·W. 萨义德《东方学》，王宇根译，生活·读书·新知三联书店2019年版。

"勾勒出西方文化作为一自足系统的轮廓"①而构建的、与之对照区别的"非我"和"他者"的传统形象代表,也是出于其文化本质与现实之间的断裂而产生的欲望的投射对象②。

  作为西方文化"他者"镜像的中国及中国人形象与普遍意义上的"异国"或"异民族"形象一样,具有乌托邦和意识形态两种色彩。"乌托邦本质上是质疑现实的,而意识形态恰要维护和保存现实。"③ 乌托邦化的形象是出于对现存西欧社会的社会秩序、群体价值观等的质疑和否定,通过塑造理想化的中国与中国人形象来投射想象者自身的欲望与批判,表达调整和改变现存社会制度与文化等的诉求。意识形态则是想象者认同并欲维护现存社会秩序,因此将其群体价值观投射到与之相对立的中国与中国人形象中,通过塑造负面的、更成问题的后者来表现对它的恐惧与排斥,继而反衬出西欧社会的优越性,旨在将后者消解、归化。此外,本书之所以分析《画报》中晚清中国人形象对西欧中国人想象的延续,而非仅仅局限于英国,是因为英国对中国的了解在很长一段时间内来自以法国为代表的欧洲大陆,故两者具有一致性,英国作家对中国的想象也是西欧中国人形象文本的重要组成部分。但值得注意的是,英国与欧陆隔海相望的"岛国特性"、英国与欧陆国家在宗教上的矛盾(英国新教与欧陆天主教的对立,而19世纪之前在华传教的均为天主教徒)、经验主义哲学的传统,以及英国因率先跨入资本主义而对变革政治和社会的功利主义需要,都使英国对中国和中国人的想象受法国耶稣会士的中国报道影响较小,对事实材料更为关注,且具有其自身的特点④。因此,

---

  ① 张隆溪:《非我的神话——西方人眼里的中国》,[美]史景迁:《文化类同与文化利用——世界文化总体对话中的中国形象》,廖世奇、彭小樵译,北京大学出版社1990年版,第149页。

  ② 参见姜智芹《颠覆与维护:英国文学中的中国形象透视》,姜智芹《西镜东像》,中央编译出版社2014年版,第109—119页。

  ③ [法]让-马克·莫哈:《试论文学形象学的研究史及方法论》,孟华译,孟华主编《比较文学形象学》,北京大学出版社2001年版,第33页。

  ④ 参见葛桂录《异域文化之镜:他者想象与欲望变形——关于英国作家与中国文化关系的思考》前言,葛桂录《雾外的远音:英国作家与中国文化》,福建教育出版社2015年版,第1—21页。姜智芹《17—18世纪英国文人眼中的典范中国》,姜智芹《西镜东像》,中央编译出版社2014年版,第120—131页。

下文将探讨《画报》对"西欧的中国人想象"这一更为宏观的话语的延续,相应地分为对与乌托邦化对应的美化性想象和与意识形态化对应的丑化性想象的延续。同时,也不会忽略英国对中国和中国人想象的独特性。

一 对美化性想象的延续

一般认为,西方的中国形象肇始于1250年前后的中世纪晚期,到18世纪中期启蒙运动的高潮时期(1750年前后)开始了从乌托邦化形象到意识形态形象的转折①。前者作为西方文化对中国的美化性想象,又可根据形象塑造的不同侧重点被划分为"契丹传奇"式的中国(1250—1450)、"大中华帝国式"的中国(1450—1650)和"孔教乌托邦"式的中国(1650—1750)②。这三种话语类型体现为西方社会在不同的发展阶

---

① 参见周宁《天朝遥远:西方的中国形象研究》,北京大学出版社2006年版。
② 周宁:《天朝遥远:西方的中国形象研究》上册,北京大学出版社2006年版,前言第9页。李勇将西欧的中国形象追溯至公元500—1000年的赛里斯人传奇和公元1000—1300年间西欧对鞑靼恶魔的想象,参见李勇《西欧的中国形象》,人民出版社2010年版,第123—202页。本书采用周宁的观点,即从1246年西欧派往中国(蒙古帝国)的第一位使者——柏朗嘉宾(Jean de Plan Carpin)的行纪开始考察西欧中国形象的演变。对"契丹传奇"式中国形象的塑造以中世纪"三大游记",即《马可·波罗游记》《曼德维尔游记》和《鄂多立克东游录》为代表;"大中华帝国"以西班牙奥古斯丁会修士门多萨神父的《大中华帝国志》(又译为《中华大帝国史》)(1585)中的中国形象为典型;"孔教乌托邦"形象的出现则以基歇尔神父(Athanasius Kircher,1602—1680)的《中国图说》(China Illustrata,1667)为标志。1687年出版,由柏应理、殷铎泽等四位神父编译的《孔夫子:中国哲学家》"首次将孔夫子的哲学当作中华帝国文明的思想基础,……开始了西方中国形象的哲学时代",具有里程碑意义(周宁:《天朝遥远:西方的中国形象研究》上册,北京大学出版社2006年版,第86页)。若按钱锺书先生的观点,英国的中国形象演变与上述西欧乌托邦化中国形象的时间线稍有所偏离。他认为,总体来说"英国人对中国人的热情"在17世纪下半叶威廉·坦普尔爵士笔下"达到顶点",到18世纪时便已退却(见钱锺书:"China in the English Literature of the Seventeenth and Eighteenth Centuries",钱锺书《钱锺书英文文集》,外语教学与研究出版社2005年版,第111、129—130页)。但是,从17世纪上半叶到18世纪晚期之前,英国对于中国语言文字、自然哲学、政体法律、科举制度等均体现出不同程度的推崇。如托马斯·布朗、约翰·韦伯对中华语言、自然神论者对儒家世俗精神等不吝赞美;威廉·坦普尔盛赞中国的"哲人王"、政治体制、科举制度,尊崇孔子为最有智慧、最富学问和道德最高之士,将孔子的学说视为治理国家的准则——这与西欧的中国形象从17世纪中叶的"大中华帝国"到18世纪中叶的"孔教乌托邦"的过渡是一致的。在坦普尔之后,休谟、塞缪尔·约翰逊,尤其是哥尔斯密的《世界公民》(1762)均揄扬中国政体,推崇中国的科举制度(参见姜智芹《17—18世纪英国文人眼中的典范中国》,姜智芹《西镜东像》,中央编译出版社2014年版,第120—131页。)

段——从中古进入现代的过渡转型中——从自身文化向中国投射的不同欲望,用想象将后者美化成为具有价值标杆性质的文化乌托邦:早期资本主义世俗精神下对物质财富的渴求使"契丹传奇"中充满对中国器物、物质的膜拜;文艺复兴时期基于对合法制度与公正秩序的期待而将"大中华帝国"的行政、司法和教育制度视为理想楷模;启蒙哲学家出于对理想化伦理秩序的追求而在思想观念上用"孔教乌托邦"批判和改造欧洲现实①。当然,将从13世纪中期到18世纪中期西欧的中国形象划分为这样的三个阶段或三种话语类型是基于特定时代"典范性的文本"②,即从一段时期内作者不同、内容各异、类型庞杂的大量文本中挑选出来的流传最广、信息量最大、表述最清晰完整、被引用或复述最多的文本。也就是说,从中世纪晚期到启蒙时代中期西欧的中国形象绝非仅有"契丹传奇""大中华帝国""孔教乌托邦"这三种类型;这三者是在总结典范性文本所共同塑造的、反复言说的形象时归纳出的最具有支配性的、占据主导地位的形象或话语。此外,典范性文本对中国和中国人的形象再现具有"美化"或理想化、文过饰非的倾向,虽然叙述的并非"完美"的中国或中国人形象,但在作者乌托邦化的想象中、在对于自我欲望投射的期待视野中,"缺陷成为盲点"③,或被对其想要强调的形象特征的反复再现所遮蔽。如史景迁所言:欧洲宁愿看到的是不如亲历者所见到的真实,"但比他见到的更美好的中国";欧洲人内心所希望见到的正是一个"美化了的中国"④。

《画报》对中国的报道始于鸦片战争末期,与西欧普遍乌托邦化中国形象的时代已相去甚远。18世纪中期以降,西欧对中国的宏大叙事已发生从乌托邦化到意识形态化的剧变,加之记者、画家等亲历中国的所见所闻,在《画报》中已难寻觅被直白地美化的和理想化的中国人形象。但是,尽管显在性的承继极少体现,若细察文本,仍能发现《画报》对中国人形象的塑造潜在性地延续了启蒙时代前期西欧关于中国的乌托邦化想象,而中世纪晚期的三部著名游记——《马可·波罗游记》《曼德维尔游

---

① 参见周宁《西方的中国形象史:问题与领域》,《东南学术》2005年第1期。
② 周宁:《天朝遥远:西方的中国形象研究》上册,北京大学出版社2006年版,第25页。
③ 周宁著/编注:《第二人类》,学苑出版社2004年版,第27页。
④ [美]史景迁:《文化类同与文化利用——世界文化总体对话中的中国形象》,廖世奇、彭小樵译,北京大学出版社1990年版,第21页。

记》《鄂多立克东游录》中反复赞颂的契丹富庶奢侈的世俗生活与大汗无上的绝对君权等传奇化的想象则没有出现。

例如1842年8月6日《海德公园角的"万唐人物"展》一文对展出的成千上万件兼具"美观、珍稀、新颖和极度的独特性"① 的藏品赞不绝口，认为它们不仅赏心悦目，而且启迪心智，由此将参观展出的意义从欣赏器物的层面上升至"分析中国人的精神和道德品质"——展览乃是"整个中国的缩影"②。这从某种程度上反映出，即使是在第一次鸦片战争晚期的英国仍能感受到17世纪中叶至18世纪中叶曾流行于西欧文化生活中的泛中国崇拜，即"中国热"或"中国潮""中国风"的余温：从中国精巧奇异的器物和工艺装饰，精雅的亭台楼阁、雕梁画栋等园林艺术，到汉语的普遍性意义、中国人上至精英下到百姓对诗与美和冥想沉静的崇尚，再到孔夫子哲学主导下的道德哲学和开明君主制度，中国和中国人形象曾经既为西方人"新的感性生活"③、艺术风格提供了理想模型，又为启蒙哲学家提供了批判与改造自身的典范。尽管在19世纪40年代中国已褪去了神秘的面纱并露出贫困的、被掠夺的、被征服的底色，但在《画报》这篇对"万唐人物"展览的报道中，其行文论事与启蒙时代西欧"中国热"从器物、生活方式蔓延至审美趣味、哲学政治的脉络有某种程度的暗合。尤其考虑到英国的"中国热"曾集中在生活与艺术领域，记者对这些似乎已被湮没在历史中的珍稀奇巧、惊艳绝伦的器物的不吝赞美所泅出的是对中国人的异国情调式和浪漫化想象。这在一定程度上体现出了对一两个世纪之前英国和西欧对现实与理想交织中的中国和中国人想象的延续。

与之类似，《画报》对18世纪欧洲重农主义经济学派对中国的推崇之延续也有迹可循。例如，就丝绸、茶叶等中国农业文化的典型符号，《画报》不仅旁征博引权威性著述做出了较为详尽的介绍，而且图文并茂地呈现了从事相关生产的中国人的形象。1857年2月28日《中国速写》

---

① "The Chinese Collection, Hyde Park Corner", *The Illustrated London News*, August 6, 1842, p. 205.

② "The Chinese Collection, Hyde Park Corner", *The Illustrated London News*, August 6, 1842, p. 204.

③ 周宁著/编注：《世纪中国潮》，学苑出版社2004年版，第16页。

一文引用中国的养蚕古书中对"蚕母"的"奇特表述"① 和同时代通晓汉学、曾任港督兼英国驻华公使的德庇时所著《中国人》中对养蚕缫丝的描述，详细介绍了中国人精心细致的养蚕方式。所配插图（见图5.2）占据了半个版面，是对一家男女老少有条不紊、分工协作准备生丝的速写。该报道将农业生产置于上下敦睦、其乐融融的家庭生活氛围之中。在前文对清军军规的嘲讽和同版懒散的守街卫兵肖像的反衬之下，这篇图文更能激发读者对法国重农学派曾推崇的中国农民田园牧歌般的生活形象心生向往。同样，在1857年2月7日《中国速写》一文中，编者也分别摘引了于1808—1827年间担任英国东印度公司茶师（tea inspector）的塞缪尔·波尔（Samuel Ball）的《中国的茶叶种植与生产》（An Account of the Cultivation and Manufacture of Tea in China）一书、一本中文文献和《武夷山茶》（Vu Ye Shan Chy）来细述茶树的生长、茶叶的采摘、制作和包装等，较全面地向读者展示了这种"为中国人在世界上赢得声誉的"、对英国人而言也绝不可或缺的"奇妙植物的种植和制造"。更值得注意的是，编者不仅追溯了茶叶最早见诸"著名的哲学家和伟大的伦理学家孔子编纂的《诗经》之中"②，还指出茶叶因能减少人们对于烈酒的依赖而对伦理道德产生了重大影响，这与19世纪中叶英国社会对酗酒所致的伦理道德问题的高度关注相呼应。所配插图为中国画家绘制的《中国采茶女——根据一位中国画家的作品绘制》（见图5.3），画面却并未展现茶园中的辛苦劳作，而是以袅袅两株茶树为背景，衬托出垂首含笑、轻采茶叶的少女之优雅姿态，有如"娉娉袅袅十三余，豆蔻梢头二月初"，尽显自然淳朴、静谧祥和的美感。上述元素在同一篇报道中被串联起来，自然而然地从茶叶引申至哲学伦理，与以1667年基歇尔神父的《中国图说》问世为始，到1767年重农学派领袖魁奈（François Quesnay，1694—1774）的《中华帝国的专制制度》（Despotism in China）为终的，着重于儒家伦理、道德哲学的"孔夫子的中国"③ 形象一脉相承，也令读者再次联想起

---

① "Sketches from China", *The Illustrated London News*, February 28, 1857, p. 179.
② "Sketches from China. Chinese Woman Gathering Tea", *The Illustrated London News*, February 7, 1857, p. 114.
③ 周宁：《天朝遥远：西方的中国形象研究》上册，北京大学出版社2006年版，第75页。

第五章 《伦敦新闻画报》中晚清中国人形象的形成原因 ✳ 219

图 5.2 《中国的丝文化：准备生丝》①

① "Silk Culture in China: Preparing Raw Silk", *The Illustrated London News*, February 28, 1857, p. 179.

CHINESE WOMAN GATHERING TEA.—FROM A DRAWING BY A CHINESE ARTIST.

图 5.3 《中国采茶女——根据一位中国画家的作品绘制》①

---

① "Chinese Woman Gathering Tea—From a Drawing by a Chinese Artist", *The Illustrated London News*, February 7, 1857, p. 114.

一个世纪前西欧想象中自然、淳朴、温厚的中国人形象。在1873年2月22日《北京天坛》一文中，画家兼记者辛普森在介绍天坛之前，也对北京的其他皇家寺院有所着墨，尤其提到了在先农坛举行的，旨在为臣民们树立勤勉劳作榜样的中国皇帝春耕仪式以及目的相同的皇后和宫女们的亲蚕礼。显然，这与重农学派所倚重的杜赫德《中华帝国通史》中对中国"亲耕"仪式的叙述一脉相承——"每年春季，皇帝都会效仿这个伟大君主国的古代缔造者，很庄重地到田垄上躬身犁几块地，企图以身作则来激励农夫们更好地耕作。每个城市的官吏都举行同样的仪式。"① 相同的记载在马戛尔尼使团成员的中国行纪中也曾出现②。"亲耕"仪式曾在18世纪中下叶为欧洲王室纷纷效仿，例如1756年路易十五曾效仿举行亲耕；1764年老米拉波侯爵（Victor de Riquetti, marquis de Mirabeau, 1715—1789）的《乡村哲学》（*Philosophie Rurale*）一书扉页上印有乾隆皇帝的亲耕仪式插图；1768年春也出现了奥地利多芬王子扶犁的画像③。当然，辛普森已清楚地认识到曾为重农主义者推崇备至的"皇帝亲耕"实质上乃一时的时髦游戏，并无实效性："中国人当然是很好的农学家。我听说他们在这一领域广受称赞。但是，他们在这方面的高效率是否出于遵循了皇帝所设定的模式，我不能假装说是。"④ 这不禁令人联想到同是出自他笔下、同样身处隆重烦琐仪式之中，却仅作为符号存在的同治皇帝形象。

二 对丑化性想象的延续

如前所述，学者们一般认为在1750年前后，西欧对中国的意识形态化或丑化性想象即衰败的帝国形象基本成型。它逐步取代"文明之邦"的中国形象，并在19世纪达到高潮。与对中国的美化性想象中三种相继

---

① Jean-Baptiste Du Halde, *The General History of China*: Containing a Geographical, Historical, Chronological, Political and Physical Description of the Empire of China, Chinese-Tartary, Corea, and Thibet, Vol. 2, London: J. Watts, 1741, p. 119.

② 参见［英］约翰·巴罗《巴罗中国行纪》，［英］乔治·马戛尔尼、约翰·巴罗《马戛尔尼使团使华观感》，何高济、何毓宁译，商务印书馆2019年版，第372、422页。［英］斯当东《英使谒见乾隆纪实》，叶笃义译，商务印书馆1963年版，第326页。

③ 参见周宁《天朝遥远：西方的中国形象研究》上册，北京大学出版社2006年版，第124页。

④ "The Temple of Heaven, Pekin", *The Illustrated London News*, February 22, 1873, p. 186.

的、侧重于不同特征的全像有所区别，18世纪后期出现的否定性中国形象具体表现为"停滞的帝国""专制的帝国""野蛮的帝国"① 这三种共时的全像，与西方现代性宏大叙事中的核心概念——进步、自由与文明形成鲜明和全然的对立：通过与作为"他者"的"停滞"中国相对照，西欧的进步性和作为世界中心的优越感得以确认；在"专制"中国的反衬之下，西欧现代性的自由精神和民主制度的基础得以夯实；在凝视"衰败"中国的同时，西欧也全面反观自身的现代文明。因此，意识形态化的中国形象起到了"进可以为殖民扩张提供正义的理由"，即顺应现实中的西方现代资本主义扩张；"退可以让西方文明认同自身，引以为戒"②，即在观念上被作为建构西方现代性精神结构的参照体系的作用。其中，法国于18世纪、英德两国于19世纪占据了主导的话语权③。有的学者认为英国小说家笛福的《鲁滨孙历险记》（1719）应被视为负面的中国形象的起点④，也有学者将英国海军上将安森的《环球航行记》（1748）和法国哲学家孟德斯鸠的《论法的精神》（1748）视为否定的中国形象的标志性文本⑤。1793年马戛尔尼使团访华遭遇天朝封闭体制的拒斥，其回国后发表和出版的各种报道与书籍将停滞落后、愚昧堕落、野蛮腐败的中国形象大规模传播。这种较之小说、个人游记或哲学著作而言更具"纪实性"、群体性、具象性的文本使西欧的中国形象彻底脱离了耶稣会士的美化，发生了历史性的转折：西方最终从17—18世纪对中国的仰慕转为对中国的鄙视。到19世纪初，德国古典哲学家如孔多塞（《人类精神进步史表纲要》，1795）和黑格尔（《历史哲学》，1837）对"停滞的文明"做出了最完整的解释。黑格尔在《历史哲学》中强调中国文明的停滞性，它以"一种终古如此的固定的东西代替了一种真正的历史的东西"⑥，它既是历史的起点，又被排斥在世界历史之外。停滞衍生出原始、落后与野蛮，停

---

① 参见周宁《天朝遥远：西方的中国形象研究》上册，北京大学出版社2006年版，第287页。
② 周宁：《西方的中国形象史：问题与领域》，《东南学术》2005年第1期。
③ 参见周宁《〈世界的中国丛书〉总序》，李勇《西欧的中国形象》，人民出版社2010年版，总序第15页。
④ 参见李勇《西欧的中国形象》，人民出版社2010年版，第204页。
⑤ 参见周宁《西方的中国形象史：问题与领域》，《东南学术》2005年第1期。
⑥ ［德］黑格尔：《历史哲学》，王造时译，上海书店出版社2006年版，第110页。

第五章 《伦敦新闻画报》中晚清中国人形象的形成原因　✱　223

滞的中国形象成为"标准话语"①而被定型。在这一标准话语中，原本互为矛盾的乌托邦化与意识形态化话语被协调统一。即使耶稣会士笔下理想化的中国形象并非虚构，那也只停滞在过去。在进步的历史之滚滚洪流中，停滞的中国必然是落后的，也只能是落后的，因此，18世纪由商人、军人、外交人员等描述的负面的中国形象也是确有其事的②。

当然，应该强调的是，虽然能在18世纪中叶以后西欧负面的中国想象中找出如前所述的标志性文本或事件，但这种意识形态化形象的产生并非一夕突变。

一方面，16—17世纪已存在耶稣会士对于中国贫穷堕落的百姓、贪腐的官员、懦弱无能的军队等的叙述。例如门多萨的《大中华帝国志》为证明中国的完美与中国人的优秀将其缺陷文过饰非。它将中国军事上的孱弱合理化为中国人对和平的爱好，将中国人的铺张浪费美化为中国人富有无忧的表现，甚至对早已为西方人普遍诟病的中国人的自负与傲慢表示认可③。又如由金尼阁神父编撰的《利玛窦中国札记》（1615）在将中国形容为由哲人王统治的乌托邦之际，虽也叙述了中国人的虚伪、浪费、残暴、多疑怯懦、无知虚妄等"野蛮"的习俗和民族性④，但这些都因文艺复兴时期欧洲对"大中华帝国"优越制度文化的趋之若鹜而被视而不见。从18世纪初开始，这些曾被理想化中国的宏大叙事所遮蔽或美化性解读的阴暗面逐一显露，并被用以佐证中国的衰败落后。直到杜赫德的堪称塑造启蒙运动时代西方中国形象的代表性著作《中华帝国通史》问世，它较为全面地介绍了中国社会的光明面与阴暗面，使无论是中国的追捧者还是批判者都能从中找到印证自身观点的依据。

另一方面，对中国的丑化性想象是随着1750年前后西欧的新一轮扩张愈演愈烈的。"1750年前后在西方扩张史、东西方关系史和西方的中国形象史上，都是一个重要的转折点。"⑤之所以被称为"转折点"，是因为

---

① 周宁：《西方的中国形象史：问题与领域》，《东南学术》2005年第1期。
② 参见李勇《西欧的中国形象》，人民出版社2010年版，第210页。
③ 参见［西］门多萨撰《中华大帝国史》，何高济译，中华书局2013年版。
④ 参见［意］利玛窦、［比］金尼阁《利玛窦中国札记》，何高济、王遵仲、李申译，中华书局2010年版。
⑤ 周宁：《西方的中国形象史：问题与领域》，《东南学术》2005年第1期。

从这个时期开始的新的扩张体现出了西欧与中国的权力关系变化以及西欧自身现代性观念的转变。西欧在经历了16、17两个世纪的财富积累、产品出口的巨大扩张和资产阶级革命之后具备了殖民主义的先决条件①，特别是英帝国的初步崛起展示出了强大的经济、政治和军事实力。1757年普拉西战役之后，英国在印度建立殖民统治，将后者产出的鸦片运往中国贸易茶叶，随之扭转了三个世纪西方对华贸易的逆差。同时，印度也成为英国对华侵略的军事基地，为英国向中国的扩张源源不断地输出雇佣军和补给。与此同时，启蒙运动后期建构起的以西欧为中心的文化秩序用进步、自由和理性这三种西方现代文明的主体叙事将其他异域文明置于停滞落后、专制野蛮、愚昧迷信这些对立面。在后者中以中华帝国首当其冲——它从五个世纪以来被美化的乌托邦形象逐步堕入被意识形态化的深渊。

《画报》对西欧关于中国的丑化性想象的延续比对美化性想象的承继要表现得更为明显，在类型上也更为丰富。总体来说，《画报》在对中国人形象的负面的或意识形态化的塑造中体现了它对18世纪下半叶成型的西欧对衰败的中国形象中停滞、专制、野蛮的几个侧像的重述、渲染和具像化表达。一方面，在《画报》上负面的中国人形象中能明显看到先在文本对中国人丑化性想象的影子；另一方面，《画报》上负面的中国人形象作为新闻报道中的人物形象，它与时代不同、类型各异的文本中的中国人形象之间的相似之处又构成了某种程度上的互文关系。《画报》中的中国人形象通过提供相对真实、客观的新闻细节以及具有独立表征形象功能的图像载体，将衰败的中国这个全像塑造得更为全面、直观和深入人心，也为它的进一步定型起到了推波助澜的作用。

《画报》中战斗力低下的中国军队和一触即溃、遇敌辄奔的中国军人形象与西欧丑化性中国想象中的相关形象具有高度的一致性。可以说，前者对于清军在大多数战役中不战而逃、溃不成军、伤亡惨重的描述都是对后者的具像化表达。因此，《画报》中的这些形象是对从笛福、安森关于整个中国海军无法抵抗一艘欧洲战舰、所有中国骑兵无法抵御一支欧洲骑兵、百万中国步兵无法抵挡数万欧洲步兵的虚构性或主

---

① 参见［美］J. M. 布劳特《殖民者的世界模式》，谭荣根译，社会科学文献出版社2002年版，第252—254页。

观性极强的论断①的延续。它们也承继了马戛尔尼使团成员斯当东爵士、巴罗所观察到的清军武器装备落后，阿美士德使团成员埃利斯对中国百姓无论是天性、身体条件还是习俗都不适合作战，中国对于军事极度无知等论断②。同样，《画报》对中国地方官员的形象塑造也在很大程度上与18世纪以降西欧视野里负面的中国官员形象一脉相承。从《鲁滨孙历险记》中贪腐的北京城总督，到《环球航行记》中以权谋私、贪赃枉法、虚伪狡诈、欺软怕硬的广州官员，再到马戛尔尼使团成员见闻中"表面殷勤"却"内心猜疑""讲究礼节实则粗鲁""假谦逊真顽固"的朝廷各部官员极其贪婪腐败、暴虐成性③——可以说，这些形象在《画报》对中国地方官员群体的描绘中延续下来，并且集中体现在叶名琛的形象上。当然，《画报》再现的堕落麻木、无知荒唐的中国百姓形象更是对意识形态化中国想象中愚昧、野蛮的中国人形象的延续，此处不再赘述。

从门多萨笔下完美优越的大中华帝国的首脑、启蒙哲学家想象中开明君主专制的典范和"哲人王"，到意识形态化中国形象中专制主义暴政的统治者——皇帝形象凝聚了西欧对中国从美化性想象到丑化性想象的转变历程。在《画报》对道光、咸丰和同治这三位晚清皇帝的塑造中，也尤其体现出对中国皇帝及其专制统治的"祛魅化"。它与中世纪晚期欧洲游记对契丹大汗无尽的财富、无上的君权的反复传颂明显不同，也与17世纪末耶稣会士或莱布尼茨对康熙皇帝的推崇膜拜、伏尔泰对乾隆皇帝的讴歌赞颂等相去甚远。它更多地体现为对马戛尔尼使团访华之后传播的清朝皇帝形象的延续。因此，如白晋神父（Pere Joachim Bouvet，1656—1730）和莱布尼茨笔下康熙皇帝的德高望重、智慧非凡、开明宽容、公正勤勉、礼贤下士，

---

① 参见［英］丹尼尔·笛福《鲁滨孙历险记》，黄杲炘译，上海译文出版社1997年版，第387—403页。George Anson, *A Voyage Round the World*, in the Years MDCCXL, I, II, III, IV, London: John and Paul Knapton, 1748, pp. 345–417.

② 参见［英］斯当东《英使谒见乾隆纪实》，叶笃义译，商务印书馆1963年版，第462页。［英］约翰·巴罗《巴罗中国行纪》，［英］乔治·马戛尔尼、约翰·巴罗《马戛尔尼使团使华观感》，何高济、何毓宁译，商务印书馆2019年版，第378—380页。［英］亨利·埃利斯《阿美士德使团出使中国日志》，刘天路、刘甜甜译，商务印书馆2017年版，第174、296页。

③ ［英］乔治·马戛尔尼：《马戛尔尼勋爵私人日志》，［英］乔治·马戛尔尼、约翰·巴罗《马戛尔尼使团使华观感》，何高济、何毓宁译，商务印书馆2019年版，第6页。

"比其他所有的官僚都更有远见卓识"①，或伏尔泰所热情讴歌的"哲学王"乾隆皇帝"迷人"的诗句与思想、伟大的帝国治理——这些将中国皇帝奉为"最优秀的哲学家"②、开明君主专制的化身的表述在《画报》中的三位晚清皇帝身上荡然无存。如《巴罗中国行纪》在陈述写作目的时所言——若要"剥掉天朝华而不实的外衣，揭开传教士书里掩盖的朝廷伪装"③，清朝皇帝则首当其冲。曾经自称为"世界上唯一的君主和天子"的中国皇帝通过远离民众来"保留崇高身影"，其目的既在于"在背后运用权力"使其统治者的形象"更能打动人心，更令人生畏"，也在于掩盖其手握统治万民的权力却并不具有"高踞于凡人之上"④ 的施政智慧与能力的真相。

《画报》通过转述和评议鸦片战争后期道光皇帝颁发的处理"夷务"的诏令，塑造出屡受蒙蔽、对战情战况不察，而且矫饰颜面、恫疑虚喝的清朝最高统治者形象。皇帝的诏令绝不再是以伏尔泰为代表的中国仰慕者们口中的"几乎全是道德训诫与忠告"⑤，而是混杂着无能为力的沮丧、对清军能士气高涨而"必能剪除夷孽，扫荡海氛"⑥ 的幻想——只是色厉内荏的空洞口号。与之类似，《画报》中的咸丰皇帝形象也与马戛尔尼使团和阿美士德使团使华观感中的乾隆皇帝与嘉庆皇帝形象存在一定延续性。例如用咸丰皇帝在未有确凿证据的前提下将其怀疑的18个官员满门抄斩来凸显他身上典型的专制统治者的猜忌多疑——这在马戛尔尼使团成员对乾隆的印象中也有类似描述⑦。阿美士德使团成员亨利·埃利斯在遭遇嘉庆皇帝取消接见之后，毫不客气地将皇帝御旨斥为表述虚假、"前后

---

① 安文铸、关珠、张文珍编译：《莱布尼茨和中国》，福建人民出版社1993年版，第106—107页。

② ［法］艾田蒲：《中国之欧洲》下卷，许钧、钱林森译，广西师范大学出版社2008年版，第204页。

③ ［英］约翰·巴罗：《巴罗中国行纪》，［英］乔治·马戛尔尼、约翰·巴罗《马戛尔尼使团使华观感》，何高济、何毓宁译，商务印书馆2019年版，第119页。

④ ［英］约翰·巴罗：《巴罗中国行纪》，［英］乔治·马戛尔尼、约翰·巴罗《马戛尔尼使团使华观感》，何高济、何毓宁译，商务印书馆2019年版，第351页。

⑤ ［法］艾田蒲：《中国之欧洲》下卷，许钧、钱林森译，广西师范大学出版社2008年版，第204页。

⑥ "China", *The Illustrated London News*, November 12, 1842, p. 421.

⑦ 参见［英］约翰·巴罗《巴罗中国行纪》，［英］乔治·马戛尔尼、约翰·巴罗《马戛尔尼使团使华观感》，何高济、何毓宁译，商务印书馆2019年版，第258页。

矛盾",借此突出皇帝的"无能而反复无常""既怯懦又容易冲动"①。反观《画报》对咸丰皇帝的专题报道,其中虽没有如此直截了当的贬斥,但也用"看上去似乎果断而坚毅,可他又是如此轻信和容易受骗"② 来总结咸丰性情中矛盾冲突的特质和作为最高统治者的不审不察,与前者体现出一定的类似性。《画报》中道光、咸丰两位皇帝的形象也进一步瓦解了乌托邦化中国表述中作为"道德圣贤""昭昭明君"的中国皇帝形象。就《画报》对同治皇帝的报道而言,尽管篇幅远远超过道光、咸丰二位,但其形象被高度抽象化与符号化。这一方面体现为报道中同治皇帝出现的场合是如大婚、祭祀、外国公使觐见等各种典礼仪式——他作为"天子"这一符号与君主专制的政治机器捆绑在一起,并无个人自由,与赫尔德笔下受祖宗之法束缚的中国皇帝③、亨利·埃利斯口中作为"仪式的牺牲品"④ 的嘉庆皇帝等形象别无二致。另一方面,对同治皇帝的专题报道⑤反复渲染的语境是自马戛尔尼使团访华以来便一直存在的中西觐见"礼仪之争"及其结果,即西方代表在觐见中国皇帝时已经不必磕头。因此,此处的同治皇帝更象征着"有清以来二百年余列祖列宗之'旧制'"乃至中国数千年来华夏礼仪之"旧制"的"权威与根基"⑥ 已被西方现代文明严重撼动,也代表着意识形态化中国想象中停滞的帝国在西方现代文明侵入中的进退维谷。

第三节　英帝国意识形态与新闻媒介使命的混合

《画报》诞生与蓬勃发展的 19 世纪中叶,正是英国报业经历诽谤法案改革(1843)、"知识税"废除(1853—1861)的重要时期。多数学者强调,这意味着英国报业赢得了两个世纪以来对抗政府管制的最终胜

---

① [英]亨利·埃利斯:《阿美士德使团出使中国日志》,刘天路、刘甜甜译,商务印书馆 2017 年版,第 291—292 页。

② "Hien-Fou, Emperor of China", *The Illustrated London News*, October 13, 1860, p. 353.

③ 参见[德]赫尔德《中国》,陈爱政译,何兆武、柳卸林主编《中国形象——外国名人论中国文化》,中国人民大学出版社 2011 年版,第 139 页。

④ [英]亨利·埃利斯:《阿美士德使团出使中国日志》,刘天路、刘甜甜译,商务印书馆 2017 年版,第 212 页。

⑤ "The Emperor of China", *The Illustrated London News*, September 13, 1873, p. 253.

⑥ 王开玺:《试论中国跪拜礼仪的废除》,《史学集刊》2004 年第 2 期。

利——"一个独立于法律和财政控制之外的报业"①正欣欣向荣。几乎在同一时期,报业得到了广告这位"报业自由的助产士"的推动,依靠自身盈利摆脱国家和政党的补助,即在很大程度上摆脱了党派纷争,将更多的关注点放在了新闻本身,从而走向了独立和新闻自由②。但是,也有学者认为,19世纪中期的报业并未能够真正获得自由。尽管它摆脱了统治阶级的法律压制,却未能抵抗住市场对其产业结构的巨大改造力量,最终仍然沦为了社会管制的工具③。本书认为,仅就《画报》而言,它体现出了上述两种特质的糅合,既充当了反映统治阶级意识形态及其代表群体的利益的喉舌,又保持了一定的新闻独立与自由。与之相应,它对中国人形象的塑造体现出了矛盾性与冲突感。

一方面,当时的《画报》业已具备19世纪30年代由美国兴起的大众报刊的两个重要特点:其一,它是"新闻纸"而非从属于某个政党的"观点纸";其二,它的运营是高度市场化和企业化的④。《画报》除了在政治立场上必须迎合广告主以维持运营、获得盈利之外⑤,它作为大众传

---

① [英]詹姆斯·卡伦:《媒体与权力》,史安斌、董关鹏译,清华大学出版社2006年版,第102页。对于当时英国报业独立于法律和财政控制之外的观点还可参见 Richard D. Altick, *The English Common Reader: A Social History of the Mass Reading Public*, 1800 - 1900, Second Edition, Chicago: University of Chicago Press, 1957; Ivon Asquith, "Advertising and the Press in the Late Eighteenth and Early Nineteenth Centuries: James Perry and the Morning Chronicle 1790 - 1821", *The Historical Journal*, Vol. 18, No. 4, 1975, pp. 703 - 724.

② 参见[英]雷蒙德·威廉斯《漫长的革命》,倪伟译,上海人民出版社2012年版,第197—207页。

③ 参见[英]詹姆斯·卡伦《媒体与权力》,史安斌、董关鹏译,清华大学出版社2006年版,第104页。也见[英]詹姆斯·卡瑞、珍·辛顿《英国新闻史》,栾轶玫译,清华大学出版社2005年第6版,第21—32页。另有学者认为,既不能将大众传媒视为为公众提供信息和讨论公共事务从而推动民主发展的"第四阶级",也不能将其视为社会控制的部门。参见[英]凯文·威廉姆斯:《一天给我一桩谋杀案:英国大众传播史》,刘琛译,上海人民出版社2008年版,第11—13页。

④ 参见郭庆光《传播学教程》,中国人民大学出版社2011年第2版,第104页。

⑤ 维多利亚时代,在影响广告客户的决策上,政治因素比市场因素发挥着更大的作用。见[英]詹姆斯·卡瑞、珍·辛顿《英国新闻史》,栾轶玫译,清华大学出版社2005年第6版,第26页。《画报》的创始人赫伯特·英格拉姆对经济利益的追逐还曾被合作者诟病,说他"似乎一直只有两个目的——赚钱以及通过花钱来巩固他为自己获得的社会地位"。(Henry Vizetelly, *Glances Back Through Seventy Years: Autobiographical and Other Reminiscences*, London: K. Paul, Trench, Trübner & Co., 1893, p. 235.)

播媒介也不可避免地,抑或说是主动地承载着对统治阶级主流意识形态的传播功能,以此来获得社会资源、赢得生存与发展的空间。统治阶级主流意识形态是指马克思所说的在每一个时代中都"占统治地位"的"统治阶级的思想"①。意识形态作为"一种霸权话语","总是某种统治阶级的狭隘利益和独断话语的'修辞'方式,充当该阶级实现其统治的辩护工具";但其阶级属性通常被统治阶级以"一种替人类普遍利益而言说的虚假姿态"② 隐瞒起来。大众传媒在这个"隐瞒"的过程中发挥了重要作用。它并非将统治阶级的意识形态强加于从属阶级,而是将其包装成为"整个社会的'常识'和它居于其中的'情感结构'(structure of feeling)"③,从而制造出利益一体化的假象,并将其以潜移默化的方式灌输给大众,使大众发自内心地接受与认同,最终达到维护统治阶级意识形态的效果。那么,在本书所探讨的历史时期内,《画报》所传递的意识形态隶属于哪个"统治阶级"呢?

一般而言,将19世纪的英国社会以"三阶级论"划分为地主、资本家和工人这三个阶级较为贴合当时的社会现实④。其中,地主阶级(土地贵族)居于社会金字塔顶端,在占据物质财富、垄断国家权力方面均占有绝对优势。但是,《1832年改革法案》通过后,被赋予了政治权利的资产阶级迅速崛起、蓬勃发展。他们虽在当时尚未掌握全部权力,但不断地对土地贵族的垄断权发起了挑战。于是,贵族的权力在1867年议会改革之后大为削弱,并于19世纪末式微。因此,19世纪40年代初至70年代的英国"统治阶级"由土地贵族和资产阶级组成,而后者正处于"从经济到政治、从中央到地方、从文化到生活,在各个领域都逐渐主宰了英国社会"⑤ 的进步与扩张中。另需指出,在下文论述中将多以"中产阶级"指称"资产阶级"。一则"资产阶级"(bourgeoisie)一词源自法语,偏向于对财产的强调;英语中更倾向于使用"中产阶级"

---

① 《马克思恩格斯文集》第1卷,人民出版社2009年版,第550页。
② 何中华:《重读马克思》,山东人民出版社2009年版,第91页。
③ [英]大卫·麦克里兰:《意识形态》,孔兆政、蒋龙翔译,吉林人民出版社2005年第2版,第41页。
④ 参见刘成等《英国通史》第5卷,江苏人民出版社2016年版,第198页。
⑤ 刘成等:《英国通史》第5卷,江苏人民出版社2016年版,第210页。

（middle classes）来表达 19 世纪英国的同一社会群体。但在经济的内涵之外，也突出其在文化、社会、思想上的"中间地位"（middle）和自身结构的复杂性（体现为 class 的复数形式）①。而且已有的代表性研究在论及《画报》的价值取向、读者定位等时也并未严格区分二者，而是将两个名词混合使用②。

另一方面，《画报》作为商业报纸，其党派色彩相对淡薄一些，对中立性与客观性的追求和坚守（即使是在限定范围之内的）使它在一定程度上超越了"观点纸"。同时，它标榜自身的基调是绝对严肃且高雅的；它宣扬新闻自由和自主，肩负着真实、准确地报道新闻事件的使命——正如它在"发刊词"中宣称："从此以后，公众将在他们的视线之内、掌握之中，了解事件发生时的形式和存在及其所有实质性的现实，并掌握可见的和间接的证据。"这尤其体现在它引以为傲的图像报道中："如果这支钢笔曾被引向谬误的论点，那么这支铅笔至少必须具有真相的精神。"③ 即以写实的插图纠正文字的谬误，将中立和可信的新闻传播给读者。尽管在创刊初期其插图有"闭门造图"之嫌④，或因时效性的要求在刻版时以画家草图为基础，由多位雕版者分别雕刻自然风景、人像、天空等元素后再组合⑤，然而在日渐成熟之际，通过向海外派驻画家和与当地画家合作，该报对于插图——至少是草图的真实可信性拥有自信。例如，它在 1848 年掷地有声地回应了竞争者《笨拙》杂志对其插图真实性的质疑，声明其不惜财力，"不遗余力地从国内外最有能力和最著名的艺术家那里获得最真实的草图"，并乐意向任何心存疑虑之人提供

---

① 参见刘成等《英国通史》第 5 卷，江苏人民出版社 2016 年版，第 206—207 页。

② 例如 Peter W. Sinnema, *Dynamics of the Pictured Page: Representing the Nation in the Illustrated London News*, Hants, UK: Ashgate Publishing Limited, 1998; Andrea Korda, *Printing and Painting the News in Victorian London: The Graphic and Social Realism, 1869—1891*, Surrey, England: Ashgate, 2015.

③ "Our Address", *The Illustrated London News*, May 14, 1842, p. 1.

④ 例如 1842 年 5 月 4 日《画报》第一期封面《汉堡大火》的插图并非现场速写，而是来源于大英博物馆所藏汉堡市的海报，在此基础上添加了烟雾、焰火效果和围观者，参见 James Bishop, "The Story of the ILN", *The Illustrated London News*, May 1, 1992, p. 30.

⑤ See James Bishop, "The Story of the ILN", *The Illustrated London News*, May 1, 1992, p. 31.

"最令人满意的证据"①。虽然《画报》很难完全做到坚守中立性与客观性，但它对客观性与中立性的追求，却提高了其倾向性的表现艺术。

如此一来，《画报》便处于传播大英帝国意识形态与践行媒介使命的冲突与并行之中。就其对帝国视野中的非欧洲国家和人民的报道而言，可用《发刊词》中的另一句话为例来挖掘它的立场与方式："不论您厌恶或憎恨的主题是中国的怯懦还是阿富汗的背信弃义，您至少会掌握关于这两个国家尽可能多的历史性细节。在满足普遍好奇心的同时，也会缓解有亲戚朋友在上述场景和事件中的人在国内的自然焦虑。"②"懦弱的中国（人）"无疑是当时英国乃至西欧主流意识形态中的中国和中国人形象极其常见的侧像，也似乎成为《画报》中国报道的预设基调：它在维多利亚时代社会所倡导的"严格纪律和勇敢无畏"③ 中睥睨中国政府和百姓的怯懦。"有亲戚朋友在上述场景和事件中"则从侧面反映出当时英国社会各阶层，尤其是作为《画报》主要读者群体的中产阶级（以位居中产阶级上层的金融家、对外贸易商人、工业资本家为甚）、作为帝国扩张重要动力之一的传教团等与海外千丝万缕的联系④。而整句话的重点或落点明显不在"满足普遍好奇心"上，而是在缓解上述处于帝国有形和无形网络中的英国人对于海外事态的"自然焦虑"上。如何缓解？报纸明确提出的方法是读者应掌握相关"历史性细节"。相关细节从何而来？理想状态下，这应从报纸践行其媒介使命，为读者提供的将准确客观的文字与富有生命力、活力和可感性的图像有机结合的新闻报道中而来，也应从在19世纪备受推崇的"编辑自由"理念引导下的自由自主的社论中而来。然而，这样的"历史性细节"最可能见诸报端之时是在英中关系平稳之际，即在不列颠人民或许并不焦虑的时候。一旦局势紧张动荡，能抚慰人心的新闻报道不太可能是对

---

① "London, Saturday, July 22, 1848—'Looking into the Middle of Next Week'", The Illustrated London News, July 22, 1848, p. 38.

② "Our Address", The Illustrated London News, May 14, 1842, p. 1.

③ ［美］克莱顿·罗伯茨、［美］戴维·罗伯茨、［美］道格拉斯·R. 比松：《英国史·下册，1688年—现在》，潘兴明等译，商务印书馆2013年版，第291页。

④ 参见［英］P. J. 马歇尔主编《剑桥插图大英帝国史》，樊新志译，世界知识出版社2004年版，第143页。

两国争端和作为"他者"的别国人民（尤其是非欧洲人民）的真实反映或不偏不倚的叙述。此时，《画报》最可能和最可行的做法是在为超越党派之争的帝国利益和统治阶级利益提供合法化依据的意识形态框架之内，为读者奉上"具有真相精神"的图文报道和细节描述。这无疑要求它在对西方自我价值观的承继之时又有所背离，看上去难免自相矛盾。事实上，在《画报》的国内报道中就体现出了看似矛盾的立场：它既"纪念英国的商业精神"，又"坚定站在劳苦大众一边"①。但是，它又能够调和这种矛盾立场——基于它对于"真相"的不同标准，它将今天被认为是相互抵牾的各种话语毫无问题地融合在一起②。由于这些"真相"皆来自报纸对知识与权力的话语生产，无论其标准如何，也便都成了"当时的真相"③。

  雷蒙·道森曾指出，欧洲视野中的中国形象犹如"变色龙"般变幻多样，其原因并非中国形象自身的变化不定，而在于对它进行阐释的欧洲知识史的进展、欧洲社会自身需求的变化和欧洲文化自我意识的变迁④。因此，本节将进一步聚焦于《画报》所处的广阔的政治、经济、文化、外交关系背景，从中探寻它在塑造不同中国人形象时所参照的不同"真相标准"，并纵深挖掘差异产生的原因。这也意味着从《画报》中或褒或贬、或扬或抑的中国人形象出发，解析其背后占统治或主导地位的意识形态与报纸自身媒介使命之间动态的相互作用：商业利益至上与新闻客观的博弈；鼓吹民族优越性与新闻中立的拉锯；中产阶级定位与新闻写实的结合。值得指出的是，这三个方面并非彼此隔绝，也不可能被断然割裂。无论是其中涉及的帝国主义、殖民主义⑤，抑或是报纸的目标

---

① "A Glance at the Session", *The Illustrated London News*, July 2, 1842, p. 113.

② See Peter W. Sinnema, "Reading Nation and Class in the First Decade of the Illustrated London News", *Victorian Periodicals Review*, Vol. 28, No. 2, Summer 1995, pp. 136–152.

③ Marie-Christine Leps, *Apprehending the Criminal: The Production of Deviance in Nineteenth-Century Discourse*, Durham: Duke University Press, 1992, p. 115.

④ 参见［英］雷蒙·道森《中国变色龙——对于欧洲中国文明观的分析》，常绍民、明毅译，中华书局2006年版。

⑤ 有学者认为，帝国主义与殖民主义几乎属于同义词，仅有细微差异。See Margaret Kohn and Kavita Reddy, "Colonialism", Edward N. Zalta & Uri Nodelman eds., *The Stanford Encyclopedia of Philosophy* (Spring 2023), https://plato.stanford.edu/archives/spr2023/entries/colonialism/.

读者群体——与土地贵族实现政治联盟并跻身为统治阶级的中产阶级之利益偏向、价值取向、审美偏好，还是新闻公正、客观和写实，它们均不可能泾渭分明。因此，下文各部分论述旨在侧重从某一个角度分析，并无相互独立之意。

一 商业利益至上与新闻客观的博弈

英国在被工业革命的滚滚巨轮推进19世纪之后，迎来了历史上全盛发展的"光辉岁月"：工业革命完成后，技术的进步、工厂制度的建立和经济结构的变化使英国建立起纺织、钢铁、煤炭、机器制造业、交通运输五大工业部门，垄断世界工业；农业在1846年《谷物法》废除后经历改良和结构调整，也在维多利亚时代中期进入最繁荣时期；自由贸易政策的确立、海外市场的开拓为其大宗工业品的输出和大宗原料、粮食的输入大开方便之门——英国在19世纪中叶成为"世界工厂"和世界贸易的中心；拿破仑战争后，英国确立了海上霸主的地位[1]。英国作为帝国主义的先驱，在1870年之前，其政治、经济、文化、制度、宗教、语言等便已随着英帝国不断扩张的版图传播到了北美洲、加勒比海、非洲撒哈拉沙漠以南、印度次大陆、澳大拉西亚、东南亚和太平洋地区[2]。

19世纪中期正值英国海外帝国的平稳扩张时期。此间英国统治阶级偏重对海外进行"非正式影响"[3]，而非"正式统治"，倚重海军霸权、政治影响和商业渗透来控制"最适合被并入帝国经济体的地区"。更确切地说，这一时期的帝国扩张除了在必要的时刻进行"有形扩张"之外，其他时候尽可能使用"自由贸易"等"无形扩张"的手段来扩大其"非正式帝国"的版图——这便是所谓的"自由贸易帝国

---

[1] 参见刘成等《英国通史》第5卷，江苏人民出版社2016年版，第1—4页。

[2] 参见［英］P. J. 马歇尔主编《剑桥插图大英帝国史》，樊新志译，世界知识出版社2004年版，第18—43页。

[3] See Timothy Parsons, *The British Imperial Century, 1815—1914: A World History Perspective*, Maryland, U.S.A.: Rowman & Littlefield Publishes, Inc., 1999, pp. 3 - 4.

主义"①。当然，此处的"自由贸易"是相对于近代早期英国基于重商主义用暴力手段扩大殖民地并对其实行垄断性贸易而言的②。"自由贸易帝国主义"则是以英国强大的工业生产力作为新的殖民力量，利用贸易、投资或外交建立的关系，通常辅以不平等条约和定期武装干预，不经过直接殖民扩张和垄断统治而获得殖民扩张的效果——拓展英国的海外市场、原材料产地与贸易特权，并实现帝国海外利益的最大化③。19 世纪中叶，"自由贸易"成为英国外交政策的指导思想。即使这段时期英国海外扩张的动力具有多样性，包括"功利主义、基督教福音派、反奴隶制"④ 等，但其最大动机和终极追求仍然可被浓缩为两个关键词——"自由贸易"与"商业利益"。若进一步聚焦于 19 世纪 40 年代至 70 年代英中两国之间的最重大冲突即第二次鸦片战争，则不可简单地将其缘由归于英国意欲打开中国市场来进行"自由贸易"。对于这个问题，黄宇和早已用逻辑严密、证据扎实的史学研究，极具说服力地从各方面证明了第二次鸦片战争的驱动力归根结底是"英国要迫使清政府将违禁的鸦片贸易合法化，并

---

① "有形扩张"即通过殖民占领、正式兼并，实现对殖民地明确的主权转移和直接的行政控制，将其纳入"正式帝国"版图；"无形扩张"则主要依赖"自由贸易帝国主义"。"非正式帝国"是相对于英国"有形扩张"下的领土范围即"正式帝国"而言的。最早对这个词赋予权威性的是在 C. R. Fay, "The Movement Towards Free Trade, 1820 – 1853", in J. Holland Rose, A. P. Newton and E. A. Benians, eds. *The Cambridge History of the British Empire*, Vol. 2, London and New York: Cambridge University Press, 1940, p. 399. 史学上对这个概念存在一定的争议，但本书主要采用它来突出 19 世纪中国于英帝国而言区别于殖民地的关系：中国虽处于英国的主权控制之外，却是后者直接或间接行使主导的政治和经济影响的地区之一，是英国"非正式帝国"的一部分。对"自由贸易帝国主义"作出最权威论述的是 John Gallagher and Ronald Robinson, "The Imperialism of Free Trade", *The Economic History Review*, New Series, Vol. 6, No. 1, 1953, pp. 1 – 15. 代表性反对观点为"绅士资本主义"，见 P. J. Cain and A. G. Hopkins, *British Imperialism: Innovation and Expansion, 1688—1914*, London: Longman, 1993.

② See C. P. Hill, *British Economic and Social History, 1700—1795*, London: Edward Arnold, 1970, p. 55.

③ See John Darwin, "Imperialism and the Victorians: The Dynamics of Territorial Expansion", *The English Historical Review*, Vol. 112, No. 447, June 1997, pp. 614 – 642. 又见卢玲玲《近代英国"自由贸易帝国主义"的形成及影响》，《外国问题研究》2017 年第 2 期。

④ John Darwin, "Imperialism and the Victorians: The Dynamics of Territorial Expansion", *The English Historical Review*, Vol. 112, No. 447, June 1997, pp. 614 – 642.

借此扩大英国在华的合法贸易"①。因此,更确切地说,19世纪中叶英国所谓的"自由贸易"是要将"决策者眼中实实在在的国家利益"② 最大化,而非实现"自由贸易"或其他类似的抽象概念。有鉴于此,在廓清《画报》对中国人的报道中所承载和传递的统治阶级意识形态时,最重要的依据是当时英国所欲在华实现的最终目的,即实现帝国商业利益的最大化。对于用来实现该目的的手段——无论是"自由贸易"还是"鸦片贸易",本书不再做进一步的分辨,以免将问题不必要地复杂化。

《画报》和同时期的其他报纸一样,在塑造读者群体的"政治意识和世俗主义"③ 中发挥着重要作用。它"煽动思想之战,分化观念之争"④,使公民因知晓政治事件而在历史上首次转变成为政治人物,也使政治得以与宗教分庭抗礼而成为普通人主要的思想关注点。当然,此处的"政治"并非党派之争,而是与英国本土及帝国利益密切相关的,与英国人的民族认同和帝国认同紧密联系的,对英国公民家庭生活具有重大影响的各种内政外交政策及相关思想观念。在此意义上,《画报》为19世纪的读者构建了以英国本土为中心、以帝国为主体的世界,编织了对于"英国性"和"不列颠帝国"的认同感。与之相应的是,在它关于晚清中国人的新闻报道中,对人物形象的塑造大部分都服从于一个目的——维护和拓展至高无上的帝国利益,也就是以帝国的商业利益最大化为核心,辅以其他多重的私人利益和英—印次帝国利益的混合,如宗教、人道主义、科学、战略、投机、移民,等等⑤。其中,帝国商业利益的最大化也是它所传播的统治阶级意识形态的核心。当然,就新闻报道而言,将意识形态直白地宣之于纸上的做法较为罕见,更为常见的是在新闻的客观立场表相之下用倾

---

① J. Y. Wong, *Deadly Dreams*: *Opium*, *Imperialism and the Arrow War* (1856—1860) *in China*, Cambridge: Cambridge University Press, 1998, p. 455.

② J. Y. Wong, *Deadly Dreams*: *Opium*, *Imperialism and the Arrow War* (1856—1860) *in China*, Cambridge: Cambridge University Press, 1998, p. 433.

③ Paul Hockings, "Disasters Drawn: The Illustrated London News in the Mid – 19th Century", *Visual Anthropology*, Vol. 28, No. 1, 2015, pp. 21 – 50.

④ Peter Watson, *Ideas*: *A History of Thought and Invention*, *from Fire to Freud*, New York: Harper Collins Publishers, 2005, p. 705.

⑤ See John Darwin, "Imperialism and the Victorians: The Dynamics of Territorial Expansion", *The English Historical Review*, Vol. 112, No. 447, June 1997, pp. 614 – 642.

向性的叙述将意识形态表现出来。相较而言,《画报》中新闻评论(社论)对其立场表现得相对明确。若将它与同一时期的新闻报道结合参照细读,则会对探寻中国人形象背后的意识形态大有裨益。同时,《画报》在鼓吹高于一切、先于一切的帝国商业利益之余,也在某些叙述中体现出了其引以为豪的新闻报道的客观性,对近乎压倒一切的意识形态起到了一定的中和作用。

以帝国商业利益至上作为首要切入点,能为思考《画报》中各具特色的晚清中国人形象的成因带来不同层面的启发。值得注意的是,与英帝国的荣誉和尊严以及不列颠民族的优越感相较而言,贸易及商业利益同人物形象塑造之间的联结较为含蓄、隐秘。但是,通览1842—1876年《画报》中的中国人形象,可以梳理出一个大致的倾向:凡涉及英中商业关系的人物,无论是个体或群体,无论是直接相关或间接相关,他们是以正面形象还是负面形象出现,基本上取决于其是否有利于英国在华商业利益:有利者,则多为"美化性"想象;阻碍者,则多以"丑化性"想象见报。其中,最引人注目的便是《画报》在总体趋势上始终倾向于将中国百姓与清政府及其官员对立起来。尽管《画报》对于双方都不乏负面的再现,但若处于贸易与商业利益的语境之中,中国百姓多被塑造为对英人友善,乐于与之交往的形象;而清政府、官员则因一味闭关锁国而被再现为固执僵化、面目可憎的形象。

在第一次鸦片战争的尾声,《画报》向读者介绍了1842年5月被英军攻占的浙东小城——乍浦。尽管这是一座"在英国最好的地图上也难觅踪迹"的城镇,但《画报》重在向读者呈现那里"井然有序、彬彬有礼的居民"[①]。报道引用了在几年前曾到过此地的英国鸦片船大副的日记,其中叙述了乍浦的民风淳朴和百姓们对作为"不速之客"的英国鸦片商人的以礼相待。事实上,由于在乍浦一役中遭受当地驻防八旗官兵的殊死抵抗,英军付出了9死55伤的较大代价,死伤人数"为鸦片战争历次战斗的第3位"[②]。那么,《画报》缘何对恶战只字未提,反而强调乍浦百姓

[①] "China, —Description of Chapoo", *The Illustrated London News*, October 15, 1842, p. 356.
[②] 茅海建:《天朝的崩溃:鸦片战争再研究》(修订版),生活·读书·新知三联书店2014年版,第430页。

的知礼守节与友善待客呢？细读文本可发现，对乍浦居民的美好再现以乍浦作为船舶往来络绎不绝、繁荣昌盛的对日贸易集散地为背景。因此，《画报》对当地居民的美化性再现或为客观描述，但也不能无视乍浦被英军攻陷后成为英国潜在的贸易港口这一前景：守秩序、重礼仪、欢迎贸易的百姓形象无疑为读者们打下一剂强心针。同理，1845年在外交舞台上长袖善舞的耆英形象，开放兼容、亲近英国的广州行商形象，1866年带领中国使团访英的才华横溢、见多识广、思想开明的斌椿形象，等等，都或多或少地因为有利于英帝国在华商业利益而受到了不同程度的美化。尤其是作为"中土西来第一人"的斌椿，《画报》称他肩负着"向四亿人慷慨地介绍英国的商业"这一"具有重大意义"① 的任务。对斌椿使团的报道具有不容忽视的时代背景，即1858年《天津条约》和1860年《北京条约》签订之后，《画报》不止一次向读者强调了中国市场对于英帝国贸易与商业利益扩张的不可或缺性。例如，它认识到，"如此多的英国臣民实际上已经融入了那个帝国；如此多的资本已被投入与该国的贸易中；如此多它的商品已被改造来适应我们的生活习惯；简而言之，中国无疑是我们的市场之一，我们的统治者至少有义务为我们维护在其土地上已经取得的控制权"②；它感叹《天津条约》"为我们开辟了多么广阔的前景！贸易扩张的空间何其巨大！它带来了多么无穷无尽的新资源啊！……其影响可能是不可估量的，超越了发现美洲之后的影响"③。那么，要使中国进一步打开国门，更大地发挥其作为英帝国"自由贸易"市场的作用，就必须敲碎中国人"妄自尊大的硬壳"，消除他们对西方民族的"无知和憎恶"④，必须使西方"文明及其果实"——"机车、铁路、蒸汽船、廉价报纸、高顶礼帽"⑤ 进入中国（前三项均为英国向中国内陆腹地扩张、进一步攫取商业利益的利器），也就必然要求斌椿这位"使团"核心人物的形象在身份上具有权威性，在性格上具有开放性，在认知上具有开明性。

《画报》在第二次鸦片战争期间，则更为明确地将广州百姓与清朝官

---

① "Echoes of the Week", *The Illustrated London News*, June 9, 1866, p. 559.
② "China", *The Illustrated London News*, July 21, 1860, p. 48.
③ "Return of Lord Elgin from China", *The Illustrated London News*, April 13, 1861, p. 328.
④ "The Chinese Mission", *The Illustrated London News*, June 23, 1866, p. 609.
⑤ "Echoes of the Week", *The Illustrated London News*, June 2, 1866, p. 542.

方截然对立,并直白道出缘由:当地百姓"以最顽强的毅力努力推进他们与外国人的贸易",而"盗贼般的官员"①却对此百般阻挠,禁止百姓与英国人接触。因此,不论是在特派画家兼记者沃格曼的笔下,还是在编辑的社论中,被反复强调的均为英国的敌人是清政府及其代言者——以两广总督叶名琛为首的官员,绝非广州百姓②。因此,清政府的僵化排外、叶名琛的顽固不化都被反复渲染,产生令人不齿甚至憎恶的效果③。而对广州百姓,无论现实中他们长达 15 年的反对英国人入城的斗争如何令英方头疼④,《画报》对其形象塑造的基线始终是他们对英方并无敌意:在战争打响之后的第一篇报道中立即说明广州的百姓似乎并未与英国人对立⑤——即使后者炮轰了他们的家园;借久居中国、对中国认识较深且毫无偏见的英国人之口认证中国人民对外国人并不排斥,人民在"本质上热衷于贸易和商业","把所有的精力都投入到自己的生意上"——那么在开埠最早的广州,其人民自然更是如此。哪怕报道中用"野蛮嗜血"来形容广州人,但反复强调的仍然是普通百姓"一点也不反对我们占领广州"⑥,因此,"野蛮嗜血"的只能是官僚和士兵。广州百姓文明友善,热衷于商业贸易,对英国人并无敌对情绪甚至乐于与之交往的形象固然在一定程度上来自记者兼画家的亲身经历,具有基于客观事实上的"真相"成分,但是对它的反复言说更与广州作为英中贸易重地所承载的巨大商业价值密不可分。正如 1857 年 7 月 18 日题为"广州"的评论毫不掩饰地写道:"广州必定始终是一个非常重要的地方,因为它是广东和广西这两个南方省份的主要港口。两广是清帝国最富裕、人口最稠密的两个省份。其

---

① "The War in China", *The Illustrated London News*, February 7, 1857, p. 104.

② See "Bombardment of Canton", *The Illustrated London News*, January 10, 1857, pp. 4 – 6; "Sketches from China", *The Illustrated London News*, July 18, 1857, pp. 73 – 74.

③ See "China", *The Illustrated London News*, July 21, 1860, pp. 47 – 48; "The War with China", *The Illustrated London News*, January 17, 1857, pp. 38 – 39; "The War with China", *The Illustrated London News*, January 24, 1857, pp. 74 – 76; "The War with China", *The Illustrated London News*, February 21, 1857 – 02 – 21, pp. 170 – 172.

④ 广州各阶层人民坚决反对外国人进入广州城的斗争从 1842 年 8 月《南京条约》签订开始,一直持续到 1857 年 12 月英法联军攻占广州为止。参见茅海建《近代的尺度:两次鸦片战争军事与外交》(增订本),生活·读书·新知三联书店 2011 年版,第 113 页。

⑤ See "Bombardment of Canton", *The Illustrated London News*, January 10, 1857, pp. 4 – 6.

⑥ "Sketches from China", *The Illustrated London News*, July 18, 1857, pp. 73 – 74.

居民的确动荡不安、治理不善，但他们的智力、勤劳和进取精神都是出类拔萃的。"① "动荡不安""治理不善"看似与文明友善相矛盾，但这明显源于清政府的无能而非人民自身的问题。何况评论的重点在于广州具有主要港口的地理位置，具有最富裕和最稠密的人口作为市场，具有在智力、劳力、进取心上均出类拔萃的居民作为商业伙伴——所有一切都与促进英帝国在华的商业利益紧密挂钩，都和《画报》对友好对外的百姓形象的反复渲染相一致。《画报》在其中的意识形态引导不言而喻。

当然，本书反复强调，意识形态中的英帝国商业利益至上与新闻报道中对中国人形象书写的客观立场并不能截然分开。它们多融合于同一篇报道中或关于同一个主题的报道中，分别体现为隐性或显性，并且相互博弈。但是，也有新闻对自由与客观的坚持在一定程度上超越了英国在华商业利益诉求的情况。这集中体现在《画报》于第二次鸦片战争中后期对中国"鸦片鬼"形象的塑造中。须知印度鸦片一直是英国对华"最有利可图的出口商品"②，鸦片贸易也正是英国统治者发动第二次鸦片战争的最根本原因。事实上，《画报》早期对于鸦片贸易本身以及从事鸦片贸易的东印度公司不置可否，反而将批判的矛头指向清朝官员在鸦片走私中的利益侵犯、敲诈和作弊行为以及清政府没收英国人财产，"不分青红皂白地对无辜者和罪犯施以惩罚"的失当举措。对于中国的"鸦片鬼"，则以"至于中国人在身体或智力结构上是否有什么特殊之处，导致他们比任何其他民族都更沉迷于吸食鸦片，与本文无关"③ 一笔带过，所配插图也仅为一人吸食鸦片的场景，并未包含更多信息或价值判断。尽管这与西欧宏大叙事中认为中国人因愚昧、消极、软弱而沉溺于吸食鸦片④有所区别，即未用吸食鸦片来从种族上丑化中国人，但是也正因为其中"鸦片鬼"形象的负面性被极度淡化，于是鸦片贸易对于中国的危害也变得不痛不

---

① "Canton", *The Illustrated London News*, July 18, 1857, p. 74.

② Timothy Parsons, *The British Imperial Century, 1815—1914: A World History Perspective*, Maryland, U. S. A.: Rowman & Littlefield Publishes, Inc., 1999, p. 18.

③ "The Opium Trade", *The Illustrated London News*, July 8, 1843, p. 21.

④ 参见周宁《天朝遥远：西方的中国形象研究》下册，北京大学出版社2006年版，第734页。

痒，甚至为第一次鸦片战争赋予了反抗清政府官员的恶行、捍卫"自由贸易"的正义性。然而，1858 年 11 月 20 日的《画报》刊出了特派画家兼记者所绘的鸦片馆素描插图和文字报道，以图文结合的方式再现了瘦成皮包骨的白痴般的"鸦片鬼"，以其极度堕落、麻木不仁的形象渲染了吸食鸦片对人的身体和精神带来的严重危害，直观地证明了"鸦片已经造成了中国人民的苦难和道德沦丧"①。1858 年 12 月 18 日，《画报》更以整版组图辅以文字作为对前一篇报道的补遗，进一步"说明吸食鸦片的恶果"②。六幅大型插图以"鸦片鬼"的"堕落历程"这一时间轴串联起来，各代表关键的时间节点，从上到下、从左至右地形成"系列图像叙事"③，从制作鸦片浸膏的过程开始，展示了包括"鸦片鬼"从家境殷实到典当衣物、贱卖家产、向妻女乞讨买鸦片的钱，再到最后于贫病交加中早逝的惨剧。组图画面极为生动写实，将"鸦片鬼"的痛苦无助、堕落悲惨描绘得淋漓尽致，给读者以极大的视觉冲击。编者于文字叙述中保证，"这些插图绝无任何夸张之处"，并痛斥鸦片贸易为"英属东印度政府名誉上的一个污点"，呼吁怀有善良意愿的人"都必须衷心地希望制止这种给无数中国家庭带来贫穷和死亡的鸦片贸易"④。1857—1858 年，鸦片收入是整个英属印度的第二大收入来源，"超过第三和第四大收入（盐和关税）三倍多"，更因其征收成本比任何其他收入都要低，于是"鸦片收入成为所有收入中最具价值的"⑤。但是，其获利者绝不限于当时负债累累的英属印度。鸦片对于英国当局和整个帝国的经济利益而言也至关重要：

  它不仅有助于平衡英国对中国的贸易，而且产生了巨额利润；它资助了英帝国在印度的扩张和维护；它为印度洋沿岸国家之间的贸易网络提供了急需的白银；它促进了孟买和其他印度城市的发展；它使

---

 ① "Sketches from China", *The Illustrated London News*, November 20, 1858, p. 483.
 ② "The Opium-Smoker's Progress", *The Illustrated London News*, December 18, 1858, p. 574.
 ③ 参见尤迪勇《图像叙事：空间的时间化》，《江西社会科学》2007 年第 9 期。
 ④ "The Opium-Smoker's Progress", *The Illustrated London News*, December 18, 1858, p. 575.
 ⑤ J. Y. Wong, *Deadly Dreams: Opium, Imperialism and the Arrow War (1856—1860) in China*, Cambridge: Cambridge University Press, 1998, p. 396.

英国能够以极低的初始成本从中国获得茶叶和生丝，这对英国的全球收支平衡有很大帮助。①

可以说，整个英帝国的经济利益在很大程度上都依赖于鸦片贸易。那么，《画报》用真实的堕落悲惨的"鸦片鬼"形象，用鸦片对中国人民的身心毒害这一客观真相试图唤起读者的良知，以激发其同情心和同理心来呼吁政府停止鸦片贸易，无疑体现了其出于对新闻客观性的坚守而对当时的统治阶级意识形态的某种超越。当然，这种超越较为有限——其矛头所指向的是英属东印度政府而非英国政府，与 1857 年 3 月沙夫茨伯里伯爵（Anthony Ashley-Cooper, 7th Earl of Shaftesbury, 1801—1885）提出的切断英国政府与鸦片贸易之间联系的动议②具有一致性，也和当时《笨拙》杂志对切断英国与鸦片贸易的联系，将后者转嫁到印度③的呼吁颇为相似。但即便如此，也决不可抹杀《画报》出于维多利亚时代自由主义良心的新闻客观立场的意义所在。

二 不列颠民族优越与新闻中立的拉锯

19 世纪"光辉岁月"中的英国人，尤其是在维多利亚时代中期"创造了一个巨大的丰饶角（cornucopia）"④的英国人，大多数对于帝国的认同感极强，对于不列颠民族的优越性坚信不疑。正如美国历史学家詹姆斯·特拉斯洛·亚当斯（James Truslow Adams）笔下 1851 年万国博览会上的英国人那样，他们面对"英帝国所领导的神奇世界的图景"⑤，

---

① J. Y. Wong, *Deadly Dreams: Opium, Imperialism and the Arrow War (1856—1860) in China*, Cambridge: Cambridge University Press, 1998, pp. 411 – 412.

② See "Motion for Opinion of the Judges", Hansard Parliamentary Debates, March 9, 1857, Vol. 144, Column 2049, https://api.parliament.uk/historic-hansard/lords/1857/mar/09/motion-for-opinion-of-the-judges.

③ See "Government Lawyers on Smuggled Opium", *Punch, or the London Charivari*, March 28, 1857, p. 129.

④ ［美］克莱顿·罗伯茨、［美］戴维·罗伯茨、［美］道格拉斯·R. 比松：《英国史·下册，1688 年—现在》，潘兴明等译，商务印书馆 2013 年版，第 228 页。

⑤ ［美］詹姆斯·特拉斯洛·亚当斯：《重铸大英帝国：从美国独立到第二次世界大战》，覃辉银译，广西师范大学出版社 2018 年版，第 160 页。

胸中必定洋溢着"乐观主义"和"自我满足感"①。当然，不列颠民族的优越感早在18世纪中叶就已体现出来。如爱尔兰政治家埃德蒙·伯克（Edmund Burke，1729—1797）在1774年面对布里斯托的选民们激情澎湃地宣告："我们是这个伟大国家的成员，但这个国家本身又是一个伟大帝国的一部分。我们用高尚的道德和物质财富把这个帝国扩展到遥远的东西方。"②1793年，马戛尔尼使团便已怀抱着展示"值得中国人敬重和接待"的民族优越性的目的访华，其中包括"英民族的艺术和文明生活成就所达到的完美高度"、英人"有望促进社会交流和自由贸易"的生活方式、英国"伟大强盛"却不恃强凌弱反而"宽宏大量"③的宽广胸怀。若说启蒙运动时期的英国人因受"普遍主义"影响，认为民族之间的不同仅在于环境和教育程度之差而非种族之间的本质之别，在彰显自身巨大的民族优越感之时尚未明确地用"劣等"一词指称非欧洲民族和种族的话，那么在19世纪中期以后，尤其是在1857年印度兵变的影响下，社会达尔文主义和伪科学种族主义用"遗传"代替了"环境"，用"适者生存"与"优胜劣汰"来为具有"种族优越性"的白人用优秀先进的西方文明淘汰"劣等的"有色人种及其"落后停滞"的文明赋予了必然性与正当性④。在物质与文化上都尽显优越的英帝国必须也必然以科学技术（特别是在工业、医学和通信领域）的进步为基础，以"自由贸易帝国主义"为盾，以先进的现代军事技术为矛，以福音派基督教为助力，承担起"教化""管理"和"拯救"非欧洲民族的"责任"与"义务"。

进一步聚焦于19世纪40年代至70年代的英中关系不难发现，在以欧洲文明形象为标尺的衡量之下，在用"欧洲的范畴、类别"对中国文

---

① ［美］詹姆斯·特拉斯洛·亚当斯：《重铸大英帝国：从美国独立到第二次世界大战》，覃辉银译，广西师范大学出版社2018年版，第158页。

② ［英］P. J. 马歇尔主编：《剑桥插图大英帝国史》，樊新志译，世界知识出版社2004年版，第311页。

③ ［英］乔治·马戛尔尼：《马戛尔尼勋爵私人日志》，［英］乔治·马戛尔尼、约翰·巴罗《马戛尔尼使团使华观感》，何高济、何毓宁译，商务印书馆2019年版，第10页。

④ See Ronald Hyam, *Understanding the British Empire*, Cambridge, UK: Cambridge University Press, 2010, pp. 29 - 30;［英］P. J. 马歇尔主编《剑桥插图大英帝国史》，樊新志译，世界知识出版社2004年版，第209页。

明进行"粗鄙的分析"①之后,进步、自由、文明的不列颠民族将晚清中国及其人民置于他们的截然对立面——停滞、专制和野蛮中。对于这个"他者",英帝国必须征服但不能明目张胆地"侵略";必须开放其市场,但还得避免其放弃主权而成为帝国的累赘。于是,英帝国主义者高呼"自由贸易"的口号,挥舞着传播上帝福音、实施精神拯救的大旗,其中裹挟着鸦片贸易与"炮舰外交",来将中国并入其"非正式帝国"的版图。

《画报》对于这一意识形态毫不讳言,甚至称得上是大吹大擂。它在对中国人的第一篇图文报道《中国的道光皇帝》中就大肆鼓吹捍卫不列颠民族尊严与优越感的必要性,将第一次鸦片战争的原因归结于英方长期以来饱受"地球上最软弱、最傲慢的政府之一"②——清政府的侮辱,故在忍无可忍之际必须一雪前耻。在对第一次鸦片战争的总结中,它将此次战争定性为英国人打破了几个世纪以来笼罩在与世隔绝的中国之上的"无知与迷信",引领中国"享受更为宽广之文明的自由,并进入无比宏伟之前景"的"正义"之举,顺带着实现英国政治和商业影响力在华"巨大的、无与伦比的"扩张③。而在第二次鸦片战争之初,它更宣告这是"基督教与异教之间、光明与黑暗之间、启蒙与无知之间、大胆的思想发展和更可悲的迷信的可怜残存之间的敌对关系";它预言"由于英国人不断侵入闭关自守的中国领土,文明的浪潮将以不可抗拒之势滚滚而来",任何力量都无法阻挡不列颠民族的"光束以不断增强的辐射力照射到中华帝国的核心"④。显然,这是进一步用传播基督教教义、启蒙、进步思想等英国文明的优越性来彻底遮掩统治者利用第二次鸦片战争扩张中国市场、促进鸦片贸易的实质。

那么,在遭遇清政府以及中国人民意欲将其拒之门外或驱逐出去时,如何能够将对"自由贸易帝国主义"政策的贯彻——在必要时诉诸武力,

---

① [英]雷蒙·道森:《中国变色龙——对于欧洲中国文明观的分析》,常绍民、明毅译,中华书局2006年版,第194页。

② "Taou Kwang, The Emperor of China", *The Illustrated London News*, June 4, 1842, p. 56.

③ "The Chinese Empire", *The Illustrated London News*, December 3, 1842, p. 469.

④ "Tombs of the Chinese Emperors at Ningpo", *The Illustrated London News*, May 2, 1857, p. 402.

用暴力威吓以得到自由贸易权——继续隐藏在"文明的浪潮"之下，如何赋予其正义性与正当性，则是对《画报》意识形态传播的考验。从《画报》对中国人形象的塑造来看，它以维护英帝国和不列颠民族的骄傲、尊严与优越感为主旨，大致从两个方面展开：其一，它与同时期英国其他许多"极有影响的有关中国的舆论制造者"一样，以宣传清政府及其官员、士兵的恶行劣性诸如傲慢排外、抗拒变化、出尔反尔、野蛮残酷、贪生怕死、唯利是图等来证明实行"惩戒性的暴力行动"①的合法性，亦即"规训惩戒"的正当性；其二，它一再将普通的中国百姓与清政府划清界限，反复渲染前者的悲惨境遇、愚昧麻木，即强调"拯救教化"的必要性。于是，中国人形象为这一意识形态的传播起到了推波助澜的重要作用。但值得注意的是，尽管《画报》要力证"规训惩戒"或"拯救教化"的必要性和正当性，但总的来说它对中国人形象的塑造避免了陷入极端化的怪圈，也没有夹带过多的种族主义话语，而是有所克制地在各种冲突要素之间中和与平衡，在一定程度上体现了其新闻的中立性。

《画报》一直以来对于清朝统治阶级以"天朝上国"自居的傲慢自大及其对英帝国的轻慢蔑视可谓恨之入骨。如它在第一次鸦片战争结束 5 年之后对英国商馆与广州官方之间的小冲突借题发挥，愤愤不平地将其严重性上升到两个种族之间的对抗："在人类历史上，从未有一个强大的种族屈从于反复无常、蛮横无礼的弱小种族的例子"；不列颠民族决不可再忍耐侮辱，而应该狠狠地教训中国——先瓦解它的傲慢，再用暴力惩戒。"（中国）仿佛是宇宙间所有的孩子都聚集在一起，为自己建立了一个国家，并且认为傲慢和恶作剧很有男子气概，沉迷其中，达到令人无法忍受的程度。直到他们的一些父亲不再选择忍受，介入进来，把他们荒谬的社会结构全部踢掉，让他们服从于一个真正的、健康的权威。"②用"孩子"与"恶作剧"将中国的统治阶层与中华文明幼儿化，意在否定中国统治阶层的官方权威性，并将中华文明贬低到人类文明的幼稚、初级阶段。这个意象与黑格尔认为的建立在家长制奴役基础上的，由被奴役且只知服从

---

① ［英］蓝诗玲：《鸦片战争》，刘悦斌译，新星出版社 2020 年第 2 版，第 332 页。
② "War in China", *The Illustrated London News*, June 26, 1847, pp. 401–402.

的幼儿般的国民组成的,以无自由主体、无独立精神的"幼年文化"为标志的停滞的中国形象如出一辙。区别在于黑格尔笔下中国的皇帝具有绝对的皇权,是"政府的基础",更是臣民的"严父"①;而在《画报》的这篇社论中,包括皇帝在内的中国统治者自身都已被矮化为孩子,"严父"则另有其人——以不列颠民族为首的欧洲列强。他们要用暴力破坏中国原有的社会结构,使其服从于以优越的英国文明为代表的欧洲文明这一"真正的、健康的权威"。

作为"孩子",怎可蔑视"父亲"的尊严,漠视"父亲"的优越甚至反抗"父亲"的权威呢?结合这一点,能对《画报》中的清朝皇帝、官员和士兵形象在另一个层面上做出阐释。例如,道光皇帝的无知盲目、咸丰皇帝的轻信多疑、同治皇帝在觐见公使时犹如被大人围住时的备受胁迫;清军的一触即溃、遇敌辄奔、软弱无力;中国地方官员的阴险狡诈、两面三刀等,这些形象都能找到落脚点——他们如同幼儿一般蒙昧无知、软弱无能、捣蛋胡闹。这些都应该由具有绝对优越性与权威性的不列颠民族来规训和惩戒。其中,最具代表性、最引人瞩目的则是叶名琛形象。1856年10月8日的"亚罗号"事件被《画报》《泰晤士报》和《晨邮报》(The Morning Post)等英国影响较大的报纸歪曲为清政府及其官员对英帝国和不列颠民族荣誉与自尊的明火执仗的践踏。如果说该事件是英国政府借以发动第二次鸦片战争的导火索,那么叶名琛则被塑造为一切灾难的始作俑者。若反复强调他在"亚罗号"事件后不仅不道歉,还对英方要求一再无视、杜绝合作,在广州被炮轰之后仍然拒不让步这一系列"厚颜无耻""刚愎自用"的恶行尚不足以煽动英国人民的愤怒,那么就再追溯他于广州反入城斗争中一以贯之的强硬排外、在与英方交涉中长久以来的虚与委蛇和迂回延宕等令人痛恨的手段,极力渲染此人的冥顽不灵。若还有人对"亚罗号"事件的真相有所怀疑,或对巴夏礼、包令和西马縻各厘等人的处理方式有所质疑②,那么就将曾在16个月之前刊载

---

① [德]黑格尔:《历史哲学》,王造时译,上海书店出版社2006年版,第114页。
② 主要体现在1857年2月24—26日英国上议院的辩论以及1857年2月26日—3月3日下议院的辩论中。黄宇和已对两者有详细的记录与分析,See J. Y. Wong, *Deadly Dreams*: *Opium, Imperialism and the Arrow War (1856—1860) in China*, Cambridge: Cambridge University Press, 1998, pp. 174–215.

过的记者来信《中国的恐怖暴行》①再次刊登。其内容一字未改，只不过这次加上了编者按语，说明此举是为了再次提醒"在议会内外的叶总督崇拜者"和"那些出于派系之争及不爱国的目的，将中国人说成是……最人道和最文明的人"②，特别是德比勋爵③，要认清叶名琛是怎样一个"血腥恶魔"。于是，原信中未曾指名道姓的"中国官员们"（the Mandarins）在1855年2月至9月间砍掉六七万人脑袋，将刑场的地面变成几英寸厚的血泥混合物的嗜血暴行都被归于叶名琛一人名下，"如此残忍、恶心、可怕的场面"④难道还不足以震撼普通读者，还不能够震慑议会中的反战人士吗？对这种妄自尊大，作为"孩子"竟然比"父亲"还具优越感的人，对这种将不列颠民族尊严与荣光踩在脚下，对英帝国进行了一连串的"侮辱"，其"恶意"和"傲慢"昭然若揭的人怎能不狠狠教训？再考虑到他的嗜杀成性，若不用暴力的手段，如何才能有效地惩戒他？于是，《画报》集中火力攻击叶名琛，认为"叶氏——一个既故意作梗又顽固不化的人——应对所造成的一切恶果负上全部责任"⑤。这样一来，只有巴麦尊勋爵的政策才能够有效地对叶名琛以暴制暴、严格惩戒，才能"坚定而诚实地维护民族荣誉和国家权利"，也才是维护不列颠民族优越性和"神圣不可侵犯性"⑥的最有效之举。

不列颠民族的优越性还需要在对普通中国百姓的"拯救教化"中体现出来。《画报》一直倾向于将普通的中国百姓与清政府划清界限。这不仅体现在它反复叙述两者对待英国人的迥异态度，还集中反映在它不断强调英帝国的敌对目标是清政府，而不是中国人民；所要惩戒的是清朝皇帝和朝廷，而不是普通百姓；甚至英国的炮舰都是要来将中国百姓从清朝贪官的残酷统治之下拯救出去——毕竟许多老百姓"也非常乐意摆脱暴虐的统治者——清朝官员们"⑦。于是，因生活贫困潦倒而堕落的百姓形象

---

① "Horrible Atrocities in China", *The Illustrated London News*, November 17, 1855, p. 592.
② "Horrible Atrocities in China", *The Illustrated London News*, March 7, 1857, p. 204.
③ 德比勋爵（Edward Smith-Stanley, 14th Earl of Derby, 1799—1869）是在上议院辩论中带头对巴夏礼、包令等在华官员以及巴麦尊内阁借"亚罗号"事件发动战争提出质疑的代表人物。
④ "Horrible Atrocities in China", *The Illustrated London News*, March 7, 1857, p. 204.
⑤ "The Chinese War", *The Illustrated London News*, February 14, 1857, p. 127.
⑥ "Turbulence and Aggression", *The Illustrated London News*, March 14, 1857, pp. 231–232.
⑦ "The War in China", *The Illustrated London News*, February 27, 1858, p. 222.

所指向的是清政府的腐败无能和官员们的残忍暴虐；因数历战乱之苦而麻木的百姓形象所承载的也不是对英帝国"炮舰外交"的批判——他们的凄惨只是"正义"战争必然的附带伤害；反而，更强调了由优越的不列颠民族来拯救中国人民的必要性。此外，在宗教上单纯愚昧地崇拜偶像①，在道德行为上堕落残忍的中国百姓形象所折射的是长久以来的与外界隔绝，被统治者歧视、压榨②，或是受到了统治阶级的竭力挑唆③所结成的恶果。这些形象所诉求的是有一个"奉行基督教的人道的政府"④对中国人民施行有力的、公正的而且强硬的统治。然而事实证明，清政府是无法担此重任的，它"虽然不完全是骗局或神话，却几乎无能为力。其愚蠢程度令人钦佩，其自负与笨拙相媲美"⑤，并且充满了惰性。若要英国政府取而代之对中国实施殖民统治，又与其一直以来遵循的对华的"非帝国主义"政策背道而驰，尤其于帝国的经济利益有弊无利。但是，无法接管中国并不意味着不能教化中国人。1859年3月10日的《对华传教团》这则新闻在报道伦敦传教会（London Missionary Society）扩大在华传教范围的动议获得通过时，借沙夫茨伯里伯爵之口道出了该报的立场："上帝的英明神谕"使中华帝国向欧美的科学、自由和宗教影响开放；福音派教会的庄严职责在于"采用最好的方式将传教会的影响扩展到中华帝国的广大民众中去"⑥。因此，中国百姓形象中的低劣、未开化、堕落残忍等"野蛮性"所呼唤的正是福音派基督教传教士们用基督教、西式教育、医疗机构等来传播不列颠民族优越的文化、文明成果及价值观，实现对他们的教化。

那么，《画报》在如此张扬地传播不列颠民族优越意识形态之时是否保留了一定程度上的新闻中立呢？如前所述，该报在大多数情况下不可避免地以欧洲文明的标尺来区隔"自我"和"他者"，用从中产生的不列颠民族优越感为规训惩戒清朝统治者和拯救教化普通百姓提供正义性和正当

---

① See "Sketches in China", *The Illustrated London News*, March 15, 1873, p. 254.
② See "The War in China", *The Illustrated London News*, February 27, 1858, pp. 220 – 222.
③ See "China and Her Customers", *The Illustrated London News*, September 24, 1870, p. 310.
④ "Sketches in China", *The Illustrated London News*, June 5, 1858, p. 569.
⑤ "The Cantonese", *The Illustrated London News*, October 16, 1858, p. 347.
⑥ "Missions to China", *The Illustrated London News*, March 19, 1859, p. 275.

性。但需要注意的是，即使是在19世纪中期之后社会达尔文主义和种族主义日益泛滥的大环境中，该报对晚清中国人形象的塑造也并未陷入典型的种族主义话语中。

以《画报》对叶名琛形象的塑造为例。尽管它大书特书其强硬顽固、虚伪多诈、残忍嗜杀，极力地将其污名化，毫不掩饰对他的恐惧与仇恨，但是与将他的形象"动物化"或"异类化"（包括漫画化和丑化）仍有一定区别。"动物化"是种族主义者惯用于将中国人劣等化、野蛮化的手段①，也是"西方人表现殖民扩张的'合理性'的策略"②。《画报》在反复言其顽固不化、厚颜无耻、残暴嗜血的同时，亦有部分新闻报道为他的某些行为提供了前因后果，赋予了其行为一定程度的合理性。更大的差异体现在《画报》对叶名琛画像的选用上。这幅画像根据颇有造诣的中国画家的作品绘制，而非1858年在英国本土流传最广的由英海军陆战队克利乐少校（Major Crealock）于叶氏被俘时所绘制的侧像速写③。《画报》插图中的叶名琛身着朝服，儒雅威严，颇有气度；克利乐的速写中叶氏眼露凶光，表情狰狞。克利乐的画像被《香港纪录报》讽刺为画家在作画前一定吃了生牛排和生洋葱以唤起可怕的幻想，并在胃部紊乱的情况下绘制了草图——这才可能画出如此脱离事实的素描④。对于叶名琛的外貌，《画报》在文字报道中未曾着墨，也没有引用在叶名琛被俘后采访过他的《泰晤士报》记者柯克书中那一系列将其相貌丑化和漫画化的描写。由此可见，该报在对叶名琛形象的塑造中依然保留了一定程度的中立性。它在对叶名琛进行攻击时，矛头指向的是叶氏作为两广总督在对外交涉和地方治理中的种种"恶行"，而不是他作为一个中国人的有异于西方人的特征；它是要呼吁不列颠民族对叶名琛及其代表的清政府进行惩罚和训诫，而不是通过将叶氏丑陋化、漫画化，将他变得怪诞、荒谬以提供否定或消

---

① 周宁：《天朝遥远：西方的中国形象研究》下册，北京大学出版社2006年版，第775、786页。

② 周宁著/编注：《第二人类》，学苑出版社2004年版，第111页。

③ 该图题为"叶氏，他于广州被俘时的速写，H. H. 克利乐绘，1858年1月"，见https://m2.bonhams.com/auctions/26404/lot/35/#/!。

④ See J. Y. Wong, *Deadly Dreams*: *Opium*, *Imperialism and the Arrow War* (*1856—1860*) *in China*, Cambridge: Cambridge University Press, 1998, p. 127.

第五章 《伦敦新闻画报》中晚清中国人形象的形成原因 ❋ 249

灭他个人的正义性与合理性。与之类似，《画报》在叙述清军一触即溃的同时也对他们军费吃紧、武器落后、战斗力弱、军规严明但并未遵守等进行了报道，特别是在评价常胜军时写道"只要领导得当，中国人也能成为纪律严明、英勇善战的好士兵"①。这样一来，清军遇敌辄奔的怯懦便与种族主义或殖民主义话语中因种族上的"劣等"而导致的软弱可欺切割开来②。

同样，《画报》虽通过塑造愚昧、堕落和麻木的中国百姓形象以鼓吹由不列颠民族来对其施以拯救、教化的必要性，但它同样再现了大量正面的例如勤劳坚韧、健康活泼、乐观向上的中国人形象。尤其在记者兼画家亲历中国、深入民间之后，他们笔下的普通百姓形象与西欧社会集体想象中被丑陋化、异类化和漫画化的中国人形象大相径庭。例如，沃格曼笔下聪慧的、天赋惊人的中国人，长着最明亮眼睛的令人赏心悦目的中国孩子，最漂亮最优雅的船家女子，在田间地头快乐劳作的健壮农民，在春节舞龙庆祝、欢乐畅饮的广州居民，家庭生活中自得其乐的男男女女，冰上快乐嬉戏的中国少年③；还有辛普森笔下慵懒闲适、养鸟玩鸟的北京男人，观看街头木偶戏的孩子④；等等。他们与19世纪"野蛮的中国人形象"这个原型及其特点——"猪眼、大肚子、狡猾的笑容、动作呆板机械、吃老鼠、撒谎"⑤等相去甚远。这些中国百姓显然并不需要被拯救，也未必需要受到教化。

此外，尽管在沃格曼和辛普森的叙述中，"中国佬约翰"（John Chinaman）或"中国佬"（Chinaman）被非常频繁地用于指称中国人，但它

---

① "Illustrations from Shanghai", *The Illustrated London News*, August 29, 1863, p. 223.
② 参见周宁《天朝遥远：西方的中国形象研究》下册，北京大学出版社2006年版，第790—791页。
③ 分别见于 "Sketches in China", *The Illustrated London News*, July 25, 1857, pp. 88 – 89; "Sketches from China", *The Illustrated London News*, July 18, 1857, pp. 73 – 74; "Sketches in China", *The Illustrated London News*, July 25, 1857, pp. 88 – 89; "The China New Year", *The Illustrated London News*, January 12, 1861, pp. 43, 45; "Domestic Life in China", *The Illustrated London News*, January 12, 1861, pp. 43 – 44; "Sketches from Pekin", *The Illustrated London News*, February 23, 1861, p. 170.
④ 分别见于 "Street Scene in Pekin", *The Illustrated London News*, September 13, 1873, p. 256; "Sketches in China", *The Illustrated London News*, March 22, 1873, pp. 264 – 265.
⑤ 周宁：《天朝遥远：西方的中国形象研究》下册，北京大学出版社2006年版，第791页。

与更为人熟知的，即1858年4月10日《笨拙》杂志上所载《广州之歌》中的"中国佬约翰"这个套话有明显区别，后者被冠以"天生流氓""纯粹混蛋""残酷顽固""猪眼猪尾""以老鼠、狗、蜗牛、蛇为三餐""肮脏""狡诈"① 等极具夸张性和污蔑性的形容词。从沃格曼笔下这个词出现的语境来看，在绝大多数情况下并不需要"中国佬"套话所承载的中国人"阴险邪恶""道德沦丧"等社会集体想象来为读者快速把握中国人的形象提供铺垫。少数需要以这类原型作为理解基础的情况则是在作者澄清他的亲眼所见不同于此原型形象之时，例如他对中国人吃狗肉的反驳②。何况沃格曼通常将"中国佬约翰"与广州人对外国人的蔑称——"番鬼"（Fanqui）搭配使用，在第一人称叙事中用它来指称英国人自己。有学者认为，这类概念所体现的是中英双方彼此排斥、互不吸引的情绪，为的是强化东西方之间不可调和的分歧③。但笔者认为，"中国佬约翰"和"番鬼"同时被使用，是在用戏谑的口吻表达嘲讽与自嘲的情绪。其效果反而是对两个词所承载的恶意的中和，是对两者背后的社会集体想象的消解，最终突出它们之间的某些共通性。例如沃格曼曾写道："中国佬（John）正在赚钱，番鬼（Fanqui）也是如此。大家都很开心，都把对方当作朋友，因为除了钱，他们还有什么想要的呢？"④ 在辛普森对旧金山的中国移民的报道中，同样也使用了"中国佬"和"中国佬约翰"这两个词来指称报道的对象，甚至借用了"异教徒中国佬"（Heathen Chinese）这个之前未曾出现的套话。美国人社会集体想象中的"中国佬约翰"和"异教徒中国佬"均出自19世纪70年代美国作家布勒特·哈特（Bret Harte, 1836—1902）笔下。"中国佬约翰"着重突出华人劳工"怪异、诡秘，不可理解，讲一口洋泾浜英语，其表面的愚蠢、木讷掩盖的是本质的邪恶和诡计多端"，反映的是因华人劳工吃苦耐劳、勤恳节俭而对

---

① See "A Chanson for Canton", *Punch, or the London Charivari*, April 10, 1858, p. 151.
② See "Sketches from China", *The Illustrated London News*, July 18, 1857, pp. 73-74.
③ See Ross G. Forman, *China and the Victorian Imagination: Empires Entwined*, Cambridge: Cambridge University Press, 2013, p. 15.
④ "Sketches in China", *The Illustrated London News*, June 26, 1858, p. 638. Chinaman 和 Fanqui 与同样被频繁用于指称中国人的"天朝人"（Celestials）和指称英国人的"蛮夷"（Barbarians）稍有区别。后两者更含有讽刺坐井观天的中国人以天朝子民自居，瞧不起代表欧洲现代文明的英国人的意味。

美国白人造成了"生存威胁",故遭受了美国公众的敌对;"异教徒中国佬"突出的则是中国移民的"非基督徒"性质,强调的是其精神上的邪恶与堕落①。辛普森虽然在其文字叙述中使用了这两个套话,但所再现的是既为适应异国文化做出了部分改变,又保留了自身传统的善良、勤劳、节俭的中国移民形象。更重要的是,辛普森一针见血地指出,美国社会将"中国佬"贴上"国家的诅咒"和"一切的破坏者"的标签,对中国人形象极端丑化,正是出于他们对中国移民作为廉价劳动力而具有的极强竞争力的恐惧,因此只要知道"中国佬不会成为美国人",就能够平息他们所有的焦虑。辛普森对于"异教徒中国佬"这个套话同样也做了辨析,认为"中国佬"不论是在美国还是在中国都一样,都纯粹是异教徒,但这并非源于他们的智力低下或品德恶劣,只是出于他们"对除自己的制度之外的所有制度都不屑一顾"②。因此,辛普森笔下的"中国佬"和"异教徒中国佬"与同时期美国文学与文化中的套话可谓名同实异。他塑造的中国移民形象也不同于 19 世纪最后几十年间通行于英、美、澳大利亚、加拿大等国的"中国佬约翰"这一刻板印象:后者将勤劳、温顺、在帝国劳动体系中居于从属地位的"苦力"形象与暴力、奸诈、道德低下的"狡猾的中国佬"(cunning Chinaman)形象糅合在一起,被强加于每一个中国移民身上③。相较之下,《画报》中的"中国佬约翰"和"异教徒中国佬"形象体现出了难能可贵的新闻中立性。

概而论之,虽然《画报》极力鼓吹不列颠民族的优越性,利用所塑造的中国人形象来印证规训、惩戒清朝统治者的正当性与正义性,以及拯救、教化中国百姓的必要性与必然性,但是它在再现中国人形象时既未过度使用种族主义的话语将中国人彻底地贬低为低劣种族,也未过度丑化或怪诞化或荒谬化中国人形象以巩固英帝国臣民的荣耀感或优越感,它仍然坚持了一定程度的新闻中立性。

---

① 姜智芹:《欲望化他者:西方文学中的中国形象》,《国外文学》2004 年第 1 期。
② "The Chinese in San Francisco", *The Illustrated London News*, January 23, 1875, p. 82.
③ See Sascha Auerbach, *Race, Law, and "The Chinese Puzzle" in Imperial Britain*, New York: Palgrave Macmillan, 2009, p. 18.

三 中产阶级定位对新闻写实的调和

《1832年改革法案》通过之后,英国贵族垄断权力的壁垒被打破,中产阶级在政治上崭露头角,"成为掌握权力的年轻搭档"①;1846年《谷物法》的废除不仅使原本居于"议会大厅后面的中产阶级"走到幕前,"分享英国的领导权"②,而且使他们逐渐形成对共同经济利益的认同与表达,体现为他们在19世纪50年代对自由贸易、劳动力自由买卖等的共同诉求③。在1867年议会改革后,贵族的权力进一步被分摊给了中产阶级,后者共同的政治利益意识明显已经成熟。因此,英国中产阶级在工业化、城市化中持续进步与扩张,成为维多利亚时代社会当之无愧的中流砥柱:他们是"国家的财富和智慧,是英国国民的荣耀"④。在本书考察的时间段之内,《画报》定价为6便士,这对于19世纪中期的英国工人阶级而言是难以负担的⑤。这从侧面证实了该报的目标读者群体不可能是无产阶级,而是在当时英国的政治、经济和文化领域都已成为中坚力量的中产阶级群体,更确切地说是英格兰的中产阶级家庭。

该报在创刊一个半月之后的颇有些自吹自擂的广告中明确指出:"《伦敦新闻画报》是一份家庭新闻画报",而且是发行量最大的"唯一一家家庭报纸"。同时,在"帝国所有以远销为目标的周刊中,它在体面性上(respectability)排名第一"⑥。所谓"体面性",一方面是迎合中产阶级的思想意识、观念态度,尤其是其敏感的情感;另一方面则是承担起维多利亚时代处于艺术最高阶层的历史绘画的使命,"投身于人类事务的浩瀚海洋,不仅用铅笔和錾刀描绘当今发生的事情,而且描绘人类的情感、

---

① [美]克莱顿·罗伯茨、[美]戴维·罗伯茨、[美]道格拉斯·R. 比松:《英国史·下册,1688年—现在》,潘兴明等译,商务印书馆2013年版,第201页。
② [美]克莱顿·罗伯茨、[美]戴维·罗伯茨、[美]道格拉斯·R. 比松:《英国史·下册,1688年—现在》,潘兴明等译,商务印书馆2013年版,第215页。
③ 参见刘成等《英国通史》第5卷,江苏人民出版社2016年版,第205页。
④ Henry, Lord Brougham, *Speeches on Social and Political Subjects*, with Historical Introductions, Vol. 2, London and Glasgow: Richard Griffin and Company, 1857, p. 373.
⑤ See Peter W. Sinnema, *Dynamics of the Pictured Page: Representing the Nation in the Illustrated London News*, Hants, UK: Ashgate Publishing Limited, 1998, p. 16.
⑥ "The Illustrated London News", *The Illustrated London News*, July 2, 1842, p. 127.

激情、欲望以及不朽灵魂的才能"①，也就是"通过艺术的普遍性、真实性和完整性来渗透人们的思想并提升他们的能力"②，从而实现道德教育的目的。在《画报》1843年第二卷的卷首语中，它更为明确地界定了其"真正的、忠诚的、有影响力的"读者群体正是"英格兰的体面的家庭"，为了他们，该报必须"保证专栏的纯洁性不容侵犯、至高无上"。它同时强调，自身所坚持的价值观是备受认可的："在公共美德的广泛原则下，没有任何一个阶层的异见者不支持我们所遵守的所有好人都认同的、无可争议的道德和基督教准则。"③ 它所采用的木雕版画本身也是它增强"中产阶级特色"的核心。这些版画笔触细腻、制作精良，"正是中产阶级读者期望看到的用于描绘他们的世界的手段"④。因此，综合而论，《画报》的定位可被概括为：它以英国体面的中产阶级家庭为主要读者群体，以中产阶级得体合宜的伦理道德为价值观，以高雅严肃的艺术传统为审美倾向，以用艺术对读者进行道德教育为目标，作用于维多利亚时代流行的易感和感伤情绪。

从《画报》对英国本土的新闻报道来看，其中产阶级定位集中体现为它所呈现的多是伟大而体面的人物及其聚集的场景、旨在提升道德与教育情感的事件，尤其关注帝国家庭生活中的"舒适、快乐、情感与自由"⑤。鉴于中产阶级体面的家庭对高雅出版物的向往，《画报》中"抚慰人心而又振奋精神的"⑥ 图片报道无疑满足了他们的偏好。也正因为此，英国社会中的"鄙陋"（vulgar poverty）⑦ 几乎不会得到展示。但同时，它作为新闻媒体也无法完全回避当时备受关注的社会灾难，如自然灾害、火车事故、灾荒饥馑等。在对这些事件的报道中，它或倾向于与新闻

---

① "Our First Anniversary", *The Illustrated London News*, May 27, 1843, p. 347.

② Celina Fox, "The Development of Social Reportage in English Periodical Illustration During the 1840s and Early 1850s", *Past & Present*, No. 74, February 1977, pp. 90–111.

③ "Preface to Vol. II", *The Illustrated London News*, July 7 to June 24, 1843, p. iv.

④ Gerry Beegan, *The Mass Image: A Social History of Photomechanical Reproduction in Victorian London*, Hampshire and New York: Palgrave Macmillan, 2008, p. 55.

⑤ "Our Principles", *The Illustrated London News*, May 21, 1842, p. 17.

⑥ Joshua Brown, *Beyond the Lines: Pictorial Reporting, Everyday Life, and the Crisis of Gilded Age America*, Berkley and Los Angeles: University of California Press, 2006, p. 17.

⑦ Charles Knight, *Passages of a Working Life During Half a Century: With a Prelude of Early Reminiscences*, Vol. 3, London: Bradbury & Evans, 1865, p. 247.

人物和场景保持"安全"距离，用"客观"且疏离的图文来处理可能引起党派争议或激发人心不安的话题，以维持社会大体上的有序感；或利用插图与文字之间的背离来淡化事件的耸人听闻程度；或以"如画"的手法加工灾难性场景，用图像产生的审美愉悦冲淡事件本身的悲情色彩，减轻对中产阶级读者的情感冲击，尤其是缓解他们焦虑与感伤的情绪①。相对而言，《画报》不加修饰地呈现了英国本土以外世界中的粗野、混乱、贫穷、战争和饥荒——它们也更能反衬出英格兰的宁静与繁荣。那么，除了中产阶级关于自由贸易的诉求之外，《画报》的中产阶级定位对晚清中国人形象的塑造还产生了怎样的影响呢？这些形象又如何折射出《画报》在迎合读者与报道事实之间的拉锯呢？

一方面，在《画报》对中国人的某些社会组成、性格特质、风俗民情或某一类中国人形象的反复再现中，体现出了它对于英国中产阶级价值观中特定要素的呼应。在此，《画报》对这些特定形象的关注，与其说是出于英国文化本质与现实之间的断裂而在中国人形象之上投射的欲望与心理，不如说它是为其读者群体找到异文化中最熟悉的参照物，借此使读者不但能对中国人形象快速把握且印象深刻，而且能在"自我"与"他者"的对照中进一步完善英国中产阶级文化自足的系统。因此，《画报》在言说此类情境中的中国人形象时，突出的是他们与英国中产阶级价值观的一致性，更多地体现出肯定的态度，以对中国人形象的美化来褒扬英国文化中的对应元素。以下选取《画报》塑造的中国人形象中尤能折射出其英国中产阶级定位的两个关键词为例。

第一个关键词是"家庭"。在1842—1876年间，且不论散见于其他新闻通讯或特写中的中国家庭，仅仅是以中国家庭及其生活为主题的图文

---

① See Celina Fox, "The Development of Social Reportage in English Periodical Illustration During the 1840s and Early 1850s", *Past & Present*, No. 74, February 1977, pp. 90 – 111; Peter W. Sinnema, *Dynamics of the Pictured Page: Representing the Nation in the Illustrated London News*, Hants, UK: Ashgate Publishing Limited, 1998, pp. 30 – 50; Charlotte Boyce, "Representing the 'Hungry Forties' in Image and Verse: The Politics of Hunger in Early-Victorian Illustrated Periodicals", *Victorian Literature and Culture*, Vol. 40, No. 2, 2012, pp. 421 – 449; Paul Fyfe, "Illustrating the Accident: Railways and the Catastrophic Picturesque in The *Illustrated London News*", *Victorian Periodicals Review*, Vol. 46, No. 1, Spring 2013, pp. 61 – 91; Paul Hockings, "Disasters Drawn: The Illustrated London News in the Mid – 19th Century", *Visual Anthropology*, Vol. 28, No. 1, 2015, pp. 21 – 50.

并茂的报道便有 4 篇①。《画报》缘何钟情于报道中国家庭呢？其一，投读者所好。《画报》的主要读者群体为英格兰体面的中产阶级家庭，他们对中国家庭这个中国社会的基本构成单位想必非常好奇。其二，家庭本身就是维多利亚时代英国社会的中心②，它对于当时的中产阶级而言具有举足轻重的意义。从宏观上看，家庭作为"道德的保障"，既是维多利亚时代"个人价值和公共利益的关键"③，又作为父权制的载体支持着君主制国家。更形象地说，家庭是中产阶级远离公共领域的"避风港"，是远离肮脏冷漠的商业世界、充满压力与混乱的工业世界和冷漠的城市世界的庇护所④。可以说，维多利亚时代的中产阶级对家（home）和家庭生活（domesticity）是信仰并"崇拜"（cult）着的⑤。因此，《画报》对中国家庭生活和家庭成员形象的重视有其必要性。

例如，《画报》在首次涉及"中国家庭"的报道——于 1851 年 5 月 24 日刊载的《中国家庭》一文中，这样写道：

> 中国展品中又添了令人愉悦的新成员，包括一位名叫潘一姑（Pwan-ye-Koo）的中国女士，她的小脚仅有 2.5 英寸长，一位中国音乐教授，他的两个孩子（一男一女），女士的女仆，以及一位翻译。孩子们活泼可爱、聪明伶俐，女士本人和蔼可亲、生动有趣，男士们彬彬有礼、十分殷勤。中国音乐会也是娱乐活动的一部分；潘一姑女士演唱了一两首中国歌曲，由教授伴奏，教授也向公众展示了他的唱功。这个团体有很多值得称道的地方：它既如诗如画，又别具一格，

---

① 分别是 "Chinese Family", *The Illustrated London News*, May 24, 1851, p. 450; "The Chinese Family at Court", *The Illustrated London News*, August 23, 1851, p. 238; "The Chinese Family", *The Illustrated London News*, August 30, 1851, pp. 269-270; "Domestic Life in China", *The Illustrated London News*, January 12, 1861, pp. 43-44.

② See Walter E. Houghton, *The Victorian Frame of Mind, 1830—1870*, London: Yale University Press, 1957, p. 341.

③ Paul Hockings, "Disasters Drawn: The *Illustrated London News* in the Mid-19th Century", *Visual Anthropology*, Vol. 28, No. 1, 2015, pp. 44-45.

④ 参见李宝芳《维多利亚时期英国中产阶级婚姻家庭生活研究》，社会科学文献出版社 2015 年版，第 29 页。

⑤ See F. M. L. Thompson, *The Rise of Respectable Society: A Social History of Victorian Britain 1830—1900*, London: William Collins, 1988, p. 175.

生动地展现了一个中国家庭的风俗人情。家庭成员的举止在谦卑和亲切之间达到了显著的平衡；整个团体洋溢着无拘无束的氛围，以及一种相互尊重的感觉，旨在给观众留下美好的印象。①

但是，此"中国家庭"并非真正的中国家庭，而是1851年在伦敦举办的"万国工业产品博览会"（即首届世博会）上的真人"展品"。早在1851年5月10日，《画报》已刊登了一则题为"非凡的中国来客"（Extraordinary Arrival from China）的广告：

  天朝美女潘一姑，一位中国女士，她的"金莲"小脚仅长2英寸半；她的本国女仆；一位中国音乐教授和他两个有趣的孩子，一男一女，分别为五岁和七岁；以及中文翻译；每日在海德公园阿尔伯特门的"中国人展览"（Chinese Collection），身着他们的节日盛装进行展示——《泰晤士报》称之为"当天的主要'名流'之一"。在展览期间，每小时都会有一场音乐会，由潘一姑女士、苏春（Soo Chune）教授和少年阿莫伊（Amoy）在中国乐器的伴奏下进行表演。两个展览（"中国人展览"和"中国家庭展览"）的门票均为1先令。②

同样的广告也出现在《泰晤士报》1851年5月13日、14日首页③。这则广告并未明确地将潘一姑一行人界定为"中国家庭"，其中"身着他们的节日盛装进行展示"以及音乐会表演等信息更证实了他们只是具有表演性质的真人展览。与具有预告作用的广告相比，《中国家庭》一文更像是《画报》记者参观展览后的"观后感"。尽管上述两段文字均以潘一姑2.5英寸的"金莲"小脚作为噱头，试图以中国"奇观"吸引英国观众，但《中国家庭》却把重点放在了"展览"的"家庭"性质之上。无

---

① "The Chinese Family", *The Illustrated London News*, May 24, 1851, p. 450.
② "Extraordinary Arrival from China", *The Illustrated London News*, May 10, 1851, p. 380.
③ See "Extraordinary Arrival from China", *The Times*, May 13, 1851, p. 1. "Extraordinary Arrival from China", *The Times*, May 14, 1851, p. 1.

论是对"家庭"人员构成的介绍,还是对其呈现中国家庭风俗人情的评论,抑或是对"家庭"成员之间和谐氛围的描述,都凸显出该"中国家庭"与维多利亚时代中期英国中产阶级家庭的类似之处:在构成上体现为紧密结合的"核心家庭"(男女主人和孩子)加上侍女和佣人;在氛围上也符合当时英国中产阶级的家庭理想,即其乐融融、温馨和谐的"家,甜蜜的家!"——这是他们恪守的信条和"那个时期的一个连续不断的主题"①。该报道似乎想让《画报》读者在"中国家庭"中找到自身家庭的映射。但是,潘一姑一行人和其他展览品一样,被放置在异国的公共空间——甚至是专门为"被观看"而设立的空间中,被异国民众凝视,还进一步成为了异国画报文本所再现的对象,因而再一次被异国读者"观看"。这意味着他们既突破了中英文化对立的屏障,又模糊了英国中产阶级家庭观念中作为隐秘私人空间的"家"与公共空间之间的界限——这更加重了他们的"奇观"色彩。而且,仅凭对他们的"参观",就能感知到其与英国中产阶级家庭理想特征相吻合的特质,这必然是牵强的。因此,《中国家庭》一文对"中国家庭"形象的不吝赞美应该更多地出自《画报》对目标读者群体的迎合,属于美化性想象的渲染,而非完全写实。

相对而言,在对维多利亚女王于奥斯本宫接见的广州一家人的形象塑造中,《画报》在凸显他们与理想的英国中产阶级家庭的共通性之际,也对他们作为中国家庭的特征有了更如实的书写。前者体现为对他们"安静而随和的性情""彼此相处融洽"等的呈现,特别是明确指出了他们作为"家庭幸福的完美典范","可能成为许多英国家庭的榜样"②。当然,此处"许多英国家庭"不仅包括了中产阶级家庭这个目标读者群体,更多地意指其他阶级的家庭,尤其是作为被中产阶级价值观教育的,处于中产阶级"监护"之下的工人阶级家庭③。这不仅为读者提供了参照比较的"镜像",也让他们在对照中获得同为"完美典范"的自足感与责任感。

---

① [英]阿萨·布里格斯:《英国社会史》,陈叔平等译,商务印书馆2015年版,第311页。
② "The Chinese Family", *The Illustrated London News*, August 30, 1851, p. 269.
③ 参见王海萌《建构阶级文化——乔治·艾略特小说中维多利亚时代中产阶级的自我塑形研究》,《英美文学研究论丛》2009年第2期。

同时,在对维多利亚女王、阿尔伯特亲王一家与这个中国家庭的互动交流的叙述中也再次体现出了《画报》一直以来的立场,即把女王塑造成君主政体的象征与英格兰"体面"家庭的女主人这两相交织的形象①,进一步笼络中产阶级读者。但是,文中对这个中国家庭的构成,即一位绅士、他的两名妻子(two wives)、他的小姨子和一名女仆毫不避讳,也直接指出了三位女士因缠足——"中华帝国上流社会女性特有的特征"——而引发的"无助而不雅的走路姿势"②、对步行能力的严重影响,最后只能参观专为"残疾人"③ 安排的世博会专场。这些都在提醒读者们该家庭的"他者"属性:非一夫一妻制,与维多利亚时代中产阶级家庭的道德根基与价值准则相悖;小脚,则是残忍而野蛮的中国文化的沉疴。如此看来,对这个中国家庭形象的塑造更为复杂。《画报》在用它呼应中产阶级定位的同时,也用大量写实性的细节突出了其异文化性与异质性,不仅能使读者看到家庭之间的共通之处,也能获得在中国家庭的"非文明"元素反衬之下的英国中产阶级家庭在道德和伦理上的优越感。

第二个关键词则为"商人"。《画报》对中国商人形象的刻画非常突出。其中,广州行商们开放兼容的心态、亦商亦官的职责和他们在鸦片战争之后夹在清政府与英国人之间左右为难的处境等在数篇报道的片段中得以展现。但是,在行商的形象中,他们作为"官商"为清廷处理"夷务"这一面得到了更大的关注。更为纯粹的商人形象则以遍布南洋、广州、香港一带的中国商人为典型。尤其是在第二次鸦片战争期间,《画报》特派画家兼记者沃格曼笔下反复出现的孜孜矻矻、兢兢业业的中国小商人、小店主形象十分引人瞩目。他们不论生意如何艰难,都一直全心全意地勤勉经营。他们的"脾气总是很好,也老是乐呵呵的","没有喝酒的欲望"④,经常夜以继日地工作,而且是日复一日,全年无休。他们在其他人都懒散放纵、笙歌曼舞的环境中依然保持节制自律,杜绝娱乐消遣,生

---

① See Virginia Mckendry, "The *Illustrated London News* and the Invention of Tradition", *Victorian Periodicals Review*, Vol. 27, No. 1, Spring 1994, pp. 1 – 24.
② "The Chinese Family at Court", *The Illustrated London News*, August 23, 1851, p. 238.
③ "The Chinese Family", *The Illustrated London News*, August 30, 1851, p. 270.
④ "Sketches from China", *The Illustrated London News*, July 18, 1857, p. 73.

活作息全都围绕着提高工作效率来安排①。诚然，勤劳和节俭是西欧的中国人形象中被一致认可的特质②。但是，在《画报》中一再被提及的被沃格曼誉为"广州最好的保障"③ 的小店主和小商人身上，能够映射出维多利亚时代英国中产阶级的显著特点：福音派新教信仰所宣扬的节俭勤奋、自制自律、循规蹈矩、整洁得体等严肃的道德伦理和行为准则，以及反对赌博、淫乱，开展禁酒运动等具体的行为举措④。虽然若按当时英国社会的阶级划分标准，这些小店主、小商人仅处于中产阶级的下层⑤，但是，他们形象中的特质与维多利亚时代中期中产阶级的思想和行动的核心具有高度的一致性，即"自助观"以及"维多利亚美德"⑥。这就让英格兰的中产阶级读者们意识到，哪怕是在封闭、停滞、落后的中国，"自助观"与"维多利亚美德"也能够促进个人的进步与商业上的生机活力。可见，《画报》对中国商人形象的塑造既符合中产阶级的价值观，又融合了大量特派画家兼记者的亲眼所见、亲耳所闻和亲身所感，体现出了中产阶级立场与新闻写实的紧密结合。

另一方面，《画报》对中国人形象的塑造并不像对英国本土的负面新闻报道那样追求中庸平和甚至做淡化疏离的处理。相反，其中不乏对中国人残忍嗜血的刻画。但总的来说，尽管《画报》一直标榜其插图的写实性和真实性，认为图像能够纠正文字的谬误、还原世界的真相，然而它仍然需要顾及英国中产阶级的审美观，尽量回避用太过于血腥或粗俗的画面引发读者的不适，以免使它高雅的艺术教育和道德提升的使命大打折扣。若它的文字报道对中国人的残暴虐杀进行了写实性的叙述，那么这些细节

---

① See "The War in China", *The Illustrated London News*, September 19, 1857, pp. 288–290.
② 参见［美］明恩溥《中国人的气质》，刘文飞、刘晓旸译，译林出版社2012年版，第16—26页。
③ "China", *The Illustrated London News*, August 21, 1858, p. 165.
④ 参见［美］克莱顿·罗伯茨、［美］戴维·罗伯茨、［美］道格拉斯·R. 比松《英国史·下册，1688年—现在》，潘兴明等译，商务印书馆2013年版，第281页。
⑤ 参见刘成等《英国通史》第5卷，江苏人民出版社2016年版，第208页。
⑥ 参见［英］阿萨·布里格斯《英国社会史》，陈叔平等译，商务印书馆2015年版，第296页。［美］克莱顿·罗伯茨、［美］戴维·罗伯茨、［美］道格拉斯·R. 比松：《英国史·下册，1688年—现在》，潘兴明等译，商务印书馆2013年版，第288—289页。李阳：《他们为什么反对济贫？——维多利亚时代英国中产阶级的心态分析》，《兰州大学学报》（社会科学版）2013年第2期。

绝不会被"翻译"到它所配的插图中。例如前文提到的1855年11月17日的记者来信——《中国的恐怖暴行》一文用极其血淋淋的细节展现了1855年2月至9月中国官员们指派刽子手处决6万至7万人的暴行：

> 自2月以来，在这一小块空地上，刽子手们已砍掉了6万至7万颗人头。除了初一、十五和皇帝寿辰那三天之外，每天都有150至800人被同伴用筐子抬着，去看几分钟前被抬走或拖走的残骸，直到地面变成几英寸厚的污秽的血泥混合物。几乎每天都有一两个人被绑在十字架上。刽子手面朝这些可怜虫，用一把利刃迅速切割他们身体的不同部位，最后将刀插入他们的心脏。然后他们被砍倒，头、手、脚被砍下，肝和心被剜出，连同头颅一起呈给官员们看。①

这些文字令人触目惊心，它们无疑极其成功地渲染了中国官员（后来明确指出是叶名琛）残酷冷血、草菅人命的形象，激起了英国读者惩戒他们的激愤。但是，若配以同样鲜血淋漓的插图，其震撼效果不一定加倍，但必然会阻碍《画报》一直以来所追求的引发读者愉悦的审美体验，破坏整份报纸在插图艺术上的平衡性。因此，这篇文字的插图《广州刑场》（见图5.4）尽管呈现的正是文中的刑场，但它并未涉及任何行刑的场面，只有三三两两的人散立其中。画面中包含了文字描述里用于固定被处决者的十字架，描绘地面的笔触粗糙且层层叠叠，也能使人联想到文字中所形容的被覆盖了几英寸厚的血和泥的地面。但是，若要加深读者对中国人残忍暴行的恐惧与愤怒，就必须使他们在视觉上接近刑场，感知更多的细节以增强对写实性文字的理解与领会。然而，这里的构图却采取了鸟瞰的视角，尽量使观察者远离它所再现的场景。整幅画面也没有明显的边界，读者的视线可以毫无障碍地从空旷的刑场延伸到远景中巨大的树木，再到背景中阴沉的天空，在画中房屋墙壁的粗糙、衰败以及整个画面苍凉的氛围中体验到"如画"的美学效果，用审美作用中和了文字带来的恐怖感和不安感，安抚了读者的恐惧与激愤情绪。

---

① "Horrible Atrocities in China", *The Illustrated London News*, November 17, 1855, p. 592.

第五章 《伦敦新闻画报》中晚清中国人形象的形成原因 ✻ 261

图 5.4 《广州刑场》①

---

① "The Place of Execution, at Canton", *The Illustrated London News*, November 17, 1855, p. 592.

与之类似，1857年4月4日《中国的酷刑》一文，用上中下三幅插图展现了《大清律例》中部分酷刑的实施场面，并配以文字简介。编者在开篇就明确指出，这些插图选自从广州带回的精美的彩色图画集，但因其中"有些酷刑令人极为厌恶，而且过于残忍和野蛮，不适合复制"；更有表现斩首和开膛破肚的图画因过于血腥而无法在《画报》上发表。但是，在文字叙述中，编者并未对血腥场面笔下留情，例如对中间一图的描述——"犯人被捆在一个十字架上，刽子手用一根杠杆将套在犯人脖子上的绳索逐渐绞紧，直到血从他的眼、鼻、耳、口中喷涌而出"①，可谓惨不忍睹。就图像而言，它们经过了雕版处理，是黑白的而非原图的彩色；三幅图像大小一致，从上到下规整排列，间隔的文字起到了边框的作用。这样的处理方式在一定程度上平衡了画面内容本身带来的视觉冲突，也将残忍的行刑场面带给读者的震撼与不适感限定在文字边框以内。此外，这篇报道右侧刊有一幅较大的璎珞木花写真，笔法优美隽永，在极大程度上中和了整个版面的冲击感，缓和了读者的情绪，让他们重新找回中产阶级审美的高尚与精雅。此外，若联系当时英国的政治背景，便会对这篇文章具有更深刻的理解。此时正值1857年春，英国所谓的"中国选举"（the "Chinese Election"）即议会改选举行在即。为尽量渲染中国人的野蛮残忍、嗜血成性，以达到支持巴麦尊政府继续用武力惩罚中国统治者、扩大对华战争规模的目的，巴麦尊内阁的支持者散布了一系列由著名插画家乔治·克鲁克桑克（George Cruikshank，1792—1878）绘制的关于野蛮残忍的中国律法的宣传画。画中呈现的包括肢解、剁碎、撕裂犯人身体和将他们活活剥皮等恐怖的行刑场景②。两相对照，在同一时期，同样是要塑造中国人的野蛮与暴虐，《画报》的处理方式在更大程度上坚守了中产阶级导向，用审美来调和写实的新闻文字。

总的来说，《画报》中的晚清中国人形象承载着它作为新闻媒体在反映统治阶级意识形态和保持新闻独立自由之间的对立与统一。这些复杂的中国人形象对《画报》的主要读者群体即英格兰的中产阶级家庭关于中

---

① "Chinese Tortures", *The Illustrated London News*, April 4, 1857, p. 306.

② See J. Y. Wong, *Deadly Dreams: Opium, Imperialism and the Arrow War (1856—1860) in China*, Cambridge: Cambridge University Press, 1998, pp. 216-217.

国人及中国的认知与理解产生了重要影响。同时,作为当时"真正有效的大众舆论"① 的构成者,英国中产阶级对中国人的社会集体想象无疑也反作用于《画报》及其对中国人形象的再现。

---

① F. M. L. Thompson, *The Rise of Respectable Society: A Social History of Victorian Britain 1830—1900*, London: William Collins, 1988, p. 19.

第 六 章

《伦敦新闻画报》中晚清中国人形象书写的意义

在西方新闻传播史上，新闻画报是重要的传播媒介和艺术类别之一，它以图文并茂的特点吸引了千千万万读者的眼球，产生了重要的传播效果。然而，就西方画报在中国的影响而言，没有任何一家画报可与《伦敦新闻画报》比肩。这不仅在于《画报》是世界上第一份成功地以插图为主要特色，并将新闻与图像相结合的周刊，也不仅在于它在英国的发行量和影响力处于英国插图报刊的领先地位，而主要在于它对晚清中国的高度关注以及对一大批晚清中国人形象的集中塑造。尽管《画报》对这些中国人形象的书写是在百余年前，但对今天而言仍有重要的历史意义和审美价值，也对当今中国的涉外传播活动具有重要的启示。

第一节 历史意义

新闻与历史的关系十分密切，新闻所具有的历史价值得到了史学界和新闻学界的一致重视与肯定。方汉奇指出："历史所记述的，往往就是当时报纸上的新闻。报纸上的新闻，过了一段时期以后，又会衍变为被后人记述的历史"[①]。《画报》所反映的晚清历史内容十分广泛，上至清廷对国家大事的重要决策，中含省府州县的地方治理，下有市井百姓的日常生活。它所报道的历史人物也非常多样，上至皇帝大臣，中含知府县官，下

---

① 方汉奇：《报纸与历史研究》，《历史档案》2004 年第 4 期。

有贩夫走卒。《画报》对这些社会生活内容和具体人物形象的书写在当代世界仍然具有重要的历史意义。

一 影响了西方社会对中国人的认识

西方社会对中国和中国人的认识有着久远的历史。中世纪晚期,西方社会就开始了有关中国人的塑造。13世纪,意大利人马可·波罗来到中国并在中国游历了17年。在他将中国见闻写成的《马可·波罗游记》中,塑造了中国统治者的形象——大汗,称赞"大汗是世界上最伟大的君主,金银不计其数,军队战无不胜,许许多多的王国都臣服在他脚下"①。17—18世纪的德国哲学家莱布尼茨对中国人怀着美好想象,将中国人视为人伦礼仪方面的楷模:

> 他们如此提倡尊重长辈、孝敬老者,以致孩子们对父母的关心和孝敬就像宗教礼节一样,哪怕是用语言伤害父母的事情在中国也几乎看不到……同辈人之间或相互关系不深的人之间也都彼此尊重,讲究礼貌……在中国,农民和仆人之间也相互问候,如果多时不见,彼此十分客气,相敬如宾,这完全可以同欧洲贵族的所有社交举止相媲美。在中国,达官贵人之间……彼此交谈时,从不侮辱对方,谈吐很客气,很少把他们憎恶、恼怒、激愤的心情流露于言表。②

1750年前后,西方对中国人的认识出现了重大转折。天主教徒因在中国的传教事业受挫,对中国人已持负面看法,将中国人看成不信仰上帝而崇拜偶像的异类。到19世纪初期的英国新教传教士马礼逊(Robert Morrison,1782—1834)的笔下,对中国人的负面认识更是被有意识地强化了,对中国文化、制度、人性的否定态度也更加突出。在马礼逊的书信中,中国人是堕落的、愚昧的、封闭保守的、傲慢专横的等等③。19世纪

---

① 周宁:《天朝遥远:西方的中国形象研究》上册,北京大学出版社2006年版,第25—26页。
② 孙小礼:《莱布尼茨与中国文化》,首都师范大学出版社2006年版,第110—111页。
③ 参见〔英〕马礼逊夫人编《马礼逊回忆录》,顾长声译,广西师范大学出版社2004年版。

中期,特别是第二次鸦片战争时期,西方新闻传播界向中国派驻了较多的新闻记者,及时发回了有关中国和中国人的报道,进一步影响了西方社会对中国人的认知。

《画报》在1842年创刊初期就开始了对中国和中国人的报道。到了第二次鸦片战争时期,它对中国和中国人的报道更频繁、更丰富、更有影响力。1857年,《画报》向中国特派了画家兼记者。他及时地向英国发回对中国重大事件和重要人物的报道,特别关注第二次鸦片战争及其相关人物。在"报纸差不多就是唯一的信息源"①的19世纪,《画报》同《泰晤士报》等报刊一样,成为英国乃至西方了解中国和中国人的重要渠道。它作为重要的媒介,参与了对中国人形象的塑造,影响了西方对中国人的认知。如中国人在西方的"鸦片鬼"形象,两广总督叶名琛在西方的妖魔化形象等,无不与《画报》的报道相关联。在西方人的印象中,中国是一个鸦片的国度,中国人都是"鸦片鬼":"几乎每个关注中国社会情形的人都描写了中国人吸食鸦片的技巧及鸦片对人体和道德的危害。中国因此也就被西方人看成是由一群吸食鸦片的人组成的民族。"② 甚至有的英国议员认为:"中国与世界上其他民族不同的特点就是中国人吸食鸦片。""中国人已成为一群愚昧、麻木、堕落、僵化、垂死的民族"。西欧的公众对于"鸦片鬼"是厌恶和唾弃的,将这种态度引申至对待整个中华民族,便有了"用武力来改造、拯救这个民族的合理性"③。西方人眼中的这些中国人形象带有强烈的西方意识形态性质和迫切的政治需要,它不仅为英国向中国输入鸦片找到了借口,而且为武力侵略中国提供了论据。西方对中国人的这种印象,与《画报》《泰晤士报》《晨邮报》等报刊和西方来华传教士对中国"鸦片鬼"形象的传播有密切联系。《画报》在1858年11月20日的《中国速写》中,借编辑之口叙述了吸食鸦片的可怕——稍微沉溺就会"把一个强壮健康的人变成白痴一般的骷髅"④。

---

① [英]詹姆斯·卡瑞、珍·辛顿:《英国新闻史》,栾轶玫译,清华大学出版社2005年第6版,第13页。

② [美]M. G. 马森:《西方的中国及中国人观念1840—1876》,杨德山译,中华书局2006年版,第133页。

③ 李勇:《西欧的中国形象》,人民出版社2010年版,第212—213页。

④ Sketches from China, *The Illustrated London News*, November 20, 1858, p.483.

文中多次提到"鸦片鬼"脸上"白痴般的微笑",突出其麻木不仁的状态,将"鸦片鬼"与整个中国人形象中的麻木与堕落紧密关联。西方人眼中的"鸦片鬼"形象与《画报》中对"鸦片鬼"的描述保持着极大的相似性,从二者之间的时间早迟、具体形象与观念想象的关系看,《画报》对中国"鸦片鬼"的描绘参与并极大地影响了西方关于中国"鸦片鬼"的想象。

在对两广总督叶名琛的妖魔化过程中,《画报》与当时英国的"大多数报纸和政客都选择站在英联邦的立场上"①,对叶名琛形象进行了歪曲与丑化。《画报》在西方媒体丑化叶名琛的"大合唱"中可谓不遗余力,为西方人眼中的叶名琛形象提供了基本轮廓。从1853年到1864年,《画报》在对叶名琛的描绘中都带有鲜明的政治立场和强烈的情感色彩:"残暴""嗜血""顽固不化""厚颜无耻"等带有憎恶感的词语反复出现。这些报道向西方读者描绘的叶名琛是一个坚持强硬顽固排外立场、擅用虚与委蛇迂回手段、推行残酷嗜杀暴虐统治的妖魔化形象。这一形象在很大程度上影响了西方人对叶名琛的认知,叶名琛在西方获得杀人成魔的"恶魔"污名虽不全是《画报》的作用,但至少是多种合力之中的一种重要力量②。

对包括《画报》在内的英国媒体这种妖魔化叶名琛、隐瞒英国人恶行的行为,马克思在《英人在华的残暴行动》一文中进行了有力的驳斥。他说:对英国人的蛮横要求,"叶总督有礼貌地、心平气和地答复了";相对于英国海军将军的"态度蛮横,大肆恫吓,中国总督则心平气和、冷静沉着、彬彬有礼",而非野蛮残暴。反倒是"英国报纸对于旅居中国的外国人在英国庇护下每天所干的破坏条约的可恶行为真是讳莫如深!非法的鸦片贸易年年靠摧残人命和败坏道德来填满英国国库的事情,我们一点也听不到。"③ 马克思的观点在西方媒体严重妖魔化中国和中国人的19世纪,是对中国人的有力支持,是对中国人形象的有力维护,也是对西方媒体偏离正义的严肃批评。

---

① [英]保罗·法兰奇:《镜里看中国:从鸦片战争到毛泽东时代的驻华外国记者》,张强译,中国友谊出版公司2011年版,第37页。

② 参见季念《19世纪中叶英国舆论中两广总督叶名琛"恶魔"形象考辨》,《广东开放大学学报》2022年第4期。

③ 《马克思恩格斯文集》第2卷,人民出版社2009年版,第620—621页。

二 促进了其他画报对中国人的关注

18世纪开始于英国的工业革命,不仅使英国在工业上领跑世界,成为西方最发达的国家和世界工厂,也使英国的大众传播业处于领先地位,"英国报业的发展要早于绝大多数的欧洲国家"①,特别在插图周刊方面更是引领世界。其中,《伦敦新闻画报》《时代周刊画报》(*Illustrated Times Weekly Newspaper*,1843)和《图像杂志》(*The Graphic*,1869)等都是19世纪中下叶插图周刊中的翘楚②。在西方新闻画报的发展史上,《画报》是第一家成功地将新闻与图像相结合的周报,在欧美具有重要的影响力和很强的示范效应,它对中国和中国人的大量报道促进了其他画报对中国人的关注。

《画报》的"影响力遍及欧美亚等许多国家",它的"成功立即引来了世界各国一大批类似刊物的跟风与效仿。法国的《画报》(*Illustration*)和德国的《新闻画报》(*Illustrirte Zeitung*)先后创立于1843年。美国的《哈泼周刊》(*Harper's Weekly*)问世于1857年,伦敦的《图像杂志》(*The Graphic*)成立于1869年,接着在1889年又出现了《图像日报》(*Daily Graphic*)"③。这些紧随《画报》之后出现的世界各国新画报也效仿《画报》,非常关注中国与中国人,发表了一些较有影响的中国报道,描绘和塑造了许多表情生动、性格丰富的中国人形象。其中,法国的彩色画报在报道中国事务、描绘中国人形象方面富有代表性。1850年5月25日,法国的《画报》(世界报)刊登了根据中国画家关乔昌先生的一幅水彩肖像画绘制的《中国皇帝》④,画中的道光皇帝面庞瘦削,眼神平和,表情坚毅。与1842年6月4日《画报》所刊登的《中国的道光皇帝》中双眉紧蹙、既忧又惧的道光皇帝形象形成了鲜明的对比和相互补充,让人

---

① [英]凯文·威廉姆斯:《一天给我一桩谋杀案:英国大众传播史》,刘琛译,上海人民出版社2008年版,第35页。

② 参见[英]凯文·威廉姆斯《一天给我一桩谋杀案:英国大众传播史》,刘琛译,上海人民出版社2008年版,第77页。

③ 沈弘编译:《遗失在西方的中国史:〈伦敦新闻画报〉记录的晚清1842—1873》,北京时代华文书局2022年版,译序第7—8页。

④ 赵省伟、李小玉编译:《遗失在西方的中国史:法国彩色画报记录的中国1850—1937》(上),中国计划出版社2015年版,第3页。

第六章 《伦敦新闻画报》中晚清中国人形象书写的意义 ❋ 269

看到了不同时期、不同媒体中道光皇帝的多面性。1861年2月2日法国《世界画报》刊出了根据米兰代表团沃伦特里（R. P. Volontri）先生素描绘制的《咸丰皇帝》①，画中的咸丰皇帝头戴朝冠，身着朝服，颈挂朝珠，并非端坐，而是略向后靠坐于龙椅之上。他的面庞微圆、眼神中略带畏缩之气，姿态不算挺拔，仿佛整个人被嵌入了龙椅之中。与1860年10月13日《画报》中那目视前方、眼神凌厉的咸丰皇帝相比，虽然少了点威严与气势，却显示了咸丰皇帝的另一面。1895年1月20日，法国《小日报》（插图附加版）刊登了《中国皇帝接见法国大使施阿兰》。该报道彩色图片色彩丰富亮丽，图像生动，文字简洁明了。插图中，光绪皇帝接见法国大使的大厅除了一张铺有黄色锦缎的小方桌、皇帝所坐的龙椅和靠墙的旗帜外，没有其他陈设，显得较为空旷。光绪皇帝双腿交叉坐在龙椅上，下半身正好被小方桌遮挡。两旁簇拥着轮流负责典礼和翻译工作的恭亲王、庆亲王等一群大臣，觐见的法国大使站在离皇帝3米开外的地方。该报道的文字这样描述了光绪皇帝：他面容"睿智而又和善"，"他的身体看上去很虚弱，但是他有一个精致的额头，棕色的双眼极富表现力，面色也不错。……尽管从近处看，他完全像一个十六七岁的孩子。皇帝没有和到访的公使们话家常，很明显他是在按照既定的套路与规范和大家讲话"②。不难发现，这篇报道中的光绪皇帝与《画报》中的同治皇帝存在一定的相似之处，即都体现出作为礼仪的符号的特点。但此处的光绪皇帝形象与《画报》中所描绘的三位中国皇帝形象相比，少了些紧张气氛的烘托与意识形态色彩，多了些生活气息与友好态度。

法国彩色画报对中国和中国人的关注不仅体现在对作为晚清最高统治者的道光、咸丰、光绪的关注上，也体现在对其他各阶层的中国人形象的报道中，如活跃于中国政治舞台上的亲王大臣，战争状态下的军队将领，处于社会变革时代的芸芸众生。其中，对单个人物的报道最多，最有代表性的又当属李鸿章。1896年7月26日，法国《小日报》（插图附加版）

---

① 赵省伟、李小玉编译：《遗失在西方的中国史：法国彩色画报记录的中国1850—1937》（上），中国计划出版社2015年版，第4页。

② 赵省伟、李小玉编译：《遗失在西方的中国史：法国彩色画报记录的中国1850—1937》（上），中国计划出版社2015年版，第34页。

刊登了《法国的宾客们（清朝杰出使臣李鸿章总督）》；1900年8月18日，法国《笑报》刊登了《直隶总督李鸿章》；1900年10月14日，法国《小日报》（插图附加版）刊登了《庚子事变（李鸿章与随行的俄日部队）》等。在《法国的宾客们（清朝杰出使臣李鸿章总督）》中，插图为李鸿章的正面像。他眉头紧锁、若有所思，双眼半睁，神色威严，令人感到深不可测。在文字描述中，李鸿章受到了德国人的盛情款待和法国人的最高礼遇。但"他四处视察却缄默不语"，"对德国人的款待表示满意，至于采购武器一事却表现冷淡"；与法国总统交谈，同部长对话，"可是没有人从交谈中获取重要的信息"①。至此，一个善于掩饰，城府颇深的李鸿章形象跃然纸上。《直隶总督李鸿章》则是一篇讽刺性作品，画的是李鸿章的侧面半身像。他头微前倾，身体佝偻，两只眼睛一大一小，面部表情似笑非笑，给人一种奸猾之感。其文字描绘也与图像相呼应："心里装着成千上万的阴谋诡计，李鸿章却对公使们笑容可掬。公使们高兴地对他说：'亲爱的鸿章，大家都把您当作和平的使者'。""然而天有不测风云！您从和平使者化为战争之音，和风瞬间变风暴。"② 这篇作品虽然图文均有夸张和讽刺，却描绘了一个表里不一、口是心非、颇具城府的李鸿章形象。在《庚子事变（李鸿章与随行的俄日部队）》中，插图里的李鸿章端坐于人力车上，车夫拉着他急速前进，车的两旁有俄日部队保驾护航。李鸿章的面部表情严肃，似有所忧虑。其文字报道中提醒，"要特别提防李鸿章这个诡计多端的外交家，他曾在访问欧洲的时候让很多人都上了当，他还想在远东继续他的把戏"，并解释了图中李鸿章被俄日部队簇拥的原因："最近他提出需要赴京和谈，联军表示将由俄日军队护送他回京，表面上是出于尊敬，为了确保他的安全，实际上更重要的是为了监视他的一举一动。"③ 图文互释互补，突出了李鸿章"诡计多端"、颇具外交手腕的形象。

---

① 赵省伟、李小玉编译：《遗失在西方的中国史：法国彩色画报记录的中国1850—1937》（上），中国计划出版社2015年版，第42页。
② 赵省伟、李小玉编译：《遗失在西方的中国史：法国彩色画报记录的中国1850—1937》（上），中国计划出版社2015年版，第104页。
③ 赵省伟、李小玉编译：《遗失在西方的中国史：法国彩色画报记录的中国1850—1937》（上），中国计划出版社2015年版，第130页。

以上法国彩色画报中3篇关于李鸿章的报道，从不同侧面描绘了不同环境中李鸿章性格的多面性，向我们展示了一个立体的李鸿章形象。法国彩色画报对李鸿章形象的描绘，其图像技法与文字风格虽在一定程度上留有《画报》对耆英、叶名琛报道影响的痕迹，但对人物形象的塑造更具多面性，展示了一个更为复杂的中国官员形象。在某种意义上说，李鸿章形象是耆英与叶名琛的结合体。

三　提供了研究中国人形象的新参照物

《画报》所报道的中国人形象，是站在他者角度观察中国社会和中国人的产物。这种他者视野、思想观念和叙事立场等方面，都与中国媒体和中国作者迥然有别。所以，无论是对报道对象重点的呈现，还是对报道对象主观的评价，都与中国媒体和中国作者有所差异。从这一角度看，《画报》中的图像和文字描写中国人的细节"往往是中文资料中的盲点，是别处难以找到的珍贵史料"，为当代中国人的研究提供了新的资料。同时，这些图片和文字"对于历史事件的观点和看法往往跟中文史料中的观点和看法相左"[1]，也为我们研究中国人形象提供了另一种参照物。

就《画报》中的中国皇帝、大臣等人物而言，大多数晚清中国媒体和史书都有所涉猎。但就表现角度的多样性和全面性而言却与《画报》存在一定差距。中国传统文化观念中的皇帝又称"天子"，意为上天之子。他们是近似于神的全知全能者，是永远正确的英明领导者。即使在国家大政、社会治理中出现政务废弛、社会动乱，也不是皇帝的责任，而是臣属的过错。例如，在中国传统史书中，道光皇帝对于第一次鸦片战争的失败是没有多少责任的，因此对他较少有直接的批评之词。《清史稿·宣宗本纪》中评论道光皇帝：

> 宣宗恭俭之德，宽仁之量，守成之令辟也。远人贸易，构衅兴戎。其视前代戎狄之患，盖不侔矣。当事大臣先之以操切，继之以畏

---

[1] 沈弘编译：《遗失在西方的中国史：〈伦敦新闻画报〉记录的晚清1842—1873》，北京时代华文书局2022年版，译序第11页。

蒽，遂遗宵旰之忧。所谓有君而无臣，能将顺而不能匡救。国步之濒，肇端于此。呜呼，悕矣！①

其中慨叹"有君而无臣"，便将第一次鸦片战争的失败完全归咎于"当事大臣"，撇清了道光皇帝在其中的干系：先有林则徐做事急躁，后有琦善畏惧胆怯，徒留道光皇帝勤于政事，然不可能力挽狂澜。"守成之令辟"一语，也仅说"守成"而不言"求变"，多少有些春秋笔法。正像陈旭麓先生评价的那样："且不说'恭俭''宽仁'这类套话中蕴涵了几许理性与实绩，要紧的是'守成之令辟'一语。在王朝的通常情况下，道光不失为一个'守成'的君主，绝不是坏皇帝；可在转折的历史阶段，道光守其常而不知其变，则未必是一个识时务的好皇帝。"② 但是，传统史书也只可能写到"守成"便止住。而《画报》中的道光皇帝，面对英国人的坚船利炮既忧又惧；面对巨额战争赔款，轻描淡写地视为"区区之施，实非所吝"；作为晚清中国军队最高统帅，不仅对作为对手的英帝国一无所知，而且对打了两年多的鸦片战争的战局真相也了解不多；幻想以"天朝声威"震慑蛮夷，傲慢而颟顸。因此，道光皇帝的形象是多面的。

更难能可贵的是，《画报》为我们提供了形形色色的中国老百姓群像：吃苦耐劳的中国百姓、礼貌友好的中国百姓、麻木堕落的中国百姓……这些描绘中国普通百姓的文字与图片对我们认识中国下层百姓的形象与生活是十分珍贵的材料。因为"关于1840—1842年的鸦片战争，英国方面的文件在当时就已大量公布，而中国方面的文件一直到九十年以后，即1932年才发表。而且，双方的文件主要提供的都是官方的观点；在战争期间普通中国人民的经历则没有详细的记载，也没有被很好地进行研究"③。《画报》所再现的中国底层百姓的形象与生活正好弥补了普通中国人民的经历没有被详细记载的不足，也有利于我们对普通中国人民的形

---

① （清）赵尔巽等撰：《清史稿》卷19《宣宗本纪三》，中华书局2020年版，第479页。
② 陈旭麓：《道光是怎样一个皇帝——序〈道光皇帝传〉》，陈旭麓著，傅德华编《近代中国人物论》，九州出版社2019年版，第385页。
③ ［美］费正清编：《剑桥中国晚清史1800—1911年》上卷，中国社会科学院历史研究所编译室译，中国社会科学出版社1985年版，第1页。

象很好地进行研究。礼貌友好的中国百姓形象在1842年10月15日的《中国：对乍浦的描述》中有了最早的生动呈现：面对"翻墙入城"的英国人，乍浦百姓没有为难他们，而是打开城门，方便他们出入，对他们以客视之，以礼待之。报道将乍浦"井然有序、彬彬有礼的居民"① 形象传递给了读者。吃苦耐劳的中国百姓形象，如在1857年7月25日《画报》上发表的《中国速写》中也得到了生动的描绘："勤劳的人们正在田里忙着农活；或走到一个山坡上，那里当地人正在采摘最早的一批茶叶。这里没有明显的贫困，当然也没有压迫。劳动者们强壮、健康、乐意劳作，但又无拘无束，让人觉得'他值得被雇佣'。这里没有在印度或其他东方国家中所见的那种懒散或谄媚之辈。"② 在此，作者运用了对比参照的方法，将中国人的"勤劳"与印度或其他东方国家人的"懒惰"进行比较，在比较中更加凸显了中国人的吃苦耐劳精神。麻木堕落的中国人形象，最有代表性的报道是1858年3月6日的《在中国的战争》。该报道描述了当广州城被英军攻破，城里一幢幢房屋接连起火被烧毁时，郊区老百姓锣鼓喧天，欣赏英军的炮火。有人于英军的炮火底下安静地蹲在地上抽烟；在广州最高行政长官叶名琛被英军抓获之后，记者巡逻时"看到的只是笑脸。每栋房屋上都贴着粉红色的小纸片，表示对我们的欢迎。男人们见到我们都脱帽行礼"③。这些描写将广州老百姓的精神麻木、人格堕落揭露得入木三分。这些庆祝敌人胜利、欢迎敌人占领的广州人，比鲁迅笔下看见同胞被敌人砍头时发出笑声的麻木堕落的人们更可怜，也更可恨。他们的行为和表情连侵略者英国人都颇感"不寻常"。正如美国学者费正清发出的疑问：第一次鸦片战争时期，"当地的中国人民究竟在多大程度上成了英、清两国战争的消极旁观者？他们进行爱国主义的抵抗的程度又有多深？"④ 这个问题同样适用于第二次鸦片战争。

---

① "China, —Description of Chapoo", *The Illustrated London News*, October 15, 1842, p. 356.
② "Sketches in China", *The Illustrated London News*, July 25, 1857, p. 89.
③ "The War in China", *The Illustrated London News*, March 6, 1858, p. 237.
④ ［美］费正清编：《剑桥中国晚清史 1800—1911年》上卷，中国社会科学院历史研究所编译室译，中国社会科学出版社1985年版，第1页。

第二节　艺术价值

马克思在谈到人类生产的特点时说，人"通过实践创造对象世界"。人在创造对象世界的活动中，是"按照美的规律来构造"① 的。"美的规律"是人类生产活动所遵循的普遍规律，在精神生产中体现得更为全面与充分。即使在异化劳动中，劳动者也以自己的牺牲为代价创造了美的产品，如法国的巴黎圣母院、中国的万里长城就是古代劳动者在异化劳动中创造的伟大作品，今天仍能给人们以审美享受。《画报》虽然产生于鸦片战争时期，产生于近代中国这个屈辱的历史背景之下，同时也为英帝国的侵略行为做过某些辩护，但它作为图像与文字相结合的新闻周刊，是记者和画家按照"美的规律"生产出来的精神产品。它在给受众提供信息与资讯的同时，也给受众带去了艺术享受，具有重要的艺术价值。

一　拓宽了图文并重的审美空间

人类传播活动中的图文关系，其历史可以追溯到人类原始社会所创造的象形文字。象形文字源于原始社会中的图画，如"刻符、岩画、文字画和图画字"。象形文字曾出现于世界各文明古国中，如古埃及文字、古印度文字、苏美尔文字、中国古代的甲骨文等。象形文字一方面是图像，是对山川风物、人类生活中各种形象的模仿，用线条、色彩勾勒出所表达事物的外形特征；另一方面是文字，是对山川风物、人类生活中各种形象的抽象表达，在某些方面省略或偏移了所表达事物的本来面貌。古代象形文字是原始人思维处于混沌状态的产物。在审美意识还没有发展起来的原始人眼中，象形文字也不是他们的审美对象，而是他们传递某种实用信息的符号。进入文明社会以后，"原始图画向两方面发展，一方面成为图画艺术，另一方面成为文字技术"②。图与文的分离使图画朝着具象方面发展，成为一种绘画艺术，并在此基础上形成了不同的画种，如西方的油画、中国的国画以及中西共有的版画、漫画、连环画等；文字则朝着抽象

---

① 《马克思恩格斯文集》第1卷，人民出版社2009年版，第162—163页。
② 周有光：《世界文字发展史》，上海教育出版社2003年版，第4页。

的方向发展,成为一种书写符号,并在此基础上发展出了一系列文字作品,如诗歌、散文、小说、新闻等。从此,图像与文字分别承担了不同的任务,图像作为一种空间艺术,主要承担了形象传播的功能;文字作为一种时间艺术,主要承担了意义传播的功能。图像与文字的分离无论是在传播的专业化,还是在人的审美能力提高方面,都是一种进步。图像在对事物与人物形象的描绘方面更加真实和准确,也培养了人类的眼睛成为形式美的感官;文字在对故事的叙述与内心刻画方面更加灵活与擅长,也促进了人类语言运用能力的提高和语言审美能力的增强。

然而,正如社会分工一方面使生产专业化,促进了生产力的提高,另一方面又使生产者片面化,牺牲了人的多方面能力一样,图像与文字的分离一方面使图像与文字的长处分别得到了充分的发挥,促进了图像与文字沿着自身的方向快速发展;另一方面又使图像与文字的边界固定化,限制了图像与文字的渗透互补。在此背景下,人类又开始打破图像与文字的界限,将图像与文字配合使用,使它们互渗互补,在新的层次上实现融合,从而拓展了图文的审美空间。于是,在诗画关系中出现了诗画一体的诗意画、题画诗;在图与文的关系中出现了图文相配的插图小说、时事画报。在19世纪图文一体的外国出版物中,《画报》无疑是首屈一指的。它不仅"成为当时最具'眼球效应'卖点的媒体",而且在今天仍有重要的审美价值,因为它"通过画面栩栩如生的人物刻画和场景描绘还原一个虚拟的'真实'空间。这些'真实'的图像和报道中的文字可在读者目光交替之隙,在脑中产生类似立体视听混响效果"[①]。它拓宽了图文并重的审美空间。

首先,图文互补,拓展审美的意义空间。在《画报》中,图文处理方式多为上图下文,上文下图;左图右文,左文右图;文字围绕图像。但无论哪种方式,其基本关系主要为图文互补:或以图像将语言叙写中的人物与事件形象化、可视化,使其产生一种栩栩如生、犹在眼前的现场感;或用语言将图像描绘中的时间与空间上下延续、左右拓展,进而扩大和丰富图像的内涵与意蕴。如果说《画报》中的《中国的道光皇帝》是以图

[①] 陈琦:《图像的力量》,参见沈弘编译《遗失在西方的中国史:〈伦敦新闻画报〉记录的晚清1842—1873》,北京时代华文书局2022年版,第5—6页。

像弥补文字叙述之不足的话，那么，《中国的咸丰皇帝》则是以文字延伸了画面的空间，丰富了图像的内涵。两篇报道分别立体地展现了夕阳斜辉里强撑危局的道光皇帝之无助与无奈，大厦将倾时苦心维持的咸丰皇帝之苦难与苦命，从而向读者呈现了道光、咸丰两位皇帝的复杂心态和丰富性格，塑造了两个活生生的人物形象，而不是高高在上、无所不能的上天之子的皇帝概念。《画报》对作为"中土西来第一人"的清朝官员斌椿的报道，同样是图文互补的代表性作品。该篇报道的标题为"中国使团"，重点报道了使团领队——斌椿。该报道的版式设置为左文右图。左文对斌椿作了扼要介绍："64岁，旗人"，职务为"总理各国事务衙门章京"；并对斌椿作了高度评价："眼界开阔、思想开明"，尤其在文学方面"才华横溢"①。寥寥数语就勾勒出了一个才艺卓越、备受器重的中国官员形象。右图中的斌椿，头戴圆形帽子，身着长袍马褂，手握水烟壶，正襟危坐，浓密的胡须遮盖了嘴唇和下巴，表情严肃中透着淡然。无疑，图像中的斌椿是对文字描述斌椿的形象化。如果说文字中的斌椿是用笔极简的写意画，那么图像中的斌椿就是笔法工整的工笔画，二者相互补充，相得益彰，生发出一种新的审美境界，拓展了审美的意义空间。

其次，图文互补，引导审美的基本指向。钱锺书在《中国诗与中国画》一文中说："中国传统文艺批评对诗和画有不同的标准：论画时重视王世贞所谓'虚'以及相联系的风格，而论诗时却重视所谓'实'以及相联系的风格。"② 钱锺书指出的这种现象在中国古代美学理论中称为"诗崇实""画尚虚"。而这种现象在《画报》人物报道中的图像与文字关系上表现得尤为突出。《画报》中的许多人物图像，特别是皇帝、大臣的肖像，作为图像绘制者的英国画家基本没有见过被报道者本人，没有面对面地进行写生。他们主要是根据其他人提供的所谓"肖像画真迹"重新绘制，是再创造的结果。其图像到底像不像中国的皇帝和大臣，或是有几分像中国的皇帝与大臣，对于当时《画报》的读者来说是不甚清楚的，对于今天的中国读者来说更是一个未知数。而读者之所以将某幅画像当作某位皇帝或大臣来看待和接受，主要在于文字给予他的命名，是文字引导

---

① "The Chinese Mission", *The Illustrated London News*, June 23, 1866, p. 609.
② 钱锺书：《七缀集》，生活·读书·新知三联书店2002年版，第23页。

了读者对其进行审美的基本指向。《画报》1842年6月4日刊登的《中国的道光皇帝》，其图像并非来自英国画家对道光皇帝面对面的直接摹写，而是来自对一幅道光皇帝肖像画的再次描摹，是画家"在一位拥有中国道光皇帝肖像真迹的朋友帮助下"再创作出的"尽可能正确"①的模仿。在此，《画报》没有勇气肯定这幅画像完全像道光皇帝本人，而是怯怯地表示尽可能像道光皇帝。《画报》所刊画像中那位表情紧张，透露出沮丧中混杂着希望的道光皇帝，与同时代画家所描绘的那位面庞瘦削、干练勤政、正襟危坐的道光皇帝相比，还真不像道光皇帝本人。是"中国的道光皇帝"这一文字标题使我们相信画像中的人就是道光皇帝。正是这种图像与文字的互证对读者的审美指向进行了引导，也使读者在这种引导下完成了审美再创造活动。

最后，图文背离，延伸审美的内在张力。图文背离，指图像与文字所呈现的意义或旨趣不一致或者相反。它增强了审美对象的内在张力，能使读者在审美对象中领略到更为丰富的言外之意或画外之象。类似图文背离的现象在文艺创作和新闻传播活动中都有不同程度的存在：文艺作品中形象与思想的差异，作者主观动机与作品实际作用的矛盾；新闻画报中图像与文字的矛盾，报道者的主观意图与客观效果的冲突，都可归入背离现象。《画报》对中国人形象的描绘也存在图文背离现象。其中，最有代表性的作品是关于两广总督叶名琛的报道。由于叶名琛对英国的不法商人、英方外交人员和英军的无理要求持强硬的排斥和反对态度，使英国人的利益受到了损失，颜面受到了损害。英国人及英国政府都对他强烈不满。《画报》为了迎合他们，对叶名琛的文字描述基本都是负面的，其用语带有强烈的贬抑性和否定色彩："无知""残暴""嗜血""顽固不化""厚颜无耻""刚愎自用"……表现了深恶痛绝的情感。但其图像《大臣叶氏——来自中国画家的画作》（见图2.10）与文字中的叶名琛形成了背离关系。图像中的叶名琛身着朝服，神色镇定，嘴角含笑，目无惧色，与文字中的描绘截然相反。这就促使读者在阅读关于叶名琛报道的文字和图像时产生许多张力性的思考：叶名琛是善还是恶，是愚还是贤，是正义抵抗还是盲目排外……从而获得丰富的审美感受。

---

① "Taou Kwang, The Emperor of China", *The Illustrated London News*, June 4, 1842, p. 56.

二 扩展了新闻画报的表现范围

图像与文字相结合的新闻媒体，在《画报》创刊之前便已存在。在法国，1829 年创办的《剪影》(La Silhouette) 杂志，1832 年创办的《喧噪》(Le Charivari) 日刊，在用文字报道各种新闻事件、评论政治时事的同时，并配以石版画插图，初步具备了新闻画报的某些特点。在英国，1833 年创办的《国民旗报》(The National Standard)、1836 年创刊的《每周纪事》(Weekly Chronicle) 虽然不是新闻画报，但也不时刊登版画插图，以图文结合的方式吸引读者，提高发行量。类似的还有《便士杂志》，它在英国插图周刊出版的历史中也占有一席之地。但就对中国事务的关注、对中国人形象的描绘而言，它们都不如《画报》那样范围广泛，类型多样。

第一，《画报》对中国人形象的报道覆盖地域极其广泛，南起香港、广州，北至天津、北京，囊括了不同地域、不同民族的中国人形象。南方有性情淳朴、衣着传统的"香港的中国姑娘"①，有跷着二郎腿、抽着烟卷、悠然自得，闲坐于街头的"广州城里的守街卫兵"②；东有"外貌极其怪异""与天朝的普通习俗相反，允许留头发"③ 的南京的太平军起义者，有居于茅舍内，一边纺纱、一边照看小孩的勤劳的上海附近的农妇④；北方有"士气高昂地"对英法联军进行英勇反击的大沽炮台守军⑤。《画报》中这些不同地域、不同民族的中国百姓和士兵形象，不管是文字叙述还是图像描绘，大多十分简要。记者、画家对这些人物形象的报道，重点不在于表现他们的性格特征并塑造个性鲜明的典型形象，而在于以他们为载体，为读者提供一幅类似莎士比亚笔下的"福斯泰夫式的背景"⑥，即五光十色的中国晚清社会生活图景，从而让读者了解晚清中

---

① "Chinese Girls-Sketched at Hong-Kong", *The Illustrated London News*, July 25, 1857, p. 88.
② "Canton Street-Guard", *The Illustrated London News*, February 28, 1857, p. 179.
③ "The Insurgents at Nanking", *The Illustrated London News*, February 24, 1855, p. 171.
④ "Sketches in China: Village Interior Near Shanghai", *The Illustrated London News*, May 24, 1873, p. 481.
⑤ "The Storming and Capture of the Peiho Forts", *The Illustrated London News*, November 17, 1860, p. 472.
⑥ 《马克思恩格斯文集》第 10 卷，人民出版社 2009 年版，第 176 页。

国不同地域、不同民族的社会历史、风俗民情、生活状况。

第二，《画报》对中国人形象的报道覆盖身份极其多样，上至皇帝高官，下至贩夫走卒，涉及不同阶层、不同职业的中国人形象。在《画报》中，就皇帝形象的报道而言，有晚清三朝皇帝："中国的道光皇帝""中国的咸丰皇帝""中国年轻的同治皇帝"；就大臣形象的报道而言，有迎合西方列强、主张妥协外交的耆英，也有对抗西方列强、主张强硬外交的叶名琛。在《画报》对这些有名有姓的中国人形象的塑造中，文字叙述较为周详，图像描绘较为细致，重点在于表现他们的性格特征和内心世界，塑造个性鲜明的人物形象。《画报》在报道这些人物形象时也围绕他们描写了不同阶层的社会状况、现实生活、历史文化等，但这些描写都是为塑造人物形象服务的，在于为人物的活动提供生活场景、活动背景、典型环境。《画报》对这些中国人形象的报道很像同时期欧洲批判现实主义的人物形象塑造，二者都做到了"真实地再现典型环境中的典型人物"①。例如，《画报》在报道道光皇帝时，就将他置于第一次鸦片战争后期东南沿海生灵涂炭，英国舰船步步紧逼这一特殊环境中，表现了道光皇帝焦头烂额的慌乱与束手无策的无奈。这也使当时的读者了解到清朝的皇帝"也是凡人，根本不是什么王中之王、天之骄子"，所谓的天之骄子也"不是无敌的，甚至一样会犯错误"②，一样有慌乱与无奈的时候。《画报》在报道耆英时，耆英是以战败国钦差大臣身份出现在英国皇家战舰"皋华丽"号上的。在胜利者英国全权大使璞鼎查和身着军服、身姿挺拔、精神饱满、意气风发的英国军官面前，耆英一开始手足无措，无所适从，但他很快稳定情绪，对在英军舰船上的见闻赞不绝口，谈笑自如。这一方面暴露了作为"天朝上国"钦差大臣的耆英孤陋寡闻，少见多惊；另一方面又表现了耆英的随机应变，灵活应对；使读者看到这位清朝钦差大臣在"长期存于他们心中的天朝大国的自豪感和政治优越感……荡然无存"③的同时，也多少保留了一点清朝的颜面。

---

① 《马克思恩格斯文集》第 10 卷，人民出版社 2009 年版，第 570 页。
② ［德］郭士立：《帝国夕阳：道光时代的清帝国》，赵秀兰译，吉林出版集团股份有限公司 2017 年版，第 162 页。
③ ［德］郭士立：《帝国夕阳：道光时代的清帝国》，赵秀兰译，吉林出版集团股份有限公司 2017 年版，第 163 页。

第三,《画报》对中国人形象的报道善于关注人性的善良方面,挖掘了普通人的人性美,从而淡化了战争的惨烈和中国人与外国人的敌对情绪。西方媒介中的中国人形象变化以1750年为界。1750年前,西方媒介中的中国人形象主要是正面的,对中国人的描述是:"远东最遥远的帝国"里英勇而英明的统治者大汗,"孔教理想国"里优秀而文明的君民,上天厚爱的中华帝国中勤劳而富有的百姓……这一时期的中国人形象是西方人美好想象的产物。"现代欧洲文化不仅在现实经验视野中接受中国,而且进一步想象以中华帝国为尺度批判欧洲。"① 1750年以后,西方媒介中的中国人形象主要是负面的,对中国人的描述是:停滞衰败帝国中保守落后的中国人,东方专制帝国中奴性十足的中国人,野蛮和半野蛮帝国中残暴愚昧的中国人……这一时期的中国人形象是西方人对中国人负面想象的结果,出于西方人试图殖民中国人、改造中国人的需要。而《画报》作为19世纪中后期西方的重要媒体,在西方媒体污名化中国人的大合唱中,在某种程度上还保持了一定的独立性,还关注和报道了中国普通人的日常生活,肯定乃至赞扬了中国百姓的人性美、人情美。1851年8月30日的《中国家庭》一文,对这个中国家庭中成员"安静而随和的性情"②、融洽相处的氛围大加赞赏。1859年4月16日《画报》刊载的《在中国旅行》一文,既是一篇新闻报道,又是一篇游记散文。记者以第一人称的视角叙述了他们在"天朝"旅行的所见所闻,表现了他们对中国人的美好印象。记者首先介绍了"大帽山"的山色美景和林崆村村民的友好热情。"大帽山"景色壮美:"到了隘口的顶峰,一幅壮丽的全景图卷映入眼帘。我们的脚下是美丽的苦丁谷,如草地滚木球场一般平坦,四周群山巍峨,光秃秃的悬崖峭壁赋予了它们雄伟之感。"林崆村村民待人真诚:"我们很快就被一群天朝村民所包围。他们张着嘴,睁大了眼,一直目瞪口呆地站在我们面前,对任何有趣的事情都放声大笑,并且和颜悦色、兴高采烈地跟着我们在村子里转来转去""在这我们被邀请与一些当地人共进晚餐;当我们谢绝后,他们又非常热诚地请我们吃蜜饯""晚饭后,一位非常英俊的小伙子拿出他的五弦琴,为我们演奏了一些欢快的

---

① 周宁:《天朝遥远:西方的中国形象研究》上册,北京大学出版社2006年版,第61页。
② "The Chinese Family", *The Illustrated London News*, August 30, 1851, p. 269.

乐曲。屋子里挤满了村民、我们的轿夫和孩子。在这些小山村里充满了自由、平等和博爱"①。报道以第一人称视角拉近了作者与读者、读者与中国村民的距离，让读者身临其境地体验了中国的山色美景，感受到了中国人的真诚热情。这些报道中的中国人形象向世界传递了礼仪之邦人们的美好善良，也有利于减少西方世界对中国人的负面印象和负面评价。

三 提升了新闻画报的艺术品位

文字与图像相结合的传播方式，在中西方都有悠久的历史。"无论是先民的神话传说，还是见诸经史子集的经典故事，同时被文学和图像反复模写的例子难以计数，从而构成一道亮丽的风景线，共同在文学史和艺术史上熠熠生辉。"② 中国古代有"左图右史"之传统。南宋郑樵在《通志略·图谱略第一·索象》中说："古之学者为学有要，置图于左，置书于右，索象于图，索理于书。"③ 这种图文配合在西方也不乏其例。中世纪传播基督教的书籍，也大多配有关于基督形象的插图，"直接根据字意将《圣经》中的话语转述为形象"④，成为图文一体的文本。但是，古代的图文结合，图更多的是作为点缀，不具有独立叙事的功能，因而不能与文并肩。《画报》作为以图像为主要特色报道新闻的周刊，赋予了图像以独立地位，形成了其图文既相对独立，又紧密联系的叙事功能，提升了图文一体叙事文本，特别是新闻画报的艺术品位。

首先，《画报》中的中国人图像已摆脱了插图的附属地位，具备了独立的叙事功能，成为新闻报道的重要组成部分。《画报》中的图文结合与过去文学艺术与新闻报道中图文结合的一个重大区别在于，过去的图文关系一般是文主图辅：文字几乎规定了整个文本的基本框架，主导了整个文本的发展脉络，确定了整个文本的基本内涵，图像仅起点缀、补充和强化的作用。而《画报》中的图文关系一般是图文并立、图文并重，图像具

---

① "Travelling in China", *The Illustrated London News*, April 16, 1859, p.376.
② 赵宪章：《语图互仿的顺势和逆势——文学与图像关系新论》，《中国社会科学》2011年第3期。
③ 郑樵撰：《通志略》，上海古籍出版社1990年版，第729页。
④ ［德］亨利克·菲弗：《基督形象的艺术神学》，萧潇译，中国社会科学出版社2005年版，第3页。

有了独立的叙事功能，成为整个文本叙事框架、发展脉络与基本内涵的重要组成部分，对文字起相互阐释、相互补充、相互配合的重要作用。因此，图像与文字是不可分离的，离开了任何一方，都会影响叙事的完整性、表达的准确性和功能的整体性。如1858年12月18日的《鸦片鬼的堕落历程》，其插图就完整地叙述了一个中国鸦片吸食者堕落的全过程。这组插图一共6幅，每幅图片之间相互关联，具有内在的逻辑联系性。"第一幅插图表现的是制作鸦片浸膏的过程""制作过程包括多次煎煮、过滤和蒸发，直至浸膏呈现出糖蜜一般的浓稠度"[①]；第二幅插图是一个中国人在抽鸦片，妻子坐在床上相陪，奴婢端着米糕站在一旁侍候；第三幅插图是鸦片吸食者花光了家里的积蓄，卖光了衣柜里的衣物；第四幅插图是鸦片吸食者开始售卖家中的木制家具；第五幅插图是毫无经济来源的鸦片吸食者完全依赖妻子和孩子织布换来的微薄收入度日，他正在恳求妻子和女儿给钱买鸦片；第六幅插图描绘鸦片吸食者在疾病和痛苦的折磨下中年夭亡，他的家人正在哀悼。这六幅插图形成一个系列，情节紧凑，结构完整，呈现了一个中国鸦片吸食者从殷实到贫穷、从健康到死亡的渐变过程。但是，仅从插图看，还是有一些遗憾：情节紧凑但不生动，结构完整但不丰富，主题明确但蕴含浅显。报道中的文字描述正好弥补了这方面的不足。特别是对鸦片吸食者痛苦与危害的描绘，不仅使情节生动，内容丰富，蕴含深刻，而且拓展了报道的社会意义，在客观效果上使读者清醒地意识到了鸦片的危害和鸦片贸易者的罪恶。"进入体内的鸦片起初是一种令人愉悦和清醒的兴奋剂，令其产生一种虚假的活力，但很快就会软弱无力、无精打采。""一旦上瘾，其恶果马上就出来了。这些影响包括四肢和内脏疼痛、食欲不振、睡眠不安、消瘦、记忆力减退、惊恐忧虑，整个人在道德、精神和身体方面全都垮了""到后来，最初用于取乐的东西变成了只是为了减轻痛苦的手段。如果没有按时吸食，不幸的受害者就会痛苦不堪。……倘若得不到鸦片，他往往会以自杀的方式来结束自己的痛苦"[②]。这些文字叙述深化和丰富了图像的内容，揭示了图像背后更为广阔、更为深刻的社会意义。《鸦片鬼的堕落历程》中的图像与文字关系说

---

① "The Opium-Smoker's Progress", *The Illustrated London News*, December 18, 1858, p.574.
② "The Opium-Smoker's Progress", *The Illustrated London News*, December 18, 1858, p.575.

明,尽管图像在新闻报道中具备了独立叙事的功能,甚至影响了"'读图时代'口号在新闻传播领域的提出",但是,"如同'文字的世界'取代不了'图像的世界'一样,'图像的世界'也不要试图满心欢喜地去做取代'文字的世界'的梦。新闻图像始终存在于新闻传播领域,与文字和谐相处,并根据图像生产、复制和传播技术的发展,调整着自己的态势"①。

其次,《画报》中的中国人形象报道的图文关系表现形式多样,在互释、互补或背离中增强了图文的表现功能。《画报》中的图文关系超越了过去文学艺术与新闻传播中图文的简单关系,即文主图辅、以图辅文的单一关系,形成了图文相互阐释、相互补充或相互背离的复杂关系,并在这种复杂关系中使文字与图像比独立叙事具有了更为丰富的表现能力与更为突出的表达效果。这种图文互释、图文互补、图文背离的复杂关系,并非在《画报》的每一篇中国人形象的报道中都得到完整表现,其表现方式也是多样化的。既有单一化表现,即在一篇人物报道中仅表现互释、互补或背离中的某一种关系,例如《中国的道光皇帝》《中国的咸丰皇帝》中对道光、咸丰皇帝的报道,《中国使团》中对斌椿形象的报道,主要是一种互补关系或相释关系;也有综合化的表现,即在一篇人物报道中将互释、互补或背离作为一个整体运用于其中,如关于叶名琛的报道。一是图文呈现出背离关系。《画报》对叶名琛的文字描述几乎都是负面的,充满敌意的,带有浓厚的西方意识形态色彩。如果根据文字中的"残暴""嗜血""顽固不化""刚愎自用"等词语想象叶名琛,他一定是一个表情冷酷、面目可憎之人。但图像中的叶名琛却是面含微笑而不露,神情自若而无惧的正人君子形象,二者之间呈现出明显的背离关系,文字对图像起到的是反衬作用。二是图文呈现出互释关系。《画报》中的叶名琛图像置于版面中间靠左,图像上下方均为文字,右边为大幅地图。如果仅从图像和以前对叶名琛的报道描述看,该幅画像很难与叶名琛相符合,完全有可能被看成是晚清时期的任何其他一位总督、大臣形象。图像下面的文字"大臣叶氏——来自中国画家的画作",则将图像命名和解释为叶名琛,由此限定了图像上的人就是叶名琛。如果没有文字的命名和解释,读者难

---

① 韩丛耀等:《中国近代图像新闻史 1840—1919》第 5 卷,南京大学出版社 2012 年版,第 1625 页。

以判断画像上的人物是谁。这说明图文的互释是不可或缺的。三是图文呈现出互补关系。尽管《画报》对叶名琛的文字报道在晚清官员的报道中次数最多、篇幅最长，但其图像仅有一幅。仅凭这幅图像并不能展示叶名琛的地位与影响，更难以体现英国人对叶名琛的厌恶之情。正是大篇幅的文字描述弥补了图像的不足，也表达了英国人对叶名琛的憎恶。总之，《画报》在对中国人的报道中将图文互释、互补或背离的效用发挥到了最大化，这是其他新闻画报难以与之比肩的。在《画报》对中国人报道的图文关系中，"图像以它可被持久观看的可能性而可以停留在一个中心位置。围绕着它的人可以观察它，并表达自己的观点，甚至进入其氛围。语言则缺少这种中心空间的特点。但另一方面，讲述的话却可以沁入得更深，在每一个空间都可以被领略、被想象，在每一个个体中、在其灵魂中，并且可以由此深奥之处出发，比面对图像走得更深。"①

最后，《画报》中的中国人形象报道，方法灵活多变，正面描写与侧面衬托相配合，直接叙述与间接转述相交替，丰富了新闻画报的艺术手法。《画报》既是具有新闻性质的媒体，又是具有艺术特点的媒介。作为新闻性质的媒体，它必须真实地报道新近发生的事实，如实地描绘中国形象；作为艺术特点的媒介，它可以灵活地运用多种手法去报道新近发生的事实，全面立体地塑造中国人形象。《画报》1842年12月3日刊登的《中国的外交》②中，对清廷官员耆英、伊里布、牛鉴三人的描写是正面描写，作者运用生动形象的语言，对他们的表情、动作乃至心理都进行了直接的描绘，展示了他们面对英军豪华舰船时的惊诧、失态和媚相，将他们孤陋寡闻、一惊一乍的窘态表现得淋漓尽致。1855年2月24日刊载的《南京的太平军起义者》③，对太平军士兵的描写也是正面描写。记者和画家用鲜活的语言与栩栩如生的图像，展现了太平军士兵与天朝习俗反其道而行的怪诞模样。而《画报》对广州行商群像的报道基本上都借第三人称之口加以叙述，是典型的侧面描写。如1842年8月6日发表的《海德

---

① ［德］亨利克·菲弗：《基督形象的艺术神学》，萧潇译，中国社会科学出版社2005年版，第7页。

② "Chinese Diplomacy", *The Illustrated London News*, December 3, 1842, p. 473.

③ "The Insurgents at Nanking", *The Illustrated London News*, February 24, 1855, pp. 171–172.

公园角的"万唐人物"展》中对伍浩官、庭呱的描写,是通过在中国生活20年之久的美国人内森·邓恩之口加以描述的。他说,伍浩官等著名行商"超脱于他们的同胞们对于洋人的偏见,最'乐意交流'"①。非常简要的一句叙述就展现了一个具有开放包容心态的行商形象。《画报》除正面描写与侧面描写相结合的手法外,还较多地运用了直接报道与间接转述交替的方法,尽可能全方位、多侧面地讲述中国故事,描绘不同的中国人形象。尽管《画报》向中国特别派遣了画家兼记者,他们也向伦敦总部发回过现场目击的直接报道,但由于记者人数的不足和客观条件的有限,对于许多重要的事件和人物,他们不可能都亲临现场去目击采访,进行直接报道,只能借助其他力量,转述其他报刊新闻、个人日记、游记、资料,以丰富刊物的内容,实现办刊的目标追求。其中,转自《广州纪录报》《德臣西报》《陆上中国邮报》《泰晤士报》等报纸上的新闻较多。例如《画报》1846年2月7日发表的重要新闻《香港的盛大行进仪仗》②,就大量转载了1845年11月27日《德臣西报》的报道;1857年8月15日《画报》发表的长篇报道《在中国的战争:流溪河之战》③,就采用了《泰晤士报》驻华记者撰写的稿件。当然,《画报》间接转述的稿件并非胡乱凑数,而必须是符合本刊的办报宗旨、特色追求的,必须能与本报所刊新闻融为一个有机整体的间接报道。

第三节 当代启示

黑格尔认为,历史上存在过的东西,之所以能进入当代人的视野,或成为当代人创作的素材,或成为当代人研究的对象,它总是或多或少地与当代社会生活有着某种关联,能给当代人以某种启示。他说:"历史的东西虽然存在,却是在过去存在的,如果它们和现代生活已经没有什么关

---

① "The Chinese Collection, Hyde Park Corner", *The Illustrated London News*, August 6, 1842, p. 204.

② "Grand State Procession at Hong-Kong", *The Illustrated London News*, February 7, 1846, pp. 89 – 90.

③ "The War in China: The Battle of Escape Creek", *The Illustrated London News*, August 15, 1857, p. 156.

联,它们就不是属于我们的,尽管我们对它们很熟悉;我们对过去事物之所以发生兴趣,并不只是因为它们有一度存在过。"①《画报》对晚清中国人形象的书写之所以进入我们的视野,成为我们的研究对象,也在于它能给我们以当代启示。

一 为观察当代外国媒介中的中国人形象提供了视野

与《画报》中的中国人形象相比,当代外国媒介中的中国人形象传播一方面发生了巨大的变化,其传播速度更快,传播渠道更广,传播形式更多样;另一方面,又保持着某些相似性,在传播理念、传播视角、传播功能等方面没有太大的变化。从这一角度看,《画报》中的中国人形象书写为我们观察和评价当代西方媒介中的中国人形象提供了视角与启示。

首先,当代西方媒介中的中国人形象仍是真实存在与他者视域融合的产物,而不是对中国人原型毫不走样地复制。《画报》中的中国人形象,不管是作为晚清最高统治者的道光、咸丰、同治,还是作为晚清政府官员的耆英、斌椿、叶名琛,抑或作为下层人的中国百姓、普通军人,他们或是中国历史人物的重要代表,或是现实生活中的实际存在。但是,一旦他们进入《画报》的视野,就已不再是历史人物或现实存在,而是媒体中的新闻人物,是客观存在的人物与《画报》记者、画家视域融合后带有一定"他者"性质的人物形象。《画报》在报道他们时已略去了他们与报道者自身的报道理念、报道框架、议程设置不相一致的方面,突出了与其需要相适应的部分。例如《中国的道光皇帝》就省去了他"才思敏捷,富有文采""小而勇武,有胆有识"的一面,强化了他在英国坚船利炮、大军压境下无助无奈的一面,呈现给读者的是一个外表畏葸、精神萎靡的道光皇帝形象,而不是史书中所赞誉的"神智内充,天表挺奇,宸仪协度,颀身隆准,玉理珠衡"②的外表俊朗、内有才思的道光皇帝形象。因为外表畏葸、精神萎靡的道光皇帝形象更加符合英帝国征服中国的需要。当代西方媒介虽然将"真实性"作为新闻传播的第一信条,清楚地认识

---

① [德]黑格尔:《美学》第1卷,朱光潜译,商务印书馆1979年版,第346页。
② 《宣宗实录》卷1,嘉庆二十五年七月,《清实录》第三三册,中华书局1986年影印本,第75页。

到媒体"一旦失去真实性，就会名誉扫地，就会失去读者"①。但当它们报道中国人形象时并不能完全"真实地"加以呈现，也很难讲"勇敢的真话"，同样呈现的是真实存在与他者视域相融合的中国人形象。例如，西方媒体在塑造中国的功夫明星等人物形象时，往往将自己的理想、欲望投射到他们身上，从他们身上直观自身。好莱坞电影中的现代"中国功夫"英雄：李探长（《龙争虎斗》）、林惠（《007明日帝国》）、李督察（《尖峰时刻》1、2、3）、艾利克斯（《霹雳娇娃》）、刘宇（《宇宙追缉令》）等，都是勇敢、正义、善良的化身，也都武功高强、身手敏捷、动作有力、克制守纪，他们是中国武侠与美国英雄的混合物。但是，当西方媒体在报道中国企业家、在国外的中国旅游者形象时，又总是以一种西方轻蔑心态看待他们，将他们塑造成负面形象。他们所报道的中国企业家，多以富贵逼人的暴发户模样出现，描绘他们的语言也多是显示财富词汇："中国老板"穿"皮革"服装，坐豪华轿车，看"平板电视"、抽"古巴雪茄"、用"宜家家具"、享受"按摩房"，但他们对工人却很吝啬，很冷酷②。他们所报道的中国游客多是素质低下的不文明者："吵闹、粗鲁、文化落后""嗜好赌博"，甚至"毫不犹豫地在酒店地毯上掐灭香烟"③，等等。可以说，当代西方媒介中的中国企业家和境外中国游客形象是西方传统"黄祸论"的现代演绎，也与《画报》中唯利是图、麻木堕落的中国人形象有某些相似性。

其次，当代西方媒介中的中国人形象仍是西方价值观的体现，都不可避免地带有一定的意识形态偏见。《画报》中的中国人形象主要来自两次鸦片战争时期。这一时期，"外国侵略者和进行抵抗的中国统治阶级之间在语言、思想以及价值观念上的差异"④ 很大。这种差异同样反映在英、中两国媒体上。《画报》也不例外，它在报道中国人时，大部分时候是站在英国立场上，带有一种大英帝国的意识形态偏见与西方中心色彩。它在

---

① ［美］威·安·斯旺伯格：《普利策传》，陆志宝、俞再林译，新华出版社1989年版，第63页。

② 参见林岩《全球化中的他者——后冷战时期西方媒体中的中国人研究》，博士学位论文，上海外国语大学，2012年，第97—98页。

③ "Chinese on a Grand Tour", *The New York Times*, October 21, 2005, p. 1.

④ ［美］费正清编：《剑桥中国晚清史1800—1911年》上卷，中国社会科学院历史研究所编译室译，中国社会科学出版社1985年版，第2页。

描绘中国皇帝和中国官员时用了一些意识形态色彩浓厚的词语。它称道光皇帝为"东方专制君主""鞑靼征服者"①。至于主张抗英的两广总督叶名琛，它更是用了一些充满敌视与仇恨的语言："残暴""嗜血""厚颜无耻""顽固不化"等，将《画报》的意识形态立场表现得淋漓尽致，也为英国侵华战争起了重要的助推作用。当代西方新闻媒体提出了"客观性"的新闻立场，主张在新闻报道中"绝对不允许掺杂记者个人的意见"②。曾任美联社社长的肯特·库珀（Kent Cooper, 1880—1965）强调"客观性"是"发展于美国，奉献于世界"的"一种至善至新的道德观念"③。那么，当代西方媒体所力倡的这种"客观性"原则，在新闻实践中能被遵循吗？回答是既能，又不能。西方各国媒体在本国新闻报道或盟国新闻报道中基本能遵循这一原则，在对不同意识形态国家或有利益冲突国家的新闻报道中，则难以遵循这一原则。西方媒体在对中国人形象的报道中常常淡忘了"客观性"原则，有时意识形态偏见十分明显。例如，他们在报道中国国家领导人时常常使用"中国非官方的皇帝"（China's unofficial emperor）④、"至高无上的领袖"（paramount leader）⑤ 等暗含"专制"意味的称谓。这样，"西方媒体中的中国官员是被精心建构在一个'专制'的语境中的官员。中国官员的形象首先是'专制社会'中的形象，中国官员是'专制社会'的一部分"⑥。西方媒体对中国人的意识形态偏见，甚至在对被全世界视为无国界的最公正的体育赛事和中国运动员的报道中也有所体现，认为中国运动员是在体育官僚制度中训练出来的，他们在奥运会上获得冠军是一种"官僚主义的胜利"（triumph of bureaucracy）⑦。由上

---

① "Taou Kwang, The Emperor of China", *The Illustrated London News*, June 4, 1842, p. 56.
② ［日］牧内节男：《新闻记者入门》，傅宗正译，重庆出版社 1987 年版，第 66 页。
③ 参见［美］J. 赫伯特·阿特休尔《权力的媒介》，黄煜、裘志康译，华夏出版社 1989 年版，第 152 页。
④ "China Finds Way to Slay Dragon of Inflation", *The New York Times*, March 26, 1993, p. 6.
⑤ "Like 76 Trombones, Multiple Pianos Make a Formidable Sound", *The New York Times*, September 17, 2004, p. 3.
⑥ 林岩：《全球化中的他者——后冷战时期西方媒体中的中国人研究》，博士学位论文，上海外国语大学，2012 年，第 80 页。
⑦ Peter Hessler, "The Home Team: How the Chinese Experienced the Olympics", *The New Yorker*, September 15, 2008, pp. 36–42.

可见，当代西方媒体所力倡的"客观性"实质上是对己不对人，对内不对外的。它至多只能看成是一种自我标榜，绝非一种严格遵守的原则。

最后，当代外国媒介中的中国人形象，仍是映照中国人自身的一面镜子，仍能为中国人的言行提供一定的启示。童兵在《百年甲午的新闻解读》一文中说：在甲午战争中，晚清政府"仍然是一贯的保守封闭态度，拒绝外国记者采访，不让外国武官观战，结果把战局的报道权、成败的评价权全部让给了国际社会和日本媒体"[①]。这一观点同样适用于观察和评价两次鸦片战争时期晚清政府的新闻传播状况。当时，对战争进程报道最多、评价最多的也是国际社会和英国媒体。就两次鸦片战争时期对中国人报道的全面性、深刻性而言，难有其他媒体能与《画报》比肩。《画报》报道了从皇帝高官到市井百姓等不同层次的中国人在战争中的日常生活、心理状态。尽管这些报道存在某种意识形态偏见，但还是在一定程度上反映了中国人的生活状况、精神面貌，同样可以为中国人的自我认识和自我反思提供一种视角和启示。如《画报》描述中国皇帝闭关自守、妄自尊大的心态，中国官员报喜不报忧、媚上欺下的行为，中国百姓麻木堕落、缺少进取的状态，虽在一定程度上被放大了，但也并非不存在，它对当代中国人还是有一定启示作用的。当代西方媒体对中国人的报道与《画报》对中国人形象的书写有立场上的接近性；当代西方媒体中的中国人形象对《画报》中的中国人形象具有精神上的传承性。就其对中国人的当代启示而言，二者也具有某些相似性。当代西方媒体对中国人的报道虽然不具有完全的"真实性"，当代西方媒体对中国人形象的描绘，虽然不能保持绝对的"客观性"，甚至有明显的意识形态偏见，但它们所描述的中国人的负面形象并非毫无根据的凭空捏造。它们所描述的中国官员的官僚作风，中国游客在境外旅游时的不文明表现，在中国的现实生活中都有不同程度的存在。这些内容在中国自己的媒体中也会不时报道。因此，仍然可以将当代西方媒体中的中国人形象作为当下中国人自我认识的一面镜子、自我评价的一个参照、自我完善的一种警示。

---

① 万国报馆编著：《甲午：120 年前的西方媒体观察》，生活·读书·新知三联书店 2014 年版，序二第 5 页。

二 为当代中国媒体报道外国人形象提供了启示

在全球化时代，国际的经济交往、文化交流、人员流动已成为常态，各国媒体对异国他乡人的报道已构成新闻传播的重要内容。自改革开放以来，中国媒体对外国人的报道日益增多；中国媒体塑造的"他者"形象日益丰富。他山之石，可以攻玉。吸收外国媒体塑造"他者"形象的有益经验，提升中国媒体报道外国人的水平，仍是当代中国媒体面临的任务之一。《画报》在19世纪西方媒体对中国人的报道中表现突出，它所塑造的中国人形象影响很大，它对当代中国媒体如何报道外国人形象仍有重要启发。

首先，在事实与倾向的平衡中表现倾向。事实，是新闻报道的基础，"新闻的本源是事实，新闻是事实的报道，事实是第一性的，新闻是第二性的，事实在先，新闻（报道）在后。这是唯物论者的观点。"[1] 也就是说，新闻就是对事实的陈述，没有事实就没有新闻。倾向，是所有精神生产活动的特点，任何精神产品总会包含生产者的主观感情和理想愿望，新闻报道也不例外。成功的新闻报道中的事实与倾向总是处于平衡状态的：事实是根本，倾向寓于事实之中；倾向来自事实，是从事实中生发出来的。《画报》中的中国人形象报道，既强调事实的真实，又有倾向性表现，在大多数作品中二者始终处于平衡状态。为了获得事实，《画报》向中国派驻了记者和画家，深入中国的战争前线和百姓生活，收集新近发生的事实，捕捉鲜活的人物形象，并在人物形象的描绘中自然而然地流露出作者感情。这一特点几乎贯穿了上至皇帝高官，下至市井百姓等所有中国人形象的报道。在这一点上，对当代媒体的外国人形象报道是有一定借鉴意义的。进入新世纪以后，中国媒体对外国人形象的报道更加频繁，一些重要媒体还开设了固定的专栏，如中央电视台国际频道的《外国人在中国》，《环球人物》的"世界"都很有代表性。然而，不可否认的是，部分外国人形象描写在事实与倾向关系的平衡上处理得还不够好，给人一种倾向游离于事实之感。如《叶利钦贪杯被美

---

[1] 中共中央宣传部新闻局、中国社会科学院新闻研究所编：《真实——新闻的生命》，中国新闻出版社1986年版，第76页。

国务卿忽悠》①，报道了1993年美国时任国务卿克里斯托弗和时任北约秘书长韦尔纳分别与叶利钦会面时，信誓旦旦地向叶利钦表示北约不会东扩，他们提出的"和平伙伴关系计划"不仅包括俄罗斯，而且也将取代北约。叶利钦对此信以为真，还充满激情地评价"和平伙伴关系计划"是"天才创举"。然而，北约却并没有停止东扩的脚步。叶利钦贪杯是出了名的，也是不少媒体中的刻板印象。但在轻信北约不会东扩这件事情上，与叶利钦嗜酒贪杯并无多少关系。而该报道作者却认为这缘于"叶利钦贪杯被忽悠"，在事实与倾向之间并没有形成紧密关联。再如，《萨德尔，把伊拉克带进神权时代》②叙述了萨德尔既不满意美国，也不信任以色列，还坚决反击"伊斯兰国"的政治倾向；介绍了美国《新闻周刊》对他的评价："伊拉克最危险的人"；指出了他在与伊朗友好的同时，又与伊朗保持距离，主张伊拉克的事由伊拉克人管理的民族主义立场。从文章的主要内容看，很难得出他把伊拉克带入神权时代的结论。作者的这一结论所表达的思想倾向与作品中的事实无法形成必然联系。而《画报》中那些事实与倾向平衡的人物报道，无疑是值得今天对外国人形象进行书写的作者们借鉴的。

其次，将意识形态和价值立场渗透于叙事中。一方面，任何时代、任何阶级的新闻媒体都带有特定时代、特定阶级的意识形态和价值立场。正如马克思所指出的那样："统治阶级的思想在每一时代都是占统治地位的思想。这就是说，一个阶级是社会上占统治地位的物质力量，同时也是社会上占统治地位的精神力量。支配着物质生产资料的阶级，同时也支配着精神生产资料，因此，那些没有精神生产资料的人的思想，一般地是隶属于这个阶级的。"③ 这些统治阶级的思想总是千方百计地渗透于各种精神生产活动中，新闻媒体活动也不例外，也总是要在其新闻报道中表现统治阶级的思想意识和价值立场。另一方面，新闻媒体生产的本质是对新近发生的事实的报道；新闻人物报道，其重点是写人物活动。讲好人物故事是新闻人物报道的首要任务。新闻媒体生产的这一特点决定了新闻人物报道

---

① 李正明：《叶利钦贪杯被美国务卿忽悠》，《环球人物》2018年第7期。
② 黄培昭：《萨德尔，把伊拉克带进神权时代》，《环球人物》2018年第12期。
③ 《马克思恩格斯文集》第1卷，人民出版社2009年版，第550页。

不能脱离人物的故事而直白地表现生产者的思想意识和价值立场。它们应将思想意识和价值立场渗透于新闻叙述之中,通过新闻人物活动的情节和场面自然而然地流露出来。《画报》对中国人形象的报道,其意识形态和价值立场多是通过对中国人故事的讲述而表现出来的。不管是对其抱有好感的耆英的报道,还是对其十分反感的叶名琛的报道,抑或对普通中国人的报道,都是通过讲述他们的故事而呈现出对他们的态度和评价,在叙述他们活动的过程中自然而然地流露出媒体的意识形态和价值立场。然而,当代中国媒体的外国人形象报道在如何艺术地表现中国意识形态和价值立场这一点上,有部分作品处理得并不是很好。如《特朗普狂赌贸易战》①,其每个部分的标题为:"使出'交易艺术',却看轻中国意志""想当'伟大总统',选错了道路""不懂经贸的外行,身边缺少另一种声音"。如果作为新闻评论,这些标题观点鲜明,概况性强,是评论的好标题;如果作为评传,这些标题提纲挈领,统领性强,也还是不错的标题;但作为人物报道,观点过于鲜明,意识形态色彩太浓,价值立场太过直白,与人物故事的叙述有些脱节。它不是从故事中生发出来的,而是作者强加于故事的,因此,值得进一步推敲和商榷。而《画报》通过艺术化的书写自然而然流露作者观点和价值立场的叙述技巧,无疑可给今天中国媒体的外国人形象报道提供了某些参考。

最后,在广阔的社会背景和生动的细节描写中刻画人物性格。新闻作品中的人物形象报道与文学作品中的人物形象描写都有一个共同的目标追求:塑造典型形象。典型形象,又称典型性格,它是一部作品人物塑造成功的重要标志,因为不同人物形象的区别主要是基于性格的差异。那么,新闻作品应该如何塑造人物形象呢?马克思主义现实主义的文学观对此很有指导意义。恩格斯指出:"据我看来,现实主义的意思是,除细节的真实外,还要真实地再现典型环境中的典型人物"②。

恩格斯强调,塑造典型人物最重要的有两个方面。一是在广阔的社会背景中去描写典型人物。分而言之,描写典型人物,不仅要描写人物的生活场景、社会环境,而且要描写其历史文化背景。《画报》在对中国人形

---

① 温宪、江明:《特朗普狂赌贸易战》,《环球人物》2018年第8期。
② 《马克思恩格斯文集》第10卷,人民出版社2009年版,第570页。

象的书写中就十分重视这一点。如对清朝"使臣"斌椿的描写,既介绍了他访问欧洲的随行人员,又描述了他访问欧洲的国际形势,还从他的见识和修养方面谈了他访问欧洲的深远意义,从而在广阔的社会背景中表现了他"眼界开阔、思想开明"的特征。这一特点在《画报》对其他中国人形象的报道中也有体现。二是在细节描写中表现人物性格。就文学作品而言,细节是"作品的血肉",也是"作品情节生动性和人物形象化的具体表现。一部文艺作品的情节,如果没有'细节'构成,很容易流于平淡而缺少生动性;一部文艺作品的人物,如果缺少'细节'描写,也容易流于呆板而缺少形象性"①。新闻作品也不例外,"同样也需要挖掘细节并加以用心描写"②。因为"观察力敏锐而又善于提问的记者,收集到的具体细节往往比一般的描写更具说服力"③。《画报》在对中国人形象的报道中也十分注重细节描写,用生动的细节描写去表现人物性格。如在对耆英形象的书写中有一个细节描写,对表现耆英的性格特征至关重要。"他对一个小姑娘表现出善意,将她抱在膝盖上,爱抚她,并把一件饰品戴在她的脖子上。"④ 耆英这一看似不经意的小小举动就表现出了他的和蔼可亲与良好教养。这一细节描写比任何抽象的语言更有利于展示耆英的形象和性格。而在今天中国媒体的外国人形象报道中,有个别作者过分偏重宏观叙述,缺少生动的细节描写,人物有骨架少血肉,多思想少感情,不能从心底里打动读者。如《环球人物》2018 年第 10 期《美国新国务卿,快节奏的坦克兵》中对美国新任国务卿蓬佩奥的报道就存在这方面的问题。在如何于广阔的社会背景中去书写人物,如何以生动的细节描写塑造"他者"形象这两个方面,《画报》的经验在当代仍未过时,仍然能为今天的中国媒体和作者提供一定的借鉴。

---

① 季水河:《回顾与前瞻:论新中国马克思主义文艺理论研究及其未来走向》,中国社会科学出版社 2009 年版,第 76 页。

② 刘海贵主编:《知名记者新闻业务讲稿》,复旦大学出版社 1998 年版,第 20 页。

③ [美] 布雷恩·S. 布鲁克斯等:《新闻报道与写作》,范红主译,新华出版社 2007 年第 7 版,第 193 页。

④ "Grand State Procession at Hong-Kong", *The Illustrated London News*, February 7, 1846, p. 90.

三　为提升当代中国画报的图文艺术提供了借鉴

当今世界，被许多人称为"图像社会"或"读图时代"。所谓"图像社会"或"读图时代"，无非是强调图像在当代世界占据了特殊地位，已成为人们阅读或审美的主要文本。的确，今天的纸质平面媒体彩图激增，影视网络媒体图像独领风骚。它们吸引了读者的眼球，刺激了读者的神经，影响了读者的思考。那么，我们有必要追问，"图像社会"或"读图时代"中的图像是否已达到了很高的艺术水平？图像是否意味着放逐文字？19世纪中叶诞生的英国《画报》在今天这个"图像社会"或"读图时代"是否已经过时？它能否给当代中国的画报媒体提供某些借鉴？

首先，它能为当代中国画报的连续叙事与跟踪报道提供思路。《画报》的一大特点是注重连续叙事与跟踪报道，力图为读者提供完整的故事和宏阔的场景。其中，最有代表性的作品是对第二次鸦片战争的报道。它以"在（与）中国的战争"为总题，对第二次鸦片战争进行了持续性报道，全方位地展示了第二次鸦片战争时期中国社会发生的许多重大事件和中国舞台上的许多重要人物。独立地看，其中一篇篇故事、一个个人物，都是非常生动的新闻报道；联系起来看，所有的故事、所有的人物，构成了一部完整的历史。反观当代中国，其画报媒体同整个中国新闻媒体一样得到了快速发展，产生了重要影响。特别是《人民画报》《今日中国》等画报中的代表性刊物，都曾面向世界数十个国家发行，具有发行面宽、影响力大的特点。它们在报道世界重大新闻、传播当代中国和中国人形象方面做出了重要贡献，成为中国人走向世界的桥梁和世界了解中国的窗口。然而，它们在连续、动态地讲述中国故事、描绘中国人形象方面还有所不足；在对一个重大事件的跟踪报道、重要人物的连续描绘方面还有所欠缺。它们描绘的是一篇篇独立的故事，一个个独立的人物，相互之间缺少内在的联系，难以构成一部完整的历史。它们为未来的历史书写提供了一个个鲜活的史实，但难以提供一部有内在联系的史诗。而在这方面，《画报》对晚清中国人形象的书写正好可以为其提供一定的突破思路。

其次，它能为当代中国画报的图文关系和谐提供导引。《画报》之所以能够超越它之前的画报并引领它以后画报的发展,其成功的关键在于它的图文和谐。在《画报》之前的西方画报,图像仅对文字起辅助作用,处于一种配角地位,不具有独立的叙事功能。而《画报》对过去新闻画报实现超越的标志,就是它成功地以图像为主要特色来报道新闻事件、塑造人物形象,使图像具有了独立的叙事功能。当然,这并不意味着它轻视文字的作用。《画报》一方面追求图像的真实和精美,另一方面又追求文字的准确与生动,从而使新闻报道中的图像与文字在互释、互补或背离中走向和谐,开拓出新的意义空间与审美空间。它在对道光皇帝、耆英、斌椿、叶名琛的报道和描绘中都比较好地实现了这种图文和谐,使之超越了图像与文字的单独叙事功能。当代中国的《人民画报》《今日中国》等重要新闻画报,无论是在新闻的采访条件、信息收集传递方面,还是在图像的拍摄、制作、印刷技术上都远远超越了19世纪的《画报》。单就它们中的某幅图像的真实性和精致程度而言,是《画报》中的任何一幅雕版插图都无法比拟的。然而,从图像与文字协调配合的和谐程度而言,可以说《画报》仍然能够为《人民画报》《当代中国》等提供一定的启发。1931年,萨空了在《五十年来中国画报之三个时期》一文中对中国画报的论述,有助于我们理解这一问题。他说:"中国之有画报,半系受外国画报之影响,半系受传奇小说前插图之影响,此应为一般人之所公认。杂糅外国画报之内容,与中国传奇小说之插图画法与内容,而成点石斋式画报……时间虽经过数十年,然画报内容仍无何等进步。"① 中国画报所受的双重影响也使它带有双重特性:一方面具有西方画报的现代性色彩,能真实地报道新闻事件,描绘新闻人物;另一方面又植根中国传统插图之中,始终没有完全摆脱对文字的依附地位。它或提示文字叙述的重点,或凸显文字中描绘的形象特点,使图像与文字的关系主要是单向作用而非双向互动,更难在互释、互补或背离中实现和谐,超越单独的文字或图像本身。而《画报》在这方面的大胆探索和成功经验,正好可作为今日中国画报之导引。

当然,我们探讨《画报》中的中国人形象书写的历史价值、艺术价值和当代启示,更多的是从古为今用、洋为中用、推陈出新的角度而言,

---

① 张静庐辑注:《中国现代出版史料·乙编》,中华书局1955年版,第412页。

并不是要以古非今，以洋抑中，贬低中国媒体在他者形象塑造方面的成就。其用意是在对《画报》的借鉴中实现超越，为新时代中国媒体走向世界、走向未来积累经验，积蓄能量。

结　　语

　　本书坚持中国立场原则、辩证思维原则、交流互鉴原则，运用比较文学形象学方法、文本细读法、文史互证法和语图互文法等跨学科的研究方法，对《伦敦新闻画报》（1842—1876）中的晚清中国人形象进行了综合、全面、立体的研究。

　　《画报》中的晚清中国人形象研究首先以在晚清政府中占据统治地位的皇帝与高官形象为研究重点。一方面，晚清三位皇帝在《画报》中都有集中、鲜明的体现，分别被再现为夕阳余晖里强撑危局的道光皇帝形象、大厦将倾时苦心维持的咸丰皇帝形象和短暂平静下作为符号象征的同治皇帝形象。这三位皇帝形象褪去了中国传统官方传播中的"神性"，被立体、动态、真实地呈现出来，在一定程度上颠覆了中外读者对中国皇帝形象的模式化认知与刻板印象。另一方面，《画报》对晚清外交舞台上与地方治理中的官员也着墨较多，包括在外交舞台上由惊惧无措、孤陋寡闻到优雅自如、八面玲珑的善变者耆英；才华横溢、思想开明的"中土西来"第一使者斌椿；开放兼容、亦商亦官，但夹在清政府与外国人之间左右为难的特权商人——行商的形象。地方治理中的官员形象基本承袭了18世纪以降英国与西欧文本中负面化叙述的地方治理中的官员群像。而在第二次鸦片战争期间被严重污名化的两广总督叶名琛的形象则介于两者之间。除了上述统治者形象之外，《画报》对处于晚清中国社会下层的军人和百姓形象也有极为生动立体的呈现。1842—1876年历经中英两次鸦片战争，《画报》在对军情战况的持续性报道中也将视线投到了战斗人员身上，主要塑造了一触即溃、遇敌辄奔，英勇作战、顽强抵抗和唯利是图、残忍嗜杀的三类中国军人形象。同时，形形色色的晚清中国百姓形象也在详尽细致的文字叙述和生动鲜活的版画插图中被表现得淋漓尽致。他们身上矛盾对立的特征被多角度、全方位地挖掘，主要体现为礼貌友善的中国百姓、吃苦耐劳的中国百姓、堕落麻木的中国百姓这三种类型。

《画报》对晚清中国人形象生动丰富的表达手法主要体现在三个方面：图像与文字互文、多重叙述主体的透视和新闻背景与新闻事实的巧妙结合。首先，它的图文报道体现出图像与文字互释、互补与背离的特点。图像与文字的互释，或以图释文，即用图像为文字增添直观性和可感性；或以文注图，即用文字为图像重建语境和锚定意义，图文合力达到对中国人形象最佳的表达效果。图文互补，或以图像弥补文字在空间性上的不足，或以文字弥补图像在时间性上的断裂，两者在互动中被不断强化并共同推进叙事。图文背离，也就是图文之间在对同一对象的处理上出现"缝隙"，主要体现为文字与图像营造的氛围的不对称感和冲突感，为中国人形象的表达增添了复杂性。其次，《画报》对中国人的报道从叙述主体看较为复杂，在宏观上有不同新闻出自不同叙述者，如新闻事件观察者、当事人和编者的情况；从微观上看又存在同一篇报道中涵盖多个事件而导致的叙述视角不同或不同叙述层次的嵌套等。新闻观察者的叙述为对中国人的报道赋予了真实性和完整性；新闻当事人的叙述为中国人形象的塑造增添了体验性和情绪性；嵌套性叙述，即编者叙述之下有完整故事被叙述的手法，则突出了其对中国人形象再现中的全面性、丰富性和权威性。最后，《画报》巧用新闻背景阐明新闻事实，善用新闻背景烘托新闻事实，大大增添了其中国人报道的可读性和易读性。

结合《画报》自身的特点与其所处的历史时代语境后不难发现，它对晚清中国人形象的塑造具有较为复杂的缘由。第一，晚清中国人形象源自记者画家对亲历中国所获的第一手材料的个人化表达，尤其是沃格曼和辛普森这两位特派画家兼记者在中国民间的游历、在战地的目击以及所受传闻的影响，都直接投射在他们对中国人形象的书写中。第二，西欧对中国的想象由来已久，从 13 世纪中期至 19 世纪中叶已有约六个世纪的历史。无论是乌托邦式的美化性想象，还是意识形态化的丑化性想象，它们都不可避免地映射在《画报》对中国人的报道中。当然，19 世纪西欧的中国形象已是"停滞的""专制的""野蛮的"帝国，

《画报》中的中国人形象也更多地、更明显地受到这种主流的宏大叙事影响，并且与之形成互文关系：它通过提供作为新闻而具有的相对真实客观的细节材料，以及具有独立表征形象功能的图像载体，对衰败的中国中野蛮落后的中国人形象的定型起到了推波助澜的作用。第三，《画报》处于传播英帝国统治阶级意识形态与践行新闻媒介使命的冲突和并行之中，它对中国人形象的再现亦呈现出两者话语的抵牾与调和。它一面奉行英帝国商业利益至上，不遗余力地美化热衷于商业贸易的中国百姓，丑化闭关自守的清政府官员；一面又遵循新闻报道的客观性，真实地呈现鸦片贸易对中国人民在肉体与精神上的荼毒。它一面高扬不列颠民族优越的旗帜，鄙夷与弱化中国统治者，拯救和教化中国百姓；一面又站在新闻中立的立场上，呈现了部分中国官员的开放心态与中国百姓生气勃勃、悠闲自乐的精神面貌。它一面在对中国人的塑造中凸显家庭至上、自由贸易、自我奋斗、节制自律等与英国中产阶级契合的特质，将对目标读者的迎合与对中国人的写实性报道结合起来；一面又以中产阶级对图像的审美来调和新闻文字报道的写实性，避免激起中产阶级读者过多的感伤。

因此，尽管《画报》对晚清中国人形象的书写是在一个多世纪之前，但在今天仍具有重要的历史意义和艺术价值，对当今中国的涉外传播也具有重要的启示性。首先，它的历史意义在于影响了西方社会对中国人的认知，促进了其他画报对中国人的关注，提供了研究中国人形象的新参照物；其次，它的艺术价值体现在拓宽了图文并重的审美空间，扩展了新闻画报的表现范围，提升了新闻画报的艺术品位；最后，它为观察当代外国媒介中的中国人形象提供了视野，为当代中国媒体报道外国人形象提供了启示，为提升当代中国画报的图文艺术提供了借鉴。

《伦敦新闻画报》自1842年登上历史舞台至2003年谢幕，留下了世界上覆盖面最广的插图版画和老照片宝库。它对中国的报道横贯了晚清、民国与当代，覆盖了中国发生的重大历史事件和各个时期形态各异的社会生活，为我们研究英国媒体中的中国人形象及其演变提供了延续深化的空间。此外，从1892年开始，该报逐步用照片印刷技术取代版画插图，也为研究图像新闻的嬗变提供了丰富的文本。对该报中的中国人形象进一步深入探讨，也对我们如何超越中国自我形象塑造中的"自我东方化"① 和新时期对外传播中如何建构中国形象与中国人的自我认同具有极大的启发性。

---

① "自我东方化"即东方人自我构建的东方主义，是受西方现代性观念中的中国想象的支配而建构的异化的自我。参见［美］阿里夫·德里克《后革命氛围》，王宁等译，中国社会科学出版社1999年版，第281—282页。

参考文献

一　中文著作

安文铸、关珠、张文珍编译：《莱布尼茨和中国》，福建人民出版社1993年版。

澳门艺术博物馆编：《像应神全：明清人物肖像画学术研讨会论文集》，故宫出版社2015年版。

宝鋆等修：《筹办夷务始末（同治朝）》，沈云龙主编《近代中国史料丛刊》第62辑，台湾：文海出版社1966年版。

斌椿：《乘槎笔记·诗二种》，钟叔河主编《西海纪游草·乘槎笔记·诗二种·初使泰西记·航海述奇·欧美环游记》，钟叔河、杨国桢、左步青校点，岳麓书社1985年版。

陈力丹、王辰瑶：《外国新闻传播史纲要》，中国人民大学出版社2008年版。

陈平原：《左图右史与西学东渐：晚清画报研究》，生活·读书·新知三联书店2018年版。

陈旭麓：《近代中国社会的新陈代谢》，生活·读书·新知三联书店2017年版。

陈旭麓著，傅德华编：《近代中国人物论》，九州出版社2019年版。

范存忠：《中国文化在启蒙时期的英国》，译林出版社2010年版。

高宁远、郭建斌、罗大眉编著：《现代新闻采访写作教程》，新华出版社1998年版。

葛桂录：《雾外的远音：英国作家与中国文化》，福建教育出版社2015年版。

国家清史编纂委员会、国家清史纂修领导小组办公室编：《清史镜鉴：部级领导干部清史读本》第五辑，国家图书馆出版社2012年版。

国家清史编纂委员会、国家清史纂修领导小组办公室编：《清史镜鉴：部级领导干部清史读本》第七辑，国家图书馆出版社2014年版。

韩丛耀等：《中国近代图像新闻史1840—1919》第5卷，南京大学出版社2012年版。

何国璋、邝云妙编著：《新闻采访写作百题问答》，中国新闻出版社1988年版。

何兆武、柳卸林主编：《中国印象——外国名人论中国文化》，中国人民大学出版社2011年版。

何中华：《重读马克思》，山东人民出版社2009年版。

胡绳：《从鸦片战争到五四运动》，长江文艺出版社2019年版。

胡亚敏：《叙事学》，华中师范大学出版社2004年第2版。

黄时鉴编著：《维多利亚时代的中国图像》，上海辞书出版社2008年版。

黄宇和：《两广总督叶名琛》（修订本），区鉷译，上海书店出版社2004年版。

季水河：《回顾与前瞻：论新中国马克思主义文艺理论研究及其未来走向》，中国社会科学出版社2009年版。

季水河：《新闻美学》，新华出版社2001年版。

姜智芹：《傅满洲与陈查理——美国大众文化中的中国形象》，南京大学出版社2007年版。

姜智芹：《美国的中国形象》，人民出版社2010年版。

姜智芹：《文化想象与文化利用：英国文学中的中国形象》，中国社会科学出版社2005年版。

姜智芹：《西镜东像》，中央编译出版社2014年版。

蒋孟引：《第二次鸦片战争》，生活·读书·新知三联书店2009年版。

蒋廷黻：《中国近代史》，江苏人民出版社2019年版。

李宝芳：《维多利亚时期英国中产阶级婚姻家庭生活研究》，社会科学文献出版社2015年版。

李勇：《西欧的中国形象》，人民出版社2010年版。

李长莉：《近代中国社会文化变迁录》第1卷，浙江人民出版社1998

年版。

梁嘉彬：《广东十三行考》，广东人民出版社 1999 年版。

刘成等：《英国通史》第 5 卷，江苏人民出版社 2016 年版。

刘海贵主编：《知名记者新闻业务讲稿》，复旦大学出版社 1998 年版。

刘明华、徐泓、张征：《新闻写作教程》，中国人民大学出版社 2002 年版。

刘善兴：《新闻习作 36 术》，解放军出版社 2001 年版。

罗钢：《叙事学导论》，云南人民出版社 1994 年版。

茅海建：《苦命天子：咸丰皇帝奕詝》，生活·读书·新知三联书店 2006 年版。

茅海建：《天朝的崩溃：鸦片战争再研究》，修订版，生活·读书·新知三联书店 2014 年版。

孟华主编：《比较文学形象学》，北京大学出版社 2001 年版。

齐思和、林树惠、寿纪瑜编《中国近代史资料丛刊·鸦片战争》第 5 册，上海人民出版社 1957 年版。

齐思和等编：《中国近代史资料丛刊：第二次鸦片战争》，上海人民出版社 1978 年版。

齐思和等整理：《筹办夷务始末（道光朝）》，中华书局 1964 年版。

钱锺书：《七缀集》，生活·读书·新知三联书店 2002 年版。

《清实录》第三三册，中华书局 1986 年影印本。

申丹、王丽亚：《西方叙事学：经典与后经典》，北京大学出版社 2010 年版。

沈弘编译：《遗失在西方的中国史：〈伦敦新闻画报〉记录的晚清 1842—1873》，北京华文时代书局 2022 年版。

孙小礼：《莱布尼茨与中国文化》，首都师范大学出版社 2006 年版。

万国报馆编著：《甲午：120 年前的西方媒体观察》，生活·读书·新知三联书店 2014 年版。

王娟：《晚清民间视野中的西方形象：〈点石斋画报〉研究》，高等教育出版社 2021 年版。

王小曼：《服务一切制度并背叛一切制度——法国近代外交家塔列朗》，商务印书馆 1982 年版。

王晓焰：《18—19世纪英国妇女地位研究》，人民出版社2007年版。

严勇、房宏俊、殷安妮主编：《清宫服饰图典》，紫禁城出版社2010年版。

杨善清：《新闻背景与新闻写作》（修订本），新华出版社2001年版。

杨向荣：《图文关系及其张力的学理研究》，人民出版社2020年版。

姚贤镐编：《中国近代对外贸易史资料（1840—1895）》，中华书局1962年版。

张功臣：《外国记者与近代中国：1840—1949》，新华出版社1999年版。

张剑：《1840年：被轰出中世纪》，东方出版中心2015年版。

张静庐辑注：《中国现代出版史料·乙编》，中华书局1955年版。

张西平：《东西流水终相逢》，生活·读书·新知三联书店2010年版。

赵尔巽等撰：《清史稿》卷19，中华书局2020年版。

赵省伟、李小玉编译：《遗失在西方的中国史：法国彩色画报记录的中国1850—1937》，中国计划出版社2015年版。

郑超然、程曼丽、王泰玄：《外国新闻传播史》，中国人民大学出版社2000年版。

郑樵撰：《通志略》，上海古籍出版社1990年版。

郑振铎：《郑振铎全集》第14卷，花山文艺出版社1998年版。

中共中央马克思恩格斯列宁斯大林著作编译局编译：《马克思恩格斯论中国》，人民出版社2015年版。

中共中央宣传部新闻局、中国社会科学院新闻研究所编：《真实——新闻的生命》，中国新闻出版社1986年版。

中国第一历史档案馆编：《鸦片战争档案史料》第5册，天津古籍出版社1992年版。

中国人民大学新闻学院《新闻采访与写作》教材编撰组：《新闻采访与写作》，中国人民大学出版社2018年版。

中华书局编辑部整理：《筹办夷务始末（咸丰朝）》，中华书局1979年版。

周宁：《天朝遥远：西方的中国形象研究》，北京大学出版社2006年版。

周宁：《中国形象：西方的学说与传说》丛书，学苑出版社2004年版。

周有光：《世界文字发展史》，上海教育出版社2003年版。

朱诚如：《管窥集：明清史散论》，紫禁城出版社2002年版。

朱静编译:《洋教士看中国朝廷》,上海人民出版社1995年版。
宗凤英:《清代宫廷服饰》,紫禁城出版社2004年版。

二 译著

列宁:《列宁选集》第2卷,人民出版社2012年版。
马克思恩格斯:《马克思恩格斯全集》第7卷,人民出版社1959年版。
马克思恩格斯:《马克思恩格斯文集》第1卷,人民出版社2009年版。
马克思恩格斯:《马克思恩格斯文集》第2卷,人民出版社2009年版。
马克思恩格斯:《马克思恩格斯文集》第10卷,人民出版社2009年版。
马克思恩格斯:《马克思恩格斯选集》第3卷,人民出版社2012年版。
[德] 阿塔纳修斯·基歇尔:《中国图说》,张西平、杨慧玲、孟宪谟译,大象出版社2010年版。
[德] 郭士立:《帝国夕阳:道光时代的清帝国》,赵秀兰译,吉林出版集团股份有限公司2017年版。
[德] 黑格尔:《历史哲学》,王造时译,上海书店出版社2006年版。
[德] 亨利克·菲弗:《基督形象的艺术神学》,萧潇译,中国社会科学出版社2005年版。
[德] 莱辛:《拉奥孔》,朱光潜译,商务印书馆2013年版。
[德] 瓦尔特·舒里安:《作为经验的艺术》,罗悌伦译,湖南美术出版社2005年版。
[法] 艾田蒲:《中国之欧洲》,许钧、钱林森译,广西师范大学出版社2008年版。
[法] 伏尔泰:《风俗论:论各民族的精神与风俗以及自查理曼至路易十三的历史》上册,梁守锵译,商务印书馆2017年版。
[法] 魁奈:《中华帝国的专制制度》,谈敏译,商务印书馆2018年版。
[法] 裴化行:《利玛窦评传》,管震湖译,商务印书馆1993年版。
[法] 热拉尔·热奈特:《叙事话语 新叙事话语》,王文融译,中国社会科学出版社1990年版。
[法] 塔列朗:《变色龙才是政治的徽章:塔列朗自述》,王新连译,中国法制出版社2010年版。
[荷] 米克·巴尔:《叙述学:叙事理论导论》,谭君强译,中国社会科学

出版社 1995 年版。

［加］佩里·诺德曼：《说说图画：儿童图画书的叙事艺术》，陈中美译，贵州人民出版社 2018 年版。

［美］J. 赫伯特·阿特休尔：《权力的媒介》，黄煜、裘志康译，华夏出版社 1989 年版。

［美］J. M. 布劳特：《殖民者的世界模式》，谭荣根译，社会科学文献出版社 2002 年版。

［美］M. G. 马森：《西方的中国及中国人观念 1840—1876》，杨德山译，中华书局 2006 年版。

［美］W. J. T. 米歇尔：《图像理论》，陈永国、胡文征译，北京大学出版社 2006 年版。

［美］W. J. T. 米歇尔：《图像学：形象、文本、意识形态》，陈永国译，北京大学出版社 2020 年版。

［美］阿里夫·德里克：《后革命氛围》，王宁等译，中国社会科学出版社 1999 年版。

［美］爱德华·W. 萨义德：《东方学》，王宇根译，生活·读书·新知三联书店 2019 年第 3 版。

［美］布雷恩·S. 布鲁克斯等：《新闻报道与写作》，范红主译，新华出版社 2007 年第 7 版。

［美］大卫·波德维尔、克莉丝汀·汤普森：《电影艺术——形式与风格》，彭吉象等译，北京大学出版社 2003 年第 5 版。

［美］丁韪良：《花甲忆记：修订译本》，沈弘、恽文捷、郝田虎译，学林出版社 2019 年版。

［美］费正清编：《剑桥中国晚清史 1800—1911 年（上下卷）》，中国社会科学院历史研究所编译室译，中国社会科学出版社 1985 年版。

［美］韩瑞：《图像的来世：关于"病夫"刻板印象的中西传译》，栾志超译，生活·读书·新知三联书店 2020 年版。

［美］何天爵：《真正的中国佬》，鞠方安译，中华书局 2006 年版。

［美］亨特：《广州番鬼录；旧中国杂记》，冯树铁、沈正邦译，广东人民出版社 2009 年版。

［美］克莱顿·罗伯茨、［美］戴维·罗伯茨、［美］道格拉斯·R. 比松：

《英国史·下册，1688年—现在》，潘兴明等译，商务印书馆2013年版。

[美] 鲁道夫·阿恩海姆：《艺术与视知觉》，滕守尧、朱疆源译，四川人民出版社1998年版。

[美] 明恩溥：《中国人的气质》，刘文飞、刘晓旸译，译林出版社2012年版。

[美] 明恩溥：《中国乡村生活》，陈午晴、唐军译，中华书局2006年版。

[美] 芮玛丽：《同治中兴：中国保守主义的最后抵抗（1862—1874）》，房德邻等译，中国社会科学出版社2002年版。

[美] 史景迁：《文化类同与文化利用——世界文化总体对话中的中国形象》，廖世奇、彭小樵译，北京大学出版社1990年版。

[美] 苏珊·桑塔格：《论摄影：插图珍藏本》，黄灿然译，上海译文出版社2010年版。

[美] 威·安·斯旺伯格：《普利策传》，陆志宝、俞再林译，新华出版社1989年版。

[美] 卫三畏：《中国总论》，陈俱译，陈绛校，上海古籍出版社2005年版。

[美] 徐中约：《中国进入国际大家庭：1858—1880年间的外交》，屈文生译，商务印书馆2018年版。

[美] 约翰·霍恩伯格：《西方新闻界的竞争》，魏国强等译，新华出版社1985年版。

[美] 詹姆斯·特拉斯洛·亚当斯：《重铸大英帝国：从美国独立到第二次世界大战》，覃辉银译，广西师范大学出版社2018年版。

[日] 牧内节男：《新闻记者入门》，傅宗正译，重庆出版社1987年版。

[日] 石川祯浩：《中国近代历史的表与里》，袁广泉译，北京大学出版社2015年版。

[日] 佐佐木正哉编：《鸦片战争之研究（资料篇）》，沈云龙主编《近代中国史料丛刊续编第九十五辑》，台湾：文海出版社1974年版。

[斯洛文尼亚] 阿莱斯·艾尔雅维茨：《图像时代》，胡菊兰、张云鹏译，吉林人民出版社2003年版。

[西] 门多萨撰：《中华大帝国史》，何高济译，中华书局2013年第2版。

［意］柏朗嘉宾、［法］鲁布鲁克原著，［法］贝凯、韩百诗、［美］柔克义译注：《柏朗嘉宾蒙古行纪；鲁布鲁克东行纪》，耿昇、何高济译，中国旅游出版社、商务印书馆 2018 年版。

［意］鄂多立克等：《海屯行记；鄂多立克东游录；沙哈鲁遣使中国记》，何高济译，中华书局 2019 年第 2 版。

［意］利玛窦、［比］金尼阁：《利玛窦中国札记》，何高济、王遵仲、李申译，中华书局 2010 年版。

［意］马可·波罗著，［法］沙海昂注：《马可波罗行纪》，冯承钧译，商务印书馆 2012 年版。

［英］E. P. 汤普森：《共有的习惯：18 世纪英国的平民文化》，沈汉、王加丰译，上海人民出版社 2020 年版。

［英］F. R. 艾略特：《家庭：变革还是继续?》，何世念等译，中国人民大学出版社 1992 年版。

［英］P. J. 马歇尔主编：《剑桥插图大英帝国史》，樊新志译，世界知识出版社 2004 年版。

［英］阿萨·布里格斯：《英国社会史》，陈叔平等译，商务印书馆 2015 年版。

［英］保罗·法兰奇：《镜里看中国：从鸦片战争到毛泽东时代的驻华外国记者》，张强译，中国友谊出版公司 2011 年版。

［英］大卫·麦克里兰：《意识形态》，孔兆政、蒋龙翔译，吉林人民出版社 2005 年第 2 版。

［英］丹尼尔·笛福：《鲁滨孙历险记》，黄杲炘译，上海译文出版社 1997 年版。

［英］弗兰克·韦尔许：《香港史》，王皖强、黄亚红译，中央编译出版社 2007 年版。

［英］亨利·埃利斯：《阿美士德使团出使中国日志》，刘天路、刘甜甜译，商务印书馆 2017 年版。

［英］凯文·威廉姆斯：《一天给我一桩谋杀案：英国大众传播史》，刘琛译，上海人民出版社 2008 年版。

［英］蓝诗玲：《鸦片战争》，刘悦斌译，新星出版社 2020 年第 2 版。

［英］雷蒙·道森：《中国变色龙——对于欧洲中国文明观的分析》，常绍

民、明毅译，中华书局 2006 年版。

［英］雷蒙德·威廉斯：《漫长的革命》，倪伟译，上海人民出版社 2012 年版。

［英］琳达·科利：《英国人：国家的形成，1707—1837 年》，周玉鹏、刘耀辉译，商务印书馆 2017 年版。

［英］马礼逊夫人编：《马礼逊回忆录》，顾长声译，广西师范大学出版社 2004 年版。

［英］麦高温：《中国人生活的明与暗》，朱涛、倪静译，中华书局 2006 年版。

［英］尼尔·弗格森：《帝国》，雨珂译，中信出版社 2012 年版。

［英］乔治·马戛尔尼、约翰·巴罗：《马戛尔尼使团使华观感》，何高济、何毓宁译，商务印书馆 2019 年版。

［英］斯当东：《英使谒见乾隆纪实》，叶笃义译，商务印书馆 1963 版。

［英］斯温霍：《1860 年华北战役纪要》，邹文华译，中西书局 2011 年版。

［英］西蒙·沙玛：《英国史 III：帝国的命运 1776—2000》，刘巍、翁家若译，中信出版社 2018 年版。

［英］约·罗伯茨编著：《十九世纪西方人眼中的中国》，蒋重跃、刘林海译，中华书局 2006 年版。

［英］约翰·伯格著，［英］杰夫·戴尔编：《理解一张照片：约翰·伯格论摄影》，任悦译，中国美术学院出版社 2018 年版。

［英］约翰·曼德维尔：《曼德维尔游记》，郭泽民、葛桂录译，上海书店出版社 2010 年版。

［英］詹姆斯·卡伦：《媒体与权力》，史安斌、董关鹏译，清华大学出版社 2006 年版。

［英］詹姆斯·卡瑞、珍·辛顿：《英国新闻史》，栾轶玫译，清华大学出版社 2005 年第 6 版。

三　外文著作

Andrea Korda, *Printing and Painting the News in Victorian London: The Graphic and Social Realism, 1869—1891*, Surrey, England: Ashgate.

C. N. Williamson, "Illustrated Journalism in England: Its Development. —

I", *The Magazine of Art*, 1890 (bound edition).

C. P. Hill, *British Economic and Social History, 1700—1795*, London: Edward Arnold, 1970.

Charles Alexander Gordon, *China from a Medical Point of View in 1860 and 1861: To Which is Added a Chapter on Nagasaki as a Sanitarium*, London: John Churchill, 1863.

Charles Knight, *Passages of a Working Life During Half a Century: With a Prelude of Early Reminiscences*, Vol. 3, London: Bradbury & Evans, 1865.

Christopher Hibbert, *The Illustrated London News: Social History of Victorian Britain*, London: Angus and Robertson, 1975.

D. Bonner-Smith and E. W. R. Lumby, eds. *The Second China War 1856—1860*, London: Navy Records Society, 1954.

Danny L. Jorgensen, *Participant Observation: A Methodology for Human Studies*, Thousand Oaks, California: SAGE Publications Inc., 1989.

Edward Hodnett, *Image and Text: Studies in the Illustration of English Literature*, London: Scolar Press, 1982.

F. M. L. Thompson, *The Rise of Respectable Society: A Social History of Victorian Britain 1830—1900*, London: William Collins, 1988.

Frederick Edwyn Forbes, *Five Years in China, from 1842 to 1847*, London: R. Bentley, 1848.

George Anson, *A Voyage Round the World, in the Years MDCCXL, I, II, III, IV*, London: John and Paul Knapton, 1748.

George Wingrove Cooke, *China: Being "The Times" Special Correspondence from China in the Years 1857 - 1858*, London: G. Routledge & Co., 1858.

Gerry Beegan, *The Mass Image: A Social History of Photomechanical Reproduction in Victorian London*, Hampshire and New York: Palgrave Macmillan, 2008.

Hans Lund, *Text as Picture: Studies in the Literary Transformation of Pictures*, Kacke Götrick, Trans., Lewiston: Edwin Mellen Press, 1992.

Henry Charles Sirr, *China and the Chinese: Their Religion, Character, Customs, and Manufactures: The Evils Arising from the Opium Trade: with a*

Glance at Our Religious, Moral, Political, and Commercial Intercourse with the Country, Vol. 2, London: WM. S. ORR & CO. , 1849.

Henry Richard Fox Bourne, *English Newspapers: Chapters in the History of Journalism*, London: Chatto & Windus, 1887.

HenryVizetelly, *Glances Back Through Seventy Years: Autobiographical and Other Reminiscences*, London: K. Paul, Trench, Trübner & Co. , 1893.

Henry, Lord Brougham, *Speeches on Social and Political Subjects, with Historical Introductions*, Vol. 2, London and Glasgow: Richard Griffin and Company, 1857.

J. Holland Rose, A. P. Newton and E. A. Benians, eds. *The Cambridge History of the British Empire*, Vol. 2, London and New York: Cambridge University Press, 1940.

J. Thomson, *The Straits of Malacca, Indo-China, and China; or, Ten Years' Travels, Adventures, and Residence Abroad*, London: Sampson Low, Marston, Low, & Searle, 1875.

J. Y. Wong, *Deadly Dreams: Opium, Imperialism and the Arrow War (1856—1860) in China*, Cambridge: Cambridge University Press, 1998.

Jason E. Hill and Vanessa R. Schwartz, eds. *Getting the Picture: The Visual Culture of the News*, London & New York: Bloomsbury Academic, 2015.

Jean-Baptiste Du Halde, *The General History of China: Containing a Geographical, Historical, Chronological, Political and Physical Description of the Empire of China, Chinese-Tartary, Corea, and Thibet*, Vol. 2, London: J. Watts, 1741.

Joanne Shattock, ed. *Journalism and the Periodical Press in Nineteenth-Century Britain.* Cambridge, United Kingdom: Cambridge University Press, 2017.

John Francis Davis, *China, During the War and Since the Peace*, Vol 2, London: Longman, Brown, Green, and Longmans, 1852.

John Livingston Nevius, *China and the Chinese: A General Description of the Country and Its Inhabitants, Its Civilization and Form of Government; Its Religious and Social Institutions; Its Intercourse with Other Nations; and Its Present Condition and Prospects*, New York: Harper & Brothers, 1869.

John Ouchterlony, *The Chinese War: An Account of All the Operations of the British Forces from the Commencement to the Treaty of Nanking*, London: Saunders and Otley, 1844.

John Scarth, *Twelve Years in China: The People, the Rebels, and the Mandarins*, Edinburgh: Thomas Constable & Co., 1860.

John W. Creswell, *Qualitative Inquiry and Research Design: Choosing Among Five Approaches*, 3rd edition. Thousand Oaks, California: SAGE Publications Inc., 2013.

Joshua Brown, *Beyond the Lines: Pictorial Reporting, Everyday Life, and the Crisis of Gilded Age America*, Berkley and Los Angeles: University of California Press, 2006.

Katherine F. Bruner, John K. Fairbank, Richard J. Smith, eds, *Entering China's Service: Robert Hart's Journals, 1854 – 1863*, Cambridge, Mass.: Council on East Asian Studies, Harvard University, 1986.

Kathryn Gleadle, *British Women in the Nineteenth Century*, Houndmills, Basingstoke, Hampshire and New York: Palgrave, 2001.

Laurel Brake and Julie F. Codell, eds. *Encounters in the Victorian Press: Editors, Authors, Readers.* New York, NY: Palgrave Macmillan, 2005.

Laurence Oliphant, *Narrative of the Earl of Elgin's Mission to China and Japan in the Years 1857, 1858, 1859*, New York: Harper & Brothers Publisher, 1860.

Marie-Christine Leps, *Apprehending the Criminal: The Production of Deviance in Nineteenth-Century Discourse*, Durham: Duke University Press, 1992.

Mason Jackson, *The Pictorial Press: Its Origin and Progress*, London: Hurst and Blackett Publishers, 1885.

Michael R. Booth, *Victorian Spectacular Theatre, 1850—1910*, London: Routledge & Kegan Paul, 1981.

P. J. Cain and A. G. Hopkins, *British Imperialism: Innovation and Expansion*, 1688—1914, London: Longman, 1993.

Peter W. Sinnema, *Dynamics of the Pictured Page: Representing the Nation in the Illustrated London News*, Hants, UK: Ashgate Publishing Limited, 1998.

Peter Watson, *Ideas: A History of Thought and Invention, from Fire to Freud*, New York: Harper Collins Publishers, 2005.

Richard Campbell, et al., *Media in Society: A Brief Introduction*, Boston and New York City: Bedford/St. Martin's, 2013.

Richard D. Altick, *The English Common Reader: A Social History of the Mass Reading Public, 1800—1900*, Second Edition, Chicago: University of Chicago Press, 1957.

Robert Bickers, *The Scramble for China: Foreign Devils in the Qing Empire, 1832—1914*, London: Penguin Books Ltd., 2016.

Robert Samuel Macley, *Life Among the Chinese: With Characteristic Sketches and Incidents of Missionary Operations and Prospects in China*, New York: Carlton & Porter, 1861.

Ronald Hyam, *Understanding the British Empire*, Cambridge, UK: Cambridge University Press, 2010.

Sascha Auerbach, *Race, Law, and "The Chinese Puzzle" in Imperial Britain*, New York: Palgrave Macmillan, 2009.

Sir John Bowring, *Autobiographical Recollections of Sir John Bowring, with a Brief Memoir by Lewin B. Bowring.* London: Henry S. King & Co., 1877.

T. T. Cooper, *Travels of a Pioneer of Commerce in Pigtail and Petticoats; or, An Overland Journey from China Towards India*, London: John Murray, 1871.

Timothy Parsons, *The British Imperial Century, 1815—1914: A World History Perspective*, Maryland, U.S.A.: Rowman & Littlefield Publishes, Inc., 1999.

W. A. P. Martin, *The Chinese: Their Education, Philosophy, and Letters*, New York: Harper & Brothers, 1881.

Walter E. Houghton, *The Victorian Frame of Mind, 1830—1870*, London: Yale University Press, 1957.

Walter Lippmann, *Public Opinion, with a New Introduction by Michael Curtis*, New Jersey: Transaction Publishers, 1991.

William DallasBernard and William Hutcheon Hall, *Narrative of the Voyages and Services of the Nemesis, from 1840 to 1843*, Volume 2, London: Henry Colburn Publisher, 1845.

William Dallas Bernard and William Hutcheon Hall, *The Nemesis in China: Comprising a History of the Late War in the Country; With a Complete Account of the Colony of Hong-Kong*, 3rd ed, London: Henry Colburn Publisher, 1846.

William James Tyrone Power, *Recollections of a Three Years' Residence in China: Including Peregrinations in Spain, Morocco, Egypt, India, Australia, and New Zealand*, London: R. Bentley, 1853.

William Nelles, *Frameworks: Narrative Levels and Embedded Narrative*, New York: Peter Lang Publishing, Inc., 1997.

后　　记

　　本书是在我2019年完成的博士论文《论〈伦敦新闻画报〉中的晚清中国人形象（1842—1876）》基础之上修改完成的，补充了近几年国内学界的相关研究成果，在"绪论"中增加了"研究原则"部分，并纠正了博士学位论文中的个别错漏之处。在此次修订中，我重新将引用自《伦敦新闻画报》的文本与英文原文进行了一一比照、重译和校改，也对基于《伦敦新闻画报》文本的叙事分析进行了相应修改，尽量避免因文字或史料上的出入而导致的"硬伤"。

　　严格地说，受研究对象的限制，本书的主要目标不在于对比较文学形象学理论进行创新，也未能对比较文学形象学研究的现存范式作出重大的突破。但是，我在研究过程中也花了一番费眼费时费心费力的"笨功夫"。本书在国外新闻画报中的中国人形象研究方面是有开拓性的，对如何运用比较文学形象学方法研究国外新闻媒体中的中国人形象也是具有启发意义的。此外，本书属于比较文学研究而非严格的史学研究，虽对《画报》涉及的重要历史人物和史实进行了追根溯源，但对少部分不知名记者的报道和插图考据不够充分，敬请读者谅解与指正。

　　对"《伦敦新闻画报》中的晚清中国人形象研究"而言，本书是一个终点；对"《伦敦新闻画报》中的中国人形象研究"而言，本书则是一个起点。《伦敦新闻画报》在20世纪的百年之间对中国与中国人给予了充分关注，我将继续延伸和拓展该领域的研究。因此，对于本书中的不足与遗憾，我有信心于今后的研究中进行弥补。

　　本书的完成，得到了许多师长和亲友的关心与支持。在此，特向他们表示真挚的感谢！

　　首先，感谢我的博士生导师——湘潭大学文学与新闻学院的雷磊教授和季水河教授，无论是在当初的学业上还是在现今的工作上，他们都给予了我充分的指导和无私的帮助。

其次，感谢上海社会科学院的马驰研究员和湘潭大学文学与新闻学院的宋德发教授，他们是我"湖南省普通高校青年骨干教师培养对象"的指导老师。马驰老师一直以来对我的学习和工作都给予了细心指导，这次他又于百忙之中拨冗为本书作序；宋德发老师对我的教学工作与治学方法，都进行了耐心点拨。

再次，感谢孙丰国教授、彭莎莉女士、冯妍女士、杨力教授为本书出版提供的热情帮助；感谢责任编辑王越女士对书稿严谨的审校和中肯的建议，以及对我本人的鼓舞和激励，让书稿得以在严肃而又活泼的氛围中最终完成并付梓。

最后，还有许多未提及姓名的师友，他们在我的成长中给予了亲人般的关怀、鼓励和帮助，在此一并致谢。

季念
2024 年 7 月 9 日